溯源逐流

从福建拳法到空手道

郑旭旭 袁镇澜 著

本书为国家社会科学基金项目"体育文化流变考察——从福建南拳到日本空手道"（项目号12BTY050）的最终成果

厦门大学出版社
国家一级出版社
全国百佳图书出版单位
XIAMEN UNIVERSITY PRESS

图书在版编目(CIP)数据

溯源逐流:从福建拳法到空手道/郑旭旭,袁镇澜著.—厦门:厦门大学出版社,2019.4

ISBN 978-7-5615-7271-9

Ⅰ.①溯… Ⅱ.①郑… ②袁… Ⅲ.①空手道-体育运动史-研究-中国 Ⅳ.①G886.59

中国版本图书馆 CIP 数据核字(2019)第 043064 号

出 版 人	郑文礼
责任编辑	施高翔
封面设计	李夏凌
技术编辑	许克华

出版发行	厦门大学出版社
社　　址	厦门市软件园二期望海路 39 号
邮政编码	361008
总 编 办	0592-2182177　0592-2181406(传真)
营销中心	0592-2184458　0592-2181365
网　　址	http://www.xmupress.com
邮　　箱	xmup@xmupress.com
印　　刷	厦门集大印刷厂

开本　720 mm×1 000 mm　1/16
印张　21.25
字数　370 千字
插页　6
版次　2019 年 4 月第 1 版
印次　2019 年 4 月第 1 次印刷
定价　58.00 元

本书如有印装质量问题请直接寄承印厂调换

厦门大学出版社
微信二维码

厦门大学出版社
微博二维码

◎ 袁镇澜（左）、郑旭旭于福建福鼎合影（1975年）

◎ 郑旭旭（右一）袁镇澜（右二）陪同长谷川一幸（中）在泉州清源山（左二为庄海，左一为陈颖）（1998年）

◎ 袁镇澜（右）、郑旭旭在东京考察（2000年）

◎ 袁镇澜（右）、郑旭旭（左）在早稻田大学人间科学部拜访志志田文明教授（中）（2000年）

◎ 袁镇澜、郑旭旭、高楚兰、倪红莺、长谷川一幸等在日本静冈县考察极真空手道少年部夏令营（2000年）

◎ 袁镇澜在日本天理大学（1992年）

◎ 袁镇澜考察东京日本武道馆（1992年）

◎ 袁镇澜及夫人邹义兵（左一、左二）与中川敬教授、中川夫人（1993年）

◎ 袁镇澜在日本与武术爱好者交流（2000年）

◎ 袁镇澜（左）在东京町田与日本武术学员交流，向日本学员传授中国武术（2000年）

◎ 袁镇澜在日本与山本义泰、竹川俊治教授（1992年）

◎ 袁镇澜（左二）在日本德岛向空手道学员传播太极推手（2000年）

◎ 袁镇澜（第二排右六）在德岛极真空手道比赛大会发奖式上（2000年）

◎ 袁镇澜在德岛极真空手道大会前客串表演太极拳（2000年）

◎ 袁镇澜与长谷川一幸先生在日本德岛的鸣门（2000年）

◎ 袁镇澜在京都的"哲学小道"上（2015年）

◎ 袁镇澜（右）与长谷川一幸（中）、七户康博（左）在日本德岛县空手道大会上（2005年）

◎ 郑旭旭（左）与志志田文明教授参加早稻田大学合气会暑假夏令营（1995年）

◎ 郑旭旭（中）在早稻田大学合气道部练习，指导教师志志田文明教授（右）（2000年）

◎ 郑旭旭（中）在日本德岛观摩极真空手道训练，右一为长谷川一幸先生（1996年）

◎ 大西荣三（中）访问福建体育学院，右一为武术教研室主任洪正福教授，左一为郑旭旭（1988年2月）

◎ 郑旭旭在冲绳刚柔流空手道场访问上原恒先生（2015年）

◎ 郑旭旭探访私立日本国际武道大学（2007年）

◎ 郑旭旭（后排右三）访问冲绳空手道博物馆，右四穿蓝色衣服者为馆长外间哲弘（2015年）

◎ 郑旭旭（前排左二）在宫平保（前排坐者左一）陪同下，在冲绳与传统空手道界交流，前排右一为冲绳空手协会原理事长上原恒，右二为时任冲绳县空手联盟会长、冲绳县指定无形文化财保持者比知屋义夫先生（2006年）

◎ 郑旭旭（后排左四）应邀在早稻田大学举办交流讲座（后排左五穿白衬衣者为寒川恒夫教授，后排左三为志志田文明教授）（2015年）

◎ 应郑旭旭邀请，日本空手协会常务理事中达也（右）在厦门市举办暑期空手道特别讲座（2018年）

◎ 寒川恒夫（右）于集美大学指导郑旭旭核对日文原著（2018年）

◎ 郑旭旭应邀在东京参加"东亚武术/武道未来国际研讨会"，右一为筑波大学柔道专家教授藤堂良明，左二为志志田文明教授（2017年）

目　录

序章 /1

第一节　长久的奥运情结 /2
　一、空手道成为2020年东京奥运会正式项目 /2
　二、中国武术走向奥运会的曲折历程 /4
第二节　空手道源于何处？流向何方？/6

第一章　空手道源流的前期研究 /9

第一节　国内研究的现状与观点 /9
　一、福建当地研究者的成果 /9
　二、国内其他学者的研究 /11
第二节　日本人对空手道历史的研究 /12
　一、早期研究中关于琉球唐手起源的问题 /12
　二、现代东京等地学者研究 /14
　三、冲绳空手各流派的独立研究者 /18
　四、政府背景下的冲绳历史文化研究 /24

第二章　"琉球唐手"的主体是福建拳法 /28

第一节　琉球文化深深打上中国的烙印 /28
　一、文献中有关琉球的记载 /28
　二、明朝开始的正式交往 /29
　三、琉球国文物中有关中琉交往的记载 /31
第二节　中国文化传入琉球的主要途径 /32
　一、庞大的册封使团队 /32
　二、闽人三十六姓 /33
　三、琉球留学生 /34
　四、朝贡人 /35

五、漂流民/37

　第三节　琉球唐手主体源自福建拳法/39
　　一、琉球亲近中国文化/39
　　二、琉球唐手源自福建拳法/41

第三章　从福建拳法到琉球唐手/61

　第一节　明治维新前期的琉球之"手"/61
　　一、文献中零星记载的琉球拳法/61
　　二、士族子弟教养中的琉球拳法/65
　　三、真实可考的琉球唐手人/69

　第二节　东恩纳宽量的唐手道场/71
　　一、唐手道场公开的社会背景/71
　　二、冲绳第一家唐手道场/72
　　三、第一家冲绳唐手道场的遗产/74

　第三节　从"手"到"唐手"——糸洲安恒的改革与推进/75
　　一、糸洲安恒的主要经历/75
　　二、唐手成为冲绳公立学校正式课程/76
　　三、糸洲安恒的"唐手十训"/79

　第四节　促进唐手发展的县知事/82
　　一、奈良原繁的政治人生/82
　　二、促成唐手成为公立学校正课/83
　　三、慧眼识人的间接效应/83

　第五节　大正前后唐手在冲绳/84
　　一、活跃在大正前后的唐手人/85
　　二、冲绳师范学校中的唐手/88
　　三、公众庆典与聚会中的唐手/89
　　四、得到本土官员鼓励的琉球唐手/90

第四章　从琉球唐手到空手道/92

　第一节　"近代日本空手之父"船越义珍/92
　　一、冲绳师范初露头角/93
　　二、体育博览会与讲道馆/96
　　三、明正塾与松涛馆/98

四、东京坎坷普及路/101
　　五、型与组手　人品与技艺/105
　　六、船越义珍的遗产/110
第二节　唐手流变中的冲绳名家/112
　　一、"实战达人"本部朝基/113
　　二、"形之活字典"摩文仁贤和/116
　　三、旷世之才：宫城长顺/119
　　四、勇创新路：船越义豪/122
　　五、坚守攻防真谛：城间真繁/124
第三节　从"唐手"改成"空手"/125
　　一、日本去中国化的社会背景/125
　　二、庆应义塾大学唐手部的举动/126
　　三、镰仓圆觉寺禅师的影响/126
　　四、冲绳县人士对"唐手"改为"空手"的响应/128
　　五、船越义珍对空手之"空"的释义/130
第四节　嘉纳治五郎对空手道发展的影响/130
　　一、嘉纳治五郎其人/130
　　二、嘉纳治五郎对唐手发展的支持与影响/132
　　三、嘉纳治五郎对唐手的研究/135

第五章　大学生与近代日本空手道形成/138

第一节　日本大学的体育会与运动俱乐部/138
第二节　各具特色的大学空手道部/140
　　一、风气之先——庆应义塾大学唐手部/140
　　二、勇于改革——东京大学唐手会/143
　　三、活力四射——稻门空手会/148
　　四、西部之雄——立命馆大学唐手会/150
　　五、骨干辈出——拓殖大学唐手会/152
第三节　分合相继的大学生空手道联盟/155
　　一、大学生空手道联盟的前期发展/155
　　二、在战争的旋涡中挣扎的大学生空手联盟/156
　　三、逐渐走向成熟的大学生空手道联盟/158
第四节　第一届大学生空手道锦标赛/159

第六章　近代日本空手道四大流派/163

第一节　日本武道的流派与近代空手道四大流派/163
第二节　船越义珍与他的松涛流/166
　　一、松涛馆流空手道/166
　　二、公益社团法人日本空手协会(JKA)/168
第三节　全日本空手道联盟刚柔会/172
　　一、宫城长顺与刚柔流/172
　　二、关东三巨人之泉川宽喜/177
　　三、刚柔流第二代传人山口刚玄/178
第四节　全日本空手道联盟糸东会/181
　　一、摩文仁贤和与糸东流/181
　　二、糸东流第二代宗家摩文仁贤荣/183
　　三、东日本糸东流代表岩田万藏/184
第五节　和道流与大塚博纪/186
　　一、从柔术宗家到唐手名家/186
　　二、和道流的形成与发展/189

第七章　从全日本空手道联盟(JKF)到世界KARATE(WKF)/193

第一节　全日本空手道联盟成立的背景/193
第二节　全日本空手道联盟的组织架构与宪章/194
　　一、全日本空手道联盟的组织架构/194
　　二、空手道宪章/196
第三节　全日本空手道联盟的运营/197
　　一、主要日常事务/198
　　二、主办的各类竞赛/198
　　三、选手强化、公认裁判员、指导员讲习会/199
　　四、公认段位审查　组织研修会/199
　　五、发行广告杂志和其他研究等/199
　　六、参与世界空手道联盟的事务/200
第四节　全日本空手道联盟的技术与竞赛/205
　　一、技术体系与理念/205
　　二、竞赛方法与规则/208
第五节　从全日本空手道联盟到世界KARATE/213
　　一、欧洲人率先的国际空手道联盟/214

二、成为国际单项体育协会成员/215

三、全日本空手道联盟主导的最后冲刺/215

第六节 当今全日本空手道联盟面临的问题/218

一、空手道成为中小学正课问题/218

二、确保继续成为奥运会项目问题/220

三、解决日本国内空手道人口下降问题/222

四、经费筹措的问题/223

第八章 从"寸止"到直接击打/225

第一节 脱胎于糸东流空手的"日本拳法"/226

一、泽山宗海与日本拳法/226

二、日本拳法的发展/227

三、日本拳法的技术特点/229

四、摩文仁贤和对日本拳法的影响/230

第二节 炼武会与全日本硬式空手道/231

一、炼武会与远山宽贤/231

二、炼武会的创立与发展/233

三、炼武会戴护具直接击打竞赛的进程/235

第三节 世界硬式空手道/237

一、世界硬式空手道的沿革/238

二、世界硬式空手道比赛方式/239

三、世界硬式空手道联盟组织现状/240

第四节 "史上最强空手道"——国际空手道联盟极真会馆/241

一、大山倍达与极真会馆空手道/244

二、颠覆了"寸止"的直接击打制/250

三、大山倍达的遗产/251

四、大山倍达弟子们/258

第九章 多元并立的当代日本空手道/271

第一节 坚持传统的冲绳空手界/271

一、门派林立的冲绳空手界/271

二、冲绳空手走向世界的独立路径/273

三、冲绳空手道界的团结、分裂与抗争/275

四、冲绳传统空手界的视野/277

五、冲绳县政府强力支持/280

第二节　空手道流变仍在路上/285
　　一、糸东流宗家的坚守与超越/285
　　二、终身修行的空手道/286
　　三、追求"80岁不老"的时津贤儿/288
　　四、松涛流的两条支脉/289
　　五、西山英峻的国际传统空手道联盟(ITKF)/294

尾章　空手道流变的启示/297

第一节　空手道流变的四个时期/297
　　一、从秘传之"手"到琉球"唐手"/298
　　二、从琉球唐手到空手道/299
　　三、从日本空手道到世界KARATE/299
　　四、成为2020年东京奥运会竞技项目/300
第二节　空手道文化流变的空间/301
　　一、普及现代学校教育的社会背景/301
　　二、模仿欧美竞技体育的社会风潮/301
　　三、战后文化复苏和欧美青年反思的空间/303
　　四、相对宽松的社会组织管理/303
　　五、经济自由的杠杆撬动/304
第三节　当代空手道的特质/306
　　一、开放与多元的组织方式/306
　　二、简约与规范的内容与形式/307
　　三、突出格斗的竞技运动/307
　　四、"形"与"组手"并重的技术构架/308
　　五、重视人格培养的传承理念/309
　　六、"东洋哲学色彩"的修炼体系/309
第四节　留给中国武术的启示/310

附：关于插图的说明/315

参考文献/323
　　一、日文文献/323
　　二、中文文献/325

后记一/326

后记二/329

序　章

木心先生说:"日本对中国文化是一种误解。但这一误解,误解出自己的风格,误解得好。""日本的好处是没有成见,善于模仿,不动声色地模仿,技巧拿到后,知道了,再改一下,就成为自己的了。"①

体育文化传播中是否也有误读?这种误,是误得"恰到好处"还是"面目全非"?福建拳法作为中国武术的一个传统形态,在现代社会与体育改革的进程中,几乎没有大的变化。而福建拳法的另一种演变方式,经过琉球唐手、东京空手、世界空手道,只经过百余年的文化碰撞,就成为奥林匹克正式竞技项目。我们是否应该反思中国武术现代化的进程?

源于英国的乒乓球,成为中国的国球,当国际乒联不断更改乒乓球竞赛规则来阻止中国队长期称雄世界乒坛时,这个体坛中的"小球"在中国又发生了什么流变?

体育文化流变受什么影响?时代,环境,还是土壤?

日本体育文化学者中村敏雄在《竞技运动风土》一书中,以棒球与足球作为分析对象,对英国、美国、日本的竞技运动文化作了分析,他认为英国的竞技运动重视社交,美国的竞技运动注重胜负,而日本的竞技运动则有"求道"的文化因素。

杉本厚夫的《竞技运动文化变容》一书,从电影、漫画、文学来探讨竞技文化的转变,从祭典、性别、球迷、时尚、家庭的角度来探讨竞技运动的多样性,从教育、游戏、身体文化来探讨竞技运动的意义。这些研究为我们打开了体育文化研究的视野。

作为中国传统文化的载体,武术运动的竞技文化具有哪些风格?中国传统体育的近代化过程有哪些特征?是什么阻碍了中国武术进入奥运会大门?

---

① 木心讲述,陈丹青笔录.1989—1994文学回忆录[M].桂林:广西师范大学出版社,2012:379.

第一节　长久的奥运情结

一、空手道成为 2020 年东京奥运会正式项目

新华社里约热内卢 2016 年 8 月 3 日体育专电："国际奥委会全会 3 日表决通过，滑板、冲浪、攀岩、棒垒球和空手道 5 个大项进入 2020 年东京奥运会。"当 2020 年东京奥运会举办时，空手道将成为日本第二个进入夏季奥运会竞技场的武道项目。

2014 年 12 月举行的第 127 次国际奥委会全会决议，从 2020 年开始，对奥运会作重大的改革，这一决定是国际奥委会实施重大改革的一项成果。这份《奥林匹克 2020 议程》，围绕"可持续发展""提高公信力""吸引青少年"三大主题，提出了 40 条改革建议，其中第三条提出："国际奥委会允许申办城市提议一个或多个非奥运项目进入奥运会。"2020 年奥委会将在东京举行，这个决议给了日本空手道一个新的发展机遇。

原先，中国武术也在东京奥运会备选的 7 个项目之中，但进一步压缩项目时，武术被东京奥组委挤出了候选项目。到 2015 年底，东京奥组委只将"棒垒球、空手道、冲浪、滑板、竞技攀岩"5 个项目"打包"，作为东京奥运会增设的竞技项目推荐给国际奥委会。东京奥组委的推荐理由是：棒垒球在日本民众中深受喜爱，是原来奥运会的比赛项目；空手道是日本民族文化体育；冲浪、滑板、竞技攀岩是青少年热爱的新兴体育项目。根据推荐计划，这 5 个大项届时将包含 18 个小项、474 名运动员，且每个项目男女设项均等。

在空手道设项上，世界空手道联盟向国际奥委会提出："增设空手道项目 8 个金牌，分别为男、女形①各 1 块；男女组手各 3 个级别，共 6 块金牌。参加形比赛运动员 20 名，男女各 10 名；参加组手比赛运动员男女各 30 名。这样

---

① "形"和"型"在日语中都读为"KATA"，总体与中国武术的"套路"意思相同。但"形"在日语中有"形态、形状、姿势、模样"的意义，"型"则有"原型、模型、类型、老方法、老样式"之义。

在空手道中，"形"与"型"并用，在琉球、冲绳时期，常用"型"，到东京后，逐渐用"形"。"型"字有坚守传统、原来的、传统的、古老的之义；而"形"则有现在形态的含义。

为避免混乱，本书在第一、二、三章，琉球与冲绳时期的空手道发展中，用"型"表示套路，第四章之后，在东京、欧美等地发展的空手道套路，用"形"字。

但第九章第一节之四，为了尊重冲绳空手界对传统的坚守，引用冲绳人野原耕荣的"冲绳传统空手十条"，仍然保留"型"字。

一个项目共增加80名运动员,8块金牌。"

世界空手道联盟是由日本空手道发展而来的。1970年10月,第一届空手道世界锦标赛在日本东京举行,大会期间"世界空手道联合会"(WUKO)成立。1986年,WUKO被国际奥委会承认为国际单项体育组织,后因为比它更早向国际奥委会申请作为世界空手道代表的国际传统空手道联盟(ITKF)申诉,认为"世界空手道联盟"不具备代表世界范围内空手道各组织的权威,国际奥委会一度将世界空手道联合会作为非国际性体育组织。经过1993年改组,1999年,世界空手道联盟(WKF)再度被国际奥委会承认[①]。2003年开始,世界空手道联盟向国际奥委会申请将空手道作为奥运会比赛项目。

从参与者广泛性角度看,空手道国际化水平已经很高,2015年11月12—15日,在印尼首都雅加达举行的第9届WKF世界青少年空手道锦标赛,有92个国家、地区的1441名选手参加。2018年在法国巴黎举行的世界空手道比赛,有81个国家、地区的800余名运动员参加。

目前世界空手道联盟总部设在西班牙,主席是西班牙人安东尼奥·埃斯皮诺。第一副主席为阿根廷人,秘书长由日本人担任。世界空手道联盟已经拥有192个成员单位,在全世界拥有6000万的参与者[②]。联盟网站官方用语是英语和法语。世界空手道联盟(WKF)由亚洲空手道联合会(AKF)、欧洲空手道联合会(EKF)、大洋洲空手道联合会(OKF)、泛美空手道联合会(PKF)、非洲空手道联合会(UKF)组成。现任亚洲空手道联合会主席与秘书长均为中国人。

世界空手道联盟总部机构有:医学委员会、随行人员委员会、技术委员会、竞赛规则委员会、运动员委员会、残疾人委员会、组织委员会、女子体育委员会、裁判委员会。

世界空手道联盟每两年举办一次世界空手道锦标赛,两年举办一次世界青少年空手道锦标赛。还有由各大洲空手道联盟组织的亚洲锦标赛、欧洲锦标赛等赛事。世界空手道是由日本空手道发展而来的,但是在世界性空手道比赛中,日本并非占绝对优势。在世界空手道联盟各项事务中,日本人也不在主席岗位,表现出较大的国际化。

---

① 这个过程还没有得到完全的统一,有人认为当时当权的国际奥委会委员暗箱操作,让世界空手道联盟得以成为代表国际的唯一组织,而实际上,世界空手道联盟与传统空手道联盟并没有达成一致的决议。参见第九章第三节之国际传统空手道联盟。

② 此世界空手道联盟最新数据来源于全日本空手道联盟会长笹川尧年2015年元旦贺词,载《武道》杂志2015年第1期。

二、中国武术走向奥运会的曲折历程

2016年6月13—14日,国际武术联合会秘书长、中国武术协会主席张秋平陪同国际武术联合会执行主席张廷贵一行,考察河南民间武术发展,接受中国体育报记者专访时说:"目前摆在国际武联面前的重大任务有两个:一是武术项目进入奥运会;二是在国际范围内推广普及武术。中国武术协会将积极配合国际武术联合会做好这两项工作。"

虽然作为夏季奥运会正式比赛项目不是中国武术当代发展的终极目标,但是在世界最大型的体育盛会中占一席之地,一直是中国武术界和相关部门努力的目标。

近代以来,中国武术走出国门,除了随着华人华侨的足迹零星传播外,在中华人民共和国成立前有两次较大影响的出访:一次是1935年以张之江为团长的中央国术馆组团访问南洋,在东南亚一带表演中国武术;另一次是1936年,中央国术馆组团参加柏林奥运会表演。这两次在国外的武术表演,对世界各国人民了解中国、了解中国文化都起到了良好的效果。但是,1937年,日本军国主义的全面侵华战争,中断了中国的近代化发展,也阻碍了中国武术文化走向世界的历程。

1974年,随着中美之间交往大门打开,中国武术代表团访问了美国与墨西哥。李连杰与崔亚菲在白宫草坪上的拳术对练,来自北京和全国各地武术选手的武术表演,将经过改革的中国传统武术展示在美国人面前。

武术较大规模对外发展,是在改革开放之后。1980年,电影《少林寺》引发国内的武术热,改革开放的国策,让更多的热爱武术的外国人有机会来到中国学习武术。

主管全国武术工作的国家体委副主任徐才曾提出大武术观和武术走向世界,政府有关部门与中国武术界为之付出艰巨的努力。1985年,中国武术协会筹划成立了国际武术联合会筹委会。1987年,亚洲武术联合会成立,徐才任主席。1988年,中国举行"国际武术节"。亚洲运动会从1990年开始设立武术项目①。1990年,国际武术联合会在北京正式成立,当时的国家体委主任李梦华任主席。

1991年,第一届世界武术锦标赛在北京举行,41个国家440余名运动员

---

① 空手道在1994年第12届广岛亚运会上才成为正式比赛项目,在亚洲运动会上比中国武术迟一届进入。

参加了武术套路和武术散手比赛。1994年10月22日,国际单项体育联合会在摩纳哥蒙特卡湾举行的第28届代表大会上,接纳国际武术联合会为正式会员。2002年2月,在国际奥委会第113次全会上,国际武术联合会被奥委会正式接纳为会员。

中国武术一直在努力走向奥运会。我国采取请进来、派出去的方式大力宣传武术,我们为萨马兰奇和国际奥委会委员们专场表演武术,曾请国际奥委会主席罗格为2008年北京武术比赛获奖队员颁奖,请现任奥委会主席巴赫到2014年青年奥委会场地观看武术表演。为了使武术进入奥运会,中国政府拨出专项资金,在国际奥委会所在地瑞士洛桑设立了国际武术联合会总部。为了充分发挥武术发源地作用,国际武术联合会还在北京设立了处理日常事务的秘书处。

中国武术协会受国际武术联合会委托,多次派出专家到世界各地举办国际武术裁判员、教练员培训班。

到2018年2月2日止,国际武术联合会已经拥有149个成员单位。

中国武术在2008年与北京奥运会失之交臂后,2011年、2015年又两次被列为2020年东京夏季奥运会的备选项目,但是终究尚未进入这个当代最大型的体育竞技大会。

目前每两年有一届"世界武术锦标赛",每两年有一届"世界杯散打比赛""世界杯武术套路比赛";两年一届的"世界青少年武术锦标赛"也举办了七届。2017年,在台湾高雄举行的世界大学生运动会上,武术被列为正式竞赛项目。2018年7月,在非洲青年运动会上,武术成为正式比赛项目。

2017年在俄罗斯喀山举行的第14届世界武术锦标赛,有64个国家900余名运动员参加。2017年,在中国峨眉山举行的第7届世界传统武术锦标赛,有57个国家近3000名运动员参加。

近两年,国家体育总局领导还亲自主持"中华搏击"竞技的试点改革工作,在第13届全国运动会开幕前召开部分散打教练员、运动员、裁判员座谈会,接着,组织5名武术散打界资深专家在广东佛山进行技术、服装、器材、规则全方位改造的试点。"一拳、一击、一馆"是否可以在新的时代推向国际,"中华搏击"是否可以作为中国武术的代表性竞技项目进入奥运会……一切仍在试行中。

随着国际经济形势的发展,奥运会项目设计会产生变化。2002年,比利时人罗格担任奥委会主席时,提倡奥运会要"更干净、更纯洁",要求奥运会竞赛项目缩身。新一任主席巴赫主持国际奥委会第129次全委会的改革措施,奥运会项目设置的规则改变了、开放了。

一位资深的体育记者①曾经担心:"空手道这种套路与对抗并举的徒手格斗形式入奥后,中国武术入奥道路更窄了。"对一直致力于挺进奥运会赛场的中国武术来说,空手道入奥是一个启示。

研究空手道的变迁,研究从福建拳法到琉球唐手再成世界空手道的传播、演变的过程,探讨这个体育文化流变过程的社会背景和其他原因,对中国武术入奥和武术当代传播与发展有重要参考意义。

第二节 空手道源于何处? 流向何方?

世界性空手道组织最先由欧洲人发起,但是空手道来自日本,是欧洲承认的。

全日本空手道联盟作为日本唯一的官方认可的空手道组织,隶属于日本体育协会、日本奥委会,是1964年由四大民间空手道组织刚柔流、糸东流、松涛流、和道流组成的。日本空手协会②以松涛流学生为主体,炼武会也是组成全日本空手道联盟的重要部分。而四大流派和日本空手协会、炼武会都是传承琉球的拳法。

最早将琉球唐手传入日本本土的是船越义珍(1867③—1957)。1922年在日本东京举办的第一届日本体育博览会上,来自冲绳的船越义珍展示了琉球唐手④,后留在东京传播琉球唐手,并被学生拥为松涛流创始人。

继船越义珍之后,冲绳的唐手名家摩文仁贤和(1889—1952)放弃了警察职业,1928年先抵东京,后到位于日本南部的第二大城市大阪,传播琉球拳法,并创立了糸东流空手道。

宫城长顺(1888—1953)将自己传承的福建拳法称为"刚柔流"。1928年,他与摩文仁贤和相继到东京,但他主要的活动以大阪、京都为据点,在大学中以青年大学生作骨干播下种子,普及琉球拳法,因为刚柔流实力强,各支流繁衍更加迅速,后成为传播到日本本土的琉球拳法代表。

---

① 中国国际广播电台体育组原组长王友唐先生长期关注武术入奥,长年致力于武术国际推广的宣传。

② 由于管理上的冲突,2015年,全日本空手道联盟的网站上公开将日本空手协会开除,这个申诉官司还在进行中。社团法人日本空手协会与财团法人全日本空手道联盟分分合合。

③ 船越义珍的出生又有一说是1868年。见第四章的说明。

④ 1922年之前,1916年在京都有唐手表演的记载,还有冲绳师范学生到东京旅行修学,为嘉纳治五郎表演琉球拳法。

大塚博纪(1892—1982)是和道流创始人。他向船越义珍学习唐手之前，已经是神道杨心流柔术的掌门人，向船越义珍学习琉球拳法后，结合自己擅长的柔术，自成一体，并在东京各大学中传播空手道，他还在街道设馆授徒，蔚为壮观，于是将自己的流派命名为"和道流"。

20世纪50年代之后，随着日本经济与社会发展，各类空手组织如雨后春笋，而且各立门户，既表现出一派生机勃勃，又群雄割据，但东京等大城市的空手道团体，基本是如上四个流派的派生。

空手道在世界的发展与日本经济发展同步，20世纪50年代，日本经济开始复苏，池田内阁提出"宽容与忍耐"的政治主张和"国民收入倍增计划"经济方案，到60年代，经过"神武景气"的发展阶段，再到第18届东京奥运会的成功举办，70—80年代日本经济规模在世界上一直保持第二位。从20世纪50年代到80年代短短的几十年间，空手道乘着日本经济高速发展的快车，迅速从东京推广到全世界。

日本武道馆主编的《日本的武道》(2007年版)写着："空手道的发祥地在冲绳，以从中国传来的武术为原型。"①(图0-1) "空手道"源于琉球，原称"唐手"，"唐手源于中国武术"。中国改革开放以后，冲绳、东京及各地的日本武道研究者，百余次访问福建，寻找空手道之根。他们有的持冲绳县知事的函件，

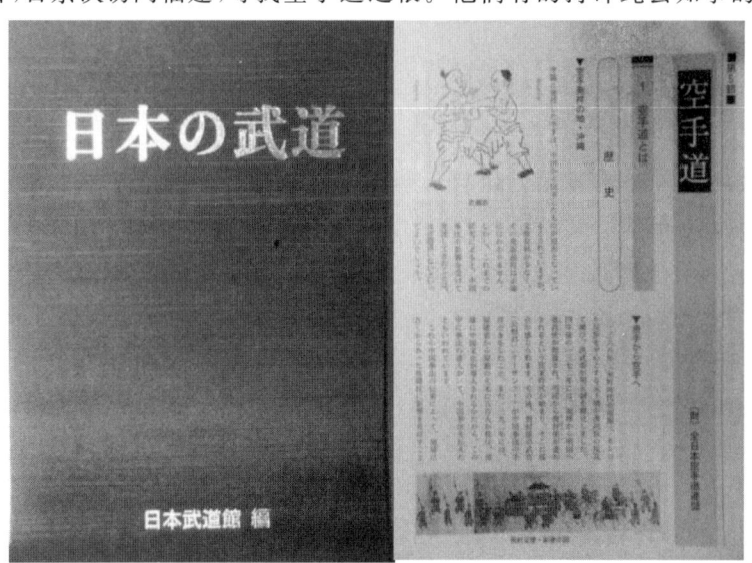

图0-1 《日本的武道》记载：空手道以从中国传来的武术为原型

---

① 日本武道馆.日本的武道[M].东京:棒球杂志社,2007:238.

组成5～60人的大访问团;有的是个人数十次来访,还有人频繁组织福建与冲绳两地的武术/道交流。

但是也有一些日本人认为,空手道不是由中国传入的,是琉球原地的产品,空手道与日本的柔术、示现流剑术有关。中国拳法只是影响了琉球空手道的形成。

尽管有一些不同看法,"琉球的拳法源于福建拳法",或是"根据中国拳法再结合琉球当地的'手'形成的",这种判断是不可否认的。考察琉球唐手是否源于中国,正本清源是一层意义,而我们更需要思考的是中国武术发展的问题。因为体育文化的流变不是商标的使用权,我们需要参照空手道演变过程来分析体育文化流变的基本规律,进而对武术的当代发展提供借鉴。

第一章 空手道源流的前期研究

第一节 国内研究的现状与观点

一、福建当地研究者的成果

日本冲绳上地流空手源于福建,创始人上地完文(1877—1948)(图1-1)在福州生活三年,学会永泰虎拳后回到冲绳,几年后到日本本土的和歌山县,设立上地流空手传习所,传播从福建学习的武术。由于第二代宗家上地完英在传播中的贡献与影响,曾经被选为冲绳空手道联盟副会长。20世纪80年代,上地完英带着儿子和数位学生回福建寻祖,当年父亲上地完文不识字,中国拳法老师的名字和住址无法记住,他们访问福建省武术协会后,将查找昔日老师的工作委托给福建省武术协会。时任福建省武术协会副主席魏齐祺、福建师大体育系胡金焕教授等人接受日方委托,经过数年查找,确定当年授拳给上地流创人上地完文的拳师为永泰县的周子和(1874—1926)(图1-2)。福州市武术协会原副会长李一端发表了《福州周子和与日本上地流空手道》(《武林》1984年第3期);魏齐祺的《日本冲绳空手道原祖在福州》一文,发表在《福建体育科技》1992年第1期。胡金焕教授还在调查基础上,将永泰的虎拳进行系统整理,由福建人民出版社出版了《福建虎拳》一书。这项研究结论被日本人承认,多年来,上地流弟子时常到福州寻根祭祖。

对刚柔流创始人东恩纳宽量的中国师父的研究:20世纪80年代开始,福建省武术协会原副秘书长陈君琬,福州地方志研究学者林伟功参与了东恩纳宽量中国师父的查找工作,他们共同的研究结果,由冲绳刚柔流传人渡嘉敷唯贤在冲绳发表,认定刚柔流创始人东恩纳宽量的中国师父是谢如如,即谢崇

图 1-1　上地完文（前排正中）20 世纪 30 年代在和歌山设立的"半软硬空手术研究所"

祥。但是这一结论尚未得到日本冲绳空手道界的公认①。东京的刚柔流的大塚仲彦、大西荣三，东京综合武道研究所的菅原铁孝等人也多次访问福州、泉州等地，还有仲本政博、涌川幸盛等一批冲绳的空手道研究者，30 余年来活跃于福建、冲绳两地的武术交流中，他们组团数度来福建调查访问，并多次邀请福建或福州的武术团体访问冲绳，组织了多场福建与冲绳的武术交流大会，写了不少文章，见于冲绳各种报刊与日本空手道的杂志中。

受冲绳刚柔流泊手会理事长渡嘉敷唯贤再三之托，永春县怡云堂苏瀛汉考察写出《永春白鹤拳与冲绳空手道之渊源——兼议王打兴、林世成之身世》②，对永春白鹤拳与日本冲绳刚柔流空手道关系作了探讨。王打兴、林世成都是与冲绳刚柔流创始人东恩纳宽量的师傅如如哥（谢崇祥）有关联的白鹤拳名师。

福建师范大学黄秀玉等人 2002 年在《体育文化导刊》发表了《日本空手道与福建拳法的历史渊源》一文，文章对空手道与福建拳法的风格进行剖析，从"三战"分析空手道与南拳如出一辙。文章对刚柔流的来源是谢崇祥、上地流的中国师父是周子和进行了概述。其分析材料是福建省武术协会有关人员的

---

①　这个结果是渡嘉敷唯贤先后数十次率队访问福建，在陈君琬等人的协助下取得的，渡嘉敷唯贤曾先后在琉球的报纸上发表了 10 余篇关于东恩纳宽量师父是谢崇祥的报道，但是，另一位琉球唐手研究者金城昭夫发表十数篇文章商榷，金城昭夫认为刚柔流始祖在福州，但不是福州的谢崇祥，而是永春的白鹤拳名师郑礼。

②　文章载集美大学学报《体育科学研究》2015 年第 5 期。

前期研究成果。

泉州国际五祖拳联谊会创会会长周焜民先生研究认为："冲绳武术家表演的空手道、唐手包括那霸手、首里手、泊手，从技手、脚马、身腰法、吞吐气到刚柔相生、技击运用等，与泉州南少林传统拳术有惊人的相似之处。空手道表演时赤脚上场，殊不知泉州人打拳，过去也是卷裤管赤脚，并以此来检验是'四点金落地'还是'五子朝天'。"①周焜民认为空手道源自永春白鹤拳，而传入琉球应在明代中期或更早。

二、国内其他学者的研究

温州大学汤文俭在导师袁镇澜指导下发表的《日本空手道发展之路》(《体育文化导刊》2008 年第 7 期)一文，对空手道的发展脉络作

图 1-2　永泰县虎拳名师周子和（1874—1926）

了扼要而准确的回顾，对唐手起源、近代唐手到空手道演变过程作了回顾，并从借鉴现代空手道运行经验角度，对中国武术当代发展提出建议。这是一篇内容简约、脉络清晰的空手道发展研究文章；另外，宁波大学谷晨发表了《日本空手道的起源与发展演变》(《体育文化导刊》2003 年)，吕景章在《山西科技》(2008 年)上发表了《日本空手道与中国武术的对比研究》等文章。

袁镇澜编著的《日本空手道》(浙江人民出版社 1991 年版)、郑旭旭编著的《格斗空手道》(人民体育出版社 1992 年版)、黄凌海等编译的金泽弘和著《空手道六周通》(人民体育出版社 1993 年版)等书籍，其中也涉及空手道的演变历史，但这些专著主要是对空手道技术的介绍。理论部分，特别是历史沿革部分，在书籍中占的比例甚小。所引用的沿革，是以日本常用的教科书为依据。

综观国内学者研究结果，其资料基本是日本人访祖时，由福建武术协会魏齐祺、胡金焕、陈君琬等人早期研究提供的线索。而且在杂志上发表的论文，或者是技术专著的源流发展，受篇幅限制，基本是简略地梳理与介绍。

---

① 周焜民的《冲绳空手道与泉州五祖拳渊源管窥》，2015 年 1 月 25 日在冲绳浦添市召开的"探索琉球空手道起源国际研讨会"上口头发表。2017 年 9 月泉州少林寺重刊单行本。

第二节 日本人对空手道历史的研究

一、早期研究中关于琉球唐手起源的问题

这个"早期",我们将之限定在近代社会以来,就是日本明治维新(1868年)到 1945 年 8 月第二次世界大战结束这个时间段。

船越义珍的《琉球拳法·唐手》(图 1-3):富名腰(富名腰在日语中发音与船越相同,早期多用富名腰)义珍,1922 年出版了《琉球拳法·唐手》一书;1925 年又出版了《练胆护身唐手术》,1935 年改版为《空手道教范》。他是最早将琉球唐手带到日本本土的人,也是近代意义上最早在日本出版有关唐手专著的人。他在 1922 年出版的《琉球拳法·唐手》中,就唐手起源这样记载:"唐手从何传来?在冲绳,只是依据口头传说。一种说法是:距离现在 200 年前,首里的赤田有一个叫'佐久川'的,从中国学习了唐手,回到冲绳后传播,人称'唐手佐久川'。另一种说法是:根据《大岛笔记》记载,距离现在 140 年前,一个叫公相君的中国人,带着弟子到冲绳传播了唐手。还有一种说法:14 世纪,尚巴志王统一了琉球群岛的三山,以文治立国,将兵器封存入库,专心致志发展贸易,改善民生;再加上庆长十四年(1609)萨摩藩强占琉球国,将其作为附属国,琉球王府和民间一切武器被收缴。在两次禁止民间拥有武器的社会特殊环境中,冲绳就产生了空手的拳法。而我认为琉球拳法所谓的唐手,是冲绳固有的武术,因为当年崇拜中国,所以从中国学习了拳法,结合冲绳拳法进行比较研究,取中国拳法之长,冠以唐手之名。"①

图 1-3 1922 年出版的《琉球拳法·唐手》

三木二三郎、高田瑞穗的《拳法概说》(图 1-4):1929 年 7 月,东京大学唐手研究会的骨干学生三木与东京大学职员高田,相约到冲绳作实地调查,其中

---

① 富名腰义珍.琉球拳法·唐手[M].冲绳:榕树书林,2006:2-3.

第一章　空手道源流的前期研究

三木二三郎在冲绳一个多月,在访问了当时冲绳多名唐手名家并学习的基础上,于1929年编写出版了《拳法概说》一书。该书记载:"唐手是天予之守护权利增进幸福之武道。它的来源有各种说法,尚无明确记载。一说是琉球人到中国学的中国拳法,一说是庆长时期由于成为萨摩藩的属国,一切武器被禁,在这个特殊的时代环境中产生的。根据宫城长顺先生的谈话,大约是源于达摩大师创造的中国拳法,唐宋时传入琉球,在琉球这个特殊的环境中形成的。后来的各个老师根据自己的名字加了各个流派,其实在冲绳只有昭灵流与小林流二派。昭灵流以那霸市为中心,宫城长顺在指导传播;小林流以首里市

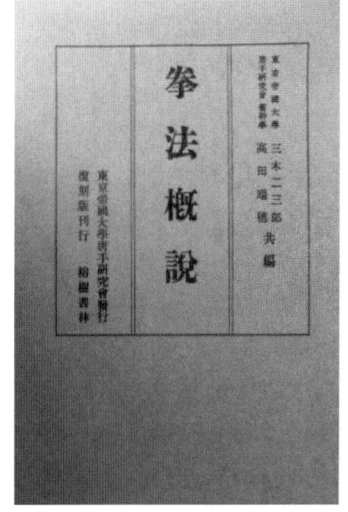

图1-4　1929年出版的《拳法概说》

为中心,屋部宪通、喜屋武朝德、屋比久孟传诸先生在指导。宫城长顺先生着眼于唐手的体操化。后者着眼于实战。同样一个形,由于着眼点不同,演练的方法与程序也不同。"①

宫城长顺的《唐手道概说》(1934年3月23日出版):主要是琉球拳法唐手道的沿革概要。琉球唐手起源有三种说法:一是"闽人三十六姓传入"说:中国明朝洪武二十五年(1392),闽人三十六姓来琉球时传入的。二是"大岛笔记说":日本宝历十二年(1762),"擅长拳法的公相君,领弟子数人传来"。三是"庆长输入说":日本庆长十四年(1609),岛津氏率兵侵入琉球,岛津占领琉球后,采取了"禁武"政策,由于武器被禁,徒手的武术就异常发达了。此外还有其他关于唐手形成的说法②。

同一时期,活跃在日本本岛的冲绳唐手传播者们,也相继出版了一批有关唐手的著作。比如糸东流空手道创始人摩文仁贤和于1934年出版了《攻防自在护身术空手拳法》。书中的观点:唐手是从中国传来的。在琉球王国时期就有,是琉球住民作为强身、健体、防身、自卫的一种手段秘密流传的。20世纪30年代日本出版的唐手书籍中,并没有关于流派的记载。

这些著作根据传说,对空手道的起源作了记载,这是琉球唐手公开后的前

---

① 三木二三郎,等.拳法概说[M].冲绳:榕树书林,2002:13.
② 高宫城繁,等.冲绳空手古武道事典[M].东京:柏书房株式会社,2008:733.

期研究。

二、现代东京等地学者研究

1945年日本战败后,日本史称为现代。这一时期日本本土学者的空手道研究成果有一个特点,就是召集了当代的历史学家、文学学者与当年健在的资深的空手道名人作为撰稿人,这些研究成果是集体的智慧,内容比较翔实。

1978年3月,田中晶作为发行人,集体编纂的《空手道(保存版)》(图1-5),由东京株式会社创造社出版。这本书涉及空手道发展的历史、国际空手道家眼里的空手道、全日本空手道联盟公认指导员的讲习教科书、空手道竞赛技术分析、竞赛规则与裁判法、形的名称、冲绳空手道的系谱、四大流派的基本形等。附录还详细列出全日本高中、大学、社会主要空手道道场的名称、主讲老师、地点、联络方式、教学时间、学费等。大塚博纪、小西康裕、仪间真谨、摩文仁贤荣、金城裕、藤原稜三、中信林二、富木谦治、高木房次郎、江里口荣一等日本武道研究专家和空手道名家,撰写了有关的章节。该书以座谈会、回忆录方式谈空手道历史;

图1-5　1978年出版的《空手道(保存版)》

还保存了一批20世纪六七十年代的空手道比赛照片。另外,本书对空手道流派体系也作了相当细腻的整理。

今村嘉雄主编的《日本武道大系》(图1-6),1982年由东京同朋舍出版。这是日本经济高速发展后,对本国文化重视而组织的国家级工程。《日本武道大系》有10卷,第八卷是"空手道、合气道、少林寺拳法、太极拳"合卷,空手道部分由江里口荣一、藤原稜三、室木洋一合作编撰。该书对空手道历史有多角

图1-6　1982年《日本的武道》《日本武道大系》丛书

度的考察。空手道历史一章就有五个小节：①日本的空手道史：空手与起倒流；空手与杨心流；空手与竹内流；空手与关口流。②唐手与空手道。③柔术与空手道。④冲绳的空手道史。⑤中国的空手道史。这里对空手道历史及有关概念的研究过于宽泛，将中国历史上汉代之前涉及的拳搏的技术，都称为空手道。日本的空手道史则从唐代僧人鉴真大和尚开始；中国的空手道史从春秋的管仲开始，引"有拳勇股肱之力秀出于众者，有则以告有司"；还写唐朝李世民、宋代赵匡胤和岳飞、明代戚继光，还涉及达摩等对武术的贡献。关于福建拳法对琉球唐手形成的影响写得比较少。而该书中的"冲绳空手道史"将琉球的唐手分为三个来源：首里手、那霸手、泊手。

关于空手道流派产生的问题，该书记载对我们了解近代琉球唐手演变有重要意义："唐手传承过程中，一直到明治中期，都没有日本式的流派名称，到了介绍日本本土，才开始自己立流派名称。"①另一说法是宫城长顺1929年在京都武德殿表演时，节目单需要流派名字，他取了"刚柔流"。原来在冲绳的拳法没有流派名称，只有首里市松村宗棍传播的首里手、东恩纳宽量传播的那霸手、宗久嘉隆和照屋规箴传播的泊手，还有从福州周子和学习形成的上地流，是大家公认的。这些名称是嘉纳治五郎到冲绳视察，统一下来的称号②。"琉球拳法，像日本武艺的各流派一样，作为一个独立的体系而完备成型，是1935年以后的事情。此前琉球的拳法称为'唐手'。将琉球拳法作为'那霸手''首里手''泊手'还是以居住在那霸市周边的唐手家的习惯来区分，而且这种习惯性的称法，也就是1879年冲绳县设立前后开始的，时间并不久远。即首里手的拳法是松村宗棍从北京的善扑营学的北派拳法，那霸手是东恩纳宽量在福州学的福建拳法；泊手是照屋规箴从居住在泊村的唐手前辈那学到的。如果从技术上比较，首里手和泊手属于北派拳法，那霸手属南派拳法。"

这本著作对近代空手道发展中的重要人物有较为详细的研究与记载，还记录了由全日本空手道联盟编撰的8个形。对世界空手道联盟的形成也有简略的记载。

1983年10月，由日本权威出版社讲谈社出版的15卷本《日本的武道》，其中第八卷是空手道专卷。这部书也集中了日本当时的武道界名家编纂。主要的编写人员与东京同朋舍出版的《日本武道大系》基本相同，编辑的体系不

---

① 关于最早立名号的记载有两则：一是本书中记载的，另一正式出现在公开记录中的是1939年，船越义珍号为松涛流。藤原稜三，江里口荣一，等.日本武道大系(第八卷)[M].东京：同朋舍，1982：97.

② 藤原稜三，江里口荣一，等.日本武道大系(第八卷)[M].东京：同朋舍，1982：97.

同,对近代空手道发展作了简要而明晰的梳理,日本武道精神也被引入空手道理论部分中。

1986年10月20日由东京棒球杂志社出版的,仪间真谨与藤原稜三的《对谈·近代空手道历史》是比较系统的研究近代空手道发展专著,是权威的近代日本空手道发展历史的研究著作。藤原稜三出生于1925年,是评论家、教育思想史博士、稜云禅庵庵主。出版过《格斗技的历史》《神道杨心流的历史与技法》《守·破·离的思想》等多部有关日本武道文化著作,是权威的日本武道研究专家。他执笔了讲谈社出版的《日本的武道》15卷本、同朋舍的《日本武道大系》中有关空手道的专辑,他56岁时,家里藏书超过一万册,他查阅过中国典籍的明史、清史中有关琉球的记载,没有发现有关唐手的记载,他阅读过陈侃、郭汝霖、萧崇业、夏子阳等多位册封使的《使琉球录》(图1-7),还有杜天使的《册封琉球真记奇观》、张学礼的《中山纪略》、汪辑的《使琉球杂录·中山沿革志》、徐葆光的《中山传信录》、周煌的《琉球国志略》(图1-8)、季鼎元的《使琉球记》等书。而另一位作者仪间真谨几乎读完《冲绳县史》,在两人对谈的年间又读了《冲绳犯罪记录》,都没有发现有关唐手的记载①。这些书,是中国国内图书馆无法找到的珍本文献。仪间真谨出生于1896年,1922年与船越义珍一起在讲道馆嘉纳治五郎等名家前表演琉球唐手,当时他还是一桥商

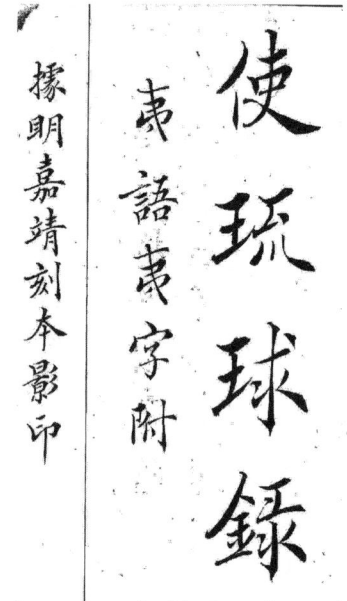

图1-7　明代版《使琉球录》

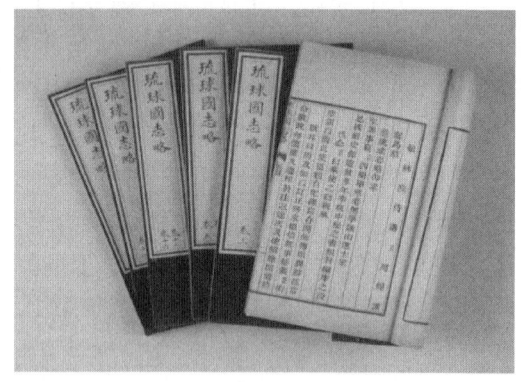

图1-8　明代版《琉球国志略》

---

① 仪间真谨,藤原稜三.对谈·近代空手道历史[M].东京:棒球杂志社,1986:388-391.

业学校的学生,后来曾任冲绳空手道协会会长,松涛流空手道最高师范,空手道十段。仪间真谨15岁(1910年)开始,在冲绳县立师范学校开始从糸洲安恒、屋部宪通学习唐手,他的爷爷是旧琉球王府的汉字师傅,也是棒术名家。他是家里最小的孙子,爷爷的掌上明珠。从小在爷爷膝下听了许多关于琉球的故事。爷爷告诉他:"琉球的唐手术是中山王时代福建人三十六姓带到久米村的。明治维新以前,唐手是居住在久米村人的特技。琉球唐手所有的形的名称,都是用福州话发音的。"这本近代空手道历史的对谈,采用对话记录的方式,在空手道杂志用几十期连载发表,最后整理成400余页篇幅的书稿。这是一本涉及近代日本空手道发展方方面面的历史书,是珍贵的研究日本空手道近代发展的参考书,但是书中对中国拳法在琉球的发展介绍的过于简略,对大学生空手道发展、对直接击打的对抗性空手道竞赛的发展,以及世界空手道联盟的发展、冲绳当地的传统空手道保护诸方面没有涉及或者过于简略。

大西荣三的《空手史》(图1-9):2000年10月15日在东京龙书房出版,大西荣三是中国武术通,1932年5月出生在日本爱媛县,毕业于庆应大学,1950年开始学习空手道,1953年在(旧全日本空手道联盟)最高师范远山宽贤指导下学习,后又从冲绳空手道名家许田重发学习空手道。他还向许兴智教授和安天荣学习中国武术。大西的研究主要兴趣在于创立自己的"拳道学",他曾经获得空手对抗安全护具发明的专利,他主张以戴护具的方式进行徒手击打练习。他以学术的角度思考拳法,致力于将拳法的技术理论构建成一个哲学体系。大西荣三多次来中国各地访问,著有《竞技空

图1-9 大西荣三《空手史》

手道》《空手道学》《拳道学》《拳道学大要》等专著。他的《空手史》,用事件与人物简介的方式,对中国武术的历史与琉球唐手及空手道的历史进行介绍。对唐手形成的考察似乎没有新的观点,是教科书形式的著作。

2007年,由日本武道馆编纂的《日本的武道》,是一部综合介绍日本武道的专著,这是日本外务省作为向世界各国正式介绍日本武道文化的权威版本,该书中空手道部分作为第五项日本现代武道,对空手道的历史、现状、目标等作了介绍,空手道源流、发展方面等观点是由全日本空手道联盟研究确定的。

它的结论是,空手道是以中国传来的武术为原型的。① 但全日本空手道联盟只是日本空手道的一个部分,他无法对与它平行或对立的空手道团体发展作出中肯的评述。

2011年,金城裕(1919—2013)的《从唐手到空手》(图1-10):由日本武道馆出版发行,这位出生在冲绳的"日本空手道研修会宗师",从事空手道运动的推广85年,是著名的空手道评论家,他以翔实的资料和冷静的思考,对琉球唐手的形成与发展作了记载与分析,特别是对船越义珍的在东京传播的平安初段~五段形的动作结构与意义,作了深入的考察与分析,这部书,是目前我们所见的翔实而中肯的关于近代空手道发展的历史书。关于琉球唐手的起源,金城裕对原来的琉球拳法起源仍然是保留三种说法,并进行了冷静的分析。该书重点放在糸洲安恒在冲绳,将传统的琉球"手"改造成教育的"唐手"的研究。他认为唐手是糸洲安恒提出

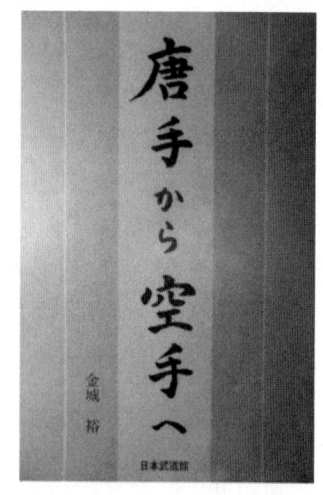

图 1-10　金城裕《从唐手到空手》

来的,是作为一种教育的唐手,是琉球传统的"手"的升华。

日本本土的研究者,对空手道的研究是细致的,各项成果表现出日本学者的认真精神,但是诚如各专著学者在编者后记中所说,空手道资料庞杂、支系众多,全部掌握几乎是不可能的。我们从这些大型的空手道著作中,得到许多信息,但是从琉球唐手到日本空手道文化演变的过程,从给中国武术发展提供借鉴的角度,尚有许多有待研究的空间。

三、冲绳空手各流派的独立研究者

日本当代的社会组织特别是民间社团,独立性比较大,没有我国国家体育总局武术运动管理中心统辖全国武术竞赛与研究的权限。在日常空手道的传承与传播中,各流派是自成体系、独立运行的。空手道中就是同样以刚柔流命名的团体,也是分为数十个各不相关的协会,自成体系地组织比赛、通段位,开展理论研究、技术讲习等活动。

长岭将真(1907—1997)的《史实与口传中的冲绳空手角力名人传》1986

---

① 参见序章第二节。

第一章 空手道源流的前期研究

年由世界松林流空手道兴道馆发行,以人物传记方式对冲绳空手名人真壁朝显、佐久川宽贺、松村宗棍、松茂良兴、糸洲安恒、东恩纳宽量、船越义珍、喜屋武朝德、本部朝基、新垣安吉作了介绍。书中有一些珍贵的资料与记载。

佐久田繁(1926—)的《空手名人列传》,1987 年 11 月由月刊冲绳社出版,以说故事的方式介绍了"琉球的宫本武藏——松村宗棍""三战的裁判——东恩纳宽量"。

岩井虎伯(1950—)的《本部朝基与琉球空手》,2011 年 12 月由东京爱隆堂出版,专门介绍了实战名家本部朝基的历史与技术。

冲绳刚柔流·泊手空手道协会会长、冲绳县空手道联合会副会长渡嘉敷唯贤(图 1-11),1957 年开始学习泊手的技法,1967 年开始学习刚柔流技法,1982 年成立综合两大流派的"冲绳刚柔流·泊手空手道振兴会",1987 年创振兴会机关杂志《ごうはく》,开始进行系统的空手道的历史与理论研究。1987 年 10 月 2—8 日,他率 5 人代表团到福州寻找东恩纳宽量的遗迹。1989 年,他们认为,福州鸣鹤拳名家余宝炎先生的鸣鹤拳在技术风格与冲绳刚柔流最相似。再经过几年查找,他们认同余宝炎的师父谢如如(名为谢崇祥)为东恩纳宽量在中国的老师。谢如如是福建长乐县处古乡岱边村人,13 岁随父亲迁居福州台江。

图 1-11　渡嘉敷唯贤(1940—)

1989 年 9 月 16 日,在福建省对外友协和福建省武术协会帮助下,在福州举行"确认谢如如系日本冲绳刚柔流祖师东恩纳宽量的师父论证会",由福建省武术协会召集的与会专家,经过论证认为:"福州鸣鹤拳一代宗师谢如如(崇祥)确系日本冲绳刚柔流祖师东恩宽量当年在福州所拜的武术师父。"1990 年 6 月 9 日,渡嘉敷唯贤率日本刚柔流·泊手空手道代表团 53 人,在福州参加了由福建省武术协会主持的"显彰碑"落成典礼。显彰碑位于福建省体育中心西南部。碑上写着"鸣鹤拳一代宗师谢如如崇祥、那霸手中兴之祖东恩纳宽量显彰碑"。2015 年 6 月 8 日,渡嘉敷又率领 41 人组成的"日本冲绳刚柔流·泊手空手道协会"代表团专程前来福州,与福建省体育总会、福建省武术协会联合举办"显彰碑建立二十五周年　中国福建·日本冲绳武术交流演武大会"(图 1-12)。渡嘉敷唯贤经过多次考察研究,认定东恩纳宽量当年在福州学习武术的老师是"谢崇祥（1852—1930）"，1993—1995年间，他还将谢崇祥的第四代孙子谢文亮请到冲绳，一边传播原汁原味的福建鸣鹤拳，一边工作。渡嘉敷唯贤这个团体已经25次访问福建各地，并将空手道寻根足迹扩大到河南等地。他们一直与福建省武术协会保持互动交往。他在冲绳的报纸与自己的杂志上发表过几十篇研究文章，并出版了译著《冲绳武备志》[①]一书。

图1-12　参加显彰碑建立25周年冲绳刚柔流代表团（2015年于福州）

由东恩纳盛男（图1-13）编写的《刚柔流空手道史——两大拳圣　东恩纳宽量·宫城长顺》2002年4月25日由东京株式会社チャンプ出版。东恩纳盛男在这本书中记载了他在中国的访祖之旅点点滴滴，这也是对刚柔流源流及技术进行研究的结集。

1987年，东恩纳盛男通过在香港的空手道弟子，联系到福州武术协会，在福州市武术协会副会长李一端、洪鼎生、蔡楚贤等人协助下，展开刚柔流空手道在福州的探源研究。同年4月15日，由福州市武术协会组织交流会，中方有郑光鼎（福州市武术协会主席）、李一端（福州武术协会副主席、市体委职员）、陈政禄（地术犬法）、蔡楚贤（地术犬法）、余宝炎（鸣鹤拳）、何永青（龙拳）、阮东（鸣鹤拳）、张天赐（虎拳）、林在培（地术犬法）、金静夫（鸣鹤拳、香店拳）、徐基清（儒法）、纪灼弟（狮子拳）、叶胜宝（罗汉拳）。这是较早的中日民间武术交流，聚集了福州市的一批著名南拳各流派传人参加。东

---

① 关于《冲绳武备志》的版本来源及冲绳武神，卢姜威博士的"琉球武神——九天风火院三田都元帅"一文，有详细的考察，文章载于《福州田公信俗文化史料与研究》。

恩纳盛男是带着那霸市长亲笔信,访问福州市政府后再访问市武术协会的。

他是带着探索本流派之源头的目的来的,他与同来的加藤演练了三战,接着自己演练了碎破、制引战、四向战、三十六手、十八手、久留顿破、十三手、一百零八手、转掌九个套路。据说,这九个套路是东恩纳宽量从中国师傅手上学到的。福州方面由金静夫、余宝炎演练了白鹤拳、鸣鹤拳的三战;虎拳的张天赐也演练了虎拳三战。东恩纳盛男与同来的美国徒弟演练了"靠手",福州的金静夫与纪灼弟也演练了"靠枝"①。在充分交流基础上,福州拳师们认为,刚柔流综合了虎拳、狮拳、狗拳、鹤拳、罗汉拳的方法。"经过一一比对中国武术(福州的南拳)与刚柔流空手道,我们得出结论是名称即使有些不同,基本技术是完全一样的。特别是辅助练习的使用器械几乎一样②:除了金刚圈与卷藁之外,其他器械都是从福州带到冲绳的。"(图1-14)1988年4月14—20日,东恩纳盛男再次率团到福州,就东恩纳宽量在福州的事迹进行再调查。东恩纳盛男的专著,主要记载了东恩纳宽量和宫城长顺的生平事迹,还有自己老师宫城安一的习武过程,还有从刚柔流长辈言谈中关于刚柔流空手道历史的纪实。他在专著中认为,按鸣鹤拳的传承记载,谢崇祥的老师是潘屿八,但是没有确认东恩纳宽量的老师是不是谢崇祥。2012年,在福州市体育馆举办的

图1-13　东恩纳盛男(1938—　)

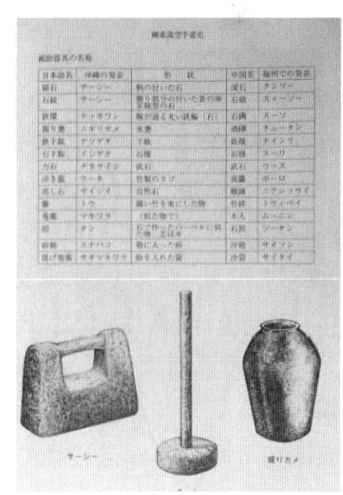

图1-14　唐手辅助练习器械冲绳与福州发音比较

"冲绳与福州武术交流会"上,笔者在比赛现场访问了东恩纳盛男,他说可以肯定:空手道刚柔流是来源于福建武术,但还不能确定东恩纳宽量的老师是谢崇

---

① 福建拳法练习前臂靠打能力的一种基础训练,两人用前臂互相进攻与防守进行碰撞,配合前进后退等步法。何永青与陈永水也练了背撞式的基础练习。

② 东恩纳盛男.刚柔流空手道史——两大拳圣:东恩纳宽量·宫城长顺[M].东京:株式会社チャンプ,2002:146-147.

祥。刚柔流与福建许多武术流派相似，比如与泉州的五祖拳也十分相似。而谢崇祥是福州鹤拳的名师。

东恩纳盛男出生于1938年，16岁开始跟刚柔流宫城长顺的直传弟子宫城安一学习空手道，潜心空手道的击打硬度锻炼，以"手指硬如钢"闻名。1982年，开设"刚柔流东恩纳道场"，后来以独立社团法人，在世界各地传播刚柔流空手道，被誉为冲绳空手道国际推广第一人，刚柔流十段范士。2008年7月6日在冲绳举行"第5届世界武道祭"①上，东恩纳盛男的学生来自世界53个国家，有1500人。2012年福建福州仓山体育馆举行的空手道与中国武术交流大会上，他也携30余个国家近百名弟子参加。他是有国际影响的冲绳空手推广大家。

金城昭夫（1936—　）的《空手传真录》（图1-15）2005年6月1日由东京株式会社チャンプ出版。金城昭夫是20世纪80年代最早到福建调查空手道历史的日本人之一，他出生在冲绳县平良市，1957年在琉球大学教育系就学期间，组织成立琉球大学空手道研究会，大学毕业后130余次到中国台湾、香港和福建等地进行武术学习与调查，他比较广泛地接触过福建民间拳师，从他自己目前的"封号"来看，对中国武术他是全盘接收的。作者专著的落款为：福建少林寺唐手道本部馆长、日本武当太极拳总本部、太极武当道馆馆长。在空手道历史的论证中，该书对福建

图1-15　金城昭夫《空手传真录》

武术历史与人物有比较详细的记载。他的专著也分别记载了琉球唐手那霸手、首里手、泊手、上地流的由来。他认为唐手是从中国传去的，套路是武术传承的主要方式，而冲绳唐手开始时型的名称都是用中文表述，而且是用福建话来发音的。他不同意渡嘉敷唯贤关于东恩纳宽量的中国老师是谢崇祥的论点，他认为东恩纳宽量老师应该是白鹤拳著名拳师郑礼。

2007年11月15日，冲绳的"球阳出版"出版了野原耕荣的《冲绳传统空手"手"（TIY）的变容》，A5篇幅有510页。野原耕荣是冲绳本地人，曾经在早稻田大学攻读过运动人类学博士课程，是冲绳首里手小林流八段。1982年，

---

①　流祖宫城长顺诞辰120周年纪念大会。

他设立了冲绳空手道小林流龙球空手古武道联盟。1985年,设立全琉(球)实战空手道协会,多次组织各类比赛。他所创立的这个团体目前还不能左右冲绳的空手道界①。但是,我们注意到,野原耕荣的观点代表一部分冲绳当代学者的观点,他的观点有两个特点:一是将琉球的唐手说成是冲绳本来就有的,是琉球城廓时代(7世纪到14世纪)形成的,后来受传来的中国拳法的影响,独立形成冲绳的"手";二是对武道的空手与竞技的空手,他有较为大量的论述。这本著作中,对当代东京为代表的竞技空手道与冲绳的传统空手之间的矛盾与冲突有比较翔实的记载。对全日本空手道联盟的竞技空手道提出比较尖锐的批评,书中还提出冲绳传统空手的10条原则。

外间哲弘(1944—)的空手博物馆(图1-16):冲绳空手道刚柔流教士八段,1961年开始师从比嘉世幸、吉真丰学习空手道、古武道,在自己并不宽敞的家里②,经营空手道馆,并将自己多年收集的日本报纸杂志的有关空手道报道、一些练习实物,还有一些从中国购到的武术书,建成私立"空手博物馆"。博物馆就设在自己道场的二楼的回廊里,面积不过百平方米。外来的参观者入馆要交300日元的参观费。1979年开始,他先后到美国、英国、法国、意大利、加拿大、芬兰、南非等国指导空手道,著有《冲绳古武道、空手道的真髓》(那

图1-16　私立冲绳空手博物馆(2015年摄)

---

① 根据本人2015年4月在冲绳的实地调查,一是在冲绳本地,他的影响还没有形成;二是据早稻田大学有关教授表示,截至2018年春天,他的这本书为基础的博士论文没有通过学位答辩。

② 冲绳西原町字上原147—2。

霸出版社 1999 年版),《空手道历史年表》(2001 年 3 月冲绳图书中心出版,该书被日本武道馆列入空手道研究参考书);在研究中记载:"1392 年,闽人三十六姓归化,据《球阳》传说,郑氏、郑义才一族人在冲绳传播中国拳法,冲绳《武备志》一书也是此时传入冲绳的。可以推测这是那霸手系的源。"2015 年 4 月 29 日,本人在冲绳空手道博物馆参观并访问,与他有过近一小时对话,外间哲弘认为,空手是冲绳本来就有的,冲绳自古航海贸易发达,东南亚一带的武术给冲绳拳法多重影响,而中国拳法当然是主要影响。

嘉手苅徹(1956—),早稻田大学博士,刚柔流空手道七段,是专职的琉球唐手研究者,原来是冲绳一所小学教导主任,由于专心于筹建冲绳空手会馆,2015 年间辞去小学老师职务专职从事空手资料收集工作;2016 年度,当选为冲绳县文化艺术审议委员会委员。他的研究重点不在于空手道的源流与发展的脉络,他认为冲绳是全世界空手道发源地,全世界空手道爱好者都在关注冲绳的空手发展,都渴望到空手发祥地学习原汁原味的空手,但是冲绳目前不论是技术水平还是资料丰富性都不能令来访者满意。他对空手道进入奥运会赛场并不感兴趣。对空手道近代历史演变也没有兴趣,他重视如何保护好冲绳的空手特色,如何作为日本国家珍贵的遗产向全世界传播。他不用"空手道"用"空手",因为"空手道"是日本东京等城市的,"空手"才是冲绳独有的。他参与编辑了冲绳最新出版的《冲绳空手道·古武道事典》,他认为这个著作也是仓促之作,在一次冲绳举办的国际空手道大会上,他们作了现场调查,根据参加大会的人自己介绍,就统计了国外各空手道支部的数量,没有核实过程。因为冲绳地理特殊,在外谋生的冲绳人很多,占冲绳总人口的 13%。他说,建设一个冲绳空手会馆,可以给生活在世界各地的学过空手的冲绳人一个交流的舞台,一个心灵的归宿地(图 1-17)。

这些非历史专著丰富了空手道研究的资料,但是对事件与材料的真伪也需要进行鉴别。

四、政府背景下的冲绳历史文化研究

新城俊昭新编的《琉球·冲绳史》,是日本冲绳历史教育研究会 2014 年 12 月 27 日出版的,作为全面介绍琉球冲绳历史文化的新书,它这样定义"空手":"'空手'是以琉球古来的'手'与中国传来的拳法结合形成的。'空手'正如文字表述的是赤手空拳、不使用任何的武器,只用手、足来护身的武道。相对于此,利用身边的棒、镰刀、叉等工具作武器的武道,称为古武术。空手原先只有三个流派:首里手、泊手、那霸手。近代以来,首里手的松村宗棍、泊手的

图 1-17　郑旭旭(左)访问嘉手苅徹(中)、宫本保(右)(2015 年于冲绳)

松茂良兴作、那霸手的东恩纳宽量推进了近代空手的体系化。首里手、泊手是由中国拳法作为母体发展的。之后又有那霸手与小林流(少林流、松林流、少林寺流)等结合,在借鉴中国拳法同时,强调冲绳的特性,形成了刚柔流。还有 19 世纪中期,仲井间宪里直接学习了中国的古代武道,创立了刘卫流,20 世纪初,上地完文学习了中国南派拳法后传上地流空手。"

冲绳当地学者研究成果中,最有代表性的是 2008 年由高宫城繁等人根据近年收集的新材料编写出版的《冲绳空手·古武道事典》,这个编集组成人员具备冲绳本地的权威性,参与编写的人物是冲绳各大学的教授或校长,是文化界、空手界的权威人士。编入资料的方式也是博采众说,存疑待考的态度。该书有 750 余页,B5 版。对冲绳的唐手、东京空手道的历史中的主要事件与冲绳人有关的部分,有较为详细的记载。该书将一些历史资料复印公布,并且对冲绳当代的空手、古武道传人作了较为详细的记载。这是冲绳人编写的、关于空手的综合性工具书。本书按照辞书方式,将空手道、古武道有关的知识与历史进行整理。"概略"部分有冲绳的历史、冲绳之战、冲绳的空手、冲绳的古武道。"日本传武道诸相"部分有武的字义、战法与练成即不战之道、日本传武道的三大性格变迁、文武两道观的历史流变、重视型的武艺思想、作为民族存在证明的武道。"空手篇"有空手的定义与种类、冲绳空手道的历史、冲绳空手道的流派、冲绳空手的技法、冲绳空手的型、冲绳空手的思想等。本书的"人物篇"比较翔实,"资料篇"也是很难得的。

这里不标志为"空手道",用"空手",就是表明了冲绳当地文化与体育界对东京的"全日本空手道联盟"还是有所保留的,空手源于琉球的唐手,到东京后才有"空手道"之称,尽管在东京"唐手"已经改为"空手道",但冲绳还是坚持自己的本土特色,区别于日本的武道,用"空手"。

2016年,空手道被国际奥委会接纳为2020年东京奥运会正式项目后,日本武道馆的《月刊武道》组织和田光二(1949—)、小山正辰(1952—)、嘉手苅徹(1956—)编写了系列文章"空手道——历史与技法"。从2017年4月号开始,到2018年7月,连载16期,尚在连载中。和田光二毕业于庆应义塾大学经济系,1970年、1971年连续获得全日本大学生空手道锦标赛形个人赛冠军,曾经担任庆应大学体育会空手道部总教练,是竞技空手道的亲历者。小山正辰本科就读于立命馆大学,曾经任大阪府立高中校长,1972年获得全日本大学生空手道锦标赛个人赛及团体赛形冠军。1972年世界空手道锦标赛获个人男子形冠军。嘉手苅徹则是2017年5月,通过早稻田大学人间科学部博士答辩,是冲绳空手专职研究者。系列文章首篇的提要指出:"琉球王国时代在冲绳县流传的武技,以'唐手'之名,在学校教育和体育活动中公开至今,已经超过110年。空手道的历史与琉球、冲绳的历史不可分割。琉球、冲绳的历史与日本、中国也是不可分割的。当然与东亚、世界的历史也有密切关系。成为奥林匹克正式项目的'KARATE'被认定为世界性竞技项目后,空手道之路如何发展?在梳理验证空手道历史与技法的同时,就是引导后代的日本与世界的年轻人,思考如何继承与发展空手道的精髓。"

 **本章小结**

综合以上国内外学者的大量研究,我们认为有六方面问题还需进一步研究:

一是琉球唐手是否源于中国拳法,一直没有定论。琉球唐手是中国武术中福建拳法吗?比如冲绳唐手形"公相君"这个套路,有伏地后扫的动作,有类似腾空二起脚动作,这是不是福建南部拳法?如果不是福建拳法,又来自何方?

二是被称为"唐手"的福建拳法,在20世纪初的冲绳有哪些变化?这些变化的时代背景是什么?是基于什么样的主旨变化的?主要是由哪些人完成的?

三是船越义珍到东京后,如何开始"唐手"的东京之变革,这些变革在技术体系和组织体系上,都有哪些特征?船越义珍及与他同时代的唐手名家作了哪些努力?

四是"唐手"如何改变为"空手"?是在什么社会背景下改变的?

五是空手道如何成为国际性的竞技体育?时间与空间的变化给唐手的发展带来哪些条件?面对奥林匹克竞技场,日本人根据时代与奥运会的要求经历了哪些变革?哪些可以作为中国武术的借鉴?

六是在多元文化并存的当代,冲绳的传统空手与"全日本空手道联盟"有哪些区别与共同点?这些研究也可以为中国传统武术与当代竞技武术关系问题提供借鉴。

从体育文化转变的角度,通过福建拳法、琉球唐手到日本空手道再到奥运会竞赛项目转变的个案研究,寻找出传统体育文化在时间空间转换中演变的规律,为中国武术文化当代发展提供借鉴,是本研究的意义所在。

第二章 "琉球唐手"的主体是福建拳法

第一节 琉球文化深深打上中国的烙印

一、文献中有关琉球的记载

琉球唐手来自何处？是在琉球本土产生的还是从中国传入的？这个问题原来是不成问题的。早在1922年船越义珍在东京出版的第一本关于空手道的书籍就是以《琉球拳法·唐手》为名的。只是当空手道运动被世界各地广泛接受后，一部分日本人不愿意将有世界范围影响的空手道说成是来自中国，强调了琉球的本土性。如果说源于劳动与生存斗争的搏斗技术，只要有人存在的地方就可能产生，这是普通的常识，但是以相对固定模式，有一定程式化，成为秘密相传的生存技艺，则是一种成熟的文化。文化的形成要有环境与人群聚居的规模，而文化的传播，基本有一个从发达地区向不太发达地区传播的趋势。

琉球是位于中国东南部的群岛。按照日本学者2014年8月统计，琉球群岛有大小161个岛屿（其中钓鱼岛属中国领土），面积为2275平方公里。其中49个岛屿有人居住，人口142万996人。如果简单描述琉球群岛的历史，正如《冲绳的历史》作者伊波胜雄所说："如果不努力抹掉'生活在边境的民族是悲剧'这个历史观，冲绳是'悲剧之岛''虐杀之岛''贫困之岛'的标签是难于撕下的。"①

根据日本人的研究，早在公元前30000年—前8000年，琉球就有山下洞人、港川人，过着狩猎与采集的生活。经过漫长的贝塚时代②，琉球诸岛上开始了进入农作物栽培和制作高品质陶瓷器的时代。不久，迎来了以农耕为基础的圣城时代（11世纪末—15世纪）。这个时期，日本的九州与中国的贸易相

---

① 伊波胜雄.冲绳的历史[M].冲绳:むぎ社,2011.
② 公元前6600—前900年。

当发达,中日贸易圈涉及琉球列岛,人员与物资的流动相当活跃。这个时期被称为琉球这个孤岛国形成的准备期,各岛聚居的琉球人群以名为"按司"的头领作领袖,不断登上历史舞台,各地按司互相争夺地盘,竞争的结果,在冲绳诸岛中形成了北山、中山、南山三个势力圈,称为三山时代。三山时代开始,中国的明朝就与中山王建立了朝贡的关系。到1429年,中山王尚巴志统一了三山的势力,形成了琉球王国。琉球王国继续与中国交往。

根据福建师范大学谢必震教授考证,我国目前有关琉球的文献中,以《隋书》的"流求"记载为最早,"流求国,居海岛之中,当建安郡东,水行五日而至。"《宋史》《元史》《明史》《清史稿》都有琉球的记载,史学界历来对明代以前琉球记载有不同看法,大多数认为《隋书》之"流求"应是今日之台湾,非今日日本之冲绳①。

二、明朝开始的正式交往

1379年开始,琉球的三山势力与中国建立了朝贡关系,从此中国与琉球交流及琉球的社会、政治、经济、风土、文化诸方面的记载,由正统的琉球典籍或使琉球官员记载。一直到1879年,日本明治政府强行占领琉球王国,先改琉球国为琉球藩,继而再强行改为冲绳县。此间持续500余年,琉球王国与中国关系密切(图2-1)。

图2-1 中国风格的守礼之门

琉球王国与中国500余年的交往,促进了琉球政治、经济、教育、医疗、天

---

① 该观点引自谢必震.中国与琉球[M].厦门:厦门大学出版社,1996.

文多方面的发展进步。琉球王国早期的文献记载就是用汉语。按照中国册封使记载:"琉球人利用中国的海禁政策造成周边国家对中国商品的渴求,积极从事远洋贸易活动。他们穿越东亚和东南亚海域,积极发展对海域周边国家地区的集散贸易。他们把东南亚各地的胡椒、香料等贩运到明朝作为贡品,然后把明朝赏赐的丝绸、瓷器转卖到日本、朝鲜、东南亚诸国、从而形成琉球王国时代贸易的黄金期。"[①]

1743—1745 年编辑的《球阳》记载:明太祖赐琉球闽人三十六姓后,琉球国"始节音乐、制礼法、改变番俗,而致文教同风之盛[②]。琉球王宫(图 2-2)、天使馆的建筑完全是中国风格。

图 2-2 首里城里的琉球王宫

琉球习俗受福建影响明显:二月十二日为花朝,前两日各家俱浚井,女汲取井水洗额,可免疾病。三月三日为上节,琉球人家作艾糕相饷遗。五月五日为龙舟竞渡;七月十五中元节,缘起于佛教;八月,琉球有家家拜月之习俗;九月九日为重阳节;十二月二十四日有送灶之习俗。还有关公崇拜、观音崇拜等,这些习俗都是来自福建,册封使在琉球记述中记载了许多当地的神话传说,基本是为臣忠、为子孝、为妇贞的故事,这些也反映了中国的封建社会伦理观念在琉球是深入民风的。

---

① 赖正维.清代中琉交流文化交流史料(中琉关系研究丛书 02)[M].北京:海洋出版社,2011:2.

② 谢必震,等.中琉关系史料与研究(中琉关系研究丛书 01)[M].北京:海洋出版社,2011:102.

琉球也有自己的文字,琉球文字来自僧人,用平假名来记录,留下的文物主要是民间诗歌。1701年的《中山世谱》,1713年的《琉球国由来记》,1743—1745年编的《球阳》等这些琉球王国早期的官方文献,都是用汉字写成的。

三、琉球国文物中有关中琉交往的记载

尚真王(1477—1526)时期,被称为琉球国文化最发达时期,1509年建成的首里城正殿的栏杆上有"百浦添栏杆之铭",记载着尚真王的业绩,是了解那个时代的重要史迹。在记载的11条业绩中,与中国有关的占较大比重:①鼓励佛教,建设了众多寺院,促进了佛教与佛教艺术的发展;②爱民、减税,君臣和睦;③平定了八重山之乱,确立了将八重山和宫古岛纳入琉球王国治下;④带来华丽的衣着和金银器具,将民间刀剑弓矢收入国库用于国防;⑤确定了绶带与官簪着色,制定了职位与官阶;⑥整治首里城周围环境,建设绿色的都城;⑦在王宫中建筑有山有水的园林,建成可举办盛宴的迎客场;⑧奖励艺术,酿造美酒,提升款待尊贵客人的品位;⑨将对中国的朝贡3年1贡改为1年1贡,促进了贸易的发达;⑩积极引进中国优秀文化;⑪学习中国宫室制度①。

1458年建造的"万国津梁之钟"(图2-3),钟上铭文刻着:"琉球国在南海胜地,钟三韩之秀,以大明为辅车,以日域为唇齿,如海中涌出的蓬莱岛,以舟楫为万国津梁,异产至宝充满四方。"②

首里城前有"守礼之邦"的大型门廊。首里城也是受中国建筑风格影响而建成的。在冲绳老城镇的大路或小路的交叉口,随处可见"石敢当"(图2-4)石屏风,还在建筑物的屋顶用石狮装饰作为守护神,在寺院的门前、城门、墓园、村落的入口处,都立有石狮。

14世纪开始,中国乐器三弦就传入琉球。三弦传入对琉球的音乐产生了重大影响,用琉球方言表达的8、8、8、6音节共30个音节组成的叙情歌谣,被称为"琉歌",也由于三弦的伴奏而广泛传播。三弦传入对琉球舞蹈也产生了重要影响。琉球人称三弦为"三线"(图2-5)。琉球国王还在王宫中专门设立了制造三弦的工匠岗位。

---

① 新城俊昭.新版琉球·冲绳史[M].冲绳:东洋企画株式会社,2014:61.
② 新城俊昭.新版琉球·冲绳史[M].冲绳:东洋企画株式会社,2014:68.

  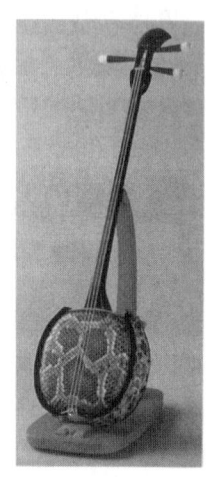

图 2-3　万国津梁之钟　　图 2-4　冲绳民居的石敢当　　图 2-5　中国传入琉球的三弦

第二节　中国文化传入琉球的主要途径

中国文化传入琉球，主要有五条途径：

一、庞大的册封使团队

中国与琉球友好往来500余年，每逢琉球"国王嗣立，比请命册封"。明、清两朝大都应其所请，派遣大型的册封使团前去。明清两朝中国政府册封琉球共23次，派出正副册封使43名。其中明朝有15次，27人；清朝有8次，16人。每个册封使团组成人员在300～700人。正副使都由文职官员担任。使团主要由官员、船员、从役、军士四种人员组成。这些人员中还有正副使的随从，主要包括文人、医生、高僧、道士、天文生、书画家、琴师等。根据谢必震教授研究，清代康熙五十八年的册封使团，官员：除正副史外，有千总、守备各一人。这是武将。各种船员；从役、家人（其中正使可以带20名，副使可以带15名，书办2人，老排1人，巡捕2名，吹鼓手8名，长班4名，厨子4名，皂隶8名，轿伞夫20名，铁匠2名，裁缝2名，内科医生1名，外科医生1名，道士3名，糕饼匠1名等）；军士：除前面提到的作为官员的千总、守备外，还从福建沿海的梅花、定海、万安驻军中，挑选100～200名士兵不等[①]。这些人员随册封使在琉

---

① 谢必震.中国与琉球[M].厦门：厦门大学出版社，1996：55.

球住5~8个月,参加各类活动,与王府其他人员交流,千总、守备和士兵完全可能将中国拳法传入琉球。从琉球博物馆馆藏《册封使节团队行进图》(图2-6)中,可以看到身背弓箭、腰挎宝剑的明代武士。

图2-6 册封使节团队行进图(节选)

二、闽人三十六姓

据郑晓《吾学编·皇明四夷考》记载:"洪武二十五年(1392),中山王遣子侄及陪臣子弟入国学。上喜,礼遇独优,赐闽人三十六姓善操舟者,令往来朝贡。"这闽人三十六姓,不仅善操舟,而且担负了琉球国与中国往来的文书的撰写工作。"赐闽人三十六姓,知书者授大夫长史,以为贡谢之司,习海者授通事,总管为指南之备。"(图2-7)他们在琉球定居后,将中国的文化带入琉球,改变了琉球的教育与生活的许多方面。如中国戏剧、中国建筑、中国园林艺术、福建石雕技巧,都是由他们带去的。闽人移居琉球后,在治理国家方面也做出了较大贡献。其中有担任国相的程复和王茂,还有担任法司官的郑迵。中国先进的文化,也通过闽人三十六姓传入琉球,使琉球渐渐"风俗淳美""易而为衣冠礼仪之乡"。根据学者考察,在洪武二十五年之前,就有闽人在琉球活动并定居,还娶了琉球女为妻,并生儿育女。

之后,还因为这些闽人有的姓不能繁衍后代,"或老而返国,或留而无嗣",有的在航海中遇难身亡,有的"因进贡潜居内地遂成业,年久不还本国",造成久米村的人口流失,为了舟楫的建造和航行顺畅,为了便于沟通琉球与中国的往来,琉球国王数次请求明朝再补三十六姓入琉球国。这些入琉球的福建人,除了造船、操船、沟通文书外,还积极发挥擅长从事对外贸易的特点,为琉球与

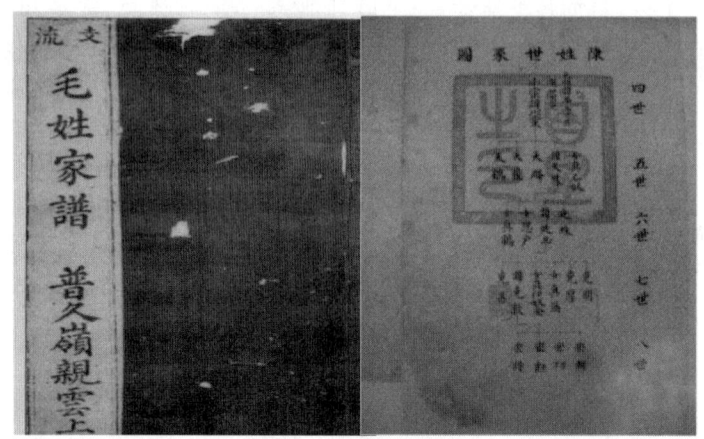

图 2-7　闽人三十六姓的家谱

日本、朝鲜东南亚各国的贸易作出了开拓性贡献。

在琉球的闽人,与到其他国家谋生的华人华侨不同,由于琉球在明、清两代一直是在中国政府的保护与支持下发展的,所以这些有官方背景的移民,也就充分融合进当地社会。不需要像在其他东南亚国家谋生的华人,要靠华人社团作为依靠,居住在相对固定的居所。现在,明代闽人三十六姓居住地"久米村"已经变成一个地名,久米村所在地已经成为冲绳当地人与闽人后裔共同居住的地方。

由于海上航行需要防御海盗,如倭寇在海上的抢夺等,就需要武器与武装人员。另外,尽管闽人入琉球,是有官方背景的移民,备受琉球王府与当地民众尊重,但是作为侨居异乡的少数人群,也必须做好防身自卫。

三、琉球留学生

明太祖朱元璋注重发展与周边国家的睦邻友好关系,在颁令赐琉球闽人三十六姓同时,又提出"琉球国中山、山南二王皆向化才,可选寨官弟男子侄,以充国子,待读书知理,即遣归国。宜行文使知之"。第一批来中国学习的琉球留学生是明洪武二十五年(1392)5月,是琉球中山王察度的从子。从此来中国留学的琉球学子历经数百年不绝。琉球来中国留学的学生分两类,一是政府派遣,称之为官生,所有在华费用由中国政府负担,并在北京的国子监学习。二是自费留学生,称之为勤学,有的受琉球王府派遣,中国政府不负责这部分琉球学生的费用,他们学习的内容也随其自由选择。根据统计,明清两朝,由琉球政府派遣到中国的留学生共 25 批,每批 3～4 人或 5～6 人,有案可查的共84人。中国学者将琉球留学生进中国分为三个阶段:从洪武二十五年(1392)起到成化十八年(1482),是早期,这个阶段派来的官生,都是琉球国王亲国戚和达官显贵的子弟。第二阶段是1482—1802年,派来的官生几乎清一色是久米村人,就是移居琉球的闽人三十六姓的后裔。第三阶段是从嘉庆七年(1802)起到1869年,久米村人与首里人各占一半。

留学生中的官费生,主要到北京学习中国的治国济世之学问。明代国子监课程有《大学》《中庸》《论语》《孟子》《诗》《书》《易》《礼》《春秋》等,还有律令、书、数、经等科。清代基本承袭明代旧制。明清两代对琉球留学生优待,从吃、穿、用、住各方面给予细致的照顾,并派饱学之士组成教师团队,给予指导。清代的皇帝还多次亲临视察,为国子监题匾。明清两朝为了确保琉球留学生学有成效,对他们的课程、教学、纪律、学风等作了具体的安排和规定。琉球学生在华一般学制为四年,有时有人因故提早结业,但一般也在三年以上。这些学成归国的留学生,通常都得到了琉球王的重用。

留在福州的琉球馆(图2-8)(称之为"勤学")的留学生,则分为两部分,一部分是"读书习礼"的,通常在福州的琉球馆①延师受业。另一部分则在福建学习各种技能,《球阳》《久米村家谱》等资料,清楚记载着这些学习实用技术的留学人员的动向:比如1465年,琉球人金锵到福州学习历法;1490年,松氏比屋来福建学习烟花药法;1605年,野国来学习番薯栽培;1670年,宿蓝田来学习制瓷;1685年,魏士哲来学习兔唇缝合术;1734年,向秀实来学习制茶;等等。这些实用技术的传入,改善了琉球人的生活方式,提升了琉球国民众的生活品质。

图2-8 琉球留学生居住的柔远驿(福州)

四、朝贡人

据日本学者赤岭诚纪《大航海时代的琉球》记载,明清琉球朝贡的使团来

---

① 琉球馆:现在福州台江区琯后街40号。此馆原建于1472年,几次兵燹被毁,1667年重建。现在柔远驿是1992年重修的,只有原来的小部分。为福州市对外友好关系博物馆,是福建省级文物保护单位。

华达884次,其中明代537次,清代347次,除了朝贡外,琉球使团还担负着贺天寿圣节、庆贺登极、贺元旦、请封、迎封、谢恩、进香、接贡、报丧、护送官生、护送中国难民、接官生回国、报倭警、护送册封使回国、上书陈情乞求援兵等任务。明初琉球国三王鼎立,各自遣使入明,规模较小;1429年,中山王尚巴志统一琉球后,进贡使团人员与人数有变化。通常有200余人,这个以各种名义来朝的琉球使团,贸易是他们中大部分人的主要活动(图2-9)。

图2-9　琉球王国的大航海图

最初来中国的琉球船泊于泉州港,由设在泉州的市舶司接待,成化年间①市舶司移到福建的政治、军事中心福州。这个琉球的200余人使团到达福州后,仅20人左右进京。其余人留存在福州,处理进贡船带来贸易的商品。从琉球船货物的入关、验证、封存、贸易都有一套严格的制度,全部在政府官员监督下进行。政府有专门人员处理这项贸易整个流程。比如,琉球国船只随带的土产货物,细到小铜炉、纸扇等都登记在册。琉球的商人也在福州开展采购和其他商务活动。等进京的正使、副使等一行人在北京完成各类工作,回到福州后,再一起启程回琉球。这使得大多数随进贡使来的琉球人,在中国有了观察交流学习的机会。

为了赴京琉球使者安全起见,中国政府规定了一套完备的护送制度。首先由福建地方政府挑选伴送的官员,全程护送;其次琉球使团所经各省,需要派官员在入境处入迎,并护送出境。而各省所属州县的主要官员,也必须在自己的管辖境内迎送琉球使臣。琉球使者在北京的活动持续数月,在京的琉球人也好,在福州停留的琉球人也好,都有可能接触到各色的中国拳法。

按日本学者观点:在科技不发达的明清时期,对琉球人来说,到中国的朝贡之旅,是死亡之旅。"每年派遣到中国的琉球船,无数沉入东海,数千人死难,对于琉球的官员来说,中国之旅既是死亡之旅也是获得晋升的良机,所以拼死而行。"②这种出生入死的海上航行,对中国官员来说,也是如此。曾经

---

① 成化年间:公元1465—1487年,明宪宗的年号。明朝使用成化这个年号一共23年。
② 新城俊昭.新版琉球·冲绳史[M].冲绳:东洋企画株式会社,2014:42.

有中国官员因拒绝出使琉球这种冒险的差役被免职的。这样明知充满艰险而不停息的交往,无疑是会给琉球当地经济、社会、文化发展起到巨大推动作用的。

五、漂流民

在明清年代,遇台风等恶劣天气,航行在海上的船只遇难屡屡发生,幸运者则在被强风刮到沿海各处,被救助。这些被称为海难的事迹,在明清时期有较为详尽的记载。中国海船漂到琉球,琉球的海船漂到中国,这些遇难的船只和人员往往得到双方政府的救助。日本学者赤岭诚纪的《大航海时代之琉球》对清代中国、琉球漂风难船做了统计,清代因风暴漂到中国的琉球船只350余只,船只漂到福建的长乐、连江、平潭、霞浦、福鼎、莆田、惠安、漳浦、金门等地,还漂到浙江定海、乐清、宁海、平阳、临海、玉环、永嘉、象山等地,不少船只漂到台湾各处,有的还漂到山东、江苏、广东直到天津。由于明清两代对邻国采取怀柔政策,这些因风暴漂流的船民,生者得到救助,死者按身份不同得到厚葬①。

在福建福州市就有两处比较集中的琉球人墓园(图2-10),福建师范大学校本部邻近就有琉球人墓,现在还保存比较完好,有专门人员看护,每年都有琉球人前来祭祀。这里埋藏有来华的琉球国使团成员,有来华的琉球留学生,墓葬中还有遇海难死亡琉球人。福建师范大学历史系徐恭生教授先后于

图2-10 福州仓山的琉球人墓园

---

① 谢必震.中国与琉球[M].厦门:厦门大学出版社,1996:196.

1963年、1980年对福州郊区的琉球人墓进行考察,并促成了相对集中的琉球人墓园的建成(图2-11)。

图2-11 琉球墓园中的墓碑

根据赖正维教授研究,"在长期的对双方漂风难民救助过程中,福建人与琉球人结成了深厚情谊。闽台民间民众表现出无私的人道主义精神,不仅无偿赠衣馈食,并且不怕危险,千方百计给予救助。如乾隆十一年(1746)正月十五,琉球麻姑山40余人往中山王府送年贡返回,遇风浪漂至台湾彰化县,被当地民众下水救起,即捐给口粮车辆护送至官府,当地官员'酌动公项各制给铺盖一副并各捐俸厚加赏赉,分配商船四只,委员护送赴省'安顿柔远驿。"

1751年,一艘琉球难船漂至厦门附近铜山营,由铜山营兵船送到厦门,当时有"厦门行铺金得隆等六人,因乾隆十四年(1749),各有保结船只被风漂至琉球,感中山王抚恤送回。今遇伊国难番到厦,共备猪、羊、鸡、鸭、酒、米致送酬答。"

1852年3月21日,美国"罗伯特·包恩"号从厦门贩运410名劳工前往美国旧金山,这些劳工分别来自福建的泉州府、漳州府、汀州府,因不堪外国船长等百般凌辱,举行暴动,占领了"罗伯特·包恩"号船。4月7日,船只在琉球国八重山石垣岛崎洋面触礁,华工弃船上岸,受到琉球国政府和民众的大力救助。1853年9月29日,琉球国王特遣都通事郑嘉政、王家锦等,"派驾楷船、马舰二只,配载所留华人,一只是四十人,一只六十八人,解送闽省",历经磨难的125名华工,终于在1853年10月14日回到故乡福建[①]。

康熙年间,台州府人杨联桂因漂风至琉球,并定居,后来成了琉球贡使。杨联桂定居琉球,起到了传播中国文化的作用。又有1731年,苏州府镇洋县一只商船漂到琉球,"其难人吴自成知烧石灰之法,由是副通事蔡宏谟派人学其烧法,其烧费甚减而灰品更好";还有汪辑《使琉球杂录》记载:"近亦有唱中国弦索歌曲者,云系飘风华人所授。"

---

① 赖正维.清代中琉关系研究(中琉关系研究丛书03)[M].北京:海洋出版社,2013:180.

漂到中国的琉球难民,他们自被救上岸,开始了参观学习的旅程,尤为重要的是,他们回国时所携带的物品起到了向琉球传播中国文化的作用。现存冲绳县石垣八重山博物馆的福建省艺文堂藏版《玉匣记通书广集》,就是1882年八重山梅公氏漂到中国时购买的。

最早将近代火器传入日本的是葡萄牙人,1534年,一只中国船遇风暴漂到种子岛,随行的葡萄牙人带着火枪,当地的官员引进火枪后,逐渐在日本发展起来。此后火器成了日本国内战场的主要武器。而刀剑枪箭等逐渐退出战场,(葡萄牙人带来的火枪)成为日本近代武艺的滥觞。中国拳法一部分也有可能是这一途径传入琉球的。

第三节 琉球唐手主体源自福建拳法

一、琉球亲近中国文化

中国与琉球的关系从何时开始?有学者认为,宋朝就可以查到有关踪迹。

宋代是中国历史上经济与文化发展的一个高峰,特别是宋代城市兴起,商业高度发达,宋代的造船水平居世界一流,航海贸易相当发达。"在中国城市发展史中,北宋开封是首个以大量市民商贩、娱乐所需而构成主要土地利用和功能分布的都城。这些以大众需求为目的的综合性土地利用,被称为'瓦子'。瓦子以一个或数个有遮盖的表演场所'勾栏'为核心,周边有众多的商人贩卖各种商品、提供占卜或医疗服务的摊档,以及街头戏曲、杂技、酒楼、茶馆、食肆和妓院等。当时开封有六个瓦子,有50个勾栏。"[①]勾栏中就有武术表演。这些表演武术有比较成型的套路与基本练习体系。南宋在泉州设有市舶司,依市舶法对外商进行管理。而与琉球零星的贸易有可能是这个时候开始。宋代尚无与琉球官方的贸易,琉球群岛上的统一王朝还没形成,但一些零星的贸易与文化交流已经开始。

著名冲绳研究学者谢必震教授认为,中国与琉球的交往应该在明代之前,从福建宋代瓷器在冲绳大量发现,可以证实,至少在宋代,中国人已经开辟了从福建到琉球的航线,这是一条与中日交流不同的航线。中国与日本的交流主要是通过长崎再到日本其他地区。但是宋代福建官瓷没有在长崎出现,而在冲绳有大量发现,可以推断,福建与琉球的交流从宋代已经开始。这与闽人

---

① 薛凤旋.中国城市及其文明演变[M].北京:世界图书出版社,2010:183.

三十六姓入琉球前,就有中国人在琉球居住立业的记载是相符的。琉球与福建的文化交流历史是比较长久的。泉州民间武风盛行,福建拳法有可能随着宋代的文化交流零星传入琉球,较大规模的传入,应该是明朝洪武二十五年之后。

琉球国幅员狭小,人口较少,在大国的强硬压力上,抵抗能力微弱,一直在大国的夹缝中求生。正如琉球王国在钟上铭刻的一样,居于中国、日本、韩国之中。对于宽厚的中国,琉球具有特殊的感情,对日本则是满腔的怨恨。这样背景下,文化方面必定亲中国。即使现在,仍然有不少冲绳人对中国有深深的故土情结。

1609年,"萨摩军攻占首里王城后,大劫七日,一切可动财物,包括典籍字画等,全部装箱运走。萨摩军还将琉球王国尚宁王等百余人俘虏到鹿儿岛,直至1611年9月19日,琉球王尚宁等被迫出具'保证书',答应满足萨摩提出的各项条件,才得以被释放生还。"从此,萨摩强占琉球王国北方五个岛屿(奄美大岛、喜界岛、德之岛、冲永良岛、与论岛),强行要求琉球国每年向萨摩藩纳贡,这是带有殖民掠夺性质的。萨摩军还强行要求用琉球的土地种植甘蔗,制造砂糖并直接将收益交给萨摩藩。据冲绳专家研究,在日本明治维新运动初期,萨摩藩成为革新的强藩,这与250余年来剥夺琉球人积累的财富是有关的①。

明清两朝在外交上采用怀柔政策,对近邻安抚。对越南、朝鲜、琉球都如此,特别是对贫穷的琉球厚待。琉球国受益于中国甚多,所以琉球国对中国的亲近更加深厚。1879年5月12日,日本明治政府代表梭田道强行宣布废除琉球国,并宣布日本对琉球国处理意见,其中有"①禁止向清国进贡;②禁止再接受清国册封;③禁止再奉清国正朔,改奉日本正朔,并实行阳历;④废止福州琉球馆,对清国商业,悉归日本厦门领事管辖等九条"②。当时琉球王断然拒绝了日本政府提出的禁止琉球与中国通贡之事,他上书:"查进贡为我古来重典。自前明以来,(中国)抚我甚为优渥。每当国王缵统,不惮波涛险阻,遣钦差,赐王爵,隔年进贡,则又赏赐彩巾物品不胜枚举。逮及清廷,更为优厚,其恩德情义,昊天罔极,何可背负,竟绝朝贡?……自建为国,有古来传习之礼乐、政刑及自由不羁之权利,上下雍睦,安居乐业。若离清国,则必失自由权利而如掣肘之累,国家岂可永保?父子之道既绝,累世之恩既忘,何以为人?何以为国?"③文中对中国拳拳之信赖,读之欲出。当日本兴师强制琉球国改为冲绳县时,受命向清朝求助的琉球大臣向德宏在上递的请求书写着:"如可兴

---

① 新城俊昭.新版琉球·冲绳史[M].冲绳:东洋企画株式会社,2014:125.
② 谢必震.中国与琉球[M].厦门:厦门大学出版社,1996:300.
③ 谢必震.中国与琉球[M].厦门:厦门大学出版社,1996:301.

师问罪,即以敌人为向导,宏愿充当先锋,使日本人不敢逞其凶顽。"

与向德宏同在清朝苦苦乞求清政府出兵干涉日本吞并琉球的青年诗人林世功(1841—1880)出生在久米村,是琉球官费留学生,是在中国国子监留学过的优秀人物。他特别擅长汉诗,被誉为激情诗人。林世功留学归国,正值明治政府推行"废琉置县"。作为蒙受王府厚恩出世的人,理应为王府的生存而尽力。1876年,他受王府之命,同与幸地亲方一起,秘密到福州,向清国求助。

清国官员也与日本政府交涉,并通过美国前总统格兰特调停,希望保留住琉球国。日本政府提出将琉球群岛分为两部分,冲绳诸岛以北(包括已经被萨摩藩占领的奄美诸岛与冲绳本岛)为日本领土,宫古岛、八重山诸岛归清国,认可前两条基础上,增加日本商人在中国可享受与欧美各国一样的商业优惠。

清政府代表李鸿章提出三分琉球,奄美诸岛以北归日本,冲绳诸岛独立,复活琉球国,宫古、八重山诸岛为中国领土①。由于当时清朝北边面临沙皇俄国的威胁,再加上琉球国不断派人来呼吁求救,这个协议一直束之高阁。可是1879年,日本政府的警察与军队强行侵占琉球王府,最后的琉球王被裹胁到东京,琉球国被废除,强制设置冲绳县。

在福州等候消息的林世功等人得知消息,吃惊地直接赶到北京,在总理衙门前跪求清廷派兵制止日本侵略。清政府最终无能救助琉球,林世功看到苦等一年多无结果,自焚以死相谏。其在绝命书中写着:"琉球国陈情通事林世功谨禀,为以一死泣请天恩、迅救国王、赐存国土,以全臣节事。"②可见当时琉球士人对清朝的依赖与信任。但是那时清朝内忧外患,已经无力自顾,终于在日本人强硬坚持下扔下了琉球。

琉球王府士族为中心的"脱清人"一直在致力于复国运动,随着甲午战争清朝的失败,"脱清人"也失望了,琉球复国运动逐渐落入低谷。

这500多年交往与扶持,使中国文化深深地扎根于琉球。琉球本地人至今对中国抱有亲近感,对中国文化仍然是敬重的。

二、琉球唐手源自福建拳法

琉球文化大部分是从中国输入的,中国文化影响了琉球王国政治、经济、社会的方方面面。让武术研究者遗憾的是,武术在中国历史上地位一直是低下的,受中国文化影响的琉球,在官方的文献中,也没有记载武术传承的史料。

---

① 新城俊昭.新版琉球·冲绳史[M].冲绳:东洋企画株式会社,2014:173.
② 西里喜行.清末中琉日关系史研究(上册)[M].胡连成,等译.北京:社会科学文献出版社,2010:373.

中国国家图书馆曾经有中琉关系资料选编多卷,笔者在该研究中访问过福建师范大学的琉球研究专家谢必震教授和赖正维教授,他们在长达几十年中国琉球资料查找与梳理中竟然尚未发现有关拳法的只言片语。这点与日本空手道研究专家藤原稜三在《对谈·近代空手道历史》中的研究结论基本是一致的。

我们综合以下几点来分析,琉球拳法源于中国,而且主要源于福建拳法是有充分依据的。

(一)明清册封使记载的琉球闽人拳法

早在明代郭汝霖(1561)册封琉球使团中,就有军士百户叫严继先;还有提调军器的陈弘成。(严继先出使的俸银10两,陈弘成8两,舵工吴宗达6两3钱5分;而道士、戏子、皂隶、厨馆夫等为5两3钱5分①。)这是册封使团中的武将。古代军事官员都擅长武艺。册封使在琉球活动一般近半年时间,有可能传给琉球人中国拳法。这类记载很大程度上印证了户部良熙《大岛笔记》(1876)中关于册封使随从武官传中国拳法说。

徐葆光②在《中山传信录》中记载,琉球王为他摆设的中秋宴上有歌舞节目,有笠舞、花束舞、篮舞、拍舞、武舞、球舞、杆舞和竿舞③。其中"武舞:武士六人表演,武士们身着黑白相间綦纹大袖短衣,金箍束额作平顶僧帽式,手执白杖,伴随着音乐节奏,扑击有声,融武术与舞蹈为一体"。

清朝赵新(1808—1877)是最后一个册封使,为翰林院编修,同行的副使是翰林院编修于光甲,1866年(日本庆应二年)6月,抵琉球,到11月,完成各项册封典礼。1867年3月,庆祝册封各项大礼顺利完结,在国王的别墅——"茶屋之御殿",由久米村人举办庆祝晚会(艺能之奉祝)。这时在首里、那霸、泊,这三个地方都有各自的庆祝活动,有组合舞蹈、大和艺能、武艺表演,还有拔河等群众活动。首里、那霸晚会具体的日期、内容没有记载,只有久米村,作为中国人住地,留下《三六九诸艺节目单》。"三六九"是迁居琉球的福建人,设"明伦堂(图2-12)"作为教育子弟的学堂,每月的初三、初六、初九三天作为读书的"温习会"或者称为"发表会",这个节目单详细列出表演的节目名称和表演人的名字与身份。节目中有"大学、中庸、诗经"等朗读表演,有官话诗对口,有合唱、合奏、舞蹈、书法、传统短剧。还有武术节目10项:藤牌、铁尺、十三步、交手(对练)、一百零八步、车棒、棒与唐手、藤牌对棒。节目单中表演"十三步""棒并唐手""藤牌对棒""交手"的新垣通事就是新垣世璋,是冲绳刚柔流创始

---

① 谢必震.中国与琉球[M].厦门:厦门大学出版社,1996:53-54.
② 徐保光1719年作为海宝的副使出使琉球。
③ 谢必震.中国与琉球[M].厦门:厦门大学出版社,1996:127.

人东恩纳宽量的武术启蒙老师①。

在久米村,当地人庆典的晚宴中常有拳法表演,虽然久米村是琉球王所赐的明朝人居住地,但是三十六姓的闽人,相对于琉球住民来说,还是极少数的群体,久米村民一般受当地人尊重,但是作为自卫,久米人对于拳术还是有神秘保守的习惯。福建民间流传的拳法基本是作为自卫之技,在宗姓或村落中传承发展的。闽人三十六姓入住久米村,代代相传拳法,作为护身繁衍后代的技能,也是福建乡村居民在封建时代的习惯。

图 2-12　闽人三十六姓的学堂"明伦堂"旧址

到了近代,福建人入琉球传播拳法的记载就更清晰了。吴贤贵(图 2-13)是来自福州的茶商,1912 年他在那霸东街的"占春会"当帮手;1913 年,27 岁时独立在那霸东街经营"永光茶行",白天经商,晚上教拳。他擅长"鹤之手",他是永春白鹤拳传人,后来定居冲绳,他的后人至今还在日本。吴贤贵对近代冲绳唐手两大流派产生了重要影响。他是刚柔流主要传承人物宫城长顺的好朋友,还是糸东流摩文仁贤和的好朋友,他们经常在一起研习唐手,据口传,后来被译成《冲绳武备志》的白鹤拳拳谱,有可能是吴贤贵带到冲绳的。他留在《冲绳空手古武道事典》中的拳照,就是演示永春白鹤拳的。

图 2-13　福州茶商白鹤拳传人吴贤贵(1886—1940)

还有唐大基(1887—1937)的记载,唐大基也是近代在琉球传播福建拳法的著名人物:唐大基是福建闽侯县南屿镇人。

---

① 这则历史,日本学者也有记载:金城裕.从唐手到空手[M].东京:日本武道馆,2011:205-215. 金城昭夫的《空手传真录》中第 164~170 页也有这项记载,节选自《岛袋全发著作集》。

从小与堂兄和伯母生活在一起,堂兄唐大升是茶叶商人,大基年轻时身体强壮,在家乡从事农业劳动,堂兄大升因与琉球人做生意,1910年关掉福州的商店到琉球,后在琉球那霸东町经商。由于异地经商,经常受到周围人的欺侮,唐大升召堂弟唐大基前来相助,两人一起经营"公和商店""福州料理店"。居住在那霸的唐大基,经商同时还与刚柔流名家宫城长顺交往,并成为至交,唐大基在福州学习的是"虎尊"拳。虎尊发源于永泰县,是典型的南拳,站立以三七步为主,重心稳固,移动迅速,出手多虎爪,近攻短打,拳势勇猛,劲力刚强,用腿谨慎。演练时吞喉露齿、狮嘴麒麟目,常发声吐气,闭气催力,突出以刚制刚的特点。唐大基1915年与久米出身的石原满子结婚,生有二男五女。1930年,堂兄的店铺两次遭受火灾而破产,堂兄又因事故死亡,于是唐大基将二女儿留在那霸,与妻子一起回到福建闽侯农村。三个月后,妻子石原满子过不惯中国农村生活,带着1岁的女儿回那霸,唐大基与伯母一起过着贫穷的生活,50岁时病死。1982年,妻子满子在那霸逝世。1984年唐大基的长子唐朝光,在父亲故乡闽侯祖坟山头,修新墓,将父亲唐大基与母亲满子葬在一起①。

福建闽南地区民间习武成风,根据国际五祖拳研究会创会会长周焜民研究:"明户部尚书黄景昉曰:吾泉郡棍棒手扑妙绝天下。棍棒之妙,郡先正俞大猷著《剑经》祖述之,戚继光赞为'千古不易之论'。"明史兵志谓"泉州、永春人尚技击②"这种社会背景下,闽人三十六姓入琉球,带去福建拳法之说是可靠的。

唐手从泉州传过去的可能性是存在的。因为泉州原来是明朝接纳琉球国进贡使的港口。泉州是福建拳法最盛行的地区。永春白鹤拳也好,太祖拳也好,罗汉拳也好,都是几百年前在福建南部盛行的拳法,通过琉球的使者带到琉球的可能是极大的。洪武二十五年,明皇帝派遣闽人三十六姓到琉球,也带去了福建的拳法,这种短打为主的拳法,成为琉球唐手的主体,后来有北京来的册封使的护卫,可能将北方的拳种如"公相君"之类的套路,有跳跃、低势长拳类的拳法传入,充实了琉球唐手,但是琉球唐手技术主体是福建拳法。

从16世纪到18世纪200年间,几任册封使都记载有久米村的武术表演。说明至迟在400多年前,由福建移居琉球久米村的中国人,已经将福建拳法带到琉球,一方面作为秘密的护身术,另一方面又作为乡俗节庆表演的保留节目。

---

① 这则记载是由渡嘉敷唯贤经过十余年福州实地调查落实的。见于《冲绳空手古武道事典》第469～470页。

② 周焜民.五祖拳谱[M].香港:天行健出版社,2009:1,8-9.

(二)琉球文献中有关唐手的最早记载

按日本学者研究,最早见于文字记录的唐手传入是《大岛笔记》,这是目前在琉球的文字记载中,最早详细记录中国拳法传入琉球的史料。

1762年,首里人潮平盛成亲云上等一行52人,驾驶琉球的进贡船给萨摩藩送大米、砂糖途中,遇风暴漂到土佐的柱岛,他们回航到宿毛的大岛,后来得到土佐藩的救护,在土佐藩待了一个多月。此间,共同遭遇灾难的人在一起,由潮平盛成说琉球的事情,土佐的学者(儒臣)户部良熙记录。

《大岛笔记》(1762)是百科全书式的书,广泛地记载着琉球的制度、习惯、文物、地理等,是研究琉球历史的重要资料。琉球船遇风暴漂到土佐藩的记录有4本,其中第3本中记录公相君事。

"先年组合术,良熙谓武备志所载之拳法,由本唐的公相君(这是对人的美称)率弟子数人渡来,其技之妙,左右手略为抬起,守住自己胸部,出单手配合泼脚,屡屡奏效。其外表看似柔弱,但能轻松将体壮力大者击倒。"这个《大岛笔记》是从《海表丛书》的"市民生活史料集成"中选出,有几个版本,细节略有差别,但这是现存的记录琉球拳法最早的文字。

《大岛笔记》经常被引用,但是日本研究者嘉手苅徹提出,这里也有几个问题:一是关于公相君传中国拳法,其他书籍未见同样的记载。二是公相君是全魁①手下的一员吗?也是无从考察。三是"组合术"是表示拳法吗?不了解中国拳法的记录者户部良熙能否理解潮平盛亲云上所说的,用日语的表述方式"组合术",是否琉球用"组合术"来表示拳法也无从核实。

但是所有的记载都是说拳法是由中国传来的。

(三)刚柔流的创始人直接学自福州拳法

刚柔流空手是组成现代全日本空手道联盟的主要组织。其创始人为东恩纳宽量(1852—1915)②。东恩纳宽量出生在那霸西村,父亲是拥有自营小船的薪柴商人。后来经营范围扩大到衣服、草药、日用杂货等。当时的西村是商业聚集地,萨摩藩管理的海带商店、油坊、砂糖坊和物产管理所都设在这里。琉球诸岛的货物集散地就在这里,通过那霸港送到世界各地,从国外来的货物也集结在这里,人员往来多元化。这里紧挨着福建人居住地久米村。东恩纳宽量10岁开始作为父亲的助手,从事船上杂务。其腰膀壮实,身体灵活,被看

---

① 全魁是清朝的册封使,乾隆二十一年(1756)带着数百名随员赴琉球,为琉球尚穆王册封。

② 注:虽然现有日本人将东恩纳宽量称为那霸手的中兴者,但是他在近代琉球的唐手传播中是独树一帜的,这个特别的体系就是刚柔流。

成父亲事业的继承人。17岁那年春天,他就跟久米村的新垣世璋(1840—1920,闽人三十六姓后裔)学习唐手术。因为当时唐手是一种在家族或村落中秘密传承的护身技艺,他们经常在孔子庙的后面秘密练习。

大约一年之后,新垣世璋作为随员,随进贡使杨光裕、蔡皇祯到北京。但有感于东恩纳宽量为人厚道诚实,新垣世璋离开琉球前,将东恩纳宽量托付给了比自己大三岁的湖城大祯(1837—1919)。湖城的中国名字是蔡如依。湖城是相当有名的拳术家。湖城的老师是在福州被称为第一拳法家的准振山。在湖城严格指导下,东恩纳宽量又在西村附近的海滩上训练了一年有余。由于在那霸港接触了中国来的船只和中国人,又接受了中国拳法训练,东恩纳宽量对中国文化特别是福州的语言很感兴趣,动了前往中国的念头。他不仅要学习唐手,还要学习福州话。东恩纳宽量1872年3月到福州,先在准振山门下学习生活近二年。原来打算二年后回琉球,但是又在刘龙江手下学习了10年。前后在福州生活了15年[①]。刘龙江[②]生活在闽江畔,以竹匠为职业。是"南少林拳"高手,只是大隐于市,可惜在福建省近代武术史中没有留下文字记载。关于东恩纳宽量如何出琉球,如何回到琉球,由于当时冲绳民众出入境并非易事,东恩纳宽量出入中国是否合法,日本的研究人员有种种说法。但是东恩纳宽量在中国15年,并向中国人学习唐手,回到琉球的第二年夏天,就开设了唐手术道场,传授唐手术。后来成为刚柔流唐手创始人的宫城长顺,是14岁(1901)入门的。东恩纳宽量一直希望自己的得意门生能到福州学习原汁原味的中国拳法,遂说服宫城长顺到福州。宫城长顺于1915年春天到福州,学习了五祖拳和永春拳。当代全日本空手道联盟的另一大团体糸东流创始人摩文仁贤和是1907年进东恩纳宽量唐手道场的,是宫城长顺介绍的。宫城长顺与摩文仁贤和是终身挚友[③]。这是刚柔流后人不断来中国福州寻找根源的起因。日本人虽然将东恩纳宽量称为"那霸手中兴之祖",但是东恩纳宽量是在中国学习15年后回到冲绳传播福建拳法的。

(四)船越义珍早期著作《琉球拳法·唐手》分析

船越义珍被称为日本现代空手道之父。1922年,在日本第一届体育博览

[①] 东恩纳宽量何时到中国及在中国停留的时间一直有争议,也有一说只待了三年。

[②] 这位先前日本武道大系中称为刘龙江的人,经过后人考证,应该为谢崇祥,福州方言音为"如如哥"。

[③] 这个观点,与另一位日本空手道研究者大西荣三不同,大西认为摩文仁贤和没有入东恩纳宽量之门,只是与东恩纳宽量弟子宫城长顺、许田重发有交往。参见《空手史》[M].东京:龙书房,1999.

会上最先披露了琉球拳法。当年,他就在朋友支持下编写出版了《琉球拳法·唐手》一书,这是在日本本土出版的最早的空手书籍。在1922年出版的《琉球拳法·唐手》中,对唐手的起源,他是这样记载的:"传说中有三种来源:一是200年前,首里赤田人佐久川到中国学习唐手,人称'唐手佐久川',是他回到琉球后传播的;二是140年前,土佐人户部记述的《大岛笔记》所载,册封使随从公相君带弟子所传;三是14世纪尚巴志王统一琉球三山将所有兵器收藏,专心商贸民生发展;加上庆长年间将民间一切武器收缴,民间发展出一种赤手空手自卫拳法;……而我认为琉球拳法所谓的唐手,是冲绳固有的武术,因为当年崇拜中国,所以从中国学习了拳法,结合冲绳拳法,进行比较研究,取中国拳法之长,冠以唐手之名。"①

1840年鸦片战争之前,日本人非常佩服中国,以模仿学习中国为荣。鸦片战争清朝政府败在英国利炮坚船之后,日本人开始反思并"脱亚入欧",全面学习西方政治、经济、教育。到1894—1895年中日甲午战争后,日本瞧不起中国,开始脱中国化。写此书时,已经是1895年甲午战争之后,正所谓当时日本人兴致勃勃地要做亚洲一等国,一等国文化怎么能来源于被他看不起的"支那"呢?所以船越义珍作为从冲绳到东京生存的人,在他的著作中也表现了这种情绪,他忘记了自己也是被吞并的"琉球国的臣民"。

但是,我们从该书的内容可以分析:第一,船越义珍的老师是糸洲安恒,糸洲安恒的拳法就是直接来自中国②,船越义珍间接继承了中国拳法;第二,糸洲安恒在冲绳寻常小学推广唐手时,已经将传统的唐手技术作了适应于学校体育教育的改革,从中国福州学习拳法回琉球的东恩纳宽量,也曾经是糸洲安恒唐手研究小组的成员,船越义珍在东京传播的拳法源于中国。第三,在书中第4页"历史"这个章节中,关于流派区别,船越义珍写道:"后世的传人依据老师名字起了好多流派,其实只有'昭灵流'与'昭林流'两种而已,昭灵流适合体质壮硕、骨骼粗大之人,反之骨骼细小、体力稍弱、身材如杨柳之精细者,适合昭林流。但昭灵流有灵活不足之嫌,而昭林流虽然敏捷多变,又苦于最后缺乏制胜的力量。重要的是明了彼此长短,取长补短。"这部日本最早的"唐手"专著,并没有以后那么多的流派和传说。第四,在该书的附录中,有完全引自中国的拳谱的重要内容③,船越义珍没有任何说明,只是作为附录,见该书274~

---

① 富名腰义珍.琉球拳法·唐手[M].冲绳:榕林书林,2006:2-3.
② 关于糸洲安恒的传承,将在第三章第三节中详述。
③ 这里的内容与后来冲绳人渡嘉敷唯贤翻译的《冲绳武备志》基本一致,渡嘉敷唯贤明确自己的《冲绳武备志》来自白鹤拳拳谱,是源自福州拳法的。

276页(图2-14)。附录有四节：一为《拳之大要》八句："人心同天地，血脉似日月；法刚柔吞吐，身随时应变；手逢空则入，码进退离逢；目要视四句(此"句"字当为"向")，耳能听八方"。二是《古法大刚论章》："……再论，吾所云此法度，理明十二时辰，血脉按分子午之法，凡世人须受此法，止可救人不可害人也。……在上用蝴蝶双飞，在下用拨水求鱼，妙手；虎狼之势、猛虎之威。交手应之，法在着力认真，晓得刚柔虚实；刚来柔中刮，柔来刚中发，身摇脚踏踢起，身随于门户。规矩进退档可量情是也。"三是《孙武子云》："知彼知己百战不殆。不知彼而知己，一胜一负……"四为《解脱法》："欲攻东先打西，欲踏前务随后，欲转身刚柔力，发被挦用巨载……"一本书中，仅有四页篇幅的拳论，都是原原本本引自中国。虽然他强调了琉球本土有拳法，但他认为传说中琉球拳法的三个来源于中国是有根据，他也无法否认的。

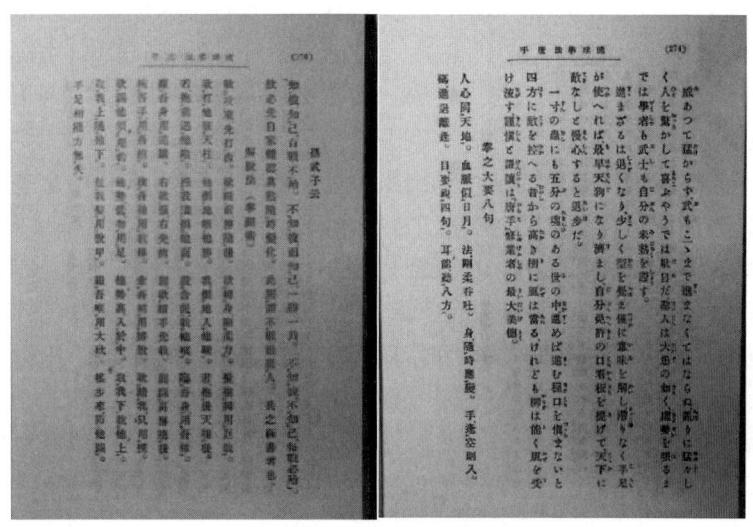

图2-14 《琉球拳法·唐手》中登载的白鹤拳谱

1935年，船越义珍全面修订了1922年出版的《琉球拳法·唐手》，他在前言中说到，当时出书，时间相当仓促，仅用一个月，就写成出版，所以有些粗糙，有不少失误，经过10余年思考与提升，现在再花近一年时间，修订了原书稿，取名为《空手道教范》。这本出版于1935年的专著，说到空手的沿革，先是提到达摩创拳，再由少林寺的拳法传到冲绳。强调两次禁武的政策促成了冲绳"空手"的发达。他谈到"当今空手发展如此迅速，与多名来往于中国与琉球之间的人分不开，取中国拳法之所长是不争的事实"①，这本书中还详细列出各具特色的空手流派之源，即后来日本人比较认同的拳法是在琉球有那霸手、首里手、泊手。这三种琉球拳法的源。泊手方法特点与首里手相近，逐渐并入首里手。而那霸手演化成刚柔流，首里手由糸洲安恒传承，后来成为松涛流。"随册封使而来的武官有叫アソン（音译为阿松），那霸的崎册、具志、友寄等人向他学习了中国拳法。还有一人叫イワー（音译为益华），是首里的松村、久米的前里、湖城等人的老师；还有岛袋、比嘉、具志、长滨、东恩纳、桑江等问拳法于ワイシンザン（音译为魏新然）。在泊的城间、亲泊、山田、仲里、山里、渡口等向从福州安南漂来的中国人某某学习拳法，这样空手越来越精妙，越来越发达。"虽然他极力回避中国拳法对琉球拳法的影响，但是基于事实，他也无法不肯定琉球的唐手主体是受中国武术，特别是福建拳法影响而形成的。

（五）松村宗棍遗书的证明

松村宗棍（1809—1899）是日本近代空手道发展的关键人物，是糸洲安恒的老师。被东京人称为近代空手道之父的船越义珍，在东京传播的就是经过糸洲安恒编成的平安五段等15个形。糸洲安恒的武术思想与技术是直接传承自松村宗棍。

松村宗棍出生在首里山川村。中国名字是武成达，号云男，也称武长。他从小爱好武艺，17岁时在琉球武术界崭露头角。他在文武并举的道路上不停追逐，作为智勇双全的武人名噪一时。他不到30岁就成为第十七代琉球王尚灏的护卫。接着在十八代尚育王、十九代尚泰王身边护卫，三代连任琉球王身边护卫要职。他曾作为琉球王国的使者，两次到福州，还两次被派遣前往萨摩藩。松村宗棍最后担任进贡之役到福州时已经51岁，在拳法相当盛行的福州，松村宗棍的武艺水平与人品得到了中国武术同行的尊敬。那时的武术训练还是极秘密的，一般不让外人观看，但是对宗棍来说，他的训练对各派开放，可以自由参观。

宗棍曾给自己学生桑江良正写过一封信，此信原件一直保存在桑江后代手中②（图2-15）。这是当代留下的有关琉球唐手最古老的文献，是权威而珍贵的文献实物。这卷卷轴在琉球唐手历史中被称为"宗棍遗训"。在冲绳许多空手道馆，都挂着复制的"宗棍遗训"作为经典理论。这幅用毛笔写成的卷轴，反映了松村宗棍深厚的中国文化修养，也充分表达了他对拳法的整体看法，加

---

① 船越义珍.空手道教范[M].东京：广文堂书店，1935：65.
② 根据最近的报道，桑江良正后代为了便于空手道研究，已经于2009年将此信原件赠送给冲绳博物馆。

上他两次到中国的经历和传承给糸洲安恒的理论与技艺,也说明了近代琉球空手是根植于中国的。

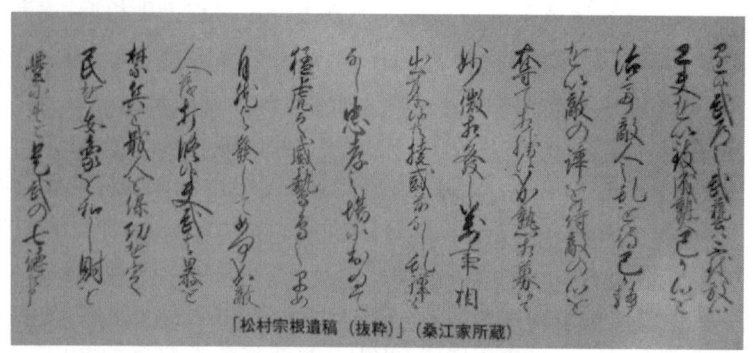

图 2-15 松村宗棍墨迹(节选)

信中写着:"文武之道同一理也。文武共有三道。文道有三:谓'词章之学''训诂之学''儒者之学'。词章:就是遣词、造句、作文,在于应付考试追求科名爵禄。训诂:就是探究经书之义理,得以诲人。然而以上两学求的只是文艺之誉,难以称正当的学问。儒者之学:通过格物、致知、诚意、正心,以齐家、治国、平天下。这才是正当的学问。而武道之三学有'学士之武艺''名目之武艺''武道之武艺'。学士之武艺在于:在头脑中只有练习的方法,与复杂多样的舞蹈一样,成不了战守之法,如同妇人(舞蹈)一样。名目的武艺在于:计较一招一式的胜负,或者因争论而害人或者伤身而给兄弟带来耻辱。武道之武艺在于:以工夫而成就□?① 以己之静待敌之喧哗,夺敌之心而胜之。不被扰惑,不急躁,在于忠孝,如猛虎威鹫,不论何物都能制之。夫武在于禁暴、戢兵、保民、定功、安民、和众、丰财,此之谓武之七德。文武之道在于一理,学士之武、名目之武是无用之武,武道之武才是武的真谛。临机应变。五月十三日 松村武长　桑江贤弟"。松村宗棍的信中表现出对中国文化的深厚修养,这种修养体现在他对唐手传承中"文武兼修,以德为先"的中国武术思想。在这封信中充分反映了作者对庄子《说剑》的学习思考。

(六)权威典籍《冲绳武备志》是永春白鹤拳谱

《武备志》一书,是明代茅元仪编著的,"其书言武艺者凡九卷,有弓、剑、刀、枪、钯、牌、筅、棍、拳,比较诸法,分载八十四卷至九十二卷。"篇幅浩大。但是这

---

① 本节译文由金城裕《从唐手到空手》的文本译出,由于文字本身有脱落,只好存疑以待补正。

里讲的是冲绳流传的《武备志》(图2-16),只是一本小篇幅的拳谱手抄本。内容只涉及拳法。冲绳刚柔流、泊手空手道协会会长渡嘉敷唯贤,从自己老师手上得到一个手抄本拳谱,据书中记载:手抄本传承为宫城长顺(1888—1953)—比嘉世幸(1898—1966)—福地清幸(1919—1975,本姓蔡,祖籍福建泉州南安,是闽人三十六姓入琉球的第19代)—渡嘉敷唯贤(1940—)。

手抄本内容有如下九部分:一是白鹤拳历史:方七娘如何创拳等。二是有关武德的教育与训诫:"恕忍二字,一生用之无穷,能退一步,天宽地阔"等。三是套路名称:有罗汉头匡、二匡、二十八打等。四是跌打损伤的药性及药方:指示十二时辰部位。五是十二时辰与击打穴位及解药。

图2-16 渡嘉敷唯贤的《秘传武备志新释》

六是拳法要诀:拳之要、古法大刚论章、解脱法、孙武子云等。七是铜人穴位。八是白鹤拳胜败48图:如锁喉寒阳手胜,扭发撞脑手败。九是验方:金不换膏、八仙过海丸、跌打止痛方等。

渡嘉敷唯贤从1987年开始,前后15次来福州、泉州、永春等地,经过十余年调查落实,遍访福州、泉州等地民间拳师,对手抄本进行研究,特别对图示的技法作了详细的研究,因为拳谱许多词是用福州方言写的,理解起来比较困难。他的研究得到了福州鸣鹤拳研究会顾问余宝炎、研究会会长谢品窑、福建省武术协会副秘书长陈君琬等通晓南拳又熟悉福州方言的专家的支持,到1996年11月,此书以《冲绳空手秘传"武备志新释"——现代语释与技法的研究》为题,在冲绳出版。这本手抄本是传自宫城长顺,但是宫城长顺得之何处,没有交代。根据渡嘉敷唯贤调查,这本被称为冲绳《武备志》的白鹤拳谱手抄本,可能是福建省闽侯出身的茶商吴贤贵所有。有一天,渡嘉敷唯贤遇到吴贤贵的侄儿吴盛美(定居在冲绳),当他出示自己所藏的《武备志》时,吴盛美脱口而出:"这不是我叔叔从福州带来的拳谱吗?我19岁时,叔叔吴贤贵要我读《武备志》,我也反复多次读过,里面的内容与这本完全一样。"吴盛美现在改日本姓为"与座"。与座的家里挂着一张画,这张画与手抄本上的"九天风火院三田都元帅"(图2-17)一样,可以推测是从拳谱板式描摹出来再加上彩色的。闽南地区艺术守护神三田都元帅已成为冲绳的武神。

这本传自福州的白鹤拳谱手抄本,成为多个琉球唐手传人手中至宝。船越义珍最早在东京出版的《琉球拳法·唐手》,就引用了这个手抄本的主要内容,而根据学者宫城笃正①的考察,"与宫城长顺的渠道不同,当时在冲绳的唐手传人中还有4种手抄本《冲绳武备志》,比如摩文仁贤和1933年出版的《攻防自在空手拳法十八的研究》,作为附录,也收录了这个手抄本,根据作者介绍,他是从糸洲安恒处抄写的,比较两者内容,基本一致,应该是同一版本的不同手抄本。而宫城笃正约在20世纪60年代,从自己的空手老师比嘉佑直手抄的《冲绳特有武术书》中,也看到大致相同内容。那是光绪八年松村宗棍手抄本。这样,这本被称为《冲绳武备志》的白鹤拳谱,在冲绳唐手界被广泛重视。这也从一个侧面说明,琉球的唐手是源于福建的拳法"②。

图2-17 闽南艺术之神"九天风火院三田都元帅"

笔者2015年4月访问泉州永春白鹤拳传人苏瀛汉时,苏先生将自己手抄的传本出示,与冲绳传的《冲绳空手秘传武备志新释》的手抄件几乎是一样的。苏先生的手抄本(图2-18右侧)源自福州的白鹤拳家,估计写作时间约是150年前,具体作者是谁,目前仍没有确定。

(七)琉球拳法有别于日本武术

也有一种说法,冲绳的空手与日本的柔术有关,日本柔术也有点、蹴技,就是拳打脚踢的技术,但是柔术更注重拿和摔及控制对手的技术,嘉纳治五郎就是在研究了多种柔术的基础之上创立了现代柔道运动。讲道馆柔道保留了传统柔术的点、蹴技的技术,称之为"极之形""固之形""柔之形""五之形"等,但是这些源于柔术的踢打技术,毕竟与来自琉球的唐手不同。嘉纳治五郎之所以对唐手情有独钟,就是因为唐手作为一种徒手格斗技术,弥补了柔道的不足,按嘉纳治五郎学生、早稻田大学的富木谦治教授的概括,柔道是粘着状态下的徒手格斗,而合气道、空手道则是隔离状态下的格斗。唐手弥补了柔道作

---

① 宫城笃正:1939年出生于冲绳浦添市,毕业于琉球大学美术工艺系,先后任冲绳县立博物馆学艺员、浦添市立图书馆长、市立美术馆长、冲绳县立艺术大学校长。小林流空手道范士九段。

② 渡嘉敷唯贤.秘传冲绳武备志新释[M].冲绳:文进印刷,1996.

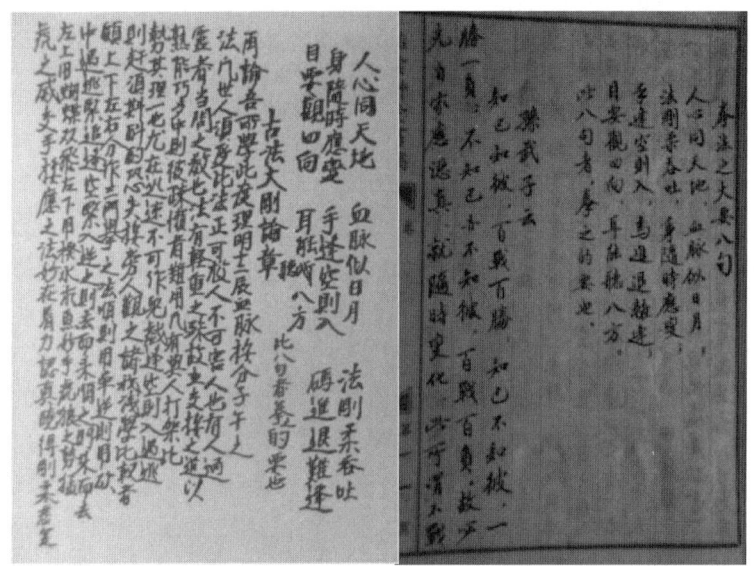

图 2-18　《秘传武备志新释》内页墨迹与永春白鹤拳传人手抄拳谱

为徒手格斗的不足,所以嘉纳治五郎力主船越义珍留在东京传播唐手,并亲自请教,后来到冲绳考察柔道发展时,还再三专门观看冲绳的唐手表演。

作为日本本土的武艺,有两本被视为经典的理论书,一是成书于1632年的《兵法家传书》,是柳生新阴流剑术的传人柳生宗矩写的。二是成书于1645年的《五轮书》,由剑豪宫本武藏所著。日本有关武艺的书籍,大多引用这两本剑术经典,从心、技、休的角度来借鉴,但在早期琉球唐手著作中,根本没有这两本书的踪迹。日本武道以弓箭为尊,称为"弓道",称为"君子之艺"。其次为剑,而剑的技术一定联结着"禅"的修养,而这些日本武艺的特性,如"剑禅一如""拳禅一如""弓与禅"等,但在琉球唐手初期的理论中,是完全不见踪迹的。只是1922年到东京以后,唐手与日本武道诸艺之间的交流,才有了"拳与禅"之说。这正从另一方面说明,琉球的唐手来自中国,主要是福建。与日本本土的武艺是无关的。

(八)日本著名学者研究的引证

琉球拳法,原来称为"手",源于琉球本地的说法,在日本学者藤原稜三与仪间真谨关于日本空手道近代发展的对话录中,认为冲绳的历史地理环境没有可能产生成型的武术文化,而且强调唐手是琉球本地的产物,没有一点物证可以证明;至于琉球本地是否有拳法,根本没有可依据的记载或实物验证。作为一种成熟的格斗技,必须在战斗的环境中产生,人口稀少并分散在几十个小岛的土地上,产生"手"的依据不足。而且在中国也好,日本也好,被称为武艺也好,武术也好,那样的格斗文化,都是十万人以上生活的城市中产生的。有稳定的人口30万人以上,有30年以上和平的生活,才有可能产生出成型的文化。作为格斗文化如日本的剑术、柔术留下许多"传书",中国拳法也留下许多"拳谱""秘籍",可琉球的"手",一点遗迹都没有,让人很难相信琉球本来就有"手"。

这本在空手道研究中有重要影响的《对谈》,基本肯定琉球唐手是从中国传入的,琉球本土的有"手"的武术文化,缺乏依据①。对谈时,仪间真谨已经是90岁的老人,老无戏言。仪间真谨认为:"所谓的琉球本土的'土着拳'是否存在众说纷纭。遗憾的是目前没有任何实物可以证实这种土生土长的琉球手的存在。不用说有琉球拳法的《传书》《免许状》一类记载武术传承的实物,就是关于历史、技法的记载的典籍一点也没有。也有人强调因为萨摩藩禁武政策,有关武术的文献一点也没有留下。这种说法虽然流行但根据仍是不足,萨摩藩统治琉球260余年,统治期间只在那霸西村设立一个'在番奉行所',有15~18名人员,萨摩派到琉球的公务船每年一趟,琉球派向萨摩的公务船每年春秋两趟,船只来往人员处理的主要问题是琉球王府人事问题与经济方面事宜。而且当时琉球人口仅20余万人,散居在60余个小岛,监视琉球人习武,靠10余人几乎是不可能的。而且经过调查,在所有萨摩藩的官方文献的记载中,并没有涉及禁止民间练习唐手术的记载,从琉球犯罪记录中也没有用唐手术犯罪的记载。"他们认为,琉球唐手是从中国传去的,当地有拳法的说法几乎是没有依据的。

针对有日本人提出唐手是冲绳固有的"手"时,金城昭夫认为:"我认为空手道是中国拳法几度传进冲绳才形成空手的。这个证据在于:空手道的生命在于'型'。大正②以前,这些型就存在的,所有型的名称是用福建省福州方言或者是泉州方言表达的。可是现在的空手长老先生们则以'空手型名称的意思与准确的汉字不清楚,所以用片假名来表述'。如果唐手的型是冲绳人创造的,直接用冲绳人一目了然的名称就可以了。"③

(九)拳法特征的印证

琉球唐手的技术特征与传播方式与福建拳法一致:武术源于生产斗争和

---

① 仪间真谨,藤原稜三.对谈·近代空手道历史[M].东京:棒球杂志社,1986.

② 大正期间:指1911—1925年,明治天皇与昭和天皇之间。在位16年。这期间正是琉球唐手向东京普及初期。

③ 金城昭夫.空手传真录[M].东京:株式会社チャンプ,2005:39.

军事斗争,早期没有军事武术与民间武术之间的区别,而当民间武术以套路的形式作为主要形式传承时,就有了军事武艺与民间武术的区别,就有了流派的特征。这个以套路形式为主体的民间武术在宋代基本成型,明清时期是中国武术各流派形成的主要时期[①]。

我国记载民间武术的典籍,一般以明代戚继光《纪效新书》之"拳经捷要篇之十四"为最早。到明代,民间武术明显与军事武艺有别,流派形成,各流派之拳法特点已经基本形成。

福建拳法以永春拳、太祖拳、五祖拳、罗汉拳、连城拳、虎拳、龙尊等为著名。在福州,永春白鹤拳演化而成的鸣鹤拳、宗鹤拳、宿鹤拳等广为流传。这些福建南方的拳法与中国北方拳法如形意、八卦、太极拳、番子、戳脚、查、华、红、炮等在功架、劲力、技法上有明显不同,辅助练习手段与使用的器械也明显不同。

我们比照泉州周焜民先生太祖拳的孩儿抱碑,全国传统武术比赛金狮奖获得者厦门邱丽羡的五祖拳的起势(右一),日本冲绳刚柔流空手道协会常任理事、范士九段甲斐国征的"十三"的功架,步型、身型、手型、手法、眼法、力法几乎完全一样(图 2-19)。

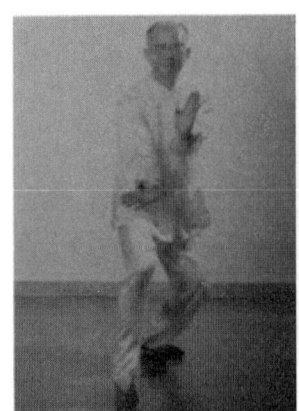

图 2-19　从左至右:泉州周焜民、日本甲斐国征、厦门邱丽羡

福建拳法最典型身型是,头部保持正直上顶,两肩下沉、提裆实腹、丹田充实,以气催力。冲绳传统唐手,基本站立姿势与福建拳法完全一致。福建的五

---

①　中国套路运动何时形成,至迟在宋代已经开始,繁荣的宋都开封,已经有艺人表演武艺,那种表演就有武术套路的雏形。也有人认为在战国末期已经开始,司马迁《史记》记载的鸿门宴中的"项庄舞剑意在沛公",舞剑也是剑术套路。但是一般认为,雏形与成型有区别,明代戚继光的《纪效新书·拳经捷要之十四》后,才有明晰的套路记载。

祖拳,强调从三战练起,"脚踏前四后六不丁不八步,提百会以挺头,起牙关而强项(虎嘴、龙喉);两肩坠而心胸守;十趾跷则脚力生;缩股沉腰提丹田,贯穿中节整体力(提裆吊肚运气内转,脚夹尾椎以聚丹田);要以气催力;欲发先收,先柔后刚;要五肢齐力从地发,配以'摇身骏胛'浑身发力如电力一般。"①

五祖拳重视三战:"谚云:三战起,练到死。盖三战为拳之母,势莫不由斯塑定。头容须端正,直项收颔,眼界平远;身田须四正,龟背含胸,沉肩扣节,两肋插,大椎落,子午归中;坐马须稳固,两骺夹,谷道提,膝眼展,三点金着力,前虚后实,落地生根,进退马必先煞在,劲力必当凶住;开合随时,阴阳要转,吞吐气出入丹田,行劲达于四肢。"②

日本刚柔流空手道表演经常用"三战",他们演练时身型、步型、颈部和呼吸与劲力使用方式与福建五祖拳是一样的。他们练习三战还有老师不断拍打矫正,敲敲身体是否正、打打身板是否实、拍拍腿脚是否稳。不论是2012年东恩纳盛男带欧洲刚柔流学员在福州市体育馆的集体表演,还是2015年渡嘉敷唯贤带冲绳代表团在福建省体工队武术馆的集体表演,还有冲绳县空手道协会会长指导嘉手苅徹的影像,都是将三战作为基础,反复强化。其配合拳法的呼吸方法也是"以气催力"典型的福建拳法发力法(图2-20)。

图2-20 渡嘉敷唯贤率冲绳刚柔流空手代表团在福州演练三战(2015)

就功架来说,福建拳法站立方式与广东南拳的长桥大马也不同。福建拳

---

① 林荫生.福建武术拳械录[M].北京:人民体育出版社,2013:52-53.
② 周焜民.五祖拳谱[M].香港:天行健出版社,2009.

法以不丁不八步为主,取高势站立,步稳势烈、动作简捷、以拳为主,腿不高踢。

福建拳法特别强调手型之多样,手法之变化,讲究拳、掌、臂、脚、胫的硬度,强调击打的威力。糸东流第二代宗家摩文仁贤荣2007年著的《走近空手》中,就对手型、手法有详细的介绍,这与福建拳法也是一致的(图2-21)。

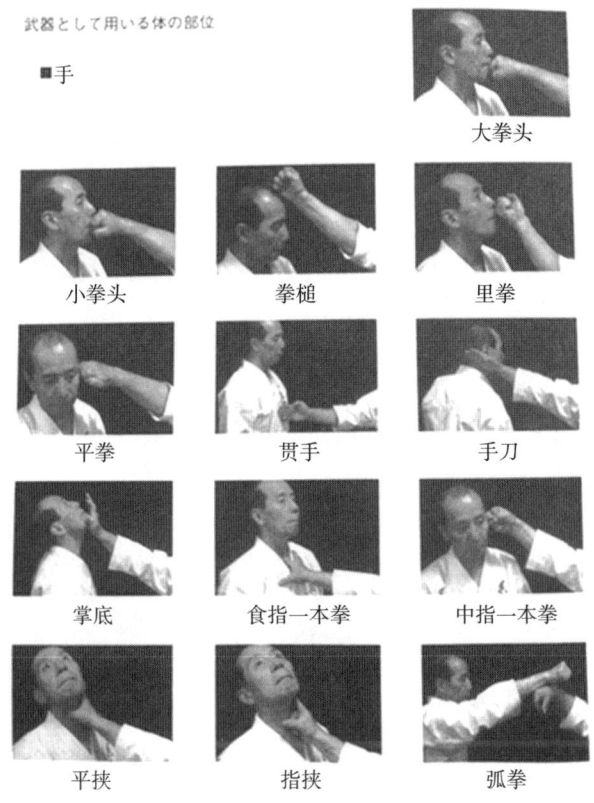

图2-21　糸东流二代宗家摩文仁贤荣的"手型与手法"

福建拳法特别强调击打的威力,北方拳种虽然也有铁砂掌之称,但是少林寺拳法、太极拳、八极拳、形意拳等拳家是较少以拳之老茧示人的,而福建拳法的拳手,大多因练习击打砂袋或者插石砂等练习而形成拳峰上四个指头根节老茧。船越义珍1925年出版的《练胆护身唐手术》25页第四图"手之握法"之节,就是以老茧为范的,并以此为炫耀的(图2-22)。在船越义珍、摩文仁贤荣等人的著作中,以作者正拳之手显示训练效果,随处可见。这一点是与福建传拳法完全一致并区别于中国北方拳种的。

辅助功法:扛五肢、抛接石锁、举石担、抓沙瓮、插石子、竹筷敲打脚臁、拧竹筷等功法,在今天的冲绳民间武馆中也是仍然存在的。三木二三郎《拳法概说》书中第 28～29 页（图 2-23）记载的琉球唐手辅助练习的器械：石锁、瓮、沙袋、铁拖鞋等，只有被称为"卷蒿"的类似福建拳法练习中的千层纸，根据福建拳法打木人桩的创意，结合示现流剑术的劈木桩的方法而成的。其他所有辅助练习的器械与福建地方拳法所用器械与方法是完全一样的。

笔者在冲绳考察期间，考察了上原恒的刚柔流空手道馆和外间哲弘的空手道博物馆，其中的辅助练习器械与福建农村的南拳场馆所用器械几乎是一样的。

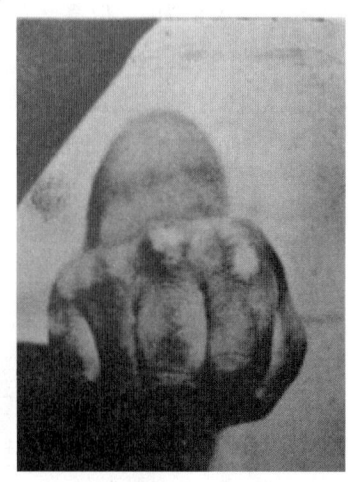

图 2-22　船越义珍在《练胆护身唐手术》中所示拳的老茧

福建拳法技术体系简洁，没有繁多套路。东恩纳宽量从福州学回琉球的就是 9 个套路。上地流上地完文从周子和学到的就是 3 个套路，加上各种围绕套路动作强化的辅助练习。

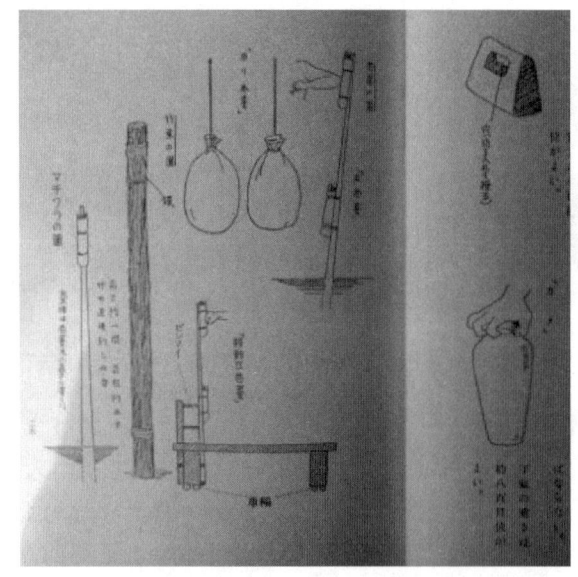

图 2-23　20 世纪 30 年代冲绳拳师使用的辅助器械

强调不带寸铁，以手脚为刀剑，一招制敌，是船越义珍等人到东京之后所提倡的，即所谓"空手"。而琉球唐手从来都是有器械的。现在琉球古武道的器械，基本与福建农村的拳法器械一致，是农具的延伸，叉、耙、拐、斩马刀之类。从林建华的《福建武术史》中陈列的器械图片（图 2-24）看，福建的武术器械与冲绳古武道所使用的器械是一样的。

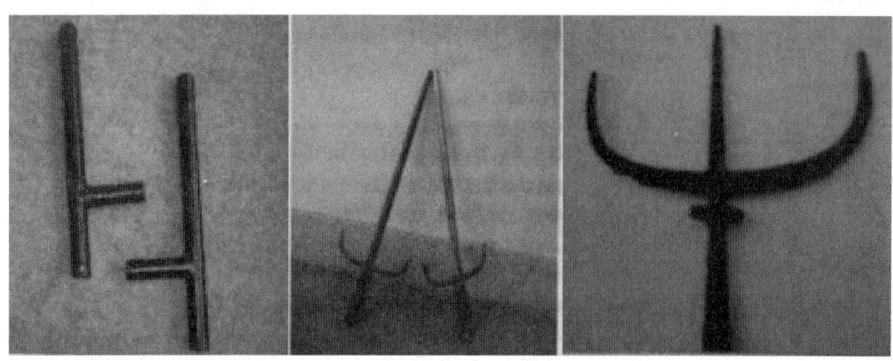

图 2-24　福建民间武术馆常用的器械

松涛流东京本部师范中达也先生 2018 年 8 月访问厦门，观看了当地五祖拳传人表演的棍术后说："拳法源于福建，但到东京后，拳架舒展了，劲法也变化了。但是棍术，这里看到的与我在冲绳学的完全一样。"

琉球唐手最初的传播方式，也是在小范围秘密传播，以套路为传承主体，辅助以各种练习击打威力的方法，所谓一击必杀，讲究实战，并没有太多的套路。这些与福建民间武术的技术框架及传播方式是完全一样的。船越义珍到东京各大学传授唐手初期，也是按这种方法传播的，枯燥的教学方式还引起了东京大学学生的不满，这也说明了他的方法是福建民间的老方法。

而且在 1879 年日本强行废除琉球王国设立冲绳县之前的"型"，基本是传之于福建的。其型的名字与发音也完全采用福州方言。比如三战（shanjian）、十八（seibai）、三十六（shanleilv）、一百零八（soubalinbai）、八步连（baibo nian）等。现在东京练习者或者世界空手道联盟，采用日本片假名或平假名来标识空手道形的名称，可能为了便于在世界推广，而其更深层的用意，在于淡化中国的影响[①]。冲绳的东恩纳盛男，在刚柔流历史研究中，列举自己的研究成果，他证明，从型的名称发音到辅助器械都是来自福州的，系东流的摩文仁贤和，1925 年在自家庭院建了辅助练习器械，从留下的照片看，也是传自福建的。

---

① 东恩纳盛男对福州音与冲绳音的不同作了比较，东恩纳宽量的 9 个形，全部是从福州学的。

 **本章小结**

近年中,日本部分研究者关于琉球本来就有拳,称为"手",是在琉球城郭时期(9—13世纪)就有拳法之说,并没有新的论据,是不足为凭的。居住在琉球的原始住民,在生产斗争与生存斗争中产生原始的搏斗技能是可能的,为了生存,争地、争水或其他纷争,进行徒手的或者持农具的搏斗完全可能的。这只是原始格斗,是武术的萌芽。要形成一种成体系的搏斗术,并作为一种技艺代代传承,则必须有成熟的文化背景。空手道研究专家仪间真谨认为:琉球国9—13世纪,人口稀少,又分布在几十个岛屿处于比较原始的生存状态,是难以形成一种拳法文化的。这个观点是中肯的。

中国武术的产生与发展过程中,基本上也是到了宋代才有较为成型的传承与展示的拳法体系。

我们认为,琉球唐手源于福建拳法,宋代以后就有零星的传播。至迟在闽人三十六姓1392年迁入琉球时就成体系带入的,琉球的拳法是福建拳法,这个拳法体系中有简单的器械,棒、叉、耙、拐等,这在当今冲绳古武道中已得到验证。

福建拳法先在久米村的中国人中世代秘密传承,后逐渐散落到琉球人中。琉球拳法是以型作为主要载体的,而琉球拳法名称全部以福建方言发音①,而船越义珍到东京之后,经过再三思考型的内容,才找出日语汉字标识型的名称,如铁骑、观空、岩鹤等。

被日本人称为"那霸手中兴者"的东恩纳宽量,上地流的第一代上地完文等到福州学拳的事实是准确可查的。首里手的传人松村宗棍也在福州、北京留学过。从以上列举的证据看,习拳理念、武德修养、拳法理论、技术特点、传播方式、辅助器械与方法,都是以福建拳法为蓝本的。

首里手所传"公相君"等套路,有比较大幅度的动作,与福建拳法风格不同,我们认为琉球拳法在近百年的演变中,完全有可能在福建拳法的基础上,又从北方的拳法中吸收了新的养分。到北京留学数年的琉球留学生,或者是册封使的随行武官中来自北方的拳术家,将流传在中国北方的拳法带到琉球,丰富了首里地方的民间拳法。首里是琉球王府所在地。这种地缘上的接近,也更加证实了这个推断的可信度。

---

① 参见金城昭夫的《空手传真录》。

第三章　从福建拳法到琉球唐手

第一节　明治维新前期的琉球之"手"

1372 年,中山国王察度向明朝进贡;1429 年,尚巴志统一了三山政权,成立第一尚氏王统。三山统一后的琉球,继续接受中国明清两朝皇帝的册封 500 余年。琉球王国的武备,只有首里城警备军 100 人轮换,军士穿铁制的甲胄,戴铁的面具,佩带长短两支刀,当时作战的武器就是弓矢、刀枪、火筒。一年一度征集军士,由琉球王族的人来讲武。警备军常年处于准备战斗的状态。在琉球的历史上,尚真王 1500 年平定了八重山的农民起义,几年后又灭了久米岛"真仁古樽按司",可是琉球王国的这些战争用的武器与当时中国、日本军队基本一样。

1600 年后,随着东亚政治、经济变化,琉球国的武备更加衰弱。1609 年,岛津率人攻占琉球,琉球处于萨摩藩与中国两重关系中。

琉球作为国家其国防力量是薄弱的,但是在琉球的文献中也没有两次禁武,琉球人只能是徒手武艺发达之类的记载。

冲绳的历史划分与日本史不同:日本室町时代(1336—1573),是琉球国形成时期,这个时期称为古琉球。1609 年,岛津政权攻占琉球,到 1879 年之间称为近世琉球,1879 年到 1945 年冲绳之战称为近代冲绳。

第二章中我们论证了琉球唐手的主体是福建拳法。那么福建拳法在中琉交往近五百年历史中,是如何扎根于琉球的?在日本的明治政府的统治还没有根本上改变琉球人的生活方式之前,唐手如何存在于琉球人的生活中?

一、文献中零星记载的琉球拳法

琉球国文献中有关"手"的最早记录,[①]都是零星的,在 18 世纪末和 19 世纪初出现在各种文献中。

---

① 这里讲"手"记录与《大岛笔记》不同,是泛指的有关拳法的记录。

琉球最早的文字,是13世纪从日本飘来禅僧带来的。他将日本片假名传到琉球。这种片假名不是作为琉球王府官方正式的文字,而是琉球民间作为记录歌谣用的,歌谣是表达琉球人内心世界的叙事性歌谣。内容涉及歌唱太阳之美,描写祭祀的礼仪,酒宴的场景、航海的故事。还记叙地方的有影响之人和国王。歌谣叙事所涉及的地域从琉球群岛最北端的奄美大岛到冲绳诸岛。这些歌谣全部集在一起,是一部称为《おもろさうし》的集子,有22卷1554首歌谣。

琉球的正式文字是闽人三十六姓带来的汉字,汉字作为政府记录重大事件与记载外交文献的文字。

《球阳》:《球阳》是琉球国最早官方历史书,最初是由郑秉哲、梁煌等人于1745年编成的,是按照中国史学的编年体,将琉球的风情记录下来的正史。由正卷22卷、附卷4卷组成。后来延续编到1876年。其中的附卷中"遗老说传"(卷三、附卷二)篇中记载:有一个名叫建极的人,第二次上京赴考,徒手折断别人的腿。"……嘉靖年间,王有一宝剑,名为治金丸……但建极手无寸铁,以空手折断童子两腿,跑出城门,行至中山坊处暴毙。"这个故事发生的时间是1524年。"空手"当时读为"KUSYU",与福建方言发音相近,是不带武器徒手之意。(卷三188页)。

附卷二91页还记载:"读谷山的文比谢村,有一个人叫仪间,仪间臂力甚大,骁勇绝伦,当时有一大野猪,中箭并被刀伤,怒而发狂,向人群冲来,仪间空手将猪搁倒擒住。"①

程顺则的琉歌:"手墨すぐりてん、智の座すぐりてん　肝ど肝さだめ世界の習や"这是名护亲方②程顺则写的琉歌,琉球最早的学堂"明伦堂"就是根据程顺则的建议建成的。这个歌的"手墨"的"手"就是"空手","墨"就是"学问"。这诗歌就是吟唱重视智慧,要后代"文武"兼修的意思。原来在琉球"唐手"称为"手",读成"TE",研究者推测这是最早关于琉球"手"的记载。程顺则出生在久米村,是久米村程氏第七代。小名思武太,字宠文,号念菴,是名护这个地方的亲方。还是名护的圣人。是留学中国的"勤学生",后成为首里王府的三司官,相当于国相。他编的《六谕衍义》(1728)一书是留学中国之后回到琉球编写成的,曾作为琉球学堂道德教育的范本。江户末年,日本的荻生徂徕和室鸠巢将此书译成日语,作为寺子屋的教科书推广到日本全国。

---

① 高宫城繁,等.冲绳空手・古武道事典.东京:柏书房株式会社,2008:664-665.
② 亲方是琉球王国贵族中位于第三级的人:王子、按司、亲方。

《萨游纪行》(1801)碎瓦之拳:琉球独特的徒手武艺,何时被萨摩藩士、其他日本藩士所了解?江户后期,曾经在琉球工作过的萨摩藩士水原熊次郎写下自己在琉球生活的见闻:琉球人剑术、柔术不太擅长,但是他们指头戳击很厉害,指头锋利无比,木板、牛,什么都可以戳穿。萨摩藩士称之为"手ックミノ术"(用手之术)。水原熊次郎他们曾经将琉球的擅长"手ックミノ术"者,召到自己的奉行所①来,让他将7张叠加在一起的瓦片打断。那人一掌下去,打断6张瓦片。这种功力,试想如果打的是人脸,一掌戳去,脸会削去一半的。

《琉球·朝鲜航海记》(1816)拉开拳斗架势的琉球人:19世纪初,两艘军舰护送英国使节到中国,完成护送任务后,到中国东部海域探险调查,途经琉球顺访,莱因号船长回国后,出版了其航海纪行。

琉球王府派人来舰上帮工,与英国水兵一起生活一个半月。归国前,阿根廷号船长举行招待晚餐,酒过几巡,琉球人玩起一种类似摔跤的游戏,有点像拳击的对抗,一个名叫奥间的琉球人,突然举起斗拳的姿势,脸上露出从来没有过的杀气,挑衅式地找人比试,站在他对面的英国水兵士官以为他要打人,马上反射性地兴起两手,做拳击格斗姿态,这时小工头真荣平看出险境,马上过去附在奥间的耳旁说了几句,奥间即刻就恢复到平常安静的状态。他究竟说了什么,有这样魔法一般的效果?真荣平说:"琉球人不打架,琉球人喜欢文字,打人不行,打人不好。英国人非常好,是的,琉球人不打架。"这里,看到的奥间对水兵瞬间拉出格斗的姿势,可能是一种自然反应。这个记载也反映了虽然王府听差人是文人,但是擅长拳法的。

《南岛杂话》(图3-1):描写被岛津攻占后的奄美大岛19世纪生活现状的

图3-1 《南岛杂话》复印本

---

① 指萨摩藩政权在琉球设立的办事处。

典籍,是研究南岛的珍贵资料。这里南岛是按萨摩藩的说法,对琉球人来说,是北方五岛。1609 年,萨摩藩攻占琉球后,掳走琉球王,强行占有琉球群岛的北方五岛,作为甘蔗的种植地。这个史料中有两个练拳的击打力量与硬度的插图(图 3-2)。根据嘉手苅徹研究,《南岛杂话》这个史料是萨摩藩士名越左源太留下的记事与绘画笔记,他原创的草稿与图本现在也是残简,几经他人抄写与临摹,现在有几个版本传世。这幅图中两个人一个在练卷藁,一个年长些的在练插砂或石子,即中国人说的练铁砂掌。图上有说明"拳法术"还有片假名写的"トックロウ"。这个图表现的练功方法与现在冲绳唐手的练习法有高度的一致性。

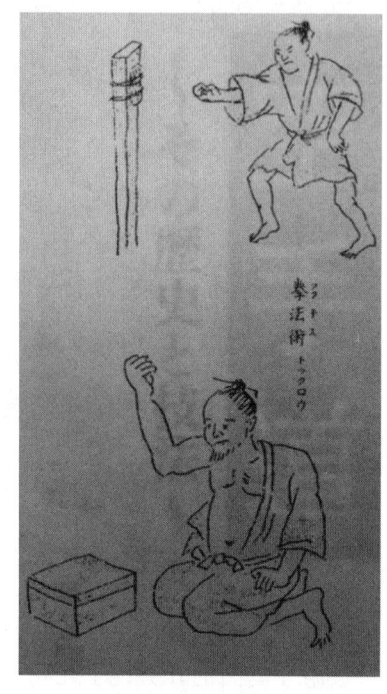

图 3-2 《南岛杂话》中的拳术插图

组舞中的唐手:"二童讨敌"。1718 年,为了招待册封使节,琉球王令玉城朝薫为舞蹈官员,创作用琉球语演出、以琉球故事为题材的组舞。琉球国最后的国王尚泰册封时,为了庆祝册封使平安完成册封仪式,举行特别盛大的聚会,称为"寅之御冠船","二童讨敌"就是招待册封使宴会演出的组舞。组舞的脚本描写说:三山时代,南山的重臣与座大主,成为北山的俘虏,当北山王让他回国,与座大主,每天到大原,指导南山王的两个儿子虎千代、虎松练习唐手、长刀等各种武艺。

久米村人演武的"三六九并诸艺的节目单"(1867):岛袋全发编写的《岛袋全发选集》(1956),收录的久米村史料"打花鼓"中,残留着 1867 年琉球国最后的国王尚泰册封的第二年,久米村举行的庆祝宴会上的节目单"三六九并诸艺番组"。节目有日本的曲艺、武艺、拔河等。新国王受封,久米村选出最好的节目,有学艺、武艺、唐剧等,在首里崎山的"御茶屋御殿"招待国王,节目单 21 个节目有 10 个为武术。①

---

① 参见第二章第三节之二。

二、士族子弟教养中的琉球拳法

从相关准确的记载看,"唐手"此前一直作为久米村民间传统而神秘的自卫术,不向外传播的。"一拳必杀""一子相传""秘不示人",是首里人对久米村唐手的总体印象。久米村本是迁入琉球的闽人集中居住地,原来称为"唐营",大约在闽人迁入琉球300年后,也有一些从事与中国贸易的首里商人居住在久米村,与闽人共同居住,闽人也有与当地人结亲的,唐手逐渐掀开神秘的面纱。

久米人传承着拳法,是从闽人三十六姓入琉球就开始的,随着中琉关系的纵深发展,琉球王国将唐手作为贵族、名门子弟教养的重要部分,有较为悠久的传统。

1609年,萨摩藩强迫琉球向它进贡后,还在琉球设立了管理处"出张所",琉球的政治和生活逐渐受到萨摩藩的影响。但是近世琉球的武艺与日本武士的武艺不同,琉球受中国之册封,又在萨摩藩的统治下,一方面,王府按照中国的习俗,儒教伦理作为基本国策,士族阶层甚至庶民阶层也深受影响。1534年,种子岛传来火枪后,火枪成为军队装备,日本本土各藩都编成火枪队,但琉球国在武备方面受萨摩藩严格限制,一直没有自己的火枪武装,而且琉球士人也没有日本武士带刀的习惯。

琉球贵族子弟的教育,还是修儒学为第一要义,继而学习日本的艺术与学问,培养在进贡贸易与日本交流中发挥作用的人才。从现存的《羽地仕置》《阿嘉直识遗言书》看,除中国与日本的文化外,拳法也作为王府的未来官员教养的内容。

1667年,琉球王府发布关于奖励武艺的布告,这是由担任琉球国国相的羽地朝秀发布的,称为《羽地仕置》,处置书中称要使用日本的历法,鼓励子弟学习:"学文之事,公文之事,医道之事,唐手之事,茶道之事,算勘之事,谣之事,庖丁之事,御马之事,书法之事,插花之事。如上诸艺,要长年研究,以备国家之所用之时。如果如上诸艺一项都没有掌握,则不能作为名门之子弟选用。"由此,"唐手"开始出现在官方的文件中。

1778年,那霸士族阿嘉直识生前写下《阿嘉直识遗言书》,留给自己的儿子,阿嘉直识的先祖是1500年尚真王时代征伐八重山的大将,阿嘉是第十代的孙。他15岁开始按家族传统,接受启蒙教育与武艺修炼。他告诫后人:"作为王府的职官,最重要的是通过学习,掌握汉学、和学,记住各种文章和王府公文的处理方法。掌握公文写法是第一使命,作为各种艺术修养,则是插花、茶道、示现流、拳法。示现流剑术虽然在当时琉球并不会直接产生作用,但'士人之家',应该时常习练。武艺之心也应该是常备的,日常必须具有强悍的警惕之心。但是不能过于倾心于武艺的钻研,如果强调自己武艺高强,与人相争,以致相斗伤了身体,这会给第一要义的汉学、和学、文书撰写掌握带来坏的影响,就是本末倒置,一定记住。哪样是重要的,哪样是不甚重要的。"从遗言书看,这个家族还有从祖辈传下来日本刀、枪、示现流剑术传书、天流枪刀的传书一卷,楠木正成的三卷书,还有六寸匕首等暗器,还有弓矢等物件,这是家族的传世之宝。

这种文武兼修的教养,在琉球王府贵族的传承中一直延续着。直到冲绳县政府彻底普及现代学校教育。200多年前,琉球的士族家族就是将拳法作为子弟教育的重要内容的。虽然第一是汉、和学问,但是已经将拳法提到重要的传承内容中。

《琉球新报》1889年6月13日记载了"顽派的儿童教育":"顽派毕竟意识到教育的重要性,桃原浦添朝忠是旧按司家,在清国滞留不久,近年回县,成为同派的首领,在自己的宅内聚集7~8岁的学龄儿童,加强教授汉籍(四书类)、算术、习字、唐手("支那流的柔术")等科目。讲师由2~3名来历不明的人担任,学生有5~60名。当然这也是打破门阀制度,不问士农工商的子弟,都可入学。为了吸引住这些学生,还不时地提供优质盒饭,还经常领学生到景色优美的地方,还举办一些运动会、远足等吸引学生。"《琉球新报》是亲明治政府的报纸,文章带有批评的色彩报道琉球王族后裔生活。带有嘲笑的意思,说讲师是来历不明的,说唐手是"支那流的柔术",都是蔑视。但是,当时唐手在冲绳已经是一种公开的教育内容了。

顽固派,就是脱清人,站在琉球王国立场致力于琉球国恢复的人,另一方面是革新派,站在新成立的明治政府的立场,但是随着甲午战争中清朝的失败,冲绳的两股势力力量发生巨大变化,政府开始捉拿脱清人。琉球复国主义者也转入地下。

在琉球士族的思维中,唐手的教育应从儿童时代就开始。喜屋武朝德与义村朝义,都是琉球贵族弟子,他们少年时代正是琉球王国被强制吞并的社会激烈的转变期,他们所接受教育的经历,也可以看出拳法在琉球的教育中的地位:

喜屋武朝德(1870—1945)(图3-3)是琉球王国第二尚氏的第4代尚清王的后裔。朝德的父亲是末代琉球王的管家。朝德有兄弟6人,姐妹6人,他是排行第三的男孩,6岁开始跟父亲学习唐手,12岁跟父亲上东京,16岁到二松学舍,随学舍创立者著名的汉学家三岛中州学习。喜屋武朝德个小体弱。父亲为锻炼他的意志与身体,冬天让他到庭院的雪地里练唐手,让他与摔跤手摔跤练体力。严格的训练出成效,25岁时,喜屋武朝德带着600日元去捐款时,遇到持枪歹徒抢劫,他敏捷地识破对方意图,在对方举枪乱射中,将其制服并送到警察署。

图3-3　唐手名家喜屋武朝德(左二)与学生(1941)

他几度乘琉球末代国王尚氏专用球阳轮,来往冲绳与东京之间,听从父亲的指点,他拜糸洲安恒为师,后又向父亲之师父松村宗棍、泊手名家亲泊兴宽学习。

1902年,父亲结束尚氏家管家事务回到冲绳,随父亲归乡的朝德专心首里手、泊手的练习,可谓倍加努力,结果成为唐手名家,被当地人称为"小眼睛喜屋武",从小练就的本领,身体极为强健灵活。由于世代交替,失去士族俸禄的他,也流落乡下。38岁时他在读谷村的牧原尚家的土地养蚕,拉车谋生。这时他还向管理尚家牧原马场的屋良亲云上学习"公相君"型。由于屋良是住在北谷,所以后来人称这套型为"北谷屋良的公相君"。1910年,40岁的朝德移居读谷村比谢桥附近。艰难谋生同时,开始向嘉手警察署警察、冲绳县立农林学校学生、教员养习所的爱好者,传播唐手。50岁后,他开始公开空手修行、指导、演武,他还跟柔道家、俄罗斯的拳击家一起到关西、九州、台湾等地巡回表演卖艺。在台湾认识了拳术名家安南。向安南学习拳法。在冲绳,小个子唐手名家喜屋武朝德留下许多传奇故事。

1944年已经75岁的朝德在一次慰问演武中，表演了"镇斗"型、棍术、断瓦等，其精湛的技艺让观众吃惊。可以看出，拳法一直是琉球王国贵族家的教育中重要的内容。

义村朝义（1866—1945）（图3-4）小时候的经历，也可以看到琉球王府贵族子弟的教育情况。

按照他74岁写的自传：庆应二年，旧历九月二十七日出生在首里赤平，父亲朝明，母亲是王族伊江王子朝健的长女，哥哥朝真比他大三岁。从小生活在宽敞的院落里，周围有许多勤杂人，一方面享受家族的荣光，可以自由轻松地游玩，一方面接受家族严格的礼仪与学识方面的教育。

12岁开始空手的启蒙，教师是自家的事务总管，这位名为石岭的六十岁的人，是出生于首里鸟堀的唐手家石岭真智（1812—1892）。朝义每天跟着他练习"拔塞""内畔进"两个型。还学习书法和学问，那时义村

图3-4　琉球士族后裔义村朝义
（1866—1945）

朝义还经常找借口偷懒。这个时间刚好是废藩置县前后。义村到了十七八岁，已经是公认的出色青年，开始跟松村宗棍真正学习唐手，松村那时已经年逾古稀了，住在南苑的御番，义村一个月5～6次到老师家学习。经常与哥哥朝真还有叫玉城的人一起去。以学习"五十四步"为主，也学习"公相君"。那时对武道有了自觉的感悟，以武士之材为己任，专心致志地练习，身法步法都相当自如。到23岁时，又拜东恩纳宽量为师，每月三次到老师住所学习，那时东恩纳宽量住在本愿寺前的海滨，义村有时也会将老师请到首里的家里来教学，一年中风雨无阻。一般从晚上6点学到10点，记忆中，那时除了人力轿子没有其他交通工具，老师授完课回去经常是路上无其他行人了。跟东恩纳宽量先生就是练习三战，从他那严格的训练中，气沉丹田，力注四肢，夯实武道的基础。朝义开始学习唐手时，冲绳县刚设置，父亲智昭作为"顽固党"领袖，是"琉球复国运动"的中心人物。甲午战争后，父亲秘密潜往福州，日本明治三十一年（1898）客死福州。

三、真实可考的琉球唐手人

琉球国传承的拳法,也称为"手",后用"唐手"表述,读为"TOTE",而琉球的口头传说中,有多位闻名的唐手名家,往往只是传说而已,目前有资料、有后人印证的冲绳唐手名人中,最早的、可考的人物是佐久川宽贺。当地人称之为"唐手佐久川",或者称之为"棍术佐久川"。金城裕①曾经访问过佐久川宽贺的后代佐久川宽贞,宽贞的祖父是佐久川宽贺的孙子。

佐久川宽贺是琉球王府国学院学生,是松村宗棍的老师之一。佐久川宽贺是学了中国北派拳法还是南方拳法?据这位佐久川后代说,宽贺作为留学生曾被派到北京,按当时规定,一般在北京留学要 3~4 年,这段时间,他在北京学习了中国北派拳法的可能性是极高的。佐久川宽贺回到琉球后,曾经担任琉球王府的国学教师。一般琉球留学生,在琉球先接受一定的基础教育,再送到北京留学,等回到琉球,年龄在 40 岁左右,正是担任行政要职的年龄。作为琉球王府派到北京留学的人,回国后一般担任琉球王府的重要职位。可惜,佐久川宽贺家族的族谱毁于二战,没有更详细各代传人的记载。他的后代曾经于 1942 年专程前往北京,在北京的外国人墓群中找到佐久川宽贺的墓碑。佐久川宽贺因琉球王国公事到北京,客死北京并葬在北京的外国人墓地。根据福建师范大学谢必震教授研究,在北京通州张家湾保留着琉球墓园。"1715 年琉球正议大夫杨联桂在北京病故后,在此择地造坟。康熙皇帝还为杨联桂亲自写了祭文。这一墓园一直保存至 1958 年人民公社化时期,由于平整土地,整个琉球墓园被掩埋在地下。"②

根据居住在首里金城町的琉球历史研究专家长岭将秀调查,佐久川宽贺是乾隆四十七年(1782)出生。道光十五年(1835)54 岁时,佐久川宽贺被琉球王任命为八重山在番(八重山管理者)。另外据佐久川后裔的系谱调查,佐久川家族属于易乐水太祖的易氏,是浦添亲方宽贺第九世。佐久川宽贺的出生地还流传着他的许多故事:"唐手佐久川从小身体好,武艺出众,头脑明晰,青年时代就崭露头角,被长辈看好。30 多岁,作为留学生被派往中国留学。"在北京学习武艺后不久,佐久川宽贺回到琉球。他在琉球传授的拳法,后来被称

---

① 金城裕(1919—2013):1926 年开始研习空手,是著名空手道研究评论家,从事空手道研究与传播 85 年,在韩武馆、有伦馆、芝浦工业大学、山梨大学等处指导空手道,2011 年辞日本空手道研修会宗师范职务。曾经主编《月刊空手道》;2011 年著《从唐手到空手》一书,由日本武道馆出版发行。

② 谢必震.中国与琉球[M].厦门:厦门大学出版社,1996:195.

为"首里手"。从琉球到中国学习唐手的人,几乎都在福州学习。从福州学回来的称"那霸手"。那霸手的手型、呼吸法、步法、套路的名称,与首里手有些不同。

根据长岭将真①研究,他在20世纪30年代开始就觉得,首里手可能不是来源于福州的武术,他十分注意这个问题,通过调查佐久川宽贺的经历,这个疑问解开了。佐久川从北京学习北派的中国武术,在这个基础上,将这种技术融化到琉球原来的武术中,再结合琉球的"舞方",就成为首里手的原形,再经过几代先辈的传承与改造,形成现在的首里手。给长岭将真研究提供资料的是佐久川宽贞的父亲佐久川宽义,宽义是首里区长,曾在市议会中任要职。他生前说"唐手佐久川宽贺是留学中国有专长的学者,在琉球王府中当国学的老师。活到八十多岁"。宽贺大约死于尚泰王(1862)时期。那时,正值萨摩藩强行在琉球推行自己铸造的"琉球通宝",又有法国兵舰逼境,琉球王国处于内忧外患、风雨飘摇之中,琉球王国内,记载武官的文献几乎没有。从他后人及首里的石岭町听到的故事结合起来,关于"唐手佐久川"的事迹应该不是荒唐无稽之说。唐手佐久川直系后裔还住在首里乌堀町5-49-2②。

从真实可考的佐久川宽贺的经历看,琉球唐手源于福建拳法,并吸收中国北方拳法精华,丰富并形成的判断,是合理的。

日本明治十二年(1879),冲绳县成立时,健在并有名可考的唐手名家有:松村宗棍(81岁),照屋规箴(75岁),桑江朝通(65岁),湖城昌伟(63岁),仲井间宪里(60岁),崎山喜德(58岁),国吉真吉(57岁),协荣田义长(53岁),亲泊兴宽(52岁),安里安恒(51岁),松茂良兴作(51岁),糸洲安恒(49岁),湖上以正(47岁),湖城大祯(42岁),真荣里兰芳(41岁),新垣世璋(39岁),湖城以昌(33岁),末吉仁吉(33岁),湖城嘉宝(30岁),知花朝章(28岁),东恩纳宽量(27岁)。而松涛流创始人富名腰义珍(1870—1957)当时还不到10岁,上地流创始人上地完文(1877—1948)才2岁;刚柔流的宫城长顺(1888—1953)、糸东流的摩文仁贤和(1889—1952)还没有出生③。

---

① 长岭将真(1907—1997):首里手、泊手传人。为纪念自己授业老师松村宗棍、松茂良兴,自立"松林流"。曾任冲绳警察署长,因钟情空手道事业46岁时辞职,建立"松林流空手道兴道馆"。全冲绳空手道联盟首任会长。第一批被授予"冲绳县指定无形文化财"保存者。

② 长岭将真.史实与口传冲绳的空手角力名人传[M].冲绳:世界松林流空手道兴道馆,1986.

③ 藤原棱三,江里口荣一执笔.日本的武道·空手道[M].东京:株式会社讲谈社,1983:233.

第二节　东恩纳宽量①的唐手道场

一、唐手道场公开的社会背景

西南战争②后,在日本本土,加强了对地方藩主残余势力的防范。在东京开设武术道场,必须得到内务省警察署的批准。江户幕府末期,曾经武风盛行,武术道场林立。一般开设武术道场的人,自身是官方讲武所的师范或者是某某藩的武术老师,是有相当社会身份的人。西南战争后,政府担心与中央政府不合作的藩阀势力从地方潜入东京,如果以经营武术道场方式隐蔽都市,聚集各藩不畏死的失势武士,然后伺机袭击新政府要员,则武术道场充满危险,所以要求各级警察署对武术道场加强管理。东恩纳宽量冲绳唐手道场的顺利开张,则说明那时冲绳政局与社会秩序已经稳定了。

冲绳一直是一个经济不发达的地方,土地狭小、资源贫瘠、人口稀少,如果没有海上贸易的利润,殖产兴业、富国强兵等政策对冲绳经济发展来说,是完全不起作用的。根据日本内务省1894年的调查,当时首里、那霸全部人口只有13435户,其中7000户是士族之后,占总数的一半以上。这些原来靠琉球王府供养的士族,在明治维新后,大部分处于失业状态,没有资本,也没有技术,特别是下层士族,更是处在极度的困难中。

琉球拳法,在相当长时间,先在久米村的闽人传承,经过琉球众多习练者的研究、实践、加工并发展的。到了明治维新后,唐手练习公开,一些曾经练习过唐手的久米村的人和首里、那霸练过唐手的人开始被公众所认识。但此前所有的传承都是以不公开并个别传授的方式进行的。

琉球处置后,明治政府以武力为背景强力解体琉球国,设置冲绳县,县政府强力推进同化教育,冲绳县政府1880年颁布的公告,将《冲绳对话》作为教科书,彻底推进日本话教育。琉球民众喜爱的琉球歌谣、戏曲、郊游等冲绳传统文化全面禁止,政府还实施"风俗改造运动",形成轻视琉球文化的风潮。此

---

① 东恩纳宽量的经历,本研究主要参照《日本武道大系》(第八卷),东京同朋舍1982年8月,2008年出版的《冲绳空手·古武道事典》有一些细节与之不同。
② 西南战争:1877年,明治政府三大功臣之一西乡隆盛,因"征韩论"而下野,回鹿儿岛兴办学校,以培养青年为己任,在学生与形势的逼迫下,举兵与明治政府对抗,曾包围熊本镇台,遭到政府军的镇压,那些曾经一起推翻幕府建立新国家的地方武士,由于政见不和到兵戎相见。最后西乡隆盛自杀而西南战争结束,明治新政府取得完全胜利。

时冲绳境内还有力主恢复琉球国的保守派和支持日本政府的维新派,明暗之间还在争斗。

东恩纳宽量则认为,冲绳人当前第一要义是自救,冲绳人之间不要再争斗了,也不能依靠他人力量,因为所谓的宗主国清廷已经靠不住了。他认为冲绳人的经济需要拯救,冲绳人的心灵更需要拯救。

二、冲绳第一家唐手道场

东恩纳宽量(1853—1915)①少年时期在久米村人新垣世璋等指导下学习过近两年唐手,在福州近 15 年习武经历②,他对福建武术已经具备很强的功底。1888 年 5 月,东恩纳宽量(图 3-5)从福州回到冲绳。当时他已经意识到,新的社会必须有新的教育制度下培养起来的人去推进,这个制度下,有知识的人还要有充实的体力。东恩纳宽量只是一个小商人,但在中国十余年的经历,打开了他的眼界,也历练了他的人生。他从中国回到冲绳后,先是重操旧业,继续以船运方式经营小商品和木柴。他还用在福州学会的治疗跌打损伤的本领,经营一些中药材。他认为当时的冲绳社会,冲绳人需要自救,而自己能够

图 3-5　东恩纳宽量(前排居中坐者)与家人和学生(1910)

---

① 东恩纳宽量的出生按 1853 年记载,依据山山正辰"东恩纳宽量的事迹",载《月刊空手道》编辑部.空手道创世纪的传说[J].东京:株式会社福昌堂,1996:14.

② 东恩纳宽量到中国的时间,在中国停留时间有不同说法,一说认为只待了三年。

做的就是传授唐手,因为自己的经历,也就是唐手的练习可以促进身体与心灵的健康发展,坚定人的意志。

回到冲绳的第二年夏天,他开始着手唐手道场的建设,唐手术道场正式开张是1889年2月,道场有100平方米左右。

金城三郎曾经在《月刊空手道》发表文章,追忆自己少年时憧憬的名人东恩纳宽量的故事。"1912年前后,我十二三岁时,东恩纳宽量的道场设在通堂的三重城街道上,比较狭小,东恩纳宽量的名声很大,我们一群小孩经常想到道场看先生演练,可是每次去,都是学生在站三战,很难看到东恩纳宽量演示。""三战"作为唐手的基本功,每天都要练习,进三步,退三步,光着膀子,每一动,老师站到身后,敲敲两肩,看是否正,拍拍腿,看步子是否站得稳。用三战的立势,两手各持一个小口的瓮,也是常用的练习方法。这个方法在福建南方的拳馆中是通用的。在东恩纳宽量的唐手传承体系中也是一脉相传的。

东恩纳宽量擅长的唐手技术是"寸腿",就是中国武术的"七寸腿",是以腿底掌撞顶对手的胫骨的一种短距离踢法。东恩纳宽量身轻体瘦,速度极快。他还擅长福州白鹤拳的"三战"。三战是福建各拳法中最基础的,也是东恩纳宽量唐手术道场的主要教学内容。这个道场初开张时,尽管东恩纳宽量很热情,但是来学习的青年人很少。一些研究者认为,当时的冲绳不具备开设唐手术道场的社会基础。因为学习唐手没有明确的目标,学习唐手术既不能提升社会地位,也不能谋生。如果单从学习唐手术可能在日常的吵架中派上用场,这与东恩纳宽量开设唐手术道场的初衷又不相合。而如果单纯以健全的身体与饱满的精神作为目的,又无法吸引当地的青年人。而且当时的冲绳,早婚与嗜酒的恶习,已经使青年失去年轻人应该有的朝气与霸气。

虽然唐手术道场并不景气,东恩纳宽量对学生入门的要求仍然很严格,东恩纳宽量道德修养较高,性格暴躁,品德不端者一概不收。他说:"教人品坏的人练拳,就等于把枪交给恶人,危险!"如果发现学生品德不端,则破门(开除)。

1895年,甲午战争后,唐手的传承从旧贵族的骄傲成为中国来的暴力的、野蛮的东西。东恩纳宽量则一直将唐手作为培养青年的一个手段来实践。

在艰难中坚持传播唐手的东恩纳宽量,逐渐得到各界的认同。到1905年,唐手术的意义被那霸市立商业补习学校所认同,作为商业补习学校德育、智育、体育协调发展方针的一环,他们邀请东恩纳宽量在学校课外活动中指导学生练习唐手术。冲绳第一中学开设唐手课,聘请当地唐手名流组成研究小组,东恩纳宽量也是被邀请的重点人物。

三、第一家冲绳唐手道场的遗产

虽然是相当狭窄的小道场,但是东恩纳宽量这个道场,具有划时代的意义。唐手道场公开收徒,就意味着唐手从"杀人之术"转变成体育之技。从近代空手道发展史来说,由于这个唐手术道场培养了刚柔流创始人宫城长顺和糸东流创始人摩文仁贤和,这个道场也是近代日本空手道的诞生地之一。

东恩纳宽量刚从福州回冲绳时,囤积了一些中药材和茶叶,还有一些小商品,到了道场开张的第二年,这些货物已经消耗完了。据刚柔流后人记载,东恩纳宽量晚年比较贫穷,他经营的船只因台风毁了,还欠了一些债。晚年的生活包括死后埋葬费用,都是由家境富裕的学生宫城长顺负担的。当时东恩纳宽量门生中最得意的是宫城长顺与许田重发(1887—1968)。这两位门人被后人称为刚柔流双璧。宫城长顺在1901年虚岁14岁时入门,在东恩纳宽量指导下认真练习了三年。东恩纳宽量确信这位学生是自己唐术手的继承人。悉心将所有技术传授外,也鼓励宫城长顺去向其他唐手名家学习。宫城长顺身体条件与气质相当适合练习唐手,而且练习非常认真,极有热情。本来服兵役退伍后,宫城长顺准备去夏威夷经营水产业,东恩纳宽量为传承唐手,坚持说服宫城长顺放弃前往夏威夷的计划,要求他先前往中国福州学习地道的中国武术。1915年,宫城长顺专程前往福州学习了半年,后来又到上海一带访武交友。1907年前后,宫城长顺将自己终身好友摩文仁贤和领进东恩纳宽量的唐手术道场,比他年轻一岁的摩文仁贤和也成为东恩纳宽量的学生。

东恩纳宽量对近代日本空手道的贡献主要有三方面,一是在冲绳开设第一家公开收徒的唐手道场,开了风气之先;二是培养了宫城长顺和摩文仁贤和等一批学生。宫城长顺日后整理发展刚柔流空手道,并在日本本土和世界上传播刚柔流空手,打下了现代全日本空手道联盟坚实基础。摩文仁贤和成为支撑全日本空手道联盟四大流派之一的糸东流创始人;三是唐手的教育作用通过实践被社会承认:在唐手道场与商业补习学校,东恩纳宽量通过唐手的教育,培养出许多优秀人才。早期参加唐手练习的学生中,有一批出色人才,日后成为活跃在冲绳社会的教育家、音乐家、书道家、实业家、政治家[①]。唐手术在教育中的作用也引起人们的重视。

---

① 高宫城繁,等.冲绳空手·古武道事典[M].东京:柏书房株式会社,2008:502.

第三节 从"手"到"唐手"——糸洲安恒的改革与推进

船越义珍被日本的媒体称为现代空手道之父,船越义珍所有唐手技术与理念全盘承接于糸洲安恒。从这个意义上讲,糸洲安恒可以称为日本现代空手道之祖。

一、糸洲安恒的主要经历

糸洲安恒(1831—1915)对日本现代空手道的贡献是划时代的。他的贡献有四方面,这四方面是联成一体的:一是将琉球传统的手改编成体育的唐手,改编出平安初段~五段等五个型,"平安"的发音用汉语发音为"PINAN"(后来改为"HEAN"),并且将其他传统套路整理成14个套路,以形的方式,建立了教育唐手的技术体系。二是留下"唐手十训",建立了现代教育唐手的理论与理念。三是成功地将唐手作为学校体育课的正式内容,在冲绳的小学、第一中学、师范学校等官办新式学校中试行。四是培养了以屋部宪通、船越义珍、摩文仁贤和为代表的一批近代空手道开拓者。

糸洲安恒是琉球唐手名人中的真君子,盛传他武艺高超,但一辈子没有与人红过脸、打过架。他是读书人,通过科举考试,担任琉球王国的"双纸库理"。他的岗位是首里王府中的诉讼裁决机关的窗口。

糸洲安恒出身士族,少年时身高低于同龄人,而且不善言语,所谓的"讷于言而敏于行"。从小就接受严格的汉学与书法的教育,特别擅长书法。他的唐手启蒙老师是长浜筑登,也是琉球王国的官员,接着跟琉球国第一的松村宗棍学习,终于成为松村宗棍的高徒。

在第二章中,我们以松村宗棍的遗训,证实琉球唐手深深印记着中国文化。而作为唐手技术,松村宗棍是兼习各家,有中国北派的拳法又有福建拳法学习与交流的经历,作为琉球王府的职人,松村宗棍被派遣在鹿儿岛四年,又有日本萨摩藩示现流剑术的传承经历,曾经得到伊集院矢七郎的"奥传允可"[①]。他一方面重视道德修养,从大局上把握武道,在技术上,松村宗棍是十足的合理主义者,他将唐手的技术要点总结为六点:一是速度至上,一切技术效果在于快;二是移动至要,应用快速的步法捕捉战机;三是准备式要精,对抗

---

① 日本剑术传承中师傅对弟子水平认同证书上,指该弟子已经达到该流的最高水平,可以独立门户。

的准备式只有四种,不要多余的架势;四是迂回取胜,从对手的外侧进攻;五是抢先为强,以主动进攻为原则;六是攻防一体,用后手格挡化解对手的进攻,同时用前手反击。这些着眼于实战的唐手技术要领,被糸洲安恒所继承,在他整理与创编的14个形当中,就充分地体现了松村宗棍的传承。

明治十二年,当明治政府派来蒸汽船将最后一个琉球国王强行载往东京,琉球王国就消失了,目睹载着末代琉球王的蒸汽船远去,这个王国的官员糸洲安恒黯然神伤。一个王朝的覆灭,必然引起社会巨大动荡,一大批原琉球王府的官员及随从面临着破产与失业,明治政府的冲绳县官厅还没开始对琉球王府旧人员着手遣散工作,糸洲安恒就辞职了,一方面他挂出代人写信的招牌,聊以笔墨谋生;另一方面他开始传播唐手生涯。

1898年前后,糸洲安恒还为伊江男爵家看管过墓地与马匹,并住在墓地附近,那时就有冲绳县立师范学校的学生和县立中学的学生经常到他那里学习"首里手"。当时正值日本在中日甲午战争取得胜利而沉浸在富国强兵的热潮中,社会武风盛行。

在琉球王朝崩溃的乱世中,失落的糸洲安恒在默默寻找自己的心灵依托,唯有唐手的传播能引发他为家乡贡献才智的激情。糸洲安恒专心致志于唐手教育,为唐手普及培养了大批人才:屋部宪通(1866—1937)①、船越义珍(1870—1957)②、花城长茂(1869—1954)③、喜屋武朝德(1870—1945)④、知花朝信(1885—1969)⑤、德田安文(1886—1945)⑥、大城朝恕(1888—1939)⑦、摩文仁贤和(1889—1953)、城间真繁(1890—1945)等人,这批学生可称为近代空手道发展的中坚力量。

二、唐手成为冲绳公立学校正式课程

唐手成为学校的正式课程有一个因缘:冲绳的志愿兵制度是明治二十四

---

① 日本明治三十二年的自愿兵,参加中日甲午战争、日俄战争,陆军中尉,后来成为糸洲安恒的接任教师。

② 被称为近代日本空手道之父。

③ 明治三十二年自愿兵,参加中日甲午战争、日俄战争,陆军中尉,后来也成为糸洲的接任老师,担任真和志村长。

④ 唐手武艺出众,但一生只在冲绳传播唐手。

⑤ 战后成为小林流宗家,一生致力于普及空手道,受赏四等勋章。

⑥ 在首里中学任教期间兼授空手。在冲绳战役中死亡。

⑦ 县立工业高中的老师,兼空手指导,也是冲绳第一棒术高手知念三良的入门弟子,其棒术在冲绳县号为"一品棍术"。

年(1891)开始实施的,第一次招收志愿兵体检时,糸洲安恒的徒弟屋部宪通、花城长茂、久手坚宪由合格。当兵前,他们在糸洲安恒的指导下练习了近三年唐手。而且这三个人有一个相同的特点:肌肉发达、骨骼粗壮。这让负责体检的军医震惊,至此,唐手对青年身体发育作用引起人们的注意。

1902年4月,首里寻常小学开始将唐手作为体育课的一个环节,就是课外活动时间,组织学生练习唐手,请糸洲安恒担任指导教师,这是唐手走向学校的第一步。开始时,称之为"唐手体操"或"唐手运动"。学校开运动会或者有尊贵的外地客人光临,学生就表演唐手,不久,首里寻常小学将唐手列入体育课正课。

1905年1月,通过糸洲安恒(图3-6)的不懈努力,冲绳县立中学将唐手列为正课,所谓正课,就是学生必须参加学习考试,并在学期成绩单上有记载。糸洲安恒被正式聘为冲绳县立中学的唐手老师,月薪7日元。冲绳历史上"官许唐手"正式诞生。这也是日本历史上第一次将唐手列为学校正式课程的记载。这月薪是冲绳县政府发的,就是政府认可了唐手可以作为学校课程。

图3-6　糸洲安恒(第二排左二)与冲绳师范武道部师生(1909)

成为中学正式课程之前有一则周折:通过糸洲安恒的努力和所教学生的影响,冲绳小学已经将唐手列为学校正课,但是糸洲安恒还想将唐手列为中学的体育课正式课程,他将自己设想与方案上报给冲绳县官厅的教育课,但是官厅中主管教育的年轻职员并没有同意,糸洲安恒就直接给冲绳县知事奈良原繁写信,知事的干涉,终于促使唐手成为中学正课①。

在完全西式的学校中,将当地的唐手列为正课,是一种大胆的尝试,为了更好地发挥唐手的教育作用,冲绳县立中学成立了唐手研究小组,以糸洲安恒为中心,研究唐手课程的改进。1905年2月5日,《琉球新报》以"中学职员的唐手"为题,报道了关于唐手列为正课的情况:经过一年左右的讨论,唐手列为体育正课,而唐手名称的使用也确定②。但是关于型当中技术的原理与效用说明还不够清楚,希望教员们更加努力研究。西洋人已经介入柔术的研究,希望我中学的教员在西洋人研究唐手之前,能够研究出引领西洋人的成果。

冲绳县学务科下达了指示:作为学校正课的唐手,动作幅度要大、动作要丰富,只有这样,运动量才大,才能达到全面促进身体生长的目标,唐手要避免违反社会道德的动作;舍弃对青少年身体发育有障碍的动作;要时刻注意沿着学校教育目标的方向推进唐手研究。

冲绳县立中学的唐手研究小组,是在冲绳县教育课的指导下进行研究工作的,研究的进度与情况须不时向县官厅教育课报告。根据教育课的指示,修正研究内容与进度。开始,那霸手名家东恩纳宽量也加入了这个研究小组,中途又退出了。那霸手基础内容"三战",原来也列入学校唐手教材,但是有人认为三战刻意强调呼吸的练习方式,对胸部有压迫,不利于正处于发育生长期的青少年,就将三战这个型剔除了。

通过研究试点,糸洲安恒主导的唐手教育研究小组一共编创出14个型:其中由原来的"首里手"套路略为改变的有:公相君(大)、公相君(小)、拔塞(大)、拔塞(小)、镇东、五十四步、内步进初段。新编创的有:内步进二段、内步进三段、平安初段、平安二段、平安三段、平安四段、平安五段。

当时冲绳流行拳法练习,没有形成现在的预备运动、基本运动、辅助运动,直接就是练"内步进"这个套路。这个套路结构对于身体还没有发育成熟的少年来说,从健康发展看并不适应,作为入门的技术,也是太难了,没有从易到难的渐进的程序。糸洲安恒痛切地感受到传统教学方式的不合理性。他以自己掌握首里手拳法为素材,从力学的观点、美观的视角、学问的角度编创了平安

---

① 参见本章奈良原繁对唐手发展的促进一节。

② 唐手原来在琉球称为"手",或者直接用型的名称来称"公相君""三战",糸洲安恒将这种当地传统的拳法作为学校正式课程时,用"唐手"来规范。金城裕也认为是糸洲安恒确定了"唐手"称谓。但是从当地就有"唐手佐久川"的说法看,唐手这个词在糸洲安恒之前已经用了。

初段到五段。起名为"平安",就是着眼于追求和平、安宁,所以称为教育的唐手、健康的唐手、和平的唐手。这14个型,既是冲绳学校中唐手课程主要的教材,也成为他的学生船越义珍在东京推广唐手时最主要的教材。首创平安初段到五段,这对于琉球唐手的传承来说,是重大的创举,是必须载入史册的。

三、糸洲安恒的"唐手十训"

1909年10月,77岁的糸洲安恒亲笔写下"唐手须知十条",向当局提出发展唐手的建议。被人称为"唐手十训"(图3-7)。

糸洲安恒的唐手须知十条,体现了他思想受三方面的影响:一是中国的儒学思想;二是琉球国的"御教条";三是明治天皇的"教育敕语"。

第一,糸洲安恒曾经是琉球王国的官员,他接受的基础教育就是中国的儒学教育,琉球科举考试内容就是中国的四书五经,他是儒学的信奉者,他的老师松村宗棍也是琉球王府的官员,松村宗棍的武学三昧,他是继承者。他们的思想源泉是一致的。

第二,糸洲安恒的思想还受"御教条"的影响,"御教条"是当时的琉球国相蔡温①,为了推行儒家教化于1732年制定发布的,是琉球官员与一般民众必须实践的道德训诫。作为社会人生活上的精神准备。主旨是强调和平、对生命的尊重。

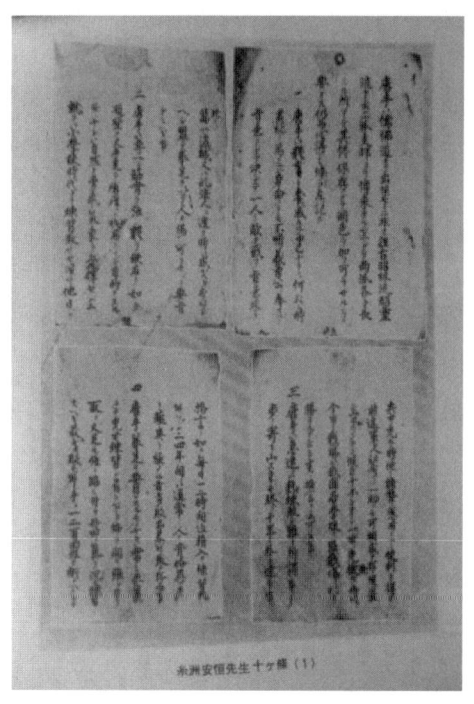

图3-7　糸洲安恒"唐手十训"墨迹

---

① 蔡温(1682—1761):琉球久米村人,官至三司官、国相。治琉球国30余年,集政治家、科学家于一身,是琉球历史上伟人之一。他颁布《御教条》旨在推行儒家思想,这一政策实施使得琉球国因饥荒和瘟疫引起的社会不安定因素得到有效控制与转变。见谢必震的《中国与琉球》第263页。

第三，明治二十三年(1890)公布的"教育敕语"①，是以日本明治天皇名义颁布的。根据明治宪法，规定了臣民道德、臣民教育的基本方针。糸洲安恒将唐手作为学校正式课程，必须遵从政府的意志，唐手一切改革是在冲绳县学务课指导之下，如果不适合学务课的宗旨，唐手就可能从学校正课中被剔除了。"教育敕语"就是为天皇培养忠臣良民为宗旨的。二战结束前，对日本民众影响很大，这是一个时代的印记。而且在糸洲安恒起草"唐手十训"时，曾经当过兵的屋部宪通、花城长茂都在他身边，作为师范学校和中学的唐手课助手，培养军人、向国家尽忠，这样的军人思想也一定程度影响了糸洲安恒。在唐手须知十条中也有体现。

糸洲安恒，经历了废藩置县的激烈社会交替，接着又在明治政府皇民化运动的痛苦时代中挣扎，他在深重的忧患中默默地恪守一份深深的乡愁，就是在"唐手"之道中追求自己的心灵故乡，所以他将所有的精力致力于唐手的整理与普及，但是他也难以摆脱时代的印记。武术的起源是生存格斗，是一种保护自己的防卫术，但是，在糸洲安恒的心里，作为人更重要的就是精神。用冲绳方言表示就是"肝心"。必须将武术从"杀人拳"提升到"活人拳"的境界。必须在以气力争斗的世界中，将武术提升到人间修养完成的境界。于是就需要"武之道的追求无止境"。糸洲安恒在长年的唐手传承的人生中，一次也没有与人动手争斗过，是基于他对生命的尊重。他的武术最高理想是"不战而胜的活人拳"。这才是他学生船越义珍后来提出"空手无先手"的真正内涵。

糸洲安恒的"唐手十训"：唐手不是由儒佛道形成的，而是由中国古老的昭林流和昭灵流两个流派传承来的。两派各有所长，应该尽可能保持其所长而略加以润色，兹列唐手须知如下：(1)唐手不单是体育，不只是限于促进身体发育，而在于随时为了君亲不惜性命，义勇奉公。决不在于用拳脚与人私斗，而是在万一有盗贼或者有乱法之人施暴时，果断使用，但万不可以拳脚伤人。(2)唐手是专门练习筋骨的，身如铁石坚硬，手脚足以代替刀枪，自然能够发挥出勇武之气质，因为从小学开始练习，到他日需要时，作为兵士，能够便捷应用其他武艺，有助于成为军人或走向社会。诚如威灵顿将军所说：有今日胜利，

---

① "教育敕语"战后被批判，是军国主义的产物。作为历史人物糸洲安恒，难以脱离社会影响，这里作为历史人物的研究，加以引用。

在于我国各学校运动场上①。(3)唐手难于快速成熟,贵在坚持。正如谚语所云:牛步虽慢,可以至千里。每天一个或两个小时聚精会神练习,三四年时间,骨骼就异于平常人,就能逐渐领悟到唐手的奥秘。(4)唐手将手足作为武器,必须强化练习打砂袋(卷藁),气沉丹田,充分沉肩展胸,用力充足,步法踏出要用劲,每次练习一只手打一百次或二百次。(5)唐手的站立姿势必须直腰、沉肩,迈步要扎实,气沉丹田,上下相随。(6)唐手的基本功很多,要一一问明每个动作目的,确定动作在什么状况下可用,弄清楚再练习,在练习中要注意到每个动作都有可能受对手反击的因素。(7)唐手基本功练习,是起到提高体能的作用,还是直接可应用的技术,要判明每个基本动作作用后再练习。(8)唐手练习时要有实战的气势,眼睛要注视对方,肩下沉,身体要保持微紧张,不论是出击还是防守,要以实战的状态对应,实战就是在平时养成习惯。(9)唐手练习时必须注意不要过度,与自己的体力不适应的练习,会导致气喘脸红耳赤,不利健康。(10)唐手熟练的人往往是长寿的。其原因是筋骨发达有助消化器官运行,有助于血液循环。今后将唐手作为体育的基础,纳入中小学的正课,这样就可以期待"以一当十"者辈出。如上十条如果在师范学校和中学实行,如果师范生、中学生毕业后到各个地方学校执教,则可将这种教育效果推广到各地方学校,十年后可以传播到全国,这样不仅有助于本县人民,而对全国军人社会也有助长②。

糸洲安恒编的平安五段,也体现了一个特别的历史背景。19世纪中叶后,传统体育向近代体育转变是时代的趋势,1844年,英国产生《劳伦斯拳击规则》,将古老的残酷的拳斗,引入现代拳击竞技场,规则的限定着眼于判定的明晰,更注意强调运动员的安全。1882年,嘉纳治五郎创立的讲道馆,将传统的日本柔术改革成现代的柔道运动。这个从传统到现代的改革,将搏斗的柔术改造成了健康的柔道,教育的柔道,竞技的柔道。糸洲安恒就是在这样的社会背景下展开从传统拳法向近代唐手演变的。将讲究"一击必杀"的琉球唐手,改造成健全体魄、培养道德的教育唐手。一个同样的型,如果你将它看成是以健康为目标的体操,你的动作规格与评价优劣的标准,就要根据身体发展的需要,如果你将它作为承载攻击与防守的武术来练习,就要表现出进攻与防守的合理性。作为学校

---

① 此句当是:引用英国威灵顿将军在战胜拿破仑之后的感言,是他盛赞英国伊顿公学的竞技体育,伊顿公学的竞技体育培养青少年绅士精神,讲究团结协作与永不服输。当这些青年人成长为国家的中坚,则有战胜一切敌人的意志力量,所以说,打败拿破仑是以伊顿公学的竞技精神为基础的。

② 这里参照几个版本,对糸洲安恒的唐手须知十条译成中文,为了通顺,增加了几个词。

体育的唐手主要内容,平安初段～五段,是脱胎于琉球唐手,原来都是以实战为主的动作,但是平安各个套路既然作为中学生体育课的内容,主要就是着眼于健康的、安全的,所以在套路的编排中将危险的动作删除。比如传统首里手中搂手弹腿撩阴、压打穿掌击眼等动作,都作了较为安全的改变。

第四节　促进唐手发展的县知事

一、奈良原繁的政治人生

在琉球唐手的近代变革中,冲绳县知事奈良原繁(1834—1918)对琉球唐手早期的发展起过重要作用。奈良原繁出生于萨摩藩鹿儿岛,是日本明治维新元老级人物,在推翻幕府的一系列斗争中,作为萨摩藩勇士,他曾经是藩主岛津齐杉的近身战士,随岛津齐杉出生入死,参加过敢死队,以剑艺高超与充满血性、英勇善战而闻名。1892—1908 年间,他担任冲绳县知事,就任时,已经 59 岁,16 年冲绳县知事任上,他对冲绳县在明治维新初期的社会各项事业发展,起了决定性的作用。他的业绩主要在三方面:一是确立冲绳教育制度,确保人才的培养。二是加大土地改革,主要租税制度的改革,巩固县级财政。三是扩建那霸港,为冲绳的开发奠定基础。特别是教育方面,他的成绩显著,他上任时,冲绳人小学就学率只有 18%,而他离任时,小学就学率已达 93%。

奈良原繁是萨摩藩示现流剑术的出色传人。他是一个虔诚的武士,担任县知事,可谓日理万机,但他还是坚持每天早晚练习三千次持剑劈击。根据他的书记官做的备忘录,他生活极有规律:早上 6 点起床,读西洋书,读经书;8 点用早餐,接着处理日常政务,再读《近思录》《传习录》等汉文古典,再读历史治乱书籍。下午 4 点用餐,晚上训练剑术之外,他还时常练习居合术、棒术等。如果当天不练武,则负重跑步。

奈良原繁在冲绳任知事时期,日本政府阁僚中,萨摩藩出身的黑田清隆(1840—1900)、大山严(1842—1916)、西乡从道(1843—1902)已经成了政府的中坚力量。而奈良原繁与自己的同伴们早期从事倒幕运动时,这几个小老乡还只是小跟班。奈良原繁是被东京权力中心排挤的明治维新元老。他是有资历并有独断魄力的官僚。他并不在意远在东京政府中掌握大权的小老乡们,他根据自己的信念,将精力放在自己所管辖土地上,他施政的基本思想是"县民自立自营",充分自治。

他处事手段强硬,由于远离东京,被当地民众称为"冲绳的天皇"。

二、促成唐手成为公立学校正课

糸洲安恒1901年在首里寻常小学指导小学生练习唐手,是在奈良原繁的支持下开展的。当人们发现通过唐手训练身体肌肉发达、四肢均衡时,便一直在思索,唐手是否可以作为小学校的体育？奈良原繁专程请来鹿儿岛教育专家、小川鋠太郎,小川鋠太郎是当时的视学官,他认真考察唐手训练与学生情况后,认为将唐手作为小学体育课的正课是合适的,并向文部省报告,唐手就成为小学的体育正课了。

在小学推行唐手的基础上,糸洲安恒又创造了为中学生练习用的唐手"平安"套路。1904年1月,向县官厅提交申请书,申请将唐手作为中学体育正课。但是当时的冲绳县视学官和学务课长回复是"可以将有兴趣者集中起来,作为课外活动课推行,但唐手不具备作为中学正课的条件"。这等于变相拒绝了糸洲安恒的申请。已经年过75岁的糸洲安恒,不甘心这种回复,他觉得这些小职员眼界太窄,与他们交涉不会有结果,就将自己的申请直接送到了县知事办公室,据说当时还将《琉球新报》上连载的屋部宪通写的有关小学教育的论文一起提交。奈良原繁读了直诉状,在申请书的空白处写了自己的意见,叫秘书官马上送到视学官处。两个月后,即三月上旬的一天,糸洲安恒在冲绳县师范学校的校园里,为百余名冲绳教育界人士作"平安之形"的讲解。知事具体在申请书上写了什么,已经无法看到,但是从他的性格和实际效果看,应该是"冲绳县民的体育问题,可以依托冲绳县民的创意与实践",这是这位武士出身的知事惯常的施政宗旨。

奈良原繁治理冲绳一直有县民自治的思想,他也深知武术的作用,这个支持,让冲绳的唐手在官办中学中赢得了宝贵的一席之地,为此后唐手在冲绳的发展奠定了基础。这种因缘或许是县知事对武道教育的特别感情,或许得益于糸洲安恒的老师松村宗棍与奈良原繁同出于示现流剑术的门庭。事实是,在奈良原繁的直接干预下,唐手作为中学正式课程在冲绳县实行了[①]。

三、慧眼识人的间接效应

奈良原繁在冲绳担任知事期间,还有一件间接促成了唐手发展的事情:他成就了汉那宪和将军的海军学校学业。

---

① 仪间真谨,江里口荣一,鹫见东观,藤原稜三.日本的武道·空手道[M].东京:讲谈社,1983:239-240.

海军少将汉那宪和(1877—1950)是冲绳县人,船越义珍去东京发展与在东京的唐手普及过程中,多次得到他的支持。《琉球拳法·唐手》《空手道教范》书中序言,都是汉那宪和题写的,他对作为武道的空手非常关心。1925年和1926年,汉那宪和参加船越义珍主持在东京明正塾举行的"空手会议",他对空手将来的走向,发表了相当有见地的意见:"唐手像现在这样天天练习型,似乎没有发展前景。将来能否像柔道、剑道一样,以比试的形式打破这个僵局?光练型应变则不足,如果练习实战,唐手与柔道剑道又不一样,如果命中要害部位,又是与性命相关的事。因此,掌握唐手实战是相当困难的,但无论如何,大家要以富名腰先生为中心,为打开这个僵局再训练。只有这样,唐手才能不只在冲绳发展,而是发展到日本、全世界。"①应该说,几十年后,"组手"成为日本空手道主要形式。对空手道的发展,汉那宪和是有远见的。

没有知事奈良原繁,可能就没有海军少将汉那宪和。1892年,汉那宪和考入冲绳寻常中学;1895年,日本海军联合舰队旗舰停靠那霸港,汉那迷上海军,立志加入海军,刚好当年11月,因要废除英语课问题,中学生与校长冲突,后闹成全校罢课,持续半年之久,最终校长被解职,五个带头闹事的学生也被学校开除,汉那宪和是五个学生之一。学生闹事是必须开除的,但是汉那宪和热爱乡土的热情和全身洋溢的正义感,让处理这个事件的奈良原知事非常感动。汉那宪和被中学开除后,转而报考海军兵学校时,奈良原繁主动充当担保人,他还让汉那宪和一个月余住在自己东京的家备考,全面支持照顾他的学习与考试。结果,参加当年海军第27期考试的213名考生中,仅4人合格,汉那宪和及第。接着,汉那宪和在1899年以全年级第3名的成绩毕业,还获得了很高的奖励。

1925年,汉那宪和退出军界,一年后当选众议院议员。此后连续5次当选。这是一种间接的促成,世上有许多事都是由偶然而必然的②。而偶然刚好对空手道近代的发展起到关键作用。没有海军少将汉那宪和,可能就没有船越义珍1922年的东京之行。

第五节　大正③前后唐手在冲绳

唐手深植于琉球王国的土地上,成为王府贵族的一种教养,成为从中国移

---

① 高宫城繁,等.冲绳空手·古武道事典[M].东京:柏书房株式会社,2008:413.
② 高宫城繁,等.冲绳空手·古武道事典[M].东京:柏书房株式会社,2008:413.
③ 日本大正时期是1911—1925年,本节主要记述大正前后,主要是指琉球被撤后到昭和初年的冲绳县唐手发展情况。

居琉球的久米村人一种自卫的秘密护身术,还成为一种地域传统文化。但是随着社会的发展,琉球的拳法产生了变化,这个急剧的变化是时代发展的要求,一些关键人物在这个变革中也发挥了积极作用。

冲绳县唐手的公开传播,东恩纳宽量与糸洲安恒是先驱者,东恩纳宽量的唐手术道场1889年开张,而糸洲安恒将唐手作为教材在小学中推行是1902年。这是在19世纪末20世纪初,在日本属于明治末期。到了大正(1911—1925)和昭和(1925—1989)前期,冲绳唐手经历了一个改革与发展时期。任何文化发展必定有一定的土壤与背景,也需要天时地利人和等诸多要素。知事奈良原繁、海军少将汉那宪和等人支持唐手,也是冲绳的风土滋养的。当冲绳出生的一些唐手名家纷纷走向东京、大阪等地普及唐手时,在冲绳本土坚守的还有安里安恒、屋部宪通、花城长茂等人。而唐手进入学校后,得到了迅速发展,唐手成为各种集会与典礼中琉球特有的艺术形式。

一、活跃在大正前后的唐手人

(一)与糸洲安恒并肩的安里安恒

安里安恒(1828—1914),是船越义珍的唐手启蒙老师,出身于琉球王府高官家庭,从小熟读四书五经,有儒家经世济民之志向。他曾经担任琉球王朝尚泰王的政治顾问,在琉球王国末期还是武术检查官。作为一代文武兼修的名人,安里安恒擅长首里手、兼通那霸手与泊手,示现流剑术,还擅长古武道的各种器械。安里安恒是糸洲安恒的好朋友,两人同是松村宗棍的学生,他在生活中曾给予糸洲安恒许多关键性的帮助。

日本江户幕府后期,各藩各种传统武术再兴,处处打出尊皇攘夷的口号,训练青年,准备迎接王政复古。琉球王国也受其他藩影响,鼓励各地武术兴起,安里安恒作为琉球武术巡查官,在首里、那霸、泊等地视察并指导武术训练。

安里安恒于1914年1月17日开始,连续三天在《琉球新报》上发表《关于冲绳武技——唐手》的文章。他有自己独到的见解,对后来被称为近代空手道之父的船越义珍产生了重要影响,文章由他口述,船越义珍笔录。

关于唐手起源的问题:他认为这是冲绳固有的武艺,就如琉球各村落中"舞方"就是"手"的原型(琉球当地一种舞蹈),所谓空手未发达的状态(萌芽状态)。你看妇女吵架时互相抓住头发,小孩争执时挥着拳头,这是冲绳人有史以来遗传下来的,人生来就具备打架这个技能。

唐手的流派:唐手的流派有昭灵流与昭林流两种。前者适合体格强壮、体力充足的大个子男人,属于武官阿松所传;后者则适合力气较小、将技术作为重点的瘦小的男子,属于武官魏新扎风格。要根据学生的体质来选择不同教学内容,必须提醒的是,要根据受教者的体力与气质来决定风格,如果内容选择不适当,唐手练习不仅徒劳无益反而损伤了学生的身体。

唐手(型)的种类:有数十种,没办法全部记住,也没有必要记那么多,从其中选5~6个型就足够了。比如身体强壮者,则选"内进步"和"十三";作为学棍的基础,最好练"拔塞";速度快的人选"公相君";上、中、下三盘皆有清晰攻防的技术,则选"慈恩"。他提出唐手与学问的关系首先在于精神修养:要快活、自信、正直、热心、忍耐、无欲、恬淡、有品位。接着要学习兵法、通晓剑术、马术、弓术,要学习生理学。他还一针见血地指出唐手的不足:"修行者一般在于拼命研究手法,轻视腿法,这是唐手的一大遗憾,腿法是秘术,腿法有时能发挥出比手法更大的威力。"这个对当时琉球唐手内容与技术特点的评价是相当有见地的。这些观点也奠定了冲绳唐手早期的理论。船越义珍1922年在东京出版《琉球拳法·唐手》,关于唐手的起源、唐手的流派、唐术的技术体系,明显是引用了安里安恒的观点①。

(二)唐手实战家屋部宪通

屋部宪通(1866—1937)是冲绳有影响的唐手家。早年师从松村宗棍和糸洲安恒。他身体强壮,也是相扑高手。当志愿兵时,在军队里来自日本本土的兵看不起来自琉球的屋部宪通,在一次与城市兵较技中,他一出手就伤了对方,引起军官的注意,这次伤人的事提高了琉球唐手的知名度,屋部反倒没被处分。1905年退伍后,在冲绳县师范学校担任教谕兼书记官。主要是担任军事科目和体操(体育)课教师。随后12年,在冲绳县师范学校专任教谕,专职指导唐手与相扑,是冲绳县唐手在学校初期发展的中心人物。

1918年7月,启程赴美国,第二年4月,屋部宪通途经檀香山到达美国旧金山。屋部宪通是受长子屋部宪传(社会活动家)的邀请赴美国的。在美国,他一边在农庄和果园里打工,一边考察学校体育教育。这次美国之行,他想与儿子生活一段时间,希望孩子能为他生下几个孙子。但是他的儿子似乎对强悍著名的退伍军人父亲不感兴趣,儿子很早就信奉以天下为友的基督泛爱精神,到美国布道、当牧师,传授福音,也不再回冲绳。

屋部宪通到美国与孩子一家会合,共同生活了8年。1927年,孤身回冲绳。途经夏威夷回冲绳时,被当地的日本人留在夏威夷,在各岛巡回作唐手讲演和技术讲座,大约停留9个月。为夏威夷早期的唐手传播开了先河。回到

---

① 高宫城繁,等.冲绳空手·古武道事典[M].东京:柏书房株式会社,2008:372-373.

冲绳，在唐手教育与普及方面也产生了较大影响。他是摩文仁贤和冲绳唐手俱乐部的主要成员，1936年11月，他参与冲绳县空手道振兴会的创立，并担任技术指导部长。他是实战家，在实战方面能力突出，是冲绳空手道早期代表性人物。

（三）军曹、村长花城长茂

花城长茂（1869—1945）（图3-8）出生在首里山川町，前后师从松村宗棍和糸洲安恒，练习首里手同时学习文化。1873年日本明治政府征兵令公布，1879年琉球国被强行废除改成琉球藩。1890年，21岁的花城长茂志愿参加陆军教导团，入伍后从军曹升到中尉。在人们纷纷逃避兵役的冲绳，他志愿当兵属于另类。1905年退伍后他到冲绳县立第一中学任体育教师，与他的老师糸洲安恒同一个学校，他经常代替老师上课。1912年，从冲绳县立第一中学退职，在那霸的安里开设道场，致力空手普及活动。1919年被选为真志和村长，1924年被选为村议员，一边从事地方组织管理一边普及空手。

图3-8　空手家花城长茂
（1869—1945）

1936年10月25日，仲宗根源和召集当年冲绳唐手名流举办空手座谈会，会上提出每年10月25日作为"空手之日"，座谈会上还就"唐手"汉字表述问题作了表态，花城长茂坚持自己30年来一直沿用"空手"二字，不用"唐手"。1938年仲宗根源和编辑"空手道大观"，收录了花城长茂的未完稿"空手组手"。这个"空手组手"不是自由组手，而是"对打套路"。这本大观还收录了花城长茂擅长的"慈恩"型。飘着白色山羊胡须的花城长茂身高手长，再加上军人的气质，型的表现很有特色。

（四）唐手艺术家本部朝勇

本部朝勇（1857—1927）是实战唐手名人本部朝基的大哥，朝勇不仅是一位出色的唐手传承人，还是出色的艺人。作为本部家族的后人，本部朝勇继承了先人的优秀品质。他一度出任冲绳县的唐手俱乐部部长。他的青春年代正是冲绳废藩置县的巨变年代。

"武"本来是琉球士族男子修养的一门功课。当时士族与平民之间还存有明显的差距。为了适应明治政府"四民平等"的国策,武术传承局限也被打破,迅速普及化。这个时期被空手道研究者称为"武术的变革期"。琉球拳法的称呼也从"手(TE)"到唐手(TOTE)"再到"唐手(KARATE)",而本部朝勇则一直称自己的秘密之拳法为"手"。现在冲绳仍有"御殿手"之称谓的拳法流派,可能就来自于本部朝勇的"手"。本部朝勇有段时间在"若狭俱乐部"指导唐手练习。朝勇认为:用武,是生死相较的最终的手段,以拳法护卫自己是武人的自觉。武道的修行不能松懈,遇到袭击时能够保卫自己不受伤害,还能够安全地控制住对方,双方都不出现伤害。这是他对拳法最高境界的追求。在这种习练的过程中自然形成了独特的身法、手法和步法,这些自然的手、身、步与舞蹈也是相通的,徒手的与持器械的,运动规律是一致的,重要的是临机应变。

本部朝勇喜好音乐,是弹着三弦吟唱的歌者。他将唐手中许多特别的提要编成歌,加以吟唱传承。这些歌中不单有技术要点,还有武德修养方面的提要。他经常说"坚持就成为力量",并以此勉励自己。他的一生有许多谜,但是从他传下来的23首唐手歌诀看,他的主要精力都用在唐手的传承上。

二、冲绳师范学校中的唐手

由于政府主导,从1905年以来,唐手通过学校教育普及到冲绳群岛各地,唐手当年也称为"唐手体操""唐手运动",仅2~3年时间,广泛地出现在冲绳各学校与地方大会与各种仪式上。冲绳县立师范学校除将唐手纳入正课外,还实行"唐手奖励会""唐手大会",已经开始研究"唐手指导法""演武法""比赛与组手"了。以下几则记录,可以反映当年唐手发展概况。

冲绳师范的唐手奖励会:唐手的体育价值已经被世人认同,在冲绳师范学校,去年(1907年)以来,唐手部与击剑部、柔道部、网球部并行,开展活动并进行研究。本年度举办表彰会,校长及书记校方官员全部出席表彰会。学生的唐手表演有一人、有三人,最后仍然是师范屋部会长的示范表演,屋部宪通师范的表演毕竟是专业的,其技艺让人惊叹。当日纪要大约有四点:一是相较去年身体用力之处不顺,到今年已经大有进步;二是手、眼、步尚未一致,仍需继续练习提升;三是虽然是没有对手在面前的一人演示型,但是要有控制住眼前的对手的意识;四是二人以上演武不要列成呆板的队伍。总体比去年有长足进步。当天演练的型有内步进、公相君、五十四步、拔塞、平安、鹭牌、三战、十三、王辑等,还有比赛二组,比赛结束后发给奖品等。

冲绳师范的"唐手大会":唐手大会以屋部宪通为中心,先有学生80组表演,还有来宾——中学的学生表演5组。作为示范演练,有富名腰义珍表演的"十三",喜友名氏的"拔塞",屋部宪通的五十四步,糸数氏的"内畔进",冲绳县内知名的唐手家都来助兴。与唐手奖励会上表演的节目相类似。唐手大会上引人注意的是"组手",组手的规则具体如何目前无法考证。既然是师范学校推行的,就按学校教育的目标进行。糸洲安恒在唐手十训中说到"表艺",指型,作用在于养身体,为"用"准备,用预想的、固定的方法练习,"用"就是实战,实用性。安里安恒有歌诀曰:"不熟练体用兼备,是对唐手的误读。"

1911年3月,在冲绳师范学校毕业式上,给毕业生授予毕业证书同时也授予奖状与证明书,有"在学四年满勤证书""剑道部四级以上证书""柔道部四级以上证书""唐手部四级以上证书""网球部四级以上证书"。

比照柔道、剑道、网球等运动项目设置了等级制度,并在毕业之际给予颁发证书表彰,还有通过县立中学和师范学校学生到京都武德殿表演,让更多人了解冲绳独特的武术,这是比船越义珍在东京传播唐手更早的冲绳唐手近代化的另一条路径。

三、公众庆典与聚会中的唐手

1898年8月19日的《琉球新报》报道"绫门拔河节后的大和亲会":老少壮年交欢饮酒,慷慨悲歌,还有人舞剑,有人演练勇壮的"支那流武术"。这里的报道用了不友好的词,但是唐手在交谊会作为表演的节目助兴也可以察知。这是记载绫门这个小街区的情况,同时在赤平、大仲、山川等地交谊会上也有唐手演示的报道。

1899年8月19日的《琉球新报》报道"赤田的弥勒节":首里区赤田于7月16日举行惯例的弥勒节跳舞,祈祷丰收。本年度作为余兴,还有较棒、唐手等表演。

1899年10月21日有报纸报道"屋宜曹长的欢迎会":在小学中举行的欢迎会有400余人参加,欢迎会后举行酒宴,中学生击剑、剑舞助兴,还有泊这个地方人擅长的唐手表演等。

唐手从1905年以来,由于政府主导,通过学校教育普及到冲绳各地,仅二三年时间,广泛地出现在冲绳各学校与地方大会的各种仪式上。学校的运动会、毕业式、学艺会、开张典礼等,唐手表演已经成为保留节目。在地方的各种集会上,如青年会、同学会、电信局开张典礼、通俗的集会中广泛地表演。《琉球新报》1905—1907年两年中,多次刊载有关唐手表演的报道。以首里、那霸学校比较集中的地域外,还波及整个冲绳各岛。

1908年，大日本武德会主办的"第10届青年大演武会"上，柔道、剑道比赛前有演武，这个大会上，日本37个都道府县和海外日本人都来参加，据报道，当年参加演武者一千九百余人，为历届之最。冲绳县中学6名学生参加演武，嘉纳治五郎与来日本的美国细菌学专家、京都医学会官员等体育界与教育界名流观看了表演。《大阪时事新报》介绍：当日有250组柔道选手比赛，围观者众多，无立锥之地。来自远方的冲绳的六名中学生和玉城武太的唐手型，给内地人珍贵的感觉，有如焦躁的土地上立着一尊菩萨，健壮的身体配合深呼吸，发力瞬间的不时发声，引起观众巨大兴趣，喝彩掌声不绝。2天之后，同样的报纸以《琉球的无手胜流》为题专门报道了玉城武太的型演武。

四、得到本土官员鼓励的琉球唐手

大正时期，除了从鹿儿岛来的知事奈良原繁外，还有皇太子、海军将校等一批外地来冲绳的客人也促成了唐手的发展。

1910年，海军八代六郎少将率"练习舰队"途经冲绳岛停靠在中城湾，上岸观摩了冲绳师范学校预科班学生的唐手套路集体演武。八代六郎认为唐手与其他武道有同样的作用，命令海军将士将唐手术作为与柔道并重的身体练习手段。八代六郎是柔道习练者，是嘉纳治五郎的弟子，他早年与几个同学共同创立了日本海军学校的柔道俱乐部。

1911年，海军出羽重远中将率领的第一舰队途经冲绳，停靠中城湾，上岸的水兵寄宿在冲绳县第一中学，此间参观了中学生的唐手术练习。根据第一舰队将士要求，10余名海军官兵，在当地唐手指导教师的辅导下，接受了一周时间的唐手特别训练。

1921年，冲绳县出身的汉那宪和海军少将率巡洋舰"香取号"，护送皇太子前往欧洲，途经冲绳，停靠那霸港，为缓解皇太子航行中的枯燥生活，经过汉那宪和联络，船越义珍在首里城正殿前指挥冲绳师范学校预科生，为皇太子举行了专场唐手表演。表演之后，汉那舰长邀请船越义珍坐到身边，告诉他明年将举办全国体育博览会，鼓励他到东京普及唐手术。那时皇太子身边的护卫非常认同唐手，对于只是寻常小学临时教员的船越义珍来说，也是莫大的鼓舞。

1922年5月，船越义珍代表冲绳县到东京参加日本第一届体育博览会，表演琉球唐手，引起东京武道界特别是嘉纳治五郎的重视。

1922年12月，嘉纳治五郎到冲绳视察柔道发展，在冲绳师范学校作"武道讲话"的演讲，激起在场聆听演讲的屋部宪通、花城长茂、宫城长顺、摩文仁贤和的热情，他们决意将冲绳唐手武道化。

1926年，作为日本体育协会名誉会长、贵族院议员的嘉纳治五郎，应邀到冲绳县官厅作"体育与武道"的演讲，冲绳唐手术的指导教师屋部宪通、花城长茂、久场兴作、喜屋武朝德、宫城长顺、摩文仁贤和等人在嘉纳治五郎面前，表演了冲绳流传的各种唐手套路。这场表演之前，通过当时冲绳县官厅学务课与唐手有关教师的商议，对冲绳唐手的名称，停止原来的叫法，改为"首里手""那霸手""泊手"，这也是琉球唐手规范名称的开始。嘉纳治五郎还鼓励宫城长顺等人将唐手传播到东京等日本本土。

本章小结

冲绳人空手历史研究者嘉手苅徹通过研究琉球近世历史得出结论：

近世琉球唐手具有三个方面的意义，一是作为生存搏斗之技艺，二是作为士族子弟之教养，三是作为自豪的演艺保留项目。①

日本明治维新后，琉球国破灭了，士族不存在了，随着火器的发达与政府的强权，搏斗技艺的功能衰退了，而保留着作为琉球传统文化自豪的就是"手"，成为各类典礼的保留节目。因明治维新普及现代教育的社会背景，在来自东京的官员与嘉纳治五郎等人影响下，琉球传统的"手"，通过糸洲安恒的改造成为学校正课唐手。这时候，东恩纳宽量、安里安恒、屋部宪通等人及散落民间的久米人和琉球王府的士族后人，在琉球拳法的改进与传承中贡献了自己的力量。

在船越义珍将琉球唐手正式亮相在东京的日本体育博览会前，在琉球，唐手已经有较为广泛的传播了。学校与民间都有不少唐手传播者。唐手从较为秘密的护身术变为一种体育文化，已经成为较为成熟并被当局所认可的一种教育的手段。

东恩纳宽量和糸洲安恒的学生船越义珍、宫城长顺、摩文仁贤和、远山宽贤等，在大正后期，开始在冲绳为唐手的近代改进与传播而努力，接着，他们以不同的路径将琉球的唐手传到东京、大阪等大城市。而冲绳作为唐手改革的发源地，也有屋部宪通、花城长茂、本部朝勇等坚定的守护者，他们坚持唐手传播与改造，为东京唐手的早期传播提供了丰富的营养。

---

① 嘉手苅徹.空手道——其历史与技法[J].《武道》,2017(6):102.

第四章　从琉球唐手到空手道

第一节　"近代日本空手之父"船越义珍

船越义珍(1868—1957)(图 4-1),原名是富名腰义珍,号松涛。他是最早将琉球唐手介绍到东京的主要人物,1916 年,在京都日本武德会主办的日本武道大会上,船越义珍表演过琉球唐手,但是并没有留下什么印记。1922 年的第一届日本体育博览会,空手道开始在东京传播。从 1922 年到 1957 年,船越义珍在东京,以大学为中心,专心致力于传播唐手,他在东京所教的学生,在近代日本空手道发展中发挥了重要作用,他被称为"近代日本空手道之父",在神奈川镰仓园觉寺内,有 1968 年树立的"船越义珍纪念石碑",碑体正面刻着"空手道始祖船越义珍之训——空手无先手"。后面有早稻田大学总长、全日本空手道联盟首任会长大滨信泉撰写的碑文(图 4-2):"空手道始祖船越义珍先生于明治三年 10 月 10 日①生于冲绳县首里市,11 岁师事安里安恒、糸洲安恒两师学习唐手术,探究奥义,大正初年任冲绳尚武会长,大正十一年上京,尔来在东京专心致力于指导空手道,直至昭和三十二年 4 月 26 日,以 88 岁之天寿告别人生,此间倾注全身心智于空手道的提升与普及。由于先生的提倡与身体力行,传统的唐手发生了脱胎换骨的变化。'空'是武艺的极致,在于将自己引入'空'的境界,志向于将术化为武士之道。'空手无先手''空手是君子之武艺'等金玉良言,是告诫后人力戒术之滥用。为了缅怀空手道始祖先生之遗德,为了彰显先生

图 4-1　船越义珍晚年在书斋

---

① 船越义珍出生时间经后人考察应该是明治元年(1968),船越义珍本人也在《空手道一路》中讲过,那时琉球的出生记载不健全,为了报考医学校而改年龄,后来就将错就错了。碑文撰写时,大滨按先前的习惯写。

的功绩,由门下生中有志者结成松涛会,以'拳禅一致'之训的因缘,在园觉寺内建立纪念碑。昭和四十三年12月1日。"①2007年,在冲绳县那霸市奥武山町,松涛馆流的后人也为他立了一块碑,碑上刻着"空手道松涛流祖船越义珍先生之谕　空手无先手"。

图4-2　镰仓园觉寺中的船越义珍纪念碑

船越义珍到东京传播琉球唐手前,也有擅长唐手的琉球人到日本本土,比如糸洲安恒的高足屋部宪通、花城长茂、久手坚贤由等人,曾经作为志愿兵,从日本陆军教导团受训后成为下士官,从1892年开始在日本本土生活了数年;还有1914年,在庆应义塾大学读书的新垣恒茂,擅长琉球那霸手;还有冲绳师范学校的6名学生,假期旅行到东京也交流过唐手,但是这些人都没有机会在本土武术家面前展示琉球唐手,也没有在东京等地留下空手道传播的业绩。

一、冲绳师范初露头角

船越义珍父辈是琉球王府的下级士族,在乡下,也算是有些名望的家族,到船越义珍出生时,家境已经贫寒了。

船越义珍是早产儿,身体非常瘦弱,父母担心这孩子会夭折。6岁时,以棍术闻名乡里的父亲,是船越义珍唐手的启蒙老师。上小学时,"文武俱佳"的安里安恒的儿子是他同学,因同学之便,他开始从安里安恒学习唐手,练习的地

---

① 月刊空手道编辑部.空手道创世纪の传说[J].东京:株式会社福昌堂,1996.

点就在老师家的院子里。跟安里安恒学习了一套他经常表演用的"公相君"。

唐手练习两三年后,在不知不觉中船越义珍感觉身体好了,自信心也足了,他体味到唐手的乐趣。20岁那年,船越义珍报考医学校,顺利考取后,医学校规定男生必须剪掉发髻。而在琉球,男子在头上梳一个发髻是士族的象征,剪发受到家族一致激烈反对,尽管明治维新已经20年了,但是在冲绳传统的势力依然相当强大,船越义珍只好放弃。无法当医生,他选择了当教师,不久又考取了小学准训导资格。① 安里安恒与糸洲安恒两人是至交,糸洲安恒经常到安里安恒家,两个老师坐在一起,看他练,也常常一起给予指导,所以用船越义珍的话说,不知道哪个是他的老师。安里安恒似乎那时年事已高,就带船越义珍一个徒弟。那时的唐手学习,就是几个月或者一两年单练习一个套路,套路的水平要等到老师说可以了,才算可以,而且套路的用法,要等老师认定你套路练好了,才点拨一点。船越义珍的年代,唐手虽然不算秘密,但是一般学唐手的人,自己不对别人说。船越义珍回忆:安里安恒教自己的时候年纪已经很大,夜里,在院子点一盏煤油灯,安里安恒拿一个布垫坐着,煤油灯光在微风摇晃中映着老人,他一个劲盯着不停反复练习的船越义珍,这种场景一夜接着一夜,老师很少说话,偶尔就是"还好""再来一次"。练习结束后,老师便非常和气,为其说起唐手道德修养或武术家的故事,经常不知不觉就说到天亮了。

当上寻常小学教员后,船越义珍仍然没有停止唐手练习。小学校渐渐扩大了,教师也增加了,但是在学校里,船越义珍一直没有得到晋升的机会,校长推荐他到本岛外的偏僻小岛学校去任教,他不愿意离开唐手的老师。

有一个作家写船越义珍在台风中练习唐手场景,被船越义珍引用在自传《空手道一路》中:"在激烈的大风和暴雨中,大多数人躲进低矮的房屋里,心中默默祈祷风雨快点过去,而他迎着风雨,站在屋外,扎着马步,一拳又一拳地冲。分不清是雨水还是汗水,他在挑战自然、挑战身体的极限。"船越义珍是一个执着的、努力不懈的唐手学习者。

船越义珍生活的冲绳首里城城郊,是远离东京的农村小镇,生产水平十分低下,民众生活非常困难,村民自身道德修养也比较低。街道上酗酒、打架也很常见。在他居住的村落中,车夫、小作坊主、小商贩等因小事争吵也是家常便饭。他虽然已经是小学的准教员,但是收入很低,不足于养家,他常常跟着

---

① 当时日本小学的教员分为四个等级:小学正科训导、寻常科正训导、专科训导、准训导。通过继续努力,船越义珍又考上了寻常科正训导。当时日本的义务教育是四年,寻常科正训导只具备教一、二年级学生的资格。

妻子一起下地干农活,由于乡下还穷讲究,他下地时总是将斗笠压住自己的脸。他妻子到晚上还要织土布来维持生计,但是妻子非常支持他学习唐手。

《空手道一路》是船越义珍晚年的回忆录,书中记载了船越义珍早年在冲绳的四个经历:第一个经历是有一次几个拳友与糸洲安恒先生一同赏月后,回家路上遇到一群流氓,这群人喝醉了,哼着小调,摇摇晃晃将他们几个人围起来,他们正想用平常所习的拳法教训对方,糸洲安恒严厉制止他们,最终,对方认出面前站的是唐手名家的糸洲安恒先生和他的弟子们便退却了,一场群架就这样避免了。第二个经历是船越义珍带着妻子和儿子回岳父家,路过一片人迹稀少的树林时,遇到两个酗酒恶棍的抢劫,他不声不响,沉着小试唐手技,威慑住对手,最后两人知难而退,还递来香烟道歉示好,此举保护了妻儿又不伤人,后来他将这个"不战而胜"的过程告诉老师时,还得到安里安恒与糸洲安恒的同时表扬。第三个经历是差点被警察误会的故事:夜色朦胧,一个偷盗与伤害妇女的惯犯被警察追捕,慌乱地奔跑在一片地瓜地上,正好与夜里练完功后回家的船越义珍相遇,狭路相逢,对方向没有让路的他发出攻击,作出自然反应的船越义珍,一拳将对手击到路旁的地瓜地里。随即追来的警察误以为站在黑暗路边的船越义珍是逃犯,正在争执与说明,后一拨追来的警察,发现了躺在地瓜地里的犯人。一场误会避免了,这次是船越义珍施展拳技的记载。他后来很后悔击伤人。第四个经历是,冲绳县厅为解决偏僻岛上村落之间争斗的群体事件,组织一批人专程去调解,船越义珍也不明白,自己是小学教员,以何身份参与调解村与村的纠纷,与他一起前去的人中有官厅的官员,有警察。但到达村里后,他发现不少村里有影响的人认识他。后来还是他作为公正的调停人,化解了两个村落的争执。目前尚无更详细的记载可以了解船越义珍早期的事迹。

经历近 30 年的小学教员的生涯,船越义珍接到转到冲绳岛之外小岛担任小学校长的调令,当时这是一项荣耀的事,但由于他是独生子,有年迈又患哮喘病的母亲长期卧床需要照顾,外岛交通又极为不便。他找到当时县立图书馆长真境名笑古、冲绳日报总编末吉麦门冬商量,他打算辞去教员工作,就在首里,发挥自己之前经验,为社会公益事业服务,成立并经营冲绳学生后援会;后来再找唐手界前辈和朋友商议,成立冲绳尚武会,自任会长,专门从事唐手传播工作。这段时间,由于官方认可唐手作为师范学校、中学的正课,船越义珍和宫城长顺、摩文仁贤和等人组织的冲绳民间唐手传习会,时常在冲绳各地和各种活动中表演唐手。他还为冲绳县医生公会作过唐手与健康的演讲。

1916 年,船越义珍与冲绳的又吉真光一起,在京都武德殿代表冲绳县表演了"唐手"。当时船越义珍表演了公相君,又吉真光表演了"拐",这是最早的唐手在日本本土公开记录。1918年,船越义珍参加了摩文仁贤和组织的"唐手研究会",得以认识屋部宪通。1918年,屋部宪通受命到美国考察学校体育教育。离开冲绳前,他推荐船越义珍到师范学校,指导师范预科生作为课外活动练习唐手术。推荐船越义珍,不仅因为两人同是出生在首里的山川村,而是他非常赞赏船越义珍为人的认真执着劲。也是这个因缘,船越义珍接替屋部宪通指导师范学校预科生的第三年(1921年3月),有机会在首里城指挥学生为皇太子表演唐手(图4-3)。也就是这次表演的间歇,得到在现场的冲绳老乡、"香取号"巡洋舰长汉那宪和的鼓励,船越义珍下决心到东京去传播琉球唐手。

图4-3　1922年船越义珍(中排左二)指挥冲绳县立中学学生为皇太子表演后集体合影

二、体育博览会与讲道馆

船越义珍从汉那宪和处得知,第二年东京将举办"第一届体育博览会",他通过在东京师范高等学校任教的冲绳老乡、金城教授的斡旋,得到了主办者嘉纳治五郎的邀请函。1922年5月,他作为冲绳县官厅派遣的代表,在体育博览会上表演了琉球的唐手,博览会设在东京女子师范学校内。之前,船越义珍做了大量准备,因为冲绳对于日本民众来说,是琉球国,是外国,相当生疏。琉球的唐手是什么?没有多少人了解。船越义珍拍了许多照片,将唐手中"手的技法""足的技法""型""对练动作",制成两幅挂轴,再将唐手的沿革与意义制作成一幅挂轴,并三幅挂轴先行挂在展厅。表演很成功①,人们认为这个从冲绳来的唐手很有意义,船越义珍相当高兴。原定展览会结束就回冲绳的,但展览会中嘉纳治五郎传话,一定要约时间了解一下唐手的有关知识。船越义珍回复说,不知能否给你提供参考,我只能表演几套"型",这就有了下富坂讲道馆表演会。

一般认为,下富坂讲道馆的唐手演武会是近代空手道的起点,在这个演武会上,琉球唐手被嘉纳治五郎所了解,同时也引起东京教育界的注意,从此开始船越义珍留在东京传播唐手的历程。

根据仪间真谨的回忆:讲道馆的演武时间定在1922年5月17日,当时没有唐手专用的表演服装,船越义珍专门到神田街的批发商处买了白色棉布,连夜亲手赶制两件样式与柔道衣相近的衣服,作为下富坂演武专用。下富坂讲道馆道场是1907年11月建成的,有207叠,那天被讲道馆的门人和讲道馆柔道教员养成所的学生挤得满满的。仪间真谨当时是在校大学生,在众多柔道高手面前表演,他非常紧张,看到满场是人,连数一下人数的余裕都没有。后来据参加的人说,足足有250人以上。船越义珍和他被引到场地中间,先由船越义珍作唐手概说,再介绍自己的习武经历。接着,仪间先退出,由船越义珍表演套路"公相君",仪间再表演套路"内畔进"。场内非常安静,没有一丝嘈杂声音。场地的正面,嘉纳治五郎泰然端坐,神情专注。套路演练结束,马上进入"约束组手",按预先设定的进攻与防守,他们演练了三组组手。开始演练套路时,仪间真谨紧张得动作有点僵硬,到了练习组手时,已经适应了场内的气氛,身体也自如起来了,表演取得圆满成功。嘉纳治五郎从师范席站起来,拉上永冈秀一②,走到场地中央,他把和服裙裤的左右下摆提起来,掖在腰带下,就"公相君"套路的步法、攻防的要领等,进一步向船越义珍讨教。仪间真谨回忆,当时两位老师在场上风度,深深印在他的脑海里,感觉到他们身上散发着一种美,就是将"诚实、宽容、沉稳、勇气、谦让、明朗、智慧"集于一身的男性美。

---

① 这里表演成功是根据船越义珍《空手道一路》的说法,也有人认为当天的表演并未引起东京教育界和武术界的注意,千里之行如此简略而回,船越义珍不甘心,他通过金城教授的斡旋,得到再一次在嘉纳治五郎等讲道馆柔道的名家面前展示的机会。参考仪间真谨、藤原稜三的《对谈·近代空手道历史》。另一种记载:表演没有收到预想的效果,出生于冲绳的男爵伊江朝肋与金城三郎商量,通过与嘉纳治五郎斡旋,争取到在下富坂道场表演的机会。参见高宫城繁等编著的《冲绳空手古武道事典》第506页。

② 永冈秀一是讲道馆柔道十段,嘉纳治五郎的得意弟子。

后来主人招待船越义珍与仪间真谨用午餐,又有许多有趣的谈话,与一批柔道名人坐在一起用餐,他们问的许多技术问题相当尖锐,船越义珍时时答不上,场面偶尔有些尴尬,嘉纳治五郎先生相当睿智,随之提起一次性筷子的包装纸袋,当时小纸袋上印着彩票,还附有短诗,让人有种获奖的期待。嘉纳治五郎在上面写了几个字,让人传给仪间真谨,他说,仪间是学经济的,这个他懂,让他解释一下,风趣的举动引众人开怀大笑,一下子缓解了尴尬场面。

据船越义珍回忆,当时嘉纳治五郎还问:学会全部型要多少时间?船越义珍回答:怎么说也要一年以上。嘉纳说:这有点太长了,如果学会主要的型呢?船越义珍答:那也要几个月。嘉纳治五郎态度相当诚恳,对学习唐手表现出很大的兴趣。最后,嘉纳治五郎鼓励船越义珍说:"富名腰先生,冲绳的唐手术拿到哪儿都是相当出彩的,这个武术一定要普及到本土,我会尽力协助你,如果需要什么,一定不客气地告诉我。"嘉纳治五郎还对仪间真谨说:"船越义珍先生表演结束后就要回国了①,你是学生,暑假了,就留下来,教我们唐手。"

讲道馆唐手演武的经过,通过当地新闻媒体报道,产生了很大反响。看到这则新闻,曾经在那霸港看过冲绳唐手表演的八代六郎海军大将,派人来邀请他们去表演。接下来的两个月时间,仪间真谨跟着船越义珍先后到柳生碧桥馆、二阶堂体操塾、尚侯爵(最后的琉球王)官邸等处表演唐手。

三、明正塾与松涛馆

船越义珍到东京体育博览会表演琉球唐手,是冲绳县教育课公派的,船票由县官厅教育课支出,是三等座。原定博览会表演结束就回冲绳,接受嘉纳治五郎的邀请到下富坂讲道馆表演,已经是耽误了回程。但是不断有新的邀请,盛情难却,船越义珍基本也是来者不拒,在东京各处巡回演讲介绍琉球唐手。有一天,画家小杉未醒来访,小杉告诉船越,曾经旅行写生到冲绳,对唐手非常有兴趣,可是东京没有唐手老师,也没有相关书籍,如果可能,希望拜他为师。那时小杉未醒在东京的田端,有一个画家俱乐部,他请船越义珍一周去俱乐部教几次。一次在去田端回来路上,船越义珍突然想到,我如果就这样回冲绳,唐手几时才能在中央地区发展呢?一种油然而生的责任感,让他想留下来。他与在东京的冲绳人前辈商量后,决心留下来。他搬进冲绳县人学生寮"明正塾",住在大门边的只有三叠的狭小的房间,并借用明正塾的小讲堂作为道场开始唐手的教学(图4-4)。

---

① 日本东京人习惯称冲绳为琉球国,所以称回冲绳为回国。

这个小讲堂只有 20 叠。船越义珍以此作为起点开始收唐手门人,将所有时间都投入唐手的传播指导中。明正塾是在东京的冲绳乡贤集资盖的二层木头小楼,共有 18 个房间,带小厨房,为在东京读书的冲绳人学生提供优惠住宿。

船越义珍 6 月住进明正塾,7—8 月基本上应邀到各处表演,真正开始在明正塾教学生是 9 月。最早来明正塾学习的人,有讲道馆嘉纳治五郎先生派来的学员,还有粕谷真洋带着庆应义塾大学的几个教授与学生,附近的拓殖大学的学生也来了几个。接

图 4-4　船越义珍早期教学照

着,已经经营自家医馆与柔术道场的大塚博纪、东京大学的学生松田胜一一起入门。

明正塾唐手道场初开张时,日常来训练的学员较少,有时 1～2 个,有时 5～6 人,最多时 15 人。但这些早期的学员都发挥了宣传的作用。不久,来了一个绅士,非常客气地将儿子拜托给他,这就是后来对船越义珍松涛流空手道发展作过很大贡献的西乡吉之助,西乡吉之助是明治维新三大巨人之一西乡隆盛的孙子,后来担任内阁大臣。当时是学习院大学的在校学生,他喜爱唐手,很认真,为学习唐手,还要搬到明正塾附近的东乡馆住,东乡馆是专门租借给一般学生用的寮,主人一听侯爵家公子来住,紧张得一直道歉说这里太脏,让西乡住到条件好些的茗荷馆别馆。

渐渐地,附近几所大学的学生也来了,一些大学也相继成立了唐手研究会,二阶堂体育专门学校也成立了唐手研究会,陆军学校、海军学校也陆续邀请船越义珍去指导,邀请去演讲的学校和单位也逐渐多起来,船越义珍的生活有了较大的改善。还有学生家长专程来感谢,说孩子练了唐手后身体好了很多。

海军大将八代六郎得知他来东京,派人将他迎到家里,两人共同回忆起在冲绳的时光,还历历在目。他还让船越义珍每周一次到家里指导儿子、孙子一起练习空手。每次去,八代六郎都穿着正式的礼服,站在门口迎候,结束时又将船越义珍恭敬送到大门口,礼遇有加。还有擅长合气道的海军大将竹下勇

也给予初到东京的船越义珍支持。

这时大相扑的名人,横纲大锦卯一郎带着随从来学习唐手术,横纲出羽海部屋、大关福柳关等相扑名流,也来学习唐手,他们非常认真,对船越义珍也相当敬重。大相扑每年都到各地巡回表演,表演结束一回到东京,他们一定带着礼物到明正塾来看望老师。船越义珍回忆,从他们身上学到许多。①

1929年,作为学生宿舍的明正塾经营不善关闭了,船越义珍只好租用一间狭小民房作为道场,维持唐手的教学与传承。到1931年,得到剑道家中山博道的支持,船越义珍使用中山博道的剑道道场"有信馆"。白天是剑道练习场地,晚上7点,剑道学习结束后,道场为唐手教学所用。中山博道的学生也加入这个道场的唐手训练。在这个道场附近,船越义珍也租到三间房作为住处,这里的院子比较宽敞,偶尔可以训练,这个阶段在松涛流空手道历史上叫作真砂町时代。

1935年前后,来道场学习的人多起来了,道场显得有些拥挤了。船越义珍想到长期打扰中山博道也心里不安,建设新道场也不是一个人的力量可以实现的,正一筹莫展的时候,已经大学毕业的学生们发挥作用了。

经过10余年的传播,在东京各大学的唐手部中,船越义珍教过近千名学生。他的学生们渐渐走向社会,并逐渐成为企业或公司的骨干。1936年,这些毕业的学生成立了道场建设委员会,向全国的空手道同门募捐。1938年春天,道场工程动工,1939年在东京丰岛区杂司ケ谷,建成自己的道场。这是日本本土的第一个空手道场。这个馆建成时,船越义珍非常激动,他沐浴更衣、焚香端立,默默地向已故的糸洲安恒、安里安恒两位老师报告。"学生能够将老师的事业继续下去。"馆建成了,要有一个名,船越义珍习书法时,名号起为"松涛",学生建议用先生的号命名道场,于是取名为"松涛馆"(图4-5)。请船越义珍的书道老师题写了牌匾。这一年,"大日本武德会"授予船越义珍"炼士号"。他的学生将"松涛馆"作为自己流派的名字。松涛馆的技术体系的整合和段位的发布,也是以这一年为标志逐渐展开的。

空手道随着东京各大学毕业生走向日本各地,逐渐在全国铺展开来。根据船越义珍回忆:"当时直接教学的学校有庆应、早稻田、商科、拓殖大学、日本医科大学、第一高中等,学校以外还有松坂屋、二水会等,其他还有参与帝国大

---

① 据仪间真谨回忆:这些明星级相扑名人,引来一些逸事。这些有名的大力士来,吸引了明正塾周围的居民,他们来看相扑力士,将明正塾围得黑压压的。影响了住在寮里学生的学习,引起学生强烈的不满。船越义珍觉得很棘手,费了很大劲,最终说服几个大相扑选手停止来明正塾练习唐手。

图 4-5　书法家题写的"松涛馆"牌匾

学、明治大学、日本大学、东京大学、中央大学空手的研究,还有街道空手道场十余所。东京外大阪府、富山、群马二县最盛行,几乎全国都可以听到研究空手的声音。空手道还被介绍到世界各地,这与著者 30 年前开始唐手公开表演相比,仿佛隔如前世。"① 这个阶段,船越义珍还派三儿子船越义豪回冲绳学习传统的形和棍术等,也开始让儿子船越义豪参与松涛馆道场教学与管理,自己则开始到日本各地的道场去指导。

船越义珍在东京传播空手道鼎盛期只有五年左右,随着日本卷入太平洋战争,道场学生一下子增加很多,一些学生走向战场之前,想学习一下空手,松涛馆道场容纳不下,学生们就在院子里和街道上摆开架势练习。但是情况很快急剧变化,刚入门的学生接二连三来辞行了,这些大学生走向战场后,大多踪影消失。还有受粮食缺乏和疏散等原因影响,来松涛馆训练的人几乎没有了。1945 年春天,松涛馆在盟军燃烧弹袭击下化为废墟。接着盟军开始全面反攻,东京粮食没有了,船越义珍被疏散离开东京,投奔先期被疏散到九州的妻子②,在九州,船越义珍与妻子一起种红薯、种菜,还到海边捡海藻充饥。可是一生忍辱负重支持他发展唐手的妻子,在 1947 年秋天倒下了。这是船越义珍人生中最艰苦的时期。而之前,作为他唐手继承人的船越义豪因急性肺炎,在日本宣布无条件投降的当年 11 月 24 日,也因患肺痈肿急剧死亡。接连痛失亲人,船越义珍跌入人生的低谷。在九州安葬了妻子,他回到东京,这一年船越义珍 77 岁。船越义珍在东京的唐手传播主要是在 1922 年到 1945 年之间,高潮是 1935 年到 1941 年左右。

四、东京坎坷普及路

船越义珍在东京的唐手传播不是一帆风顺的。其中有不少心酸与曲折。

---

① 船越义珍.空手道教范(复刻版)[M].冲绳:榕树书林,2012:67-70.
② 因战争,冲绳被作为陆地战的前线,冲绳县居民部分被先期疏散到九州。

《冲绳空手·古武道事典》记载:"初到东京之时,船越义珍如同一个壮烈的孤军奋战的殉教者,为了空手在首都东京的发展,克服了精神与物质双方面的逆境。毫不退缩、毫不犹豫,坚持在空手普及的道路上。"①

一是经济上的困难:船越义珍在冲绳时经济就差,小学老师的工资根本无法维持家庭开支,妻子白天从事农活,夜晚还要织土坯布来维持生计。到东京旅费是冲绳县厅教育课支付,预计是博览会结束后即返回冲绳,但拖延了,只能一切靠自己。房子要租金,因为明正塾是照顾到东京读书的冲绳县青年学生的,对年已55岁的船越义珍来说,没有优惠。开始来学习唐手的人很少,指导费很低,一个人一个月只收20分或者50分,船越义珍靠兼职明正塾食堂帮工、打扫卫生、收发学生报纸和信件,减免了住宿的费用,但是每个月要交伙食费。

有个学生的哥哥,开典当行的,据他回忆,看到船越义珍带着从冲绳带来破毡帽来典当。为了照顾老师的面子,他赶紧躲到后面,让伙计按超出正常价的优惠将破帽子当下。船越义珍在自己的《空手道一路》中也记下了这个细节,他说,总觉得当时典当行给的钱,大大超出他的预想,具体多少忘记了。经济情况改善后,他还专程提了礼品前去致谢。

当时有一些记者慕唐手之名,前来明正塾采访船越义珍,记者遇到穿着破旧衣衫、扎着围裙、拿着扫把、打扫庭院的他时,就向这位"打杂役的小老头"打听如何找到船越义珍,有人来访,船越义珍支吾一下,马上回房间,穿好和服,恭恭敬敬地站到前堂招呼客人,"我是船越义珍"。这场面让来人很尴尬,再三道歉。多次出现这样的笑话,船越义珍晚年回忆至此,乐哈哈地责怪自己不对。明正塾的小道场破旧不堪。宫城长顺1929年到东京专门拜访他,看到他生活困难的情况禁不住惊叹!

二是技术的压力:船越义珍身材矮小,只有150厘米,力气也小,他教别人的唐手,基本是以型为主,没有对抗。与没有练习过武术的平常人比,型的练习者可能在格斗中占上风,但是对于剑道、柔道、柔术盛行的东京,来挑战的人都有日本武道练习的经历,与之对抗时,船越义珍并没有优势。

冲绳空手道界传,船越义珍只会一套公相君,这可能有点夸张,糸洲安恒整理出14套形,船越义珍1922年写《琉球拳法·唐手》时就已经完整付诸文字了。但比起糸东流的摩文仁贤和,他逊色许多。而且他的运动天赋相对较差,从照片看,动作比较僵硬。演练套路时,头部还有习惯性的后仰。有着柔

---

① 高宫城繁,等.冲绳空手·古武道事典[M].东京:柏书房株式会社,2008:506.

术功底的大塚博纪,向他学习了"型"后,演练起来从姿势到气势都比他强,这在当时东京的空手道界是有定论的①。小西康裕也是船越义珍早期的学生,他原先是庆应义塾大学剑道部的教师,也是真杨流柔术传人,学会了船越义珍平安二段后,通过自己的理解加工,演练效果也超过船越义珍,合气道创始人植芝盛平看了小西康裕的演练,评价说,你这比船越义珍好多了。这些对船越义珍来说,都是有压力的。对物质生活很淡然的船越义珍,很在意别人对他技术的评论(图4-6、图4-7)。

图4-6 船越义珍1925年练功照,架势较高

更大的技术压力来自于实力比试。由于日本本土的武道,如柔术与柔道、剑道都有"组手"和"乱取","组手"有"约束组手"与"自由组手"。"约束组手"按照中国武术的叫法就是对练,按预先规定的动作,两人进行攻与防的练习,"自由组手"就是散打,就是两人在一定的规则限定下进行自由较力、较智、较技。讲道馆柔道之所以在日本传统的柔术中处于优势地位,就是在嘉纳治五郎先生以"乱取"为中心的训练体系。

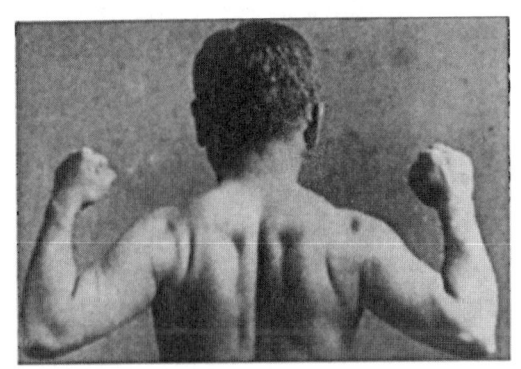

图4-7 船越义珍的肌肉(1925)

船越义珍也学过组手,这个组手只是拆招的对抗,用中国武术的行话说,是说招,对练,对手递招,自己化解。他并不擅长实战,也反对实战练习。当东京大学唐手研究会进行戴护具"实战"实验时,船越义珍坚决反对,最终导致辞去东京大学唐手会指导老师的工作。因为那个时期,将琉球唐手改造成体育的空手是一种主流的走向,但是唐手毕竟是武术,一种徒手的搏击术,如果没有对抗方面的威力,它的价值就被习练的大学生所怀疑了。

---

① 此则是根据后来成为全日本空手道联盟副会长的小西康裕的回忆。发表在田中晶的《空手道(保存版)》。

本部朝基是实力派唐手传人，他出身琉球王府世家，在冲绳老家家境比船越义珍好许多。而且本部朝基率直，性格豪爽。船越义珍在东京已经打开普及路后，本部朝基才从大阪进东京。

本部朝基曾经带人去造访船越义珍的唐手道场。大塚博纪回忆：被称为实战之雄的本部朝基，是1929年到东京的。本部朝基实战能力确实强，但是对于唐手的型，听说他只练"内步进"。船越义珍曾批评道："本部唐手基本型都不懂。"一天，大塚博纪和船越义珍正好都在小西康裕的道场，本部朝基带了一个在铁道部门就业的弟子，此人30岁，是讲道馆柔道四段。说话间，本部朝基让弟子抓住船越义珍的衣领、袖口，说："你得意的基本型看看能否用上，你看这里，随便用拳打、出脚踢！"当时船越义珍已经61岁，可是认真得有点过头的船越义珍，并没有用严厉言辞来阻止这种挑衅，而是拼命地用唐手技术向里格挡、向外削，想挣脱对手，可是这些动作根本不顶用，二三下的挣脱中，船越义珍被对手挤到墙角，而且两脚悬空。这就是一场滑稽剧，年龄与个头都不相称。这时，本部朝基对着站在一旁的大塚博纪说："你怎么样？别客气，也来试一下？"大塚博纪正值年轻气盛，当然想试试。因为他是当时唐手家中少有的大学毕业生，又是神道杨心流柔术掌门人，他也理解船越义珍的唐手思想。如果光靠力量就决定胜负，那武术的修炼就没有意义。大塚博纪站到船越义珍旁边，轻轻说，老师，这下我来吧，大塚站到场地的中央。本部朝基带来的柔道手一下子上前要抓大塚博纪的袖子，刹那间，大塚博纪用神道杨心流柔术"逆手投"将他摔出五六米远。柔道手被突然一摔，愣了片刻，马上就起来回身到场地中央，红着脸说，再来一次，这次大塚博纪用快速的"横舍身技"再次将他摔倒。有些恼怒的柔道手站起来，还要进行第三次较量，本部朝基上前拦住了。这是记载在《日本武道大系》（第八卷）的事，其他几种杂志的回忆文章也有相同的记录。① 对船越义珍来说，这是非常难堪的经历。

还有德三宝逼迫船越义珍比武的事：德三宝出生在冲绳的奄美大岛，中学时就开始到东京生活，他是讲道馆柔道四段，是个出名的愣头青，他个头大，性格冲动。嘉纳治五郎曾经让被称为"鬼才"的三船久藏②辅导他练习柔道，那时三船久藏是三段，德三宝才一级，德三宝刻苦不服输，非常勤奋，每天都找三船对抗，每被摔一次就记录下来，几年后，德三宝拿着笔记本，笑着对三船久藏说，老师，承蒙关照，您陪我练习这么多。原来他先后被三船久藏摔倒过3900

---

① 藤原稜三，江里口荣一，等.日本武道大系（第八卷）[M].东京：同朋舍，1982：174-175.

② 日本讲道馆柔道十段高手，是知名的柔道家，嘉纳治五郎的得意门生。

次,几乎每天都摔倒几次。德三宝爱打抱不平,打着讲道馆的名义,经常在外面惹事打架,曾经被嘉纳治五郎劝退①。他对琉球唐手应该是有所了解的,看了船越义珍在讲道馆下富坂道场的表演后,觉得船越义珍没有真本领,就追着要与这个来自家乡的唐手名人比试一下,船越义珍躲避、拒绝,他深夜还跑到明正塾,守在门口等着船越义珍回来比试,船越义珍被他逼得一筹莫展,只好向嘉纳治五郎求助,嘉纳治五郎对德三宝的如此无礼感到吃惊,要求讲道馆的专任老师严厉制止,才化解一场风波②。

还有不少来学习唐手的学员,是带艺投师的,他们来学习唐手之前,陆续要求先比试后拜师。一段时间里,面对柔道选手、柔术选手要比试的冲击,船越义珍几乎失去继续在东京待下去的信心,讲道馆柔道从1882年开始经营,到1930年前后,已经发展了近50年,有段者有近4万人,而且讲道馆在嘉纳治五郎先生的努力下已经有一整套完善的训练体系,如讲道馆的"红白对抗"比赛体制,选手们训练量很大,其中还有称为"荒稽古"的练习,就是挑战人体极限,训练中由一个人对几十个人,从上午到下午持续摔下来,经过这种炉火锤炼的选手,技术娴熟而且体能超强,面对这样的选手,只是靠打套路的船越义珍,没有丝毫的优势。在船越义珍事业出现低谷的关键时刻,大塚博纪坚定支持船越义珍,他说服船越义珍,要发挥柔道中没有的技术,突出唐手踢打的特点,将唐手在东京的传承继续下去。当然,东京还有不少在背后默默支持船越义珍的各界名流。

五、型与组手　人品与技艺

来自琉球的唐手,给人以神秘的感觉,神秘在于唐手具备非常的威力:一掌击碎厚重的砖块,一掌穿透牛背,手抓屋檐,轻巧移行。但是船越义珍似乎没有这种威力,就连他演练的型也让有武道经历的学生有不信任的感觉,那么船越靠什么成为"近代日本空手道之父"?

船越义珍的经历引发我们思考两个问题,一是武术的改革者一定是技艺出众或是智力非凡者吗?是人格力量重要还是改革者的力量重要?二是琉球传统唐手坚守的型与组手竞技有必然联系吗?

藤原棱三是专职的武道研究学者,他也是东京大学出身的空手道练习者,在日本最权威的武道系列著作中,他都是空手道部分的主要撰稿人。他评说

---

① 加藤仁平.嘉纳治五郎[M].新体育学讲座第35卷.东京:逍遥书院,1964:64-65.
② 田中晶.空手道(保存版)[M].东京:株式会社,1977:28.

船越义珍:"我的空手道学习是从东京大学开始的,我与船越义珍师范①有师生之谊。但率直地说,船越义珍既不是武术家,也不是学者,也不是思想家,也不是启蒙家,甚至也不是一个出色的组织者,他是一个青年学生可以信赖的教育者,一个自觉地、持续地保持教育者人格的人。"②

我们在研究船越义珍时发现,无论是同时代的唐手家,还是后来的研究者,无论是松涛流的门人,还是与他曾经有过矛盾的其他空手道流派后人,都认为船越义珍是一个执着而单纯的人,他不张扬、不伪装,不会经营、不会造势,在清淡平凡的生活中坚持他"以老骨之身,随青年俊杰,通过空手道为国家、为后世开大道"的理想。

和道流创始人大塚博纪是船越义珍早期的学生,他曾回忆:在小西康裕的道场,见到刚从冲绳到东京的摩文仁贤和,大塚博纪马上向他请教。大塚博纪先跟船越义珍学习,一段时间后积累了不少疑问,一些"型"的动作含义,总觉船越义珍解说得不对劲。摩文仁贤和看了大塚博纪演练的平安初段,说型练错了,摩文仁将平安初段到五段认真地为大塚博纪演练了一遍。正确的示范与讲解,让大塚博纪豁然开朗。这样,船越义珍教学中的错误得到纠正。大塚博纪认为,在型的掌握上,船越义珍是不及摩文仁贤和的。

2006年12月、2015年4月,笔者两度到冲绳调查刚柔流传人、曾经担任过冲绳县空手道协会理事长的上原恒先生观点,也可以说明一些问题:1920年前后,会唐手的冲绳人,基本不会讲日本话,船越义珍是小学教员,会讲日本话,虽然有冲绳腔,但是仍可以与日本人沟通。所以,1916年,他代表冲绳县参加京都武德会的武术祭表演,1922年,又代表冲绳县参加第一届日本体育博览会。船越义珍的唐手技术在同辈人当中,不论是型的演练还是实战的技术,都不是一流的。这是上原恒的老师知花朝信③亲口告诉他的。

船越义珍身材矮小,虽然通过长年的唐手练习,看上去肌肉发达,但是整

---

① 师范:在常用字典中翻译成中文是榜样、典范、先生、老师。但是在日本武道中,不是所有的老师都可以称为师范的,师范是德高望重的老师,是德艺双馨的老师。找不到相应的词,所以本研究中直接引用"师范"一词。

② 仪间真谨,藤原稜三.对谈·近代空手道历史[M].东京:棒球杂志社,1986:374.

③ 知花朝信(1885—1969)年少时体弱,遵父亲之嘱习空手。15岁时师事系洲安恒,在老师严格指导下习空手道13年,是屋部宪通的学弟,是德田安文、摩文仁贤和的学长。从1918年开始开设空手道场,经营多家空手道场。冲绳小林流空手道创会会长,1956年为促进冲绳空手道界大团结,致力组成冲绳空手道联盟,任创会会长。1960年由于长年致力于空手道的普及,获第4届冲绳体育奖。

体来说,显得弱小,并且体能也一般,这里特别突出的比较是本部朝基,在对抗方面,船越义珍与本部朝基几乎不能比,这是当年东京的空手道研究者所公认的,但是稍弱的船越义珍在东京学生更多,普及的效果更好。

船越义珍是一个精神纯粹、举止洁净之人,他淡泊清心,过着简单而执着的生活。他的所有热情与精力都贡献给了空手道的传播,他坚守着师传,以型为中心,德艺并进。虽然对他技术水平的评价是毁誉参半,但是他内心固守着一份知识人的尊严。仪间真谨说,在冲绳任小学教员30年,船越义珍没有一回迟到,没有一次缺勤。这点曾经让来冲绳视察的视学官相当敬佩。对于小他26岁的仪间真谨,船越义珍每当出书时,总是寄给他,并且在扉页用毛笔端正写着"赠仪间真谨先生",仪间致信说:长辈对后辈,请不要用先生称,船越义珍坚持说:"语言是人的姿态的表达,与年龄没有关系。"这点也可看出他为人的谦和。

晚年,船越义珍起床第一件事是扫地,接着练几趟型,再用早餐。上午小睡一会儿;接着就是读书、写字、写文章,然后在屋里打坐。他最高兴的是接受学生的邀请,到四处的空手道道场走走,看自己的学生及学生的学生们传播空手道。

他酷爱干净,喜欢到大澡堂去与一群老年人一起泡澡,每次进澡堂,他总是挑最里侧的角落,将方便宽敞之处让给后来的人;出门时,他总是打扮得干净整洁,戴着小礼帽,穿着绣有家族花纹的和服,拄着洋拐杖。感恩于天皇对自己的赏识,也感恩于嘉纳治五郎对自己的提携与支持,每当经过皇宫或者讲道馆门前,坐公交车时,他总是脱下礼帽、正襟危坐,并低头表示内心的崇敬。走路时,他也是脱下礼帽,低头庄重地走过。

他时时保持一个武道家的尊严,战后,美军基地空军司令官传话,想看空手道演武。船越义珍提出条件:要有正式的邀请函,司令官要穿着正式的军装观摩。得到承诺后,他自己郑重穿着日本式礼服,前往拜会美国军人并表演。

我们在研究船越义珍在东京的人生轨迹时,看到了他拜师学习书法,还到镰仓园觉寺修禅,花费不少时间。船越义珍89岁高龄逝世,时值日本经济复苏,空手道发展的黄金时期,他的为人与业绩得到社会的承认,他教过的学生已经在日本社会中有比较高的地位。但是在唐手传播发展过程中,船越义珍是否由于压力大而转向"空"的禅修?因为一般来说,在人世间发展顺利者,人间的事业让他劳累,世间的地位与荣誉也能够让他满足。比如嘉纳治五郎,就是一个彻底的合理主义者。从改造传统的柔术到柔道,到柔道成为被世界各国接受的运动项目,长达27年东京师范大学校长的职位,亚洲第一个国际奥委会委员的身份,他在尘世中鞠躬尽瘁。而船越义珍遁入空门或许与生活失意有关。我们在他写的空手道教科书上读不到他的心路历程,也没有看到船越义珍的文集出版。一本《空手道一路》也只写自己唐手学习与教学的传奇故事。但是他是日本"近代空手道之父"。从船越义珍的经历,看到空手道后人对他的评价,我们感到人格的完善或许重于技艺的高超。

第二个思考是"型"与"组手"的关系问题,传统的冲绳唐手是坚守着"型"的。

船越义珍在东京矢志不移坚守着型。在东京传播唐手过程中,船越义珍始终坚持不引进本土各类武道的"自由组手"。对组手甚至反感到与练组手弟子断绝关系的地步。这当中又有什么启示?

"组手"会暴露出他不擅长实战的弱点吗?在目前的研究中,没有人对此做出解答。确实,船越义珍的学生中,也有人对套路情有独钟,有一位20世纪30年代练习空手道的大学生回忆空手道部的生活,就是在型的练习中找到乐趣:"比如型,可以一个人默默地琢磨。一个人在道场反复地磨砺一个型,这种场景就像深夜里孤灯下,一个学人在专注读书;一个哲人在独立冥想;一个诗人在对花沉思;这个场面是打动人的。"①

大竹一藏毕业于东京大学,曾经担任过全日本空手道联盟常任顾问,是船越义珍明正塾时期的学生,他参加了筹建松涛馆的资金募集与房屋建设的具体工作。他在《船越义珍先生与我》这篇回忆文章中写道:"我在东京大学上学时,有一段时间东京大学和第一高中的学生对先生的'约束组手'感到不满足,就戴上棒球接球手的护胸、拳击手套,进行直接接触的自由组手竞技。受学长井坂赞男邀请,我与日本大学的学生洪胤植三个人成立'大日本拳法研究会',我们在东京的九段下租了一间房子,开始唐手与拳击的对抗研究,洪胤植是业余拳击中量级选手,曾经参加全日本拳击锦标赛。为了研究方便,我把住所也搬到九段下。正当研究会逐渐热火时,船越义珍老师生气了,要将我逐出师门。我本来与船越老师相当亲近,听说这消息,很紧张,赶紧跑到老师面前认错,船越老师训斥我说:'你们对天天练习型和约束组手有不安、不满的心情,我不是不知道,实际上,这是你们训练不足才产生的情绪,本来作为武道的空手,要用,就是一开打就生死见分晓,没有比试之说。像拳击这样的格斗,禁止使用危险的动作,才逐渐发展为安全的现代竞技运动,而唐手技术用拳面砸对手面部、用肘击对手肋部,作为生活中的武道都是有效手段,而用在拳击比试中都很危险,是犯规动作,尽管戴上护具,空手作为比赛,就是歪门邪道。'接

---

① 金城裕.月刊空手道[J].冲绳:榕树书林,1997.

着,船越老师又说:'也许你想从拳击中学习躲闪、脚步等技术,从这个意义上说,你如果有这个欲望,你可以去学习拳击,空手就是空手,你还是要像原来那样,一招一式反复练习型。'听从老师劝告,我一边到京桥木挽町的'日美拳斗俱乐部'学习拳击,一边又继续回到明正塾练习空手的型。"①这里可能真实反映了船越义珍对空手实战性的理解,要么就是"一招致死"的生死搏斗,要么就是按照传统的型,扎实地一招一式练习,有限定的比试就不是武道。

日本当代作家今野敏,出生于 1955 年,2009 年 5 月 25 日,在东京集英社出版他的小说《义珍之拳》,在日本空手道界有很大影响。今野敏 1978 年在上智大学文学部上学期间,以小说《怪物上街啦》获过日本"问题小说新人奖",2006 年,他写的《隐蔽搜查》又获 27 届吉川英治小说新人奖;2008 年,《果断·隐蔽搜查 2》获日本第 21 届山本周五郎奖和 61 届日本推理作家协会奖。小说是不能作为学术分析依据的,而我们更愿意将这部写船越义珍的小说《义珍之拳》看成是报告文学。附在该书尾页的书评中,电影导演押井守认为,"今野敏与其说是作家,不如说是空手道家。是空手道家今野敏写小说,还是作家今野敏写空手道小说。他在东京经营一家'今野塾'空手道道场,当今是有相当人气的。他写船越义珍的故事,很少夸张、虚幻,更多的是说内行话的。"②

今野敏实践的空手道教育,着眼于传统,在小说里,他强调了"型"的重要性,其中写到被看为船越义珍继承人的船越义豪,曾经大胆创新,将"自由组手"引进松涛流教学中,但是此举并没有得到父亲的认同和支持,擅长自由组手的船越义豪,尽管年轻力壮,仍然无法战胜年已老迈的父亲。一次在松涛馆内,讨论起型的基础练习与应用,父子两人交手,船越义豪几次被父亲击出数米之外,令在场学员非常惊讶,并要探究老先生的技术奥妙时,船越义珍淡然地告诉他们,我用的所有动作与技巧都在你们练习的各个"型"中,"应用之妙,存乎一心"而已。看你是如何掌握的。

时代已经发展了,从船越义珍 1922 年将琉球唐手传到东京,已经 90 余年过去了,现在有不少人几乎将空手道的"型"看成与"组手"无关的,最多作为传承记忆前人留下的技术的一个途径而已,但是相信从"型"的反复训练可以通向徒手格斗高级境界的人,也不只是船越义珍一人。冲绳的传统空手界也是顽强地坚守着"型"的练习为主体。而在东京普及的船越义珍,一生都是空手道"型"忠实的守护者。

---

① 田中晶.空手道[M].东京:株式会社创造,1977:144-145.
② 今野敏.义珍之拳[M].东京:株式会社集英社,2009:392.

六、船越义珍的遗产

船越义珍被日本人称为"近代空手道之父",他是日本近代空手道发展里程碑式的人物。他对近代日本空手道的发展贡献可以归纳为四方面:

一是为日本近代空手道发展培养了大批骨干力量。日本空手协会是代表松涛流一门的全日本空手道联盟,他比全日本空手道联盟更早成立,并有实力组织全国性空手道活动。这个协会在世界140个国家有系列道场,在日本国内有900个道场,而且以松涛流为团体参加国际比赛保持不败的记录。承认船越义珍为始祖的大学空手道部,称为松涛同门会,旗下有庆应大学、拓殖大学、东京齿科大学、早稻田大学、东京法政大学、明治药科大学、防卫大学、一桥大学等70余所[1]。这些大学的空手道部是全日本学生空手道联盟的主力军。

二是出版了最早的权威的空手道教科书。1922年11月,先是以《琉球拳法·唐手》出版第一部著作。根据船越义珍回忆,1922年夏天,小杉放庵对他说:"如果你回家乡了,请教的人就没有了,关于空手,你可以写点什么留下吗"[2]小杉是当时有名气的油画家,是早期的学生,也是船越义珍在东京的早期支持者之一。受到小杉的启发,虽犹豫再三,船越义珍还是动笔写出了他第一部现代意义的唐手专著。第二年,由于东京大地震,书的纸型被毁,应读者之要求,改写出版了《护身练胆唐手术》。到1935年,集10余年东京教学研究之经验,重新修订出版了《空手道教范》(图4-8);这本书1941年出增补版,到1958年出战后版,战后版出来时,船越义珍已经逝世了。《空手道教范》是当代空手道经典著作。曾经被翻译为英、法等国语言,是一本世界通用的空手道权威教科书。

图4-8 1935年出版的《空手道教范》

三是整理与充实了琉球的唐手技术:通过船越义珍不同时期的著作,可以看出,他的教学体系是在不断进步的。1922年11月出版的《琉球拳法·唐手》,除

---

[1] 高宫城繁,等.冲绳空手·古武道事典[M].东京:柏书房株式会社,2008:508.

[2] 船越义珍.空手道教范[M].东京:广文堂书店,1935:13.

了封二的题词、照片、序言外,一共五章。第一章:唐手是什么。由历史、流仪、种类、阶级四个小节组成;第二章:唐手的价值。由体育、护身、精神修养、唐手的荣誉四小节组成;第三章:唐手的练习与教学法。由个人练习、团体练习、练习时间、反复练习四小节组成;第四章:唐手的内容。由手技、足技、演武线、投技四小节组成;第五章:基本型。主要包括平安初段、铁骑初段、公相君、平安二段、平安三段、平安四段、平安五段、铁骑二段、铁骑三段、半月、拔塞、燕飞、岩鹤、十手、慈恩①。最后有附录:唐手无先手,唐手的世评。全书314页,书的第五章是介绍形的,占211页,是全书总篇幅的67%,第四章40页,约占13%,这两章,占全书总篇幅的80%。技术动作全部用手绘的插图。这本最早的唐手专著的内容,是基于身体发展与精神发展的目标改编的。是教育的唐手,不是武道的唐手。到1935年出版的《空手道教范》,内容有了较大的充实②。这也说明船越义珍的传播体系有了较大的改进。"教范"第一是增加了"组手",组手就是应用与对抗技术(图4-9)。这是接受本土武道,特别是柔术影响的,将对练设计得相当严密。第二是增加了擒拿的技术。第三是增加了"女子护身术"。第四是技术图说全部用照片,基本是由船越义珍自己演示的照片。第五是在封二增加了两组实战技术图片:第一组是"空手道精髓",由5页10张照片组成,表现空手道击打的高超技术,有直拳、有横撞肘、有弹腿、有二起腿等进攻动作,以两人配合方式表现。第二组是"空手道组手",由12张技术照片组成,有集体打卷藁的,有用二起脚攻击敌人保护被袭者的,有踢、打、撞等技术示例。比起1922年第一版的琉球拳法唐手,图片丰富、生动多了。第六是将原来用假名表述的套路名称全部改为用汉字表述,书中专列一章,对用汉字套路名进行解释。第七是书中确定不用"唐手",改用"空手",并

图4-9　开放与灵活的东京时期空手组手(1935)

---

① 这些形的名称,1922年版全部用"片假名"标识;到1935年《空手道教范》中全部改为用汉字标识。

② 来源于1941年增补版的《空手道教范》。

明确将致力于将冲绳的空手改造为日本武道的一种,称为"空手道"①。

四是留下当代空手道教育的理论"空手道二十条"。这二十条里既有技术方面的要领提炼,更有道德、精神、修养的训导。空手道二十条,是船越义珍对教育的空手道的一个理解,虽然从当时社会背景看,武术的格斗作用已经丧失,空手道训练更多的是体现它的体育价值与精神价值和良好道德及行为的培养,但是作为一项身体运动,空手就是起源于格斗,所以也无法绕开格斗的意义(图4-10)。

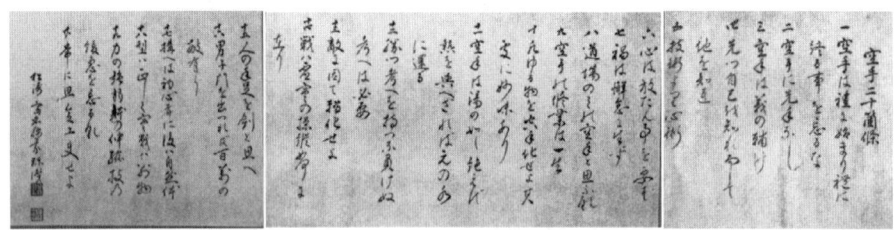

图4-10　船越义珍"空手道二十条"墨迹

"空手道二十条":(一)空手从礼开始到礼结束;(二)空手无先手;(三)空手是义的辅助;(四)知己而后知彼;(五)精神比技术更重要;(六)重要的是保持"平常心";(七)祸生于懈怠;(八)不只是在道场修习空手;处处时时都要当成修习空手的场所和时间;(九)终身不懈地学习与提高;(十)当你把一切都当作空手来思考与实践,会体味到其中妙趣无穷;(十一)空手修炼如烧热水,如果不持续加温,则又返回冰凉;(十二)不求胜,只求不败;(十三)因敌而变化;(十四)实战要点在于如何操纵虚实;(十五)要常想对手的手足就是利剑;(十六)男子一出门就迎百万敌;(十七)架势只适应初学者,成熟后就是自然体;(十八)形的一招一式必须规范,而实战,又是变化无穷;(十九)时刻注意力量的强弱、身体的伸缩、技法的缓急;(二十)日日不懈,思考琢磨。船越义珍的空手二十条被松涛流空手弟子作为理论经典,常常装饰在道馆的醒目位置。

第二节　唐手流变中的冲绳名家

船越义珍被称为日本近代空手道之父,他从1916年在冲绳成立尚武会,1922年到东京体育博览会展示唐手,到1936年这段时间,一直在东京地区普及唐手,奠定了近代空手的基础。而英雄是时势造成的,而且英雄并不是单枪匹马

---

① 对于空手道的"空",晚年的船越义珍认为有四层意义,见本章第三节之五。

创造历史,与他同时代还活跃着一批冲绳的唐手传人。尽管他们到东京、大阪等日本大城市传播琉球唐手时间不同,但都是促进日本近代唐手转型与发展的关键人物。冲绳出身的关东空手界三巨人是船越义珍、远山宽贤①、泉川宽喜。本部朝基、摩文仁贤和、上地完文则被称为关西空手界冲绳出身的三大巨人。还有船越义珍的儿子船越义豪其技术不在父亲之下。而一直在冲绳的屋部宪通、花城长茂、本部朝勇等人,也对近代冲绳唐手的转型与普及做出了重要贡献。

一、"实战达人"本部朝基

本部朝基(1870—1944)(图 4-11)是琉球王国大臣本部家的后代。他在日本近代空手道发展史中,在东京的名气不及船越义珍,但是那个时代现实中,他或许更被学习唐手的内行人所尊重。

他出身豪门,属于琉球王国仅次于王子的大臣家的孩子,他从小在自己家的庭院中接受唐手启蒙,他专门练习名为"内步进"的型。12岁时,拜名人糸洲安恒为师,经常将糸洲安恒请到家里来,他和哥哥本部朝勇一起学习。不肯输给哥哥的本部朝基还自己造访松茂良兴作②学习,他自己练习卷藁和石锁,他还特别擅长将四根指头的第一关节曲起来,以指关节背面为力点点击对

图 4-11 实战达人本部朝基的"内步进"(1926)

方。他称之为"鸡口拳"。17岁就经常到那霸的欢乐街③与人比试。他以拳的快与重闻名,当地人称之为"本部猿人",称其动作如同猿猴一般灵活而锐利。由于找人比试几乎等同于打架,他在当地中属于个性有些另类的强人。

本部朝基拳法特别快,他浑身充满斗志,有一股激励人的力量。

他经常到地方的演艺团体指导艺人习练唐手。1922年,本部朝基到关西,在一家纺织工厂当守门人。休息日时常到京都各处逛逛、一次与房东一起

---

① 远山宽贤的唐手传承,主要是在东京创炼武会,在第八章"从'寸止'到直接击打"中叙述。

② 松茂良兴作(1829—1898),又称为"武士松茂良",琉球名门之后,武艺高强,被称为"泊手中兴之祖"。

③ 那霸欢乐街是琉球王国时期,当地人经常聚集、经常发生吵闹的一块街区,是一块民俗斗殴专门属地。不少唐手习练者在这里找人比试。

到京都闲逛,看到很大的招牌写着"欢迎挑战",原来是俄罗斯拳击手街头卖艺。他们停下来看了几场比试。表演场的主持人,不断用扩音器动员挑战者。本部朝基表示要挑战。当年本部朝基是52岁,他与俄罗斯职业拳手对抗到第二局时,本部朝基用"鸡口拳"一击将俄罗斯拳击手击倒,获得全胜。

《国王》①杂志1925年9月号以"肉弹相搏,唐手拳击大比试"为题目,详细描述了本部朝基与俄罗斯重量级拳击手比赛的场面,"身材高大的俄罗斯拳击手几乎不堪一击,本部朝基一记'鸡口拳'就将对手击倒在拳击台上"。这一战,琉球唐手与本部朝基名声大噪,许多想学习唐手的人来到他寄宿地请教。

击倒俄罗斯拳击手成为契机,本部朝基在大阪开设了"唐手术普及会"。同年他还应邀到御影师范学校、御影警察署等地演示唐手应用术,并担任指导。对京都、大阪地区的唐手发展做出了巨大贡献。

几乎是相呼应,船越义珍在东京全日本体育博览会发表唐手术的体育武道,得到大学生们的支持,唐手迅速在学校发展,而在大阪的本部朝基将唐手的实战性表现得淋漓尽致,让世人皆知琉球唐手的功用。

1926年,本部朝基将妻子留在大阪,孤身闯荡东京,在东京时,一次造访船越义珍的道场,恰逢船越义珍不在道场。看了道场的学员拙劣的形的演练,本部朝基情不自禁地流露出嘲笑表情。学生以为这人是来踢馆的,就来应战,被本部朝基一脚踢倒。小西康裕②就此认识本部朝基。其后经小西康裕介绍,本部朝基与大塚博纪也成为好友。还有小西康裕带着东洋大学柔道部的村上对抗本部朝基,也被本部一脚踢倒,唐手的强悍被人所认识。村上马上在柔道部成立唐手班,请本部朝基来指导。大约2年后,东洋大学正式成立空手部,本部朝基作为师范被聘请,这对在大学生中普及空手道,建立学生空手网络发挥了重大作用。

1934年在小西康裕和大塚博纪的支持下,本部朝基在东京本乡小石川的原町设立"大道馆"道场。他将自己的流派称为"日本传兵法本部拳法",而他的学生习惯称之为"本部流唐手"。他还应邀到铁道省指导过唐手。

本部朝基冲绳方言太浓,几乎无法与东京人直接沟通,需要人翻译。他的教学过于强调实战性,讲解就是以学生为靶子打,这种教学方式学生受不了,

---

① 这是日本讲谈社发行的以"全家均可阅读"为广告词的国民杂志,1925年创刊,1957年停刊。

② 小西康裕(1893—1983)原来是庆应义塾大学剑道部老师,喜欢唐手,与船越义珍、摩文仁贤和、本部朝基等人来往密切,也成为他们在东京生活经济上的坚实后盾,自立"神道自然流空手",成为近代空手道发展史上的重要人物。

无法长久持续。但是当时东洋大学的学生高野玄十郎、东恩纳宽,早稻田大学唐手术研究会的丸川谦二等非常崇拜本部朝基,他们成为本部朝基忠实弟子。东京的几位唐手研究专家与本部朝基多有来往,和道流的创立人大塚博纪、神道自然流的小西康裕、空真流的上岛三之助等都是本部朝基的好朋友。本部朝基在东京还留下许多传奇式的故事,如有活塞之称的日本拳击冠军堀口与他在围绳中对抗,堀口的拳头无法碰到本部朝基等。

1926 年,他编写出版了面向大学生的唐手专著《冲绳拳法唐手术(组手篇)》。空手道研究者认为这本组手篇完善了唐手的研究,船越义珍的"琉球拳法唐手"基本是讲型、讲套路,而本部朝基的组手就是讲打法的,所以本书完善了琉球唐手的技术体系,弥补了船越义珍的不足。

1932 年,本部朝基《我的唐手术》出版。该书以内步进套路为例,主要展示了唐手打的技法。书中还鼓励学生要有长久的计划,要坚持不懈。他还向学生介绍,清晨在床上练习类似气功的基本按摩操。从拳照看,整体气势与架势都远远高于船越义珍(图 4-12)。组手编的十二组打法,基本是格、架、带、压之后的肘击、膝顶、拳打。招招实用,这十二个组合与内步进一起,现在仍保留在全日本空手道联盟本部道场的传承体系中。

自古武术讲究"一要眼捷、二要足快,三要胆力",本部朝基是三者皆备的高人。本部朝基实战最闻名的是"先之先"。对手准备向我进攻瞬间,看破其动态并迅速控

图 4-12　本部朝基的组手(1926)

制他,这是本部朝基的"先手"。他认为"空手无先手",即"套路设计中没有先出手,是不先动手的理念"。实战中如果慢出手就是输。只有先出手才能占住先机,才能赢。不是控制对手动作出招,而是在对手寻找攻击机会时,就识破他的意图,让他无法进攻。这是本部朝基的"武",也是他的"秘技"。

1936 年秋天,本部朝基专程回冲绳,访问冲绳的唐手前辈,并汇报东京普及唐手状况,调查冲绳古武术现状再回东京,在东京曾经刮起一阵实战唐手的旋风。

由于本部朝基身材壮实,面部表情比较严肃,而他的擅长打架闻名遐迩,

也有一些不良的议论，但是近距离接触他的人说，本部朝基是礼仪相当端正的人，是非常诚实的人。他要求弟子也是先守礼节的。

本部朝基也曾想在东京的唐手传播上作出一番事业，他与船越义珍争论，是对技术发展方向理解的不同，船越义珍坚持型，本部朝基是讲究打，认为武道的唐手是以打为载体的，但是他指导学生成才方面的影响，远不及船越义珍。虽然目击本部朝基带人找船越义珍较技，但按照大塚博纪回忆："当时东京的报纸报道本部朝基与船越义珍有矛盾，找船越义珍的麻烦，但是这不可能，本部朝基虽然不擅长日本语，但是他是思维敏捷、气度博大的人。"

本部朝基的强悍是谁都承认的，他实战能力强，在当年唐手界是公认的。他说话冲绳腔太浓，平常与人对话很困难，难以从事普及唐手工作。随着日本发动太平洋战争，1941年，他关闭了在东京的大道馆，回到冲绳。晚年他在家乡冲绳授徒，收费是次要，首先要人品看得上，才收为弟子。

这也让我们感受到，唐手虽然是一种格斗的技术，不一定善战者就能发挥大作用，作为一个时代的开拓者，他需要的是综合的素养与能力，还需要不怕任何艰难的韧性。

生活在美国的冲绳人、空手道专家新恒清[①]认为，船越义珍将唐手的型带到日本，而本部朝基则是将琉球唐手实战威力带到日本。

二、"形之活字典"摩文仁贤和

摩文仁贤和（1889—1952）（图4-13）出生在经营点心店的小商人家庭，祖辈曾经是琉球王府的官员，在琉球属于上流阶层后裔。十岁时，曾经向自己家点心店的帮手吉盛博学习"内步进"套路作为启蒙。14岁开始，根据父亲的要求，他到糸洲安恒家学习唐手术，摩文仁贤和刚进冲绳第一中学时，学校体育课中还没有唐手，而宫城长顺高他一个年级。因为摩文仁贤和好打抱不平，被高年级同学"任命"为一年级的领袖，他参与高年级同学为主的罢课活动，差一点被开除，后来查明他并非主谋，作停学一年处分。那时中学学生食宿是免费的，停学就得自谋生计，因家里无法负担停学期间的伙食费，于是他只好退学，重新考入官费的糸满水产学校。

水产学校毕业后，暂时在那霸小学做代用教员，这个时期与宫城长顺成为至交，由于宫城之缘，入了东恩纳宽量之门，学习那霸手，在东恩纳宽量指导下

---

① 新恒清（1954—　）出生在冲绳那霸，长住美国犹他州，以首里手研究为基础，涉及空手道历史技术多方面研究，著有《冲绳空手道历史》《冲绳空手道真髓》等书，被译成英语、西班牙语、意大利语等版本。冲绳空手道无想会会长，美国硬式空手道联盟会长。

整整学习两年。1909年春天,摩文仁贤和应征入伍,与宫城长顺同在第五师团。宫城长顺是志愿兵,自己选在卫生队任管理员。而摩文仁贤和因为身高不足,留在辎重队。1912年退伍,通过宫城长顺推荐,摩文仁贤和进入冲绳县警察练习所,成为警察官。1915年被录用为刑事专务。

他成为警察署刑事时,东恩纳宽量刚刚去世。而他的第一个老师糸洲安恒也在1915年逝世。当时摩文仁贤和26岁,他认为这个年龄不够成熟,于是就找宫城长顺,谈如何继承老师的遗志,他们商定的结果是,将冲绳唐手术同仁们组织起来,开发研究出符合新时代的唐手技术。

1917年,摩文仁贤和把自己家作为活动场所,成立了"唐手研究会",主要成员有宫城长顺、船越义珍、大城朝恕、花城长茂、知花朝信、德田安文、城间真繁、德村政澄、石川逢康等(图4-14)。他们一同商讨唐手的理念,并对技术进行改进。

图 4-13 摩文仁贤和的型（1936）

来自福建福州的茶商、白鹤拳名家吴贤贵也是该研究会的成员,并参与了技术研究与传播。

1925年前后,摩文仁贤和又成立了"唐手研究俱乐部",宫城长顺、许田重发、新里仁安、真玉桥景洋、城间恒贵、喜屋武朝德、本部朝基等经常参与这个唐手研究俱乐部的活动。唐手俱乐部会长由本部朝勇担任。这个俱乐部公开向社会开放,并组织各类唐手表演。这在当时的冲绳来说,是一种进步,这个俱乐部是打破等级界限、向平民开放的唐手俱乐部。这个唐手研究俱乐部,广泛接受平民子弟来学习,是与当年的"四民平等"的社会理念一致的。担任俱乐部教学任务的主要是宫城长顺和摩文仁贤和。

摩文仁贤和是能够团结各类人物的有人格魅力的人,在他身边一直有许多不同性格的唐手传承人聚在一起,而宫城长顺是家境比较富裕而又慷慨的人,他们的合作,促进了琉球唐手早期的发展。这个俱乐部由于会长本部朝勇的逝世而中断。

1928年,已经年近四十并结婚育有一子的摩文仁贤和,辞掉有生活保障的警察工作,专职到日本本土传播琉球唐手。相对他安定的工作,这是一次冒险之行。刚到东京,在小西康裕家小住一段时间后,摩文仁贤和发现东京已经

图 4-14 摩文仁贤和（坐者左三）和唐手研究会的骨干们（1925）

有船越义珍开拓的一番事业，船越义珍与他同是糸洲安恒的学生，自己不便跟同门师兄弟争地盘，所以转而去大阪，开始了他新的艰难开拓。

他与船越义珍交情很好，1934年摩文仁贤和出版《攻防自在护身术空手拳法》一书，船越义珍写了一篇"十年前的回顾"，对摩文仁贤和的为人和技艺大为夸奖："摩文仁贤和与我是少时之友，近世罕有之空手研究家，当初同在乡里，聚集县下同好之士，君在首里，吾于那霸，各自组织同好会，相互勉励青年，近于废寝忘食。闻风而至之门人日夜不绝于门。君之品德如温行笃实之君子，从来不曾介入流派之争，不知之为不知，不论前辈后辈，只要是自己不知道的，就是后辈也能低头请教，谦逊之极。一旦学会从不自私独享，迅速将新的技术提供大家共同研究，完全脱离旧式保守，是开放主义者，他多年搜集的成果已经令人瞩目，若以掌握的各种手'形'的多寡论高低，当今无人出其右。这点称他为天下第一也不为过。偶有首里、那霸同仁共同演武，他总是虚心听取别人的批评意见，感到不足之处，马上修正，互相取长补短之态度令人感动，其谦虚好学的态度，无一人对他有非难攻击。最近到大阪，以关西大学为基地，致力于指导青年，决心为了唐手事业，为国家、为社会做最后的服务，感到欣慰的是他的努力渐渐看到成果，关西逐渐认同他，并博得好评。于是可以东西相呼应,互相勉励,为担任此道发达之重任而携手。"①

东京的空手道研究者有一个趣说:在日本近代空手道历史中,冲绳三个人特点鲜明:船越义珍的寿命(89岁);本部朝基的实力(擅长格斗);摩文仁贤和的形。初到东京时,小西康裕、大塚博纪等人都向摩文仁贤和学习请教过形,摩文仁贤和在近代空手道转型中也是中坚人物。

三、旷世之才:宫城长顺

宫城长顺是东恩纳宽量最信任的学生,14岁师从东恩纳宽量后,一直潜心于学习继承东恩纳宽量的唐手术,东恩纳宽量将传承中国拳法的希望全部寄托于他。20世纪20年代后,宫城长顺是冲绳最活跃的唐手研究与普及者,在冲绳县立商业学校、警察所任唐手教师,后来接替屋部宪通成为冲绳县立师范学校的唐手教师。

宫城长顺除了自己研究唐手外,还参加冲绳县空手道各种活动,他在冲绳传播空手活动的时间较长,1926年7月,大日本武德会冲绳委员会主办的第1届武道讲习会,宫城长顺被聘为唐手教授;嘉纳治五郎先生到冲绳访问,宫城长顺出任唐手表演的解说人,并表演唐手,受嘉纳先生的勉励,立志将琉球唐手传到日本本土。宫城长顺最初去日本本土,是1928年,这年5月,拜访了在东京的船越义珍后,宫城长顺很快离开东京,他在京都的武德殿参观例行的日本武德祭,并寻找在本土普及唐手术的可能性。

1928年10月,被京都大学柔道部聘为唐手讲师,宫城长顺受摩文仁贤和的邀请,到京都大学和关西大学作过"那霸手形成的过程"等报告,但是当时来听讲、观看的人比较少,建立唐手团体组织的基本条件还不成熟。虽然在关西的大学中还没有形成大的唐手团体,但是宫城长顺播下的种子经过弟子们的传播,终于结成了重要成果。比如正在立命馆大学读书的山口刚玄就倾倒于宫城长顺的技艺。为后来刚柔流发展打下了基础。

1929年4月,宫城长顺被那霸市立商业学校聘为武道讲师,同年被冲绳县巡查养成所聘为武道老师;1930年11月,冲绳县体育协会成立,被体育协会聘为唐手教师,并任唐手部长;1930年11月21日,随着"冲绳县体育协会"成立,"冲绳唐手俱乐部"改名为"冲绳县体育协会唐手支部",冲绳县体育协会是有政府背景的协会,宫城长顺被任命为唐手支部长。

---

① 摩文仁贤和.攻防自在护身术空手拳法(复刻版)[M].冲绳:榕树书林,2006:139-140.

1932年到东京演讲,1933年12月8日,冲绳县体育协会唐手支部被"大日本武德会"认同为武道团体。这也是冲绳的空手被日本权威机构公认为日本武道的一个标志性的事件。

1934年,宫城长顺受邀到夏威夷。当时日本强行侵占东三省,激起世界各国人民对日本人的不满,夏威夷有不少居留的日本人,有时日本人在大街上被人无故殴打。于是居住在夏威夷的日本人,集资委托《洋国时报》社,请日本国内的人来教空手。侨居夏威夷的日本人认为剑道、柔道需要很多时间练习才能掌握,空手术相对简单些,于是请出宫城长顺。宫城长顺教了一个月,就离开了夏威夷,回到京都参加五月的"教士号"①考试,他是第一个被日本武德会授予"炼士"的唐手术家,但是宫城长顺还要挑战教士号。

从京都回冲绳的途中,宫城长顺就下定决心,要将空手向两个方面发展:一是作为一种武道被日本武道界公认,这就要废除首里手、那霸手这样偏僻的名称。流派的名字要像日本武道那样,一听就能判断出流派名;二是空手术这个通常的称呼,要改为"空手道",从柔道部门②独立出来。

回到冲绳,宫城长顺就逐个访问说服冲绳的唐手术家。当年秋天,他投入个人财产,设立了"冲绳县空手道振兴协会"。这个协会集聚了屋部宪通、花城长茂、喜屋武朝德、本部朝基、知花朝信、许田重发、城间真繁、大城朝恕等当时冲绳的唐手术名家(图4-15)。

这个空手道振兴协会最具代表性的成果是综合了各流派的特点,编了12个套路,称之为"空手道基本型十二段",作为冲绳县空手道统一的传承内容。

1935年曾获日本文部省"奖健会"授予的"体育功劳者"奖;1936年,被聘为立命馆大学空手部名誉师范。宫城长顺1936年在大阪府堺的明治商店四楼讲堂的"关于空手道"演讲中,他对传统唐手教学已经形成一个基本体系。他将教学分为五个层面:一是准备运动。主要是达到训练肌肉柔软性、培养柔韧性和耐力的基础练习;二是基本型。通过三战、转掌、内步进等基本套路的练习,达到气息的吞吐与力量的松紧协调一致,培养坚实的体魄与武道的气质;三是补助运动。通过各种徒手或者器械练习,增加整体力量或者局部力量;四是开手型。当时唐手有二三十种型,每个套路都含有多种攻防技术,演

---

① 20世纪30年代,日本武道有"炼士""教士""范士"三种荣誉称号。由当年"大日本武道会"授予。得到"范士"称号的多是剑道、柔道、弓道的传承者。现在还沿用,但是授予的程序已经有较大变化。

② "大日本武德会"1928年并没有设立空手道部,是嘉纳治五郎关照,才将空手作为柔道的一个部分,参加大会表演并申请授予荣誉称号。

图 4-15 宫城长顺(前排右一)与冲绳县空手道振兴协会的骨干们

练这些型,要了解动作的步骤,在了解动作含义的基础上,将体力与心志协调一致;五是组手练习。就是明了套路动作内涵后,以实战的气势两人模拟进攻与防守。这样,就把传统的单调地反复练习一两个套路的练习方式,完全按现代科学的方法进行重新组合。这是一个革命性的改革。所以说宫城长顺是琉球唐手现代化过程中一个里程碑式的人物[①],这也是刚柔流后人引以为荣的改革。

1937年屋部宪通逝世后,宫城长顺接任冲绳县师范学校唐手教授。1937年与小西康裕、上岛三之助同时被大日本武德会授予"教士"。

宫城长顺改革了琉球唐手的理论与技术体系,在继承与改革的近代空手道进程中为不可或缺的人物。为近代空手的转变注入了新的元素,他的努力也影响了一批空手道人物。为日后成立全日本空手道联盟的刚柔流奠定了基础,他是与船越义珍并列的当代空手道改革者,东京大学唐手部的三木二三郎到冲绳调查时记载,能够完整演练一百零八步的只有宫城长顺等少数几人。他被后人誉为空手道界的"旷世之才"。

---

① 甲斐国征.正传冲绳刚柔流空手道技法[M].宫崎县:日本武道征武馆有段者会,2004:7-8.

四、勇创新路：船越义豪

船越义豪（1904—1945）是船越义珍的第三个儿子，他协助父亲，为改造琉球唐手传统训练法，为丰富松涛流空手道技术体系做了有益的贡献（图4-16）。

船越义珍到东京时已经55岁了，虽然说那时东京社会法制比较健全，但是民间冲突与争夺还是存在的。船越义珍的大儿子船越义英[①]大约没有唐手练习的经历，也不具备运动天赋，他较早在东京的法务省大楼中开一个小卖部谋生。他想到父亲年龄逐渐增大，不能一直持续从事唐手的教学工作，就一边说服父亲，一边说服17岁的弟弟义豪来继承父亲的唐手传播。

船越义豪刚来东京时，被船越义珍的一个学生介绍到木工厂打工，后来船越义珍学生们觉得这样没有前途，就由东京大学医学部学生桧物一三引导，带他学习X光片的拍摄与分析，

图4-16　船越义豪的练功照（1941）

桧物一三是东京大学唐手研究会发起人之一。通过一段时间努力，船越义豪通过考试，成了X光片技师。

船越义豪小时候曾经跟父亲一起在糸洲安恒的院子里练习过唐手，也是早年受名家指点的好苗子。义豪的身材比父亲要粗壮些，身高160厘米，从留下来的拳照看，他动作舒展，精神与气势明显强过父亲。当父亲确定要他以唐手教学为主业时，他曾经专程回到冲绳学习一个月，向冲绳当地的唐手名人学习、充电。他思想开放，专注而活跃。后来成为松涛馆长的早稻田大学出身的江上茂，年龄与义豪相近，两人经常一起探讨空手的技术。船越义豪留下的唐手改革遗产可以小结为五点：

一是将原来琉球唐手的型的功架扩大了，比照他套路站立马步与船越义珍的马步，明显幅度大了。琉球唐手的格斗设想是近战，档部是最薄弱部位，所以唐手练习一方面要训练档部的抗击打能力，用"吞筋吊肚"的运气方式和由轻到重的踢打来实现，一方面防止档部受攻击，所以站立的格斗架势讲究守

---

① 在船越义珍死后，船越义英曾经担任过松涛会第二任会长。

护中宫,守护裆部,步幅小。而到在东京传播唐手的船越义豪,开始变了,这是与当时日本社会扩展的风潮相应的。在船越义豪主编的"大日本空手道天之形"中有充分体现。

二是开发了攻击对方头部的高腿法:旋踢腿。这个腿法,中国散打称为边腿,以脚脖子为力点,横向摆起,攻击的目标是头部,现在日本空手道技术中这个腿法成为主要腿法。琉球传统唐手中是没有这种踢法的。如果说南拳北腿,福建拳法有重视拳法的传统,而船越义豪开始已经重视大幅度腿法的攻击了(图4-17)。

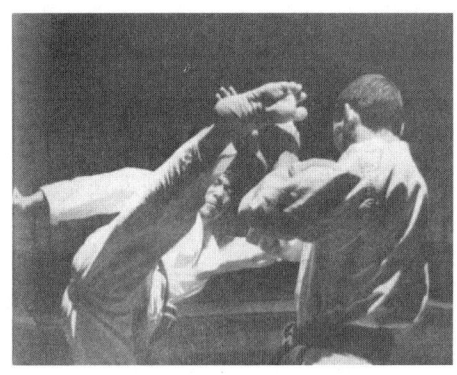

图 4-17 船越义豪最早引进空手道的旋踢腿动作示意。金泽弘和演示

三是改进出有弹性的卷藁①,原来的卷藁支撑的柱是固定的,通过击打卷藁,提高拳的击打力度与拳的坚硬度。但是船越义豪认为人体是移动的,不是僵硬地立着等你进攻,卷藁应该有弹性,更接近格斗的实际,他对卷藁做了很大的改进。

四是重视组手训练,船越义豪在组手中强调防守反击同时完成,用步法或者身体摆动逼近对方,为自己反击制造有效距离。他特别讲究动作幅度大,动作快速。据他学生回忆,船越义豪的出拳与起腿如闪电一样,与他对练时,根本无法看清他的拳脚。

五是丰富了松涛流的形,为初学者创编了"太极三章",并将从冲绳学的棍法改编为松涛流的棍,名为"松风"(图4-18)。

1939年1月到1941年4月,被称为松涛流空手黄金发展期,这一段时间,松涛馆有两个班:一是白天班,由船越义珍任教;二是晚上班,由船越义豪任教。白天传授的是

图 4-18 船越义豪演练松涛流棍法"松风"(1941)

---

① 这种由冲绳时就开始采用的类似中国武术千层纸的训练工具,其灵感来源于中国少林寺的木人桩和示现流剑术的立木桩。

冲绳的传统唐手,是型的教学;晚上则是传授经过船越义豪改革后的唐手体系,船越义豪将父亲传授的技术作为基础,从医学、解剖学角度,对动作进行分析与改良,从动态的人体来思考动作的实用性,以组手为主体。作为教学方法,相对于船越义珍教学中习惯静静地看着学生练习,船越义豪更充满激情,经常直接与学生对招,能说又能做,在学生中很受欢迎。对于近代日本空手道发展来说相当遗憾的是,被看好的松涛流继承人船越义豪,1945年11月24日,因急性肺炎,无法找到青霉素注射液而延误治疗,导致逝世。日本军国主义者发动战争,不仅给中国人民带来了巨大灾难,也给本国普通民众带去了无法弥补的伤害。

五、坚守攻防真谛:城间真繁

城间真繁(1891—1957),当时是冲绳空手道振兴协会中积极参与创编新套路者,他是糸洲安恒的门生,特别擅长"镇斗",被称为近代首里手大家。他曾在首里城内寻常第一小学任职,也兼任寻常第一中学的体操老师和唐手指导教师。他对"形"与"构"①(预备姿势)有自己的见解,他认为"空手道的型每个动作都有攻防含义",一举手、一投足都要有攻或防的意义,光好看是没用的。"所有的构都是守护的姿势,是消极的静止的,但是守护中藏着攻击,消极中萌发积极,静止中孕着胎动。明了这个道理,攻击与防御就能在瞬间转换,如果不具备这些因素,构就不是好的构。"他还特别强调空手道修炼必须精神与技术两方面并进(图 4-19)。

图 4-19　城间真繁的"构"(1938)

当时日本社会有一种风气,就是大扩张、大统一。空手也要将各自为体的流派统一起来,集中力量。那么,也需要有一个大家公认的套路系统。冲绳唐手传统流派的势力相当强大,各个流派都有自己原来传承的套路体系、各自的个性,一些人认为不顾各个流派特点的大一统是不可能的。经过多次交锋与碰撞,空手振兴协会的骨干们达成一个基本认同的框架:各流派原来的套路,作为古流的套

---

①　"构",是日本武道专用的名词,"构"是预备势,是与对手开战之时的身体姿势与心理状态。

路,在各流派的传承教学体系中给予保留。作为冲绳县统一的空手道,协会指导部的骨干要制定出所有流派共通的新套路,其结果是 1937 年 3 月 28 日编定的"空手道基本型十二段"。这个当年编制的套路,现在只保留在冲绳少林流空手道传承体系中①。

综合众人之长,并坚持型的动动有攻防是城间真繁的空手道宗旨,城间真繁的技术在当时具有代表性。

第三节　从"唐手"改成"空手"

一、日本去中国化的社会背景

20 世纪 30 年代,日本空手界发生了一件影响较大的事:将原来的"琉球唐手"改称"空手",当时还没有称"空手道",称"空手道"是 1936 年以后的事(图 4-20)。

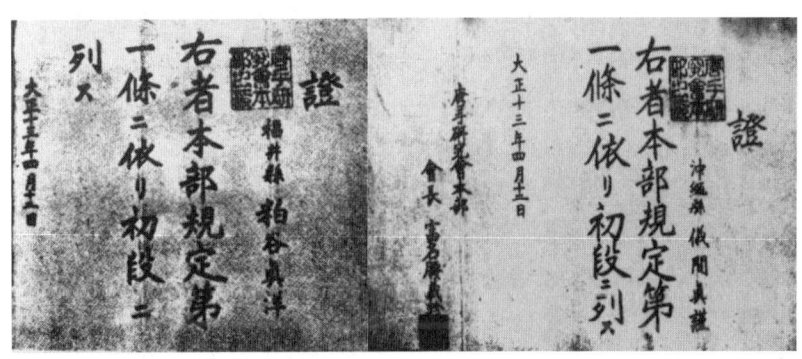

图 4-20　船越义珍以唐手研究会本部名义最早颁发给仪间真谨、粕洋贞洋的唐手初段证书

唐手何时改称为"空手"？是庆应义塾大学学生还是船越义珍？冲绳的琉球时报组织的座谈会是什么时候？1936 年花城长茂在冲绳报社组织的唐手座谈会上说,自己多年前在笔记中,就是用汉字"空手"表述琉球拳法的,这仅仅是个人行为还是已经被大家所认同？

1868 年,福泽谕吉出版了《文明的进步》一书,鼓吹日本脱亚入欧。他看到清政府 1840 年在英国人坚船利炮前一败涂地,割地赔款。他们感觉模仿多年的中国靠不住了,需要吸取教训,呼吁日本社会加快西方化的进程。接着

---

①　高宫城繁,等.冲绳空手・古武道事典[M].东京:柏书房株式会社,2008:128-129.

1894—1895年甲午战争,清政府惨败,割让台湾并赔3万万两银元,成全了日本金融系统从银储备到金储备的转化,间接促成了日本军国力量的储备。而就是从这里开始,日本人彻底不把中国人放在眼里,他们开始从各方面摆脱中国的影响。船越义珍1922年出版《琉球拳法·唐手》,就带有这种色彩,他刚到东京,祖辈传下的"唐手"他无法改,但是他在《琉球拳法·唐手》的说明中,就表现出来这种摆脱中国影响痕迹的情绪。1905年,日俄战争中日本取得的胜利,日本人已经被胜利冲昏了头脑。自认是一等国家,一等国民,要当亚洲的老大,转而举全国之力冲击欧洲,开拓殖民地,一股雄霸亚洲的气氛,笼罩在日本上空。改"唐手"为"空手"就是在这样的社会环境中产生的。

二、庆应义塾大学唐手部的举动

《庆应义塾大学体育会空手部五十年史》中记载,昭和四年(1929)4月15日部志条目下,有"从本学年开始,断然改唐手为空手"。当时这个改动,学生曾经征求过船越义珍的意见,船越义珍也曾举棋不定。当时日本社会有摆脱中国影响的风气,学生反应比较强烈,而庆应义塾大学唐手部学生中,时常有这样的议论,"改唐手为空手",其中下川五郎与山本孝信对改唐手为空手最积极。他们多次与船越义珍交谈,望老师支持他们改名,通过一段时间酝酿,在庆应义塾大学唐手部将要举办五周年部庆时,他们将改唐手名称作为自己的一个创意,并留下了历史记录(图4-21)。

图4-21 庆应大学唐手部五年庆时,学生制作的印有空手字样的手巾和奖牌

三、镰仓园觉寺禅师的影响

船越义珍当时跟镰仓园觉寺管长古川尧道参禅,他对"空"的思想有相当深的理解。而且日语发音时,"唐"与"空"是同音字,都是读成KARA。"空"恰好与琉球拳法的"赤手空拳"能御强敌的技术特征相合。

船越义珍参禅时,几个庆应义塾大学唐手部学员也跟在园觉寺参禅。下川五郎、明石彰就是其中二人。这时,间歇有学生来商谈改名,船越义珍也为是否以"空"改"唐"问题烦恼,唐手是从中国传来的拳法,用"唐"字表述,是历史上沿袭下来的,有几百年历史,在琉球一直这样传承。他的唐手是来自冲绳的,是冲绳历史传承的产物。如果擅自改成"空"手,在东京传播的空手,变成你船越义珍自己的发明创造?他也不敢轻举妄动。1922年,第一届体育博览会上、在下富坂讲道馆道场的唐手源流的解说、当年出版的书,他全都用"唐手"表述。当时东京报纸与杂志基本上也称为"琉球唐手术""唐手拳法""冲绳拳法""冲绳唐手术"等。1924年,船越义珍发出的第一张唐手段位证书,也是以"唐手研究会"名义发的。轻易改动要有理由。有些登录的文件还具备法律效力,不能轻易更改。

镰仓的园觉寺,属于佛教的临济宗,建于1282年,开山始祖是南宋末期漂海而来的中国僧人无学祖元。日本临济宗中兴之祖白隐慧鹤(1685—1768)在园觉寺出现后,园觉寺接连出了多位著名禅师。该寺的释宗演(1859—1919),是最早将日本禅宗介绍到美国的僧人。1904年,释宗演在美国的纽约、波士顿等地作禅宗演讲时,正在芝加哥大学攻读博士学位的铃木大拙,担任释宗演的英语翻译。后来铃木大拙长年在美国传播禅宗,成为世界级禅宗的代表人物,著有《禅与心理分析》等著作,在欧美影响广泛。船越义珍参禅的师父就是继承释宗演衣钵的尧道慧训禅师。

根据1929年5月1日发行的镰仓园觉寺寺报《园觉》记载:"1929年3月20日,庆应义塾大学唐手研究会骨干们,被古川尧道管长邀请到飘溢着盆栽梅花香味的房间里,在那里,学生们听尧道慧训禅师讲'般若心经',这个开示主旨是:'空手'这一个新的名称与从古以来的'唐手'的表述的拳法名称,一点也不对立,无宁说,'空'是将一切包摄其中,而又无限展开的意思①。日本和尚无疑是入世的,对施主的心理与烦恼是了如指掌的。这次开示对庆应的学生启发很大,到4月15日,仅仅26天,庆应大学唐手研究会的学生就作出决断,改通常用的'唐手'为'空手'。"②

半年后,在庆应义塾大学空手道部创立五周年纪念秋季大会上,发行的奖牌和手绢,就印着"空手"。

---

① 仪间真谨,藤原棱三.对谈·近代空手道历史[M].东京:棒球杂志社,1986:37.

② 同时还有一个记录,就是松本行雄的《空手道概史》,作者记录1929年5月,他在与船越义珍一起乘市营电车时,强烈说服老师将"唐手"改为"空手",费了一番周折,船越义珍总算完全认同了。是他将这个消息告诉给庆应义塾大学的山本孝信的。这样才有了庆应义塾大学的唐手部改名的记载。但在仪间真谨与藤原棱三的对谈中,认为还是庆应义塾大学改动在先是可靠的。

但是这个时间段中，也就只有庆应义塾大学用"空手"表述。1930年1月10日出版的高田瑞穗、三木二三郎的《拳法概要》，东京大学方面还是用"东京帝国大学唐手研究会发行"来表述的。1933年，通过嘉纳治五郎的推荐，"大日本武德会"承认"唐手术拳法"作为柔道的一个关系部门并接纳。

四、冲绳县人士对"唐手"改为"空手"的响应

1. 仪间真谨的记忆：仪间真谨（1896—1989）是现代日本空手道界的元老。1922年，船越义珍力邀他一起参加在下富坂讲道馆道场的唐手演武。而且他是著名的一桥大学毕业生。一桥大学毕业后，他进入教育界，离开东京到熊本商业学校、前桥商业学校任职。1945年日本战败时，他正在山形商业学校任校长。他参加过柔道训练，是讲道馆柔道五段。他从小身体虚弱，1910年考进冲绳县立师范学校后，为增进健康开始向当时的学校专职唐手老师糸洲安恒和体育教官兼唐手老师屋部宪通学习唐手，后来还当上学校的唐手部长。唐手练习让他身体健全发展。直到20岁离开师范学校到东京读一桥大学。在他的记忆中，这种在琉球"秘而不传"的拳法，一直就是称"唐手"，也没有流派之分，船越义珍为了回答东京武道界人士关于流派之说，将唐手分为"昭林流"和"昭灵流"，而后在1926年，嘉纳治五郎到冲绳考察并观看冲绳唐手时，宫城长顺担任那霸手的解说，摩文仁贤和担任首里手的解说，这个"首里手""那霸手""泊手"之分，在以前的琉球是没有的，是为了迎接嘉纳治五郎到冲绳视察而由冲绳唐手界人士和当地官员商议产生的①。"1926年10月，嘉纳治五郎受日本体育协会冲绳县支部和冲绳县柔道有段者会的邀请，带山下义韶、永冈秀一、三船久藏来冲绳，冲绳县厅方面，为了迎接嘉纳治五郎来访，作为其中一环，组织唐手演武会，请摩文仁贤和与宫城长顺作为召集人，他们在县厅会议室，数次召开协调会。这个会议上，学务课长说：'唐手这个名称，也不是特别不好，但要想出一个突出冲绳县特色的武术名称。'这个提议得到以保安课长为首的与会者的赞同，经过多次协议，产生了'首里手''那霸手''泊手'这样的名称。1933年4月，大日本武德会冲绳支部将冲绳唐手作为日

---

① 这是仪间真谨的观点。《日本武道大系·空手道》卷则记载是嘉纳治五郎建议的。首里手、那霸手、泊手这三个名称到底是嘉纳治五郎的意见，通过冲绳县教育课转达给琉球唐手的传承者；还是为了欢迎嘉纳治五郎到冲绳来的唐手表演，才确定的名称？而且此后被冲绳的传承者所接受，一直沿用下来。起码说，船越义珍到东京的1922年没有这一说，如果有，在船越义珍的《琉球拳法·唐手》也应沿用那霸手、首里手之说。据说1929年宫城长顺到东京后，告诉船越义珍，现在冲绳有首里手、那霸手、泊手之称了，而不是昭林流与昭灵流。

本武道的一种,列入柔道部时,也是用'唐手',这是有记录可查的。花城用'空手'说,到底还是个人的事。那时用首里手、那霸手等名称,也不过是欢迎嘉纳治五郎演武会的一种行政手段而已。花城长茂参加过甲午战争和日俄战争,将唐手改写为空手是不难理解的。花城长茂自己说:'我个人的记录本,从明治三十八年8月开始,文字上不用唐手,用空手,我不喜欢用唐手这词来表达。'但是仪间真谨在冲绳读书时,学校就是用'唐手'。那时没有首里手、那霸手、泊手等名称。听说准备会上除了首里手、那霸手,王道流、松村流、糸州流等名称也出现了,可是这些称法根本没有文献记录。"①1936年前,冲绳一直是用"唐手"来表述从中国传来的拳法的。

2.《琉球新报》座谈会:1936年10月25日,由琉球新报社主办的唐手座谈会在那霸市的昭和会馆举办,据琉球新报报道:"由本社主办,空手研究会协办的唐手座谈会于昨日(25日)下午4点在昭和会馆举行,出席座谈会的有唐手大家喜屋武朝德、花城长茂、本部朝基、小禄朝贞、许田重发、宫城长顺、城间真繁、知花朝信外,还有县学务部长外佐藤、图书馆长岛袋、保安课长护得久朝昌、警务课长北荣造、体育主事古川义三郎、司令部副官福岛少佐,还有从东京的来宾——作家安藤盛、本社社长太田、主笔又吉廉和、理事山口、空手研究会的仲宗根源和等。座谈会上,本社主笔又吉首先致欢迎词,仲宗根源和作为司会,先就唐手名称统一问题请各位发表意见,大家一致认为:唐手这个名称没有根据,冲绳原来就有'手'的称呼,同意统一将'唐手'改称为'空手'。接着大家就唐手道振兴事宜进行讨论,全场一致同意组织'空手振兴协会',近日内成立实行委员会,着手这项工作完成。"(昭和十一年10月26日载)②。

如果我们跳出这个复杂的争论,可以说,来自中国的拳法,在琉球的民间传承中,一直作为有神秘的护身价值的"唐手",延续了几百年。到了明治维新后,大力引进欧洲思想,普及教育的社会背景下,糸洲安恒改造了传统的唐手,将其转变为学校体育的唐手,以14个形作为主要内容,已经对传统唐手作了重大的改革,这时仍然称之为唐手。

1922年,接受糸洲安恒直接传授的船越义珍,到日本东京的第一届体育博览会上乃至之后各种演讲中,均是用"唐手"表示来自琉球的拳法。在东京、大阪这些日本大城市中,在来自欧洲的运动竞技和日本本土其他武道的冲击下,来自琉球的唐手,在技术体系和理论、精神上接受新的因素,产生了一些变

---

① 仪间真谨,藤原稜三.对谈·近代空手道历史[M].东京:棒球杂志社,1986.
② 高宫城繁,等.冲绳空手·古武道事典[M].东京:柏书房株式会社,2008.

化。但是不论是来自冲绳的哪位传习者,船越义珍、摩文仁贤和、本部朝基、宫城长顺,他们都是用"唐手"这两个汉字来表述。

改用"唐手"为"空手"是 20 世纪 30 年代日本军国主义思潮扩大的社会背景下,日本要当亚洲的老大,要摆脱中国影响的产物。1922 年,船越义珍写的第一部唐手著作,虽然用"琉球拳法·唐手"为书名,但是在书中解说就已经认为,一等国的日本,一定有自己的拳术传统,用"唐"字,只是琉球王国多年前崇拜中国留下的产物。而且即使庆应义塾大学唐手研究会在 1929 年就改用"空手"来表述"唐手",冲绳的唐手界,还是时过 7 年之后的 1936 年,才跟着东京改,也没有形成统一的、大家公认的表述。只是到了二战之后,"空手"这个专用词才逐渐被认同,成为通用名称。

五、船越义珍对空手之"空"的释义

船越义珍在 1935 年出版《空手道教范》一书中,对"空手"的"空"字,作了说明与引申。空的意义有四方面:空手是以徒手空拳护身御敌之术,此为"空"字第一个意义;学习"空手"者,应如明镜照物、如空谷传音,抛弃邪念固执,内心虚空只管接受与探究,此为"空"的第二个意义;学习空手者必须内养谦让之心,外持温和之态度,一旦见义勇为,有不惧以万人敌之勇气,凛凛如绿竹,外直中空而有节,此为"空"的第三个意义;观宇宙之色相一切为空,因而"空"即是一切色相,柔术、剑术、枪术、杖术,武术种类众多,究其根本与空手为一体,即空手是一切武术的根本,色即是空,空即是色,空手的空的意义亦在此[①],此为"空"的第四个意义。以上对空手"空"的四层意义的思考,是船越义珍成熟时期的思考,1935 年出版《空手道教范》时,船越义珍已经 66 岁了。而"道"则是日本所有现代武术之称谓,所谓柔道、剑道、合气道,所以有"空手道"之称。

第四节 嘉纳治五郎对空手道发展的影响

一、嘉纳治五郎其人

嘉纳治五郎(1860—1938)(图 4-22),是日本近代著名的教育家、体育家、思想家。他创立了现代柔道,并将柔道发展成为亚洲第一个进入奥运会的正式比赛项目。

---

① 船越义珍.空手道教范(复刻版)[M].冲绳:榕树书林,2012:57.

第四章 从琉球唐手到空手道

嘉纳治五郎出生在兵库县神户市东滩区一个酿酒商家庭，父亲是从事海军工程的承包商，从小家境优裕，母亲知书达理，受儒学影响很深。嘉纳治五郎从小受到母亲的严格教育，培养他为他人、为社会、为国家贡献的理想，并督促年少的嘉纳治五郎学习儒家的经典著作。母亲病故后，11岁的嘉纳治五郎上京随父亲生活，先后在私塾学习英语、德语。后考入东京大学，主修伦理学，是东京大学创办初期的学生。是接受精英教育的一代新人。

遗憾的是他身材较小，身体瘦弱。来自地方的嘉纳治五郎，初到东京时，常常被东京的孩子欺侮，内心决不服输的嘉纳治五郎，为了保护自己，开始寻求学习传统柔术

图 4-22　嘉纳治五郎（1860—1938）

旅程，父亲有意将他培养成时代的先锋，立足于成为对国家建设有贡献的人才，反对他学习已经被时代淘汰的柔术。但是矢志不渝的嘉纳治五郎，还是以自己的努力，先后学习了天神真杨流柔术和起倒流柔术。在柔术学习、思考、磨砺的过程中，他的身体健壮了，体能、技能提高了，自信心增强了，而且原来急躁的性格改善了，人变得沉稳了。他发现了传统柔术的优质潜在，决意将柔术改造为优秀的日本文化，让更多日本人受益，于是1882年创立了讲道馆边学习边课徒。

他着眼于健身、格斗、修身三个维度来发展讲道馆柔道。东京武风盛行，民间武道名家藏龙卧虎。一介乡村来京之大学生，没有武术世袭背景，如何立足？在技术上，他以神道真杨流、起倒流为基础，博采众家之长，将柔术技术整理为投技、固技、点蹴技；点蹴技保留在古式的形中，投技与固技简约为42个动作；以乱取为中心，以"形""讲话"为辅助，打造讲道馆柔道的技术体系；注重在平常的生活与练习中对"礼节"的培养，培养学员尊重自然、尊重他人、努力进取、百折不挠的品质与行为。几年努力，讲道馆柔道在群雄并立的东京柔术界脱颖而出，在警视厅组织的比武中，讲道馆弟子战胜各路传统柔术高手，赢得各界的认同与尊重。通过讲道馆柔道训练的学生，在新兴日本各界中建立突出的业绩，为讲道馆赢得社会声誉。嘉纳治五郎成功将传统的柔术改造为现代教育的柔道，成为有思想道德追求的现代武道。在长年的柔道普及过程

中,在国际交往与对现实社会深刻观察中,嘉纳治五郎赋予柔道哲学的内涵:"精力善用,自他共荣"。即"最有效活用自己的智慧与劳动,追求与他人共同的进步与繁荣"。这种哲学思想在日本、在欧洲被许多人所接受并推崇。

嘉纳治五郎先后担任过学习院大学的教授、教务主任;国立第一高中校长、第五高中校长;他还担任过文部省负责中学教育的官员、教科书审议员。他前后27年担任东京师范高等学校校长。在东京高师校长任期中,他将体育专业从专科提升到本科,他在大学中大力推广欧美竞技体育,派老师赴欧洲学习竞技体育,组织学校运动会,鼓励学生参加竞技体育活动。他是亚洲第一位奥委会委员,他发起组织日本体育协会,担任第一届会长,积极组织东京各大学学生参与运动会。1912年,他带日本代表团参加在瑞典斯德哥尔摩举行的第五届奥运会。1938年在开罗举行的国际奥委会会议上,将第12届夏季奥运会主办权争取到东京①,为国际奥运会发展作出贡献。他在东京新闻界发动的评选中,被誉为"现代日本体育之父"。

他还是清末洋务派领袖张之洞的好友。在清末官场上,张之洞以清流的自信傲气著称,但他尊称嘉纳治五郎为"国师"。嘉纳治五郎前后9次访问中国。张之洞等人向清政府提出的中国历史上第一个教育纲领即1904年1月《奏定学堂章程》,是由罗振玉等六位教育家在考察、借鉴日本教育的基础上制定的,就是在嘉纳治五郎的支持下完成的。他还应清朝驻日大使馆的要求,创办弘文学院,前后有7192名中国留学生在弘文学院读书,有3810人结业并取得结业证书。这些人中有辛亥革命的军事领袖黄兴、中国共产党早期领袖陈独秀,还有北洋时期教育部长范长廉、中华人民共和国国歌作者田汉、文学家鲁迅和他的朋友许寿裳等。

1922年,船越义珍才开始将琉球的唐手介绍到东京。讲道馆柔道此时已经拥有段位者10000多人,在全日本各地设有讲道馆柔道支部,在世界各地也设立有柔道支部。对于刚被强行吞并的琉球国的一般民间唐手家来说,东京的嘉纳治五郎,是高官、是一个遥不可及的存在,所以看到嘉纳治五郎对唐手的关注与支持,来自冲绳的唐手家们是备受鼓励而感激的。

二、嘉纳治五郎对唐手发展的支持与影响

1922年5月7日,日本文部省举行"第一届体育博览会"。体育博览会的

---

① 因第二次世界大战,本届奥运会停止,也因为日本发动侵华战争受到国际舆论谴责,日本军国政府退出申办。

负责人是嘉纳治五郎。接着船越义珍在讲道馆下富坂道场表演唐手,是嘉纳治五郎邀请的。

1922年1月,嘉纳治五郎创立了讲道馆文化会;2月,被选为贵族院议员;5月,在体育展览会会场观摩琉球唐手术套路的表演;6月,在下富坂道场,召集讲道馆骨干观摩唐手术演武会。

一般认为1922年日本第一届体育博览会上,船越义珍表演了唐手,唐手在东京开始发展,这个发展是以船越义珍应邀到讲道馆表演后引起轰动的。但是嘉纳治五郎早在1908年就初次赏识了琉球唐手。根据当年8月9日的"大阪时事新报"报道:"在京都武德会青年演武大会上,作为助兴,开赛前,先由来自冲绳的中学生,表演几个琉球武技的形,这让内地人耳目一新,嘉纳治五郎博士一直凝视着表演现场。"这是嘉纳治五郎第一次看到琉球唐手的演武。

第二次是三年后,嘉纳治五郎将到东京修学旅行的冲绳县师范学校几名学生请到自己家,进行愉快而毫无拘束的交流。根据《龙潭》1911年6月1日"唐手部记录"①:1911年4月,冲绳师范学校6名三年级学生修学旅行来到东京。根据预约于4月18日下午专程到嘉纳治五郎家拜访。他们乘电车到终点站,又步行一公里,来到郊区一处农村房屋前。这里四处充满泥土的气息。等了一会儿,一个简朴的老人,穿着棉布的衣裳,坐着人力车回来了。他们一起进入讲道馆道场。道场大约比两间教室大,进场后嘉纳治五郎的夫人、学生也围过来。接着主人邀请小客人们介绍唐手,学生们先逐个介绍自己练习唐手的经历,还递上写好名字的名单。嘉纳治五郎先生很高兴,发出一连串的关于唐手的提问,学生尽其所能给予详细解答。说到动情处,51岁的嘉纳治五郎与学生们交起手来,学生甚至对嘉纳治五郎说,如果被对方抓住如何解脱,这样看唐手比柔道更好用。"不,不能这么说",嘉纳治五郎反驳学生,初生牛犊的学生还真去拉嘉纳治五郎的手,学生的手刚触到时,嘉纳治五郎顺势往前一推,学生倒下但手还抓着嘉纳治五郎。嘉纳治五郎对面前的师范学生就像与朋友一样,没有一点大家的架子,气氛相当和睦。看到这,学生山内盛彬激动得大哭。学生诸见里说:"琉球拳法可以轻松将柱子折断。"嘉纳治五郎一听来劲了,他挑动学生说,来,试一下,将我家的柱子打断了也没关系,可以作为永久的纪念。学生勇士金城信心满满地站到柱子边上,坐在柱子边上的人自

---

① 本则资料来自冲绳空手道研究者嘉手苅彻博士发掘的贵重记录。原载2012年的《空手道研究》14、15合并号。

觉挪开,腾出空间,可是再三发力,终究没有打断柱子。诸里见有点沮丧地说:"我的老师可以打断柱子。"这时学生们还有点不甘心,金城将一块木板击断,显示一点唐手的击打威力,伊礼门也轻松击断一块木板。嘉纳治五郎说,"来,将我家的围棋盘击断试试"。学生们有点惶恐地谢绝了。嘉纳治五郎与冲绳师范学生的交流一直在快乐融洽的气氛中进行。学生们兴高采烈地回到冲绳。学生诸见里记下自己的感受:"前途无量的我们唐手部,今天在帝国中心东京,得到展示,得到体育王嘉纳先生的赞许,我们同学互相提携,磨砺技术,提升水平,唐手在不远的将来一定会成为世界的体育普及天下,诸君努力!"冲绳的唐手与日本体育界大家有这样的机缘,也是唐手近代发展的一个重要的契机,为日后嘉纳治五郎全力支持唐手在东京的发展奠定了基础。

宫城长顺第一次听嘉纳治五郎的演讲,大约是1922年11月20日前后,那次没有表演唐手的型。宫城长顺等人听了嘉纳治五郎的报告,很受启发,开始着手将已经体育化的唐手向武道化转向。宫城长顺有一则关于嘉纳治五郎的回忆:"无论怎么说,埋没在偏远之地的唐手术,是由日本体育巨人嘉纳治五郎之手挖掘而起的,而且始终得到他的支持,这真是万幸。"①有记载,1922年8月,为了体育文化宣讲,嘉纳治五郎到日本的东北地区和北海道巡回讲演;回东京还没喘息就到北陆巡回,又到关西演讲。11月11日从神户港出发,经冲绳到台湾演讲。宫城长顺应该是这一次听嘉纳的在冲绳的演讲受启发的。

1926年,嘉纳治五郎再次到冲绳考察,在冲绳县官厅作了"体育与武道"的讲座。这次访问冲绳,是应冲绳柔道有段者会举办技术讲习会邀请来的,这次来冲绳时间比较宽裕,嘉纳治五郎观摩了多位冲绳唐手家的套路表演。屋部宪通、花城长茂、久场兴作、喜屋武朝德、宫城长顺、摩文仁贤和都和自己的弟子们一起表演了各自擅长的型。

宫城长顺在欢迎嘉纳治五郎的演武会上作为"那霸手"的解说者,站在嘉纳治五郎的旁边,第一次近距离接触嘉纳治五郎的宫城长顺,被嘉纳治五郎的谦虚的态度所感动。贵族院议员、勋一等、正三品的高官,是比冲绳县知事还高级的官员,对宫城长顺相当郑重并谦和地介绍说:"我是嘉纳治五郎,让你讲解唐手辛苦了!"皇城东京官员,到偏僻的小岛,对一个普通的唐手术家,而且年龄相差30多岁的后辈,如此彬彬有礼,让宫城长顺记忆深刻。而且嘉纳治五郎对在场的宫城长顺的学生新里仁安(1901—1945),也是一样郑重其事致谢并介绍自己。宫城长顺回忆,与冲绳县厅那些摆官架子的官员相比,嘉纳治

---

① 江里口荣一,等.日本武道大系(第八卷)[M].东京:同朋舍,1982:157-158.

五郎是何等的谦虚。嘉纳治五郎平常是言语不多的人，但是即使不说话，人格的魄力也会自然流露出来。宫城长顺后来对新里仁安说："嘉纳师范这个人，远远看上去，是没有任何特别的一个普通老人，但是你一到他身边，就感觉他是山一样高的巨人，真是不可思议。武道真正的意义就是这个修养。这也是宫城长顺对自己弟子的教诲，也是对嘉纳治五郎的由衷的敬佩。"①

也是在这一场冲绳县官厅组织的冲绳唐手表演会上，嘉纳治五郎对担任解说的宫城长顺与摩文仁贤和说："从德育、体育两方面看，冲绳拳法今后一定会大普及，在本土上普及到一定程度，当然就要考虑加盟大日本武德会的问题。今后包含这个加盟的问题，从全体国民普及的角度加以重视。这攻防自在的唐手术，要让它在日本本土发展普及。"②

1934年，在京都武德会主办的全国武道大会上，由于冲绳的唐手还没有在大会正式登录，是嘉纳治五郎斡旋，将唐手作为柔道的一个部分参加了大会表演。嘉纳治五郎一直是以理解、赞赏、扶持的态度，对冲绳唐手在日本本土的普及作出关键性支持。

三、嘉纳治五郎对唐手的研究

嘉纳治五郎的一生，是不断学习与进取的一生，他成功地将传统柔术转化为现代柔道后，继续在寻找可以让更广大民众改造身心健康的体育途径。他的晚年，一直致力于编创一套可以适应全民的武道体操，称之为"精力善用国民体育"。他从合气道、唐手中汲取素材，这个从大正五年（1916）就开始编纂的"精力善用国民体育"（图4-23），一直到昭和二年（1927）年才完成。这个"精力善用国民体育"简单地说，就是一套武术操，有49个动作，就是用"上冲拳""左右侧冲拳""后顶肘""左右侧顶肘""俯腰下冲拳""劈打""踢腿""摔拿"等具有攻防含义的动作方式，来伸展头部、躯干，活动四肢。嘉纳治五郎认为，原来的广播体操过于简单化，没有内涵，特别缺乏振奋国民精神的动作内涵，这个"精力善用国民体育"有武道精神在其中。为此，嘉纳治五郎还在日本全国各地宣传呼吁，推广这个武术操类的"精力善用国民体育"。这个操的原名为"攻防式国民体育"。这套"精力善用国民体育"，可以单练也可以对练，但是现在的日本基本没有人再用了，只是作为传统，还保留在讲道馆的"形"中。

我们从"精力善用国民体育"这个武道操中抽出一节动作可以了解基本情

---

① 江里口荣一，等.日本武道大系（第八卷）[M].东京：同朋舍，1982:157-158.
② 江里口荣一，等.日本武道大系（第八卷）[M].东京：同朋舍，1982:166.

图 4-23　嘉纳治五郎晚年编纂的"精力善用国民体育"操

况:"五方当"之"前当""后当""上当"三个动作。这是选自《最新柔道之形》,由讲道馆柔道十段小谷澄之、九段大泷忠夫演示并撰写,八段高田胜善摄影,2013年5月由东京不昧堂再版的。这三组动作是"精力善用国民体育的形"单独动作中选取的。

嘉纳治五郎的讲道馆柔道,作为以摔技与固技为主体的竞技是成功的。但是柔道竞技必须先抓住对手的衣领、衣襟、腰带、袖口,再用推、拉、带、引等动作破坏对方重心,再贴近对方使用各种摔法的竞技,柔道的技术是从传统柔术改造而来的,当柔道在日本及全世界传播后,也出现一个问题,就是作为徒手格斗技术,不够全面。虽然嘉纳治五郎在自己讲道馆柔道体系中非常重视"乱取"的训练,但是对于隔离状态下的徒手格斗,也只能用形的演练来代替。光靠形,无法达到实践中应用。嘉纳治五郎开始注意这个问题,先是派自己的学生富木谦治到植芝盛平的"合气道"馆学习研究,而当他看到唐手后,也对唐手的技术产生了兴趣。又派学生向唐手学习。这也是嘉纳治五郎支持唐手的重要原因之一。

本章小结

船越义珍是"日本空手道之父",是研究从琉球唐手到日本空手道流变中不可逾越的人物。他在近代唐手到空手变化中的贡献是同时代其他人无法超越的。如果说本研究的重点是时间空间转换中福建拳法的流变,那么糸洲安恒的唐手进学校,是第一次改变;船越义珍在东京的传播,是第二次技术的改变。

船越义珍有两个坚持:一是唐手不能用于对抗竞技,因为格斗就是一击必杀,没有禁击部位也没有禁用方法。二是唐手没有流派。流派之分是日本本土武道的习惯。只因为参加各种活动要区别于同时代的刚柔流、糸东流、和道流等流空手道,他才被动接受弟子们以他之名号起的"松涛流"。

但是从船越义珍的经历来看,也引发人的思考,被称为"近代空手道之父",而形与组手水平在同时代人中都不突出,甚至在组织与协调方面也不出色,他的最大成就是教出了一批出色的大学生。

时代造英雄,那个被称为空手道草创期的日本空手道发展时代,需要一批骨干,也正是一批骨干们共同努力,才让空手道发生适应时代的变化,在东京大阪等大城市开花结果。在近代空手道形成过程中,本部朝基将空手中对抗的威力传到日本本土;而宫城长顺依据科学运动方法,将琉球唐手体系化;摩文仁贤和的型丰富了琉球唐手体系;城间真繁和船越义豪的改进促进了日本近代空手道的完善。

日本社会变革,趋于欧化的时代背景,又有嘉纳治五郎等一代富于改革远见的教育家和政治家的支持,也是船越义珍推广普及空手道得以成功的重要因素。

第五章 大学生与近代日本空手道形成

第一节 日本大学的体育会与运动俱乐部

江户时期,日本民众识字率已经很高。1868年,明治维新,一项重要的国策就是大兴教育;1873年,日本政府颁布学制,提出"邑无不学之户,家无不学之人"的口号,大力普及教育。当时明治政府将全日本分为8个大学区,每区设立1所大学,每一大学区下分32个中学区,每个中学区设立1所中学,每一中学区下再分120个小学区,每个区设立1所小学。因此,全国有8所大学,256所中学,53760所小学。也就是每600人中,有一所小学,每13万人中有一所中学。小学有普通小学、女子小学、村民小学、贫民小学、私塾、幼儿小学(小学入学前的预备教育)①。这样遍布全国的教育网形成,大大促进民众基本文化素养。在日本整个国家教育体系中,大学教育是被朝野重视的顶尖。到20世纪30年代,经过50多年发展,东京一地的大学就达到几十所。

日本学校完全是按照欧洲模式推广的,作为学校教育的一环,近代欧洲竞技体育也相继引入日本。日本引入欧洲竞技体育主要有两条途径,一是通过学校体育课,二是通过大学或高中的体育俱乐部。

1878年,日本设立了培养体育教员的"体操传习所"②。采用体操与游戏作为教学内容,早期的学校体操教育还有兵式体操的内容。

1887年以后,日本的大学通行由学生运动俱乐部来传播欧美竞技体育。日本的大学体育俱乐部一个特色是校友(OB)③参与。大学都设立体育会,体育会管理学校内的各种运动俱乐部。学校有专门的体育会的经费和活动场所。根据学生喜爱的项目和人数,设立各种运动俱乐部,开始时,运动俱乐部由学生来管理,后来俱乐部要请本校的教授或副教授担任部长,俱乐部运营主

---

① 坂本太郎著,日本史[M].汪向荣,等译.北京:中国社会出版社,2008:398-399.
② 现在的体育课,在日本早期的学校课程表中称为体操课,我国引进日本教育时也曾经用体操课代替体育课。
③ 日语中直接用英语和略语:(OLDBOY)老同学、校友、毕业生、学长。

要还是由大学生自治。学生参与俱乐部运动的时间主要是中午或者晚上课余时间。有的俱乐部，暑假或寒假组织合宿，成员们集中吃住，训练一周或者两周。在日本全面学习欧洲的社会背景下，各大学的体育俱乐部开展竞技体育都是欧美的，如棒球、橄榄球、网球、赛艇、田径、游泳、拳击、远足、器械体操等项目。日本本国的运动项目如柔道、剑道、弓道、相扑等，到20世纪初，开始逐渐进入大学的运动俱乐部。日本各个大学运动俱乐部校际交流与比赛非常频繁，而且成为学校聚集人气、加强友谊的重要途径，如东京六大名校的橄榄球联赛、棒球联赛，已经延续了一百多年，每年举办春、秋联赛。有的学校，爷孙三代都是学校代表队主力，而当这种联赛开场时，爷孙三代到场，各校校长、知名校友在赛季中会放下其他事务赶到赛场呐喊助威，场面十分火爆。

相对于大学体育会中其他运动俱乐部，唐手是后来者，日本的剑道、柔道大约在1906年前后，被数所大学列为学生运动俱乐部的正式项目，并纳入学校体育会，每年都可以从学校的体育会拿到一定的经费补助。这些被学校承认的运动俱乐部，基本也有专门的训练场地。

唐手因为是新项目，而且来自琉球，来自一个落后的国家，唐手究竟是什么？20世纪20年代，东京人对其还很陌生。我们看东京人写的小说《姿三四郎》中，练习柔道的青年与老师都是时代的榜样，敢想、敢做、敢担当，睿智、勇敢、有学养。而时常挑战柔道人的唐手人，都是留着长发、不修边幅、举止粗野，这也代表着早期东京人对来自琉球唐手的总体印象。

早期的大学唐手部步履是艰难的，但是大学生敢想敢干，他们不仅有创新的思维，更有不怕困难、为梦想实现而付诸行动的勇气。

东京各大学的唐手运动，主要是船越义珍传播的。1922年，船越义珍在东京体育博览会上介绍琉球唐手，庆应大学德国语教授粕谷真洋最早参与，接着拓殖大学、东京齿科大学、早稻田大学、东京大学、法政大学、立教大学相继成立了唐手研究会或者唐手部。

摩文仁贤和1928年到东京，先寄居在小西康裕家，1931年，他转到大阪，以关西为据点，开始传播唐手，后来主要是在立命馆大学和关西大学教授唐手。

宫城长顺也于1928年来东京，但是没有长期居住，活动时间与范围都不大。他在京都的立命馆大学也传授过几个月唐手。1935年立命馆大学成立唐手部，初代师范为宫城长顺。

1926年东洋大学成立空手道部，初代师范是本部朝基，本部朝基在东洋大学时间不长，东洋大学空手道部第二代师范是远山宽贤，第三代师范是摩文仁贤和。

大塚博纪是船越义珍明正塾时期的学生。1934年东京农业大学成立唐手部,初代师范大塚博纪,1936年明治大学成立空手道部,初代师范大塚博纪。后来东京大学的第三代师范也是大塚博纪。

明治大学预科唐手研究会1935年5月成立,创立者田中是预科生,他刚从佐贺到东京时,曾在船越义珍门下练过,本想请船越义珍来当师范,可是聘请不顺利,这时冲绳唐手名家屋比久孟传住在附近,就请屋比久孟传来当师范。屋比久孟传与船越义珍一样是糸洲安恒的学生,而且屋比久以擅长棍与钗闻名。三木二三郎的《拳法概说》中也有他的记载。1937年5月,大塚博纪继任屋比久孟传成为明治大学的师范。

其他还有东京商大、昭和医大、日本齿科大学、昭和药大、秋田矿专、横滨专门学校、第一高中等。

第二节 各具特色的大学空手道部

日本大学体育会的唐手部,以东京为主体,在关西地区也有数所大学,在20世纪30年代中期,大约有几十所大学设立了唐手部。

一、风气之先——庆应义塾大学唐手部

日本最早的大学体育会唐手部,是大正十三年(1924)10月15日由庆应义塾大学德语教授粕谷真洋为中心创立的"庆应唐手研究会",粕谷真洋教授在茶之水的体育博览会上看到船越义珍的表演,马上看出唐手的价值:不用特别的场所,也不用特别的器材,简便易行。而且作为体育项目,男女老少都适宜。他很快约了同事,带着几个学生,到明正塾找到船越义珍,并成为他最早的学生。船越义珍刚到东京时,相当困难,应户山陆军学校校长邀请到学校为教员开唐手课,也带门人到学校表演唐手,但是没有被列为学校的正课,酬金就成了问题。船越义珍致力将唐手推进警视厅,但是也没有成功。讲道馆门人有一批热心者,但是随着1923年关东大地震,这些学生也散了。

这时粕谷真洋在自己的住宅涉谷召集小组会,商讨解决船越义珍在东京的生计问题。粕谷考虑在庆应大学成立唐手讲习会,他将自己法学部的学生分为A、B、C三个组,作为发起人,准备在校内的小礼堂举行唐手演武会发动会员。因为还没有得到校方的许可,不能在学校的大通告栏发布消息,也不能登载在学校自己办的报纸上,就用小传单方式募集观众。他们用墨笔写了9

张"练胆护身之术"介绍文章,张贴在图书馆前的小墙上,演武会引发不少学生的兴趣,会场颇为热闹,遗憾的是,由于演武会引起学生模仿唐手,有学生模仿用法时鼻子出血,有学生用拳打窗户被玻璃划伤,还有学生模仿手断木板被擦伤,有10名以上学生到医务室接受医治,学校当局知道后严厉禁止:此后这样的演武不能开(图5-1)。

图5-1 船越义珍(左侧立者)指导庆应大学唐手部学生练习

还好有学生三田新闻的后援,停止一年后,唐手讲习会成立了。粕谷不满足于将唐手作为琉球的拳法介绍,他设想要在大学长久发展,必须将唐手作为武道来推进。他到神田街买来武术和武道的书,几番召集学生到明正塾船越义珍处讨论,讨论结果很遗憾:唐手是武术不是武道,这个讲习会几乎就要解散了。但是当年看了演武会新入会的同学中野(1927年毕业),赤坂(中途退部)提出有见地的建议,他们说弓道都可以成为武道,唐手也可以成为武道的。

刚开始唐手练习,只是模仿船越义珍的动作,反复练习平安初段,小幡功不断地就形的技术向船越义珍提问,学生们自己安上卷藁,自己练习打卷藁,同学们还自己研发出一本、三本的组合进攻与防守反击。但是一段时间后,由于训练过于单调,即便船越义珍来指导的训练日,学生也不过2～3人。这个阶段唐手研究会经费非常困难,支付船越义珍来校指导的电车费都困难,全靠粕谷个人的经济支撑,给船越义珍的指导谢礼经常拖延。

困难之中小幡功(1929年毕业)、山本孝、明石彰(1932年毕业)、大岛继治(1932年)、木暮清雄(1932年)等新会员发挥了重要作用,他们的坚持让唐手部度过了最艰难的时期。

小幡功（图5-2）毕业后一直跟着船越义珍到处表演，并表演约束组手，他是看好唐手前途的热爱者。1927年，他成为庆应大学体育会空手部第二代师范。他在开始空手道之前是练弓道的，他的弓道的水平已经达到全国第一、二名。小幡功入会是唐手会成立初期，会员有73名。

图5-2　小幡功（左）与晚年船越义珍表演组手（1956）

根据庆应义塾大学唐手部早期学生的回忆，当时庆应大学唐手部的稽古，一周三次，午休一小时。参加的同学自觉性都很高，当初的唐手部会员中，会读书的、拿奖学金的同学很多，他们都是学校中的好学生。一上完课，大家就跑到道场，有的同学下课，抱着书本来道场，等人来齐了就训练，学习训练两不误。开始时，唐手训练场地用学校体育器材仓库，没有窗户，没有电灯。房间地板破烂不堪，一跺脚，灰尘直冲天花板。请老师指导，要给车马费、授课费，因刚开始唐手部不是学校承认的运动部，学校不给经费，都是学生自己从生活费或者打工报酬中节省出来凑的。

到1926年4月，入部的人突然增加了许多。当年10月，在庆应义塾内举行的升段考试中，有5名学生取得初段。第二年秋天作为庆应义塾唐手研究会正式的表演开张。唐手研究会先前时只是机械地模仿船越义珍的形，有人嘲笑这是"琉球舞蹈"。这次表演，木暮清雄持真的日本刀，小幡功徒手对刀，惊险的徒手对刀表演，让观看者倒吸冷气。这次表演成为转折的契机，研究会发挥出研究与开发的机能。

船越义珍直接教给庆应大学学生的形有：平安初段～五段、铁骑初段～三段、拔塞（大）、十手、燕飞、半月、岩鹤、观空（大）、慈恩15套。

到1928年5月，庆应大学唐手部的旧三田道场开张，唐手部练习场所得到改善。1929年，唐手研究会五周年，几个骨干商量着要做点什么，可是大家想，当时社会上对唐手的关注度逐渐提高了，如果组织一场表演，也有宣传的作用，要热闹，节目要多，就可能有品位不高的人参与表演，有损庆应义塾大学唐手研究会的名声。学生们的理想是将来自偏远琉球的唐手作为日本武道的一种，作为一种现代体育运动普及到各大学。所以不搞草台班子似的召集许多人来演出,他们酝酿着将"唐手"改为"空手",并在五周年纪念会上发布。①

接着,他们新的目标是将唐手研究会变成学校体育会正式会员。申请时,学校体育会中支持他们的有柔道部、剑道部、游泳部。而拳击部坚决反对,棒球部的人担心唐手研究会加入学校体育会,他们从学校体育会中资助的经费份额将会减少,也表示反对。反对者的理由是唐手没有比赛制度,是不成熟的竞技体育。

当时的庆应义塾大学的校长是小泉信三,大学体育会长是后来成为日本防卫大学校长的槇有恒。唐手研究会骨干们想出办法,专程去校长家拜访,呈请成立唐手会的理由后并为校长表演了空手的形。他们举动感动了校长,得到校长和体育会长的支持,1932年10月15日,庆应大学唐手研究会成立8周年时,学校体育会接纳空手道部为正式会员。庆应大学体育会空手部在创部10周年时(1936年2月),编写了《空手道集成》一书,船越义珍监修,学生会员通力合作而成。全书B5纸350页,是一部相当优秀的唐手道教科书。由此可见当时学生对空手道的热情。

庆应大学的空手道部培养出几位在近代空手道发展中的重量级人物:小幡功,1929年担任全日本学生空手道联盟副会长,全日本空手道联盟理事长;高木房次郎,1940年任全日本空手道常务理事、全日本空手道联盟总教练,世界空手道联盟事务总长;望月康彦,全日本空手道联盟事务局长。在庆应的空手道部活跃过一批校友,日后还成为日本政界、财界举足轻重的人才,他们也为空手道的当代发展发挥过积极作用。

1965年,庆应大学的空手道道场改建。新的道场有近200平方米②,是大学中条件最好的空手道部之一。

二、勇于改革——东京大学唐手会

1925年10月15日,以松田胜一、桧物一三、名加知腰为中心,成立了"东京帝国大学唐手研究会"。三个创始人中两个是医学部的,桧物一三是X光放射科的、松田胜一是药理学的,还有一名发起人名加知腰是工学部的。

松田胜一后来成为日本新潟大学医学部教授。他回忆起学生时代的唐手部创立的经历,感慨良多。他当年是从兴趣与修养的角度,参与唐手运动的。

---

① 参照第四章"从唐手到空手"。
② 金城裕.空手道[J].冲绳:榕树书林,1997:11.

原来他是学校赛艇部的成员,因为偶然的受伤,手不能划桨,他要寻找一项较为激烈的运动来宣泄充沛的精力。这样,经同学推荐,找到明正塾的船越义珍学习唐手。早期到明正塾向船越义珍学习的少数人中有大塚博纪,他们有时在一起练习,可是当时他就觉得,大塚博纪思维与他们学生是不同的,不是从教育修养的角度来学习唐手,而是从一种职业培养的角度来学艺的,日后也证实了他当初的判断。① 这些回忆让我们了解了唐手普及初期东京各大学的情况。

1929年,东京大学唐手部会员登记在册的有200余人,到道场训练的,多时百余人,少时也有50人左右。唐手训练是正午开始到下午1点。唐手指导老师先是船越义珍。每年春秋,东京大学唐手研究会举办演武大会,庆应义塾大学唐手研究会、第一高中唐手研究会、明正塾道场的唐手练习者都会来参加,他们还邀请在东京的一些知名武道家,一起研究切磋,致力于将唐手推广给东京普通大众,唐手部成立几年来,学生还到四国、北海道、近畿、九州各地宣传推广唐手,每年冬季,唐手部组织为期两周的寒稽古,是按照大学体育俱乐部规范组织运行的唐手研究会。

东京是日本传统武艺与现代武道的繁荣区,各藩武术高手云集之地。而所有的日本武术,除弓道外,都是以两人"对抗"作为主要的练习手段。船越义珍限于本身的教育背景与琉球唐手的传统,固执地反对"组手"。在唐手"形"的教学传承中,船越义珍一定要解说每个动作的攻与防的含义,演练套路也强调攻与防的意识,但又不能用实战来检验,这就是矛盾,是思想活跃的青年大学生无法接受的。那时,船越义珍照例隔天来一次教学,但是他的教学只有几个形,练了又练,东京大学唐手研究会的学生不满足这种天天打几个套路的方式。

大学生们积极开展对抗竞技试点,他们用棒球的护胸、面具、用拳击的手套、用薙刀的护胫,试点直接对抗。根据记载,大学唐手部委托一个名叫冲臣朔的工匠开发护具,经过四个多月的努力,冲臣朔研发出包括护面、护胸、护裆、护胫、拳套五件护具。"拳法比赛的护具是多年来未能解决的问题,通过帝国大学唐手研究会努力,已经接近成熟了。经过唐手研究会信赖的冲臣朔四个多月的努力,开创了帝大式拳法比赛护具,他付出巨大的劳动。……今后继续以慎重的态度,从裁判规则、参与者须知等方面进行理论探讨与实践。"

他们还制定了最初的裁判规则:

---

① 田中道.空手道(保存版)[M].东京:株式会社创造,1975:141.

比赛者须知:①比赛开始时必须直立敬礼;②比赛必须堂堂正正,不允许有无礼或者轻佻的举动;③比赛结束时再次直立互相敬礼。

裁判判定标准:①可击打部位为:面部、胸口、裆部;②可以用的方法:冲拳、击打、腿踢;③面部、胸口只能用拳打,裆部必须用脚踢打;④比赛以三本分胜负(先三次用允许的动作,清晰有效击中得分部位者胜)①。

对空手道发展史来说,这无疑是一种创造性的飞跃,是反传统的一次大胆尝试,而且是划时代的转折,戴护具徒手竞赛的时间开始于1929年前后(图5-3)。

图5-3　20世纪30年代,东京大学唐手部戴护具竞技

东京大学唐手部还举办年度演武大会,向当地民众普及唐手。1930年5月10日举行"昭和五年春期唐手演武大会",从这个演武大会的节目单,可以了解到当年东京大学中唐手研究会活动的主要内容:

(1)主持人讲话。(2)会长致辞。(3)具体流程:①集体表演:平安初段、二段、三段;②形的说明;③个人表演:平安四段、平安二段、平安五段、公相君、十手、慈恩、内步进三段、汪辑、公相君、拔塞;④组手;⑤个人表演:岩鹤、拔塞、公相君、屋部先生五十四步;⑥组手;⑦个人表演:慈恩、内步进、罗环、十手;⑧组手;⑨个人表演:喜屋武先生岩鹤、套路说明、慈恩;⑩比试;⑪个人表演:云手、大城先生的十手;⑫比试;⑬余技:以手断板、白樨之棍。(4)闭幕词。这个节目单说明,当时东京大学练习的有船越义珍传的唐手各套路,有三木二三郎从冲绳学回来几个新的套路,相同套路由不同人表演,有明正塾、庆应大学、第一

---

① 三木二三郎,等.拳法概说[M].冲绳:榕树书林,2002.

高中的唐手爱好者参与。还有棍术表演、有对练、有徒手比试（在自创规则下的自由徒手对抗）（图5-4）。

图 5-4　东京大学唐手部学生与船越义珍（1929）（第二排左五）

东京大学是日本一流大学，学生智力超群、富于创新精神。他们对船越义珍单一形的教学很不满意，想探究琉球唐手的真实面目。1929年夏天，职员高田瑞穗和正在经济部二年级就读的学生三木二三郎，相约用暑假时间专程到唐手发源地冲绳调研。高田瑞穗是庆应大学毕业的，是船越义珍的早期弟子，大学毕业后在东京大学工作。两人到达冲绳后，高田瑞穗因为临时有事，提前离开冲绳。三木二三郎在冲绳待了一个多月，在冲绳期间他拜访多位唐手名家，向他们求教，有理论探讨，也学习了几个新的套路。三木二三郎震撼于冲绳名家的技术，他认真学习、记录，并将在冲绳调查学习的成果整理成书，与高田瑞惠合作署名出版，并标为编者，这就是《拳法概说》一书。

书是1929年11月编成的，1930年5月正式出版。这本《拳法概说》被空手道研究者认为与船越义珍1922年出版的《琉球拳法·唐手》一样，是珍贵的、早期的空手道专著。

作为一个初学唐手不久的青年，三木二三郎编著的《拳法概说》没有精要的见解，但是他记载了当时唐手传播中的几个问题：

第一，船越义珍在东京的唐手教学的权威性，是受到怀疑的，初生牛犊的东京大学唐手部成员，不满足船越义珍的授课内容与方式，所以不远千里到发源地考察学习，充实唐手的技术与理论。

第二，该书记录了 20 世纪 30 年代冲绳当地唐手传承情况。我们发现，后来在东京空手道发展中逐渐被简略的棍，三木二三郎的冲绳之行，也收集记录了三个棍术套路：周氏之棍、佐久川之棍、白樽之棍。棍术是福建拳法各流派必习之艺，而且每家武馆都有一条长棍作为镇馆重器。这点传到琉球也是一样的，只是传到东京后，为了突出"空手"，所谓的赤手空拳，东京的唐手不用棍，将棍术列入古武道。这是空手道在传承中的内容整合(图 5-5)。

图 5-5　平贤和的棒术(1936)

第三，记录了东京大学唐手研究会的现状。唐手部的规模、练习内容、开展的活动等，书中有珍贵的照片，记录了东京大学唐手部学生敢于探索的举动，记载了那一段珍贵的空手竞技改革历史。

第四，反映了当时大学生视野宽阔、勇于探索的精神，在《拳法概说》第四章的"刑法与唐手"中，记载了研究唐手学习过程中可能遇到的法律适应情况。在"研究余录"这一章中，记载了大学生从政治、伦理、教育、生理多角度研究唐手的成果。

第五，编著者毫不隐讳地记载了当地名家屋比久孟传对自己唐手水平的差评。这种差评，也反映了武术以套路为主要载体传承中存在的问题。"你练的拔塞也好，内步进也好，不是唐手，是跳舞！"三木二三郎冲绳之行时，在船越义珍指导下，只练了几个月的唐手，这种水平在有多年练习经验的冲绳唐手家来看，当然是不入眼的。

藤原棱三说，1924 年，当船越义珍开始在东京发放"唐手段位证书"时，冲绳首里的南龙生曾写文章指责："听说最近在东京，发生了只根据形的练习程度就发给段位证书的事，希望停止这种不负责任的行为。"[①]在近代武术发展过程中，"打与练"的矛盾一直存在。船越义珍 1924 年给粕谷真洋、仪间真谨发放段位证书时，不仅在冲绳，在东京也是有人议论的。但是船越义珍唐手术指导的方针就是"不斗的武术"，只能依靠套路的熟练程度来判定。

坚持传统唐手的人士认为，如果仅依靠套路水平的高低就判定段位，缺乏

---

① 仪间真谨,藤原棱三.对谈·近代空手道历史[M].东京:棒球杂志社,1986:146.

社会责任与权威。如果真的靠比试格斗水平来判定，又是规则的问题了，在明治、大正时期，剑道、柔术等就实际格斗比试过，因受伤者不断，又紧急喊停了。

船越义珍辞去东京大学唐手研究会老师职务，是1929年12月，真正的原因并不清楚，有人认为是学生不听劝阻，率性开发唐手对抗，惹恼了他；也有人说因为高田瑞穗等在冲绳说了船越义珍不能接受的话。三木二三郎是学生，这本书出版后，没有继续在唐手方面作出其他有影响的事。高田瑞穗在船越义珍离开东京大学唐手研究会后，于1933—1936年担任东京大学唐手研究会第二任师范，1933年8月曾经与冲绳出生的东洋大学学生东恩纳龟助一起到夏威夷。两个人在夏威夷的1200多名观众前表演空手道。这次夏威夷之行，是由本部朝基策划、支持成行的。

三、活力四射——稻门空手会

1931年，早稻田大学成立空手部，第二年就被学校当局承认为公认团体，加入大学体育会。当时第一任空手道部长是学校第一任体育局长、后来成为大学总长的大滨信泉，大滨是在冲绳石垣岛出生的。稻门空手会的师范是船越义珍(图5-6)。

图5-6　早稻田大学空手部学生合宿(1940)

根据早稻田大学空手道部早期的主将野口宏回忆，他原先是柔道二段，一次偶然的机会到明正塾看船越义珍的唐手训练，马上就喜欢上了，他当时还是早稻田大学预科的学生，回去与江上茂等人筹备成立唐手部，请船越义珍来教课。那时的学生开拓的精神充足，一心想有别于传统的唐手，创立出新的技术体系，他们不满足船越义珍的几个形反复地练的教学方式，他从剑道乱稽古和柔道的乱取中得到启示，一直在研究空手道的对抗方式。一方面坚守传统，一方面在寻找新的练习法，虽然他们有矛盾，也知道船越义珍教的形是冲绳民间几十年提炼出来的，唐手名家都是反复练习形而成的，原先是秘不传人的。但是，他们也觉得光是形还达不到掌握搏击技术的目的，学生们自己就根据形来拆解组合自己的击打技术，编出自己组合的形。在击打功力方面，野口宏曾经穿着铁拖鞋，一天数百次踢树叶，连续三年，腿的踢打分量在学生空手道界是有名的，被誉为"好腿野口"，他能够用正拳一下击断8张五厘米厚的木板。刻苦训练，追求出色是大学生空手道部中常见的情况[1]。

与野口宏同时的江上茂，不仅在学校练习还去松涛馆练习，他与船越义珍的儿子船越义豪成了好朋友，也是经常演练组手的伙伴。

1939年，早稻田空手道部已有自己独立的道场，大约165平方米。

早稻田大学的空手道部练习一直持续着，战后是第一家恢复活动的大学空手道部，1946年4月1日就恢复，空手道部还积极开展与庆应大学的对抗战，早稻田大学与庆应义塾大学并称日本私立大学之双雄，一直在明里暗里争高下，两校的"棒球早庆战"是持续百余年的日本传统大学体育竞技，空手道部从设立开始，两校也在组织空手道早庆战。"最早的是以交流比赛的方式进行，1952年11月开始，这个早庆战，可以看成是作为大学之间空手道比赛的滥觞。以此作为契机，到1957年才有全国性的空手比赛，1957年后，各校的现役选手和毕业的学长们开始组织'裁判研究会''规则研究会'，频繁地交流讨论研究，将原来的交流比赛改造成正规的竞技运动会。"[2]

1947年，美国出版有一本《生活》杂志，杂志中以"绅士的体育"介绍日本空手道，里面刊载的空手道演武的照片就是早稻田大学空手道部的吉田悦造、原田五十郎、镰田博等人的空手道演练。早稻田大学空手道部曾经数次组织队伍到美国的大学交流，号称远征美国。1960年7月1日，还组织"琉球远征交流"，到冲绳与琉球大学空手道部、冲绳街道的空手道场的空手道习练者进行交流比赛，在冲绳活动达2周时间。那时早稻田大学的空手道团团长是大

---

[1] 金城裕.空手道[J].冲绳:榕树书林,1997:36-37.
[2] 高宫城繁,等.冲绳空手·古武道事典[M].东京:柏书房株式会社,2008:119.

岛劫，主将是内藤武宣、主务是笠尾恭二①。据冲绳现在的研究者回忆，当年早稻田大学空手道部演练的形给人印象极深，气势相当大，硬软自在，感觉是一种动态的艺术。早稻田大学空手道部出了不少为当代空手道发展作出有力贡献的人士，如后来在美国发展松涛流空手道，并成为美国空手道之父的大岛劫，日本国内著名的空手道教练江上茂，1975年与广西元信等人重建松涛会本部道场松涛馆（东京菊川），被推举为馆长。还有获得优秀教练奖的内藤武宣，著有《空手道入门》《空手道秘要》等；后来成为中国武术知名学者的笠尾恭二，著有700余页篇幅的《中国武术大观》。

四、西部之雄——立命馆大学唐手会

立命馆大学是被称为西部之雄的著名大学，位于京都。该大学也是早期开展空手道运动的大学之一，发起成立唐手研究会的是学生与仪实荣、山口刚玄、西川几太郎、野田律夫、和田正一。

立命馆大学唐手部是1935年成立的，山口刚玄战后成为刚柔流总帅，在日本空手道界有巨大的影响。后结识了后辈曹宁柱、宇治田省三，战后打出刚柔会旗号，为全日本空手道联盟成立发挥了支撑作用。

宫城长顺与立命馆大学的关系是与仪实荣的牵线。与仪实荣1911年出生，1926年在冲绳县立二中入学时成为宫城长顺的弟子，到老师家里接受唐手启蒙。根据与仪实荣的后辈后藤无拳回忆，立命馆大学空手道部成立时名称是唐手，当时不知什么机会，山口刚玄与与仪相识，山口刚玄是后援团团长，在学校活动中非常活跃，他们一拍即合，就一起成立了立命馆大学唐手部（图5-7）。

1935年，宫城长顺到京都参加大日本武德会主办的"武德祭"演武，找来立命馆大学的学生与仪实荣作为助手参加演武，宫城长顺表演了三战、十三手、约束组手。1936年，宫城长顺被学生邀请担任立命馆大学唐手研究会名誉师范。

宫城长顺不定期到学校指导。与仪实荣与山口刚玄作为宫城长顺的代理指导，在立命馆大学组织同学练习空手道。他们一起向学校当局提出将唐手研究会升格为空手道部，到1937年4月30日，立命馆大学当局同意将唐手研

---

① 笠尾恭二，1939年出生，人间行动科学博士，学习过柔道、空手道。是早稻田大学空手道部代表。后来从杨名时习太极拳，通过杨的介绍向天津的王树金习太极、形意、八卦等武术，成为中国武术研究家。

图 5-7　立命馆大学空手道部（1935）

究会改为空手道部，并成为学校体育会成员。此后立命馆大学空手道部与关西大学空手道部并称为关西空手道之双雄。

西部另一所大学同志社大学空手道部是 1937 年设置的，田边是主将、白井是副将，会计是齐藤，师范是宫城长顺。当年 2—11 月，两校的空手道部会员借用民居共同生活，学长曹宁柱，在学的有宇治田省三、中村泰介、木崎友晴、片野金吉、木村库之助等，2 人一室，计 15 人，还有专门炊事员 2 人，正式将时间分配清楚，严格按照时间表训练、学习与生活。立命馆大学与同志社大学还举行过 40~50 人参加的为期两周的合宿（右图 5-8）。

图 5-8　关西大学空手道练习风景（1934）

与仪实荣毕业后在大阪府警察署就职，木崎友晴（率领关西学生空手道联盟的立命馆大学 OB）来邀请他担任立命大学唐手部指导，后来山口刚玄接任指导，接着又有曹宁柱、宇治田省三接任指导。

山口刚玄任唐手部指导时，还将有其他武道、其他运动经历的冈村光康、曹宁柱等吸引到唐手道部，借助福岛清三郎义方会，进行训练交流，充实提高。

根据立命馆大学40周年纪念册《一击》记载：当时参加训练的铃庄得博回忆：他们训练时，唐手用语常用冲绳的发音。当时已经采用寸止方式进行自由对打，有时二对一，攻击者直接用拳或脚，只是打到要害部位时停住，偶尔碰到也没有停下，继续攻防。立命馆大学的自由组手的水平与其他大学交流时，具有压倒性的优势。

训练的场地是学校校园中，或者是义方会道场。训练时间有2小时左右。基本是准备运动、型、组手、举石担。

1939年，5名立命馆大学与同志社大学的学生组成的小组，专程到冲绳研究唐手，他们都是宫城长顺的门人。学生中的宇治田省三，后来成为和歌山市长。宇治田省三回忆："预科二年级时，7月，我们一行5人前往冲绳寻找刚柔流始祖宫城长顺。同行有扣村泰介、井奥哲也、谷品让，还有同志社大学的唐手主将田边。当时没有飞机，只有乘船，路途非常艰辛，到冲绳，对当地的风俗、习惯很好奇，听到的、见到的都非常新鲜稀奇。特别是冲绳女孩的美丽，给正处于青春期的我们，留下深刻印象。冲绳探访唐手之旅，成为青春期美好的记忆。可惜5个人中除了自己还活着，其他4人都在战争中战死。我们在那霸市待了两个月，直接接受宫城长顺先生的指导，有时宫城长顺的高徒新里先生也来指导。对我来说，这次冲绳空手之旅，是非常难得的体验。宫城长顺先生健硕壮实而仪表堂堂，相对而言，新里就长得比较小巧，新里先生的动作灵活，如同猫一样，相当柔软而快速。有一次我吃惊地感受到，同样是刚柔流型，新里先生的动作与宫城长顺明显不一样。新里说自己身材矮小，不能达到老师那样的水平，只能拼命研究宫城长顺先生的技法内在，形成自己的动作特点。我在内地学到的形，错误地方很多，两个月里，在两位老师指导下，得到彻底改正。回到京都，马上对京都流行的刚柔流型进行全面的订正。那霸的研究之行对内地刚柔流正确发展具有重大意义。"这种探究无止境的青年学生的努力，促进了近代空手道的发展。

1942年宫城长顺先生最后一次到大阪，在立命馆大学指导了近三个月。其后，他将立命馆大学空手道交给摩文仁贤和指导。

五、骨干辈出——拓殖大学唐手会

拓殖大学原来是"台湾协会学校"，1918年改名为拓殖大学。拓殖大学的唐手部建立较早，培养出多名在近代空手道发展中有影响的人物，如日本空手协会的首席师范中山正敏[①];指导员庄司宽;还有在国际上传播空手道的金泽弘和等。

拓殖大学唐手部是1930年成立的,当时由三年级的高木建议成立"唐手同好会",同为三年级的日置、村上,一年级的钉宫、铃木、奥田等10人为第一批参加者。高木是船越义珍早期的学生,经常到明正塾练习,已经是初段。开始唐手练习没有场地就利用柔道、剑道道场空隙,午间练习一小时。

当时来学校指导的船越义珍先生还是一头黑发。还带着被称为手下第一的下田作为助手。开始唐手也没有成熟的训练方法,就在道场的边上立了九支卷藁,只要有空就对着卷藁练冲拳,左右手各一千次击,是每天必习之课,几乎所有学员都将自己的手皮打破了,卷藁上满是血迹。回到寄宿的地方,也是安个卷藁就冲拳,导致大学附近的居民贴出告示,房子不租给唐手部的学生。同学们有一个默契,要打卷藁10万次才算是入门了。这样打卷藁就要三年时间。学习也很简单,就平安初段,练一年。他们的观念中,琉球唐手名人,平安初段就下十年工夫,而作为一般唐手练习者的自觉,就是这么单纯。当时参加唐手部的同学中,有剑道四段、柔道五段,还有学校田径部铅球冠军,在体能上都是相当出众的。

请船越义珍作唐手会指导,给老师的费用一个月是40日元。还没被学校承认时,这钱必须是学生凑齐的,每人1元。作为会长,运营筹划有责任,据后来成为拓空会长的吉田基雄回忆,钱经常不够,有时将自己的学费全部贴进去也不够,也有过到典当铺借钱的经历。作为经营的手段,只好每年新学期拼命多招新人,而且一开始不敢强制要求新人刻苦练习,免得把新同学吓跑,要稳住一学期后,才能留住。

1932年年末的唐手部校友集会上,成立空手部OB团体,起名为拓空会。1937年,拓殖大学空手部迎来强盛时期,拓殖大学空手部主将松本、远藤、中山被称为"三杰",他们基本是大三大二的学生。那时松本的前臂练得如钢铁一般,一年级学生南山后来被称为大学生中第一号,但是与松本练习"约束组手"对接时,一碰前臂就骨折。那时还没有流行"自由组手",这三杰研究练习的"三本组手""五本组手"已经是最为先进的技术水平。当年经拓殖大学提议,他们与庆应、早稻田、一桥商业大学、第一高中、法政等大学组成东京学生空手联盟,并在青山会馆举行成立大会暨演武大会。演武的压轴节目就是松

---

① 中山正敏(1913—1987),山口县人,拓殖大学空手部出身,空手道九段,日本空手协会主要创立人。

本与远藤的组手,被形容为毫发无差的进攻与防守(图 5-9)。

图 5-9　拓殖大学空手道学生打卷藁(1935)

1938 年,经过唐手部学生多年努力,唐手会被列为学校体育会正式成员。1939 年,参加唐手部的学生增多,一直寄在剑道、柔道场道馆有诸多不便,学生们策划修建空手道场。校友拓空会长吉田基雄将自己工作半年的奖金全部捐出,一共是 420 元。以此为基础,又从其他校友处募集 1200 元,在校内的丽泽湖畔建成了一座占地 100 平方米的专用唐手道场。学校只提供土地,但道场是拓空会捐给学校的。拓殖大学扩充后,唐手练习也分在两处展开,在西武线花小金井设立了预科生的宿舍,称为"拓空寮"。

1940 年,7 名拓殖大学生与其他数名教练和学生组成 14 人松涛流空手队伍,到京都参加武德祭表演。表演一结束还顺访立命馆大学空手部,他们还策划前往朝鲜、冲绳交流。

1958 年 10 月 23 日,拓殖大学空手部创立 25 周年纪念,由拓空会(拓殖大学空手道校友会)组织盛大的演武会,还举行了"拓空杯第二届争夺战"。正如拓空会长吉田所说:这个大会的重要意义在于打破禁区,空手从来都是不能比赛的。但是学生们想如果不能比赛就无法普及,无法大众化。拓空会的 OB 们多年探索、研究出基于一定规则的淘汰赛。这是"寸止"的竞赛,比赛从专家角度看,有许多尚待改进之处,但是外行的观众感觉有很高观赏性。当时拓空会的骨干们想：不拘泥于比赛的胜负，要探讨出出色的比赛方式，不仅比赛的选手，就是旁人一看，也能清楚判定出胜负的规则。为此，他们再三协商各兄弟强校的空手道同伴，听取修改意见。

拓殖大学的空手道部十分重视基本功训练，习练者将空手道作为终生追求，所以参加训练的会员基本功都非常好，空手道部学生课外时间基本都在训练道场中。每年暑假空手道部组织一个月合宿，已经成为拓殖大学的惯例。

拓殖大学的空手道部成员曾经数次获得全日本大学生空手道锦标赛冠军，拓殖大学空手道部还有数十位校友在美国、非洲、巴西、欧洲专职教授空手道。

第三节 分合相继的大学生空手道联盟

大学生空手道联盟，是全日本空手道联盟的主要组成团体，在近代日本空手道发展历程中起了关键的作用。

1924年，庆应义塾大学成立唐手研究会。1925年，东京大学成立唐手部，船越义珍都亲自到场表演，成立时还没有空手道的名称，只称为"唐手"。拓殖大学与东洋大学在1925—1926年间组建唐手部，当时东洋大学唐手部是由本部朝基指导的，接替他的是小西康裕。1928—1930年间，东京农业大学、法政大学、立命馆大学、明治大学成立唐手部；1931—1935年间，有立教大学、神奈川大学、东京工业大学、秋田大学；1941—1945年间，成立空手道部的有日本大学、东海大学、名城大学、岐阜大学、山形大学、关西大学、近畿大学、大阪工业大学、神户大学、驹泽大学、青山学院大学、金泽大学、和歌山大学。

二战结束后即成立空手道部的有武藏工业大学、爱知大学、东北学院大学、北海道大学、东京教育大学、国学院大学、东京理科大学、东北大学、成蹊大学、爱知教育大学、东京学艺大学、东京商船大学、东京外国语大学、横滨市立大学、富山大学、大阪商科大学、福岛大学等[①]。大学生空手道联盟的建立经历过以下几个阶段：

一、大学生空手道联盟的前期发展

1936年11月7日，"大日本学生空手道联盟"成立仪式在东京青山会馆

---

① 参加全日本学生空手道联盟的各校参考田中晶.空手道（保存版）[M].东京：株式会社创造，1977.

举行,这个团体只有属松涛馆流的庆应义塾大学、早稻田大学、拓殖大学、东京齿科大学、东京商科大学、日本医科大学、旧第一高中参加。

1938年9月10日,以旧东京帝国大学为发起人组成的"帝国大学空手道联盟",也就是限于旧帝国大学的空手道部。旧帝国大学有东京大学、京都大学、东北大学、北海道大学、九州大学、大阪大学、名古屋大学等七所①。

1939年5月5日,"关东学生空手道联盟"结成,这是由和道流所属的东京大学、中央大学、东京农业大学、立教大学、明治大学、慈惠医科大学、日本齿科医学专门学校、东京工业大学、日本大学医学部、横滨专门学校等参加的。

这些是大学生空手道联盟前期的,限于流派内的各大学间的组织。在各流派的大学唐手部之间进行一些交流演武或者试行对抗比赛,还不是真正意义上超越流派的全日本大学生空手道联盟。

二、在战争的旋涡中挣扎的大学生空手联盟

1937年,随着日本开始全面侵华,军国主义势力全面掌握国家指挥权,他们将学校体育作为战争动员的途径之一,特别将武道教育提到重要位置。在军部压力下,原来一般的竞技体育团体,全部作为政府的外围团体。1937年8月,日本内阁作出"国民精神总动员实施要项"的决定。1938年又出台了"关于武道振兴的建议案",强调武道高于体育与竞技运动,为扩展武道教育作了铺垫。1940年,政府公布"国民体力法",明确提出:在体育教育中增强体力教育,并将学校通常称的"体操科"改为"体炼科"。到1941年,将全日本的小学改名为"国民学校"。

根据"庆应义塾体育会空手部75年史"记载,1941年春天,明治大学空手道部成立纪念,举行全日本大学生空手道演武大会。在明治大学纪念馆聚集了关东、关西14所大学的空手道部的学生。和道流的有明治大学、东京大学、立教大学、东京农大、慈惠大学、日本大学;刚柔流的有立命馆大学、同志社大学;糸东流的有关西大学、关西学院;松涛流的有应庆大学、早稻田大学、拓殖大学、法政大学等。在会议上大家一致同意:为了空手道发展,将目前零散的各流派统一起来,这个汇总工作从历史与实力来看,只有让庆应大学空手道部来担任。这个统一不单是技法的统一,还有段位的统一,设立统一协调的机构。这个设想得到船越义珍的赞同。摩文仁贤和也表示全面赞同。1941年

---

① 当时日本殖民时期在台湾与汉城也设立帝国大学,韩国被占领的京城帝国大学1924年设立,后韩国政府改名为首尔国立大学;台北帝国大学1928年设立,后改名为台湾大学。日本战败后,本土各大学全部废弃帝国二字。

夏天，庆应大学空手部的松崎、绪方、向田3人本着各大学间的流派统一的目标，到冲绳访问冲绳的唐手名家，征求意见传回消息，刚柔流的宫城长顺、花城长茂、知花朝信都表示赞成，但是当年日本陷入太平洋战争，这个计划便中断了。

1942年，又颁布了"国民学校体炼科教授要项及实施要目"，将体炼科分为体操与武道两部分。要求五年级以上的男生必须修习武道。继国民学校之后，其他各类学校纷纷制定新的体炼科实施要目。

这个时段，日本政府宣布收回承办奥运会的许诺[1]，一切竞技体育比赛都禁止，体育也成为国家主义、集体主义的产物。1942年4月1日，日本军部政府还改组了日本武德会，将其作为归属政府的武道综合团体，由厚生省、文部省、陆军省、海军省、内务府五个部门共管。新成立的日本武德会公开提出："本会以振兴武道、培养皇国国民为目的。"

1943年6月1日，日本文部省发布"战时学生报国要纲"的通知，将先前各大学按流派组织的大学生空手道联盟全部解散。要求各级学校按照军部新的精神，对青年学生进行武道教育。以1943年发布的师范学校体炼科要目武道的方针为例：一是熟练我国固有的武道，育成刚健敢为的身心；二是营造学习武道精神、崇尚礼节、知廉耻的风气，树立振奋进攻精神和必胜的信念；三是常备无我献身的心境，磨炼实战的气魄。学校体育完全被转化为战斗训练、特殊训练，武道陷入武士道精神培养，而作为实战的武道则强调武术技术，在野外短兵相接中能够发挥作用。

新成立的日本武德会还曾要求，空手道必须穿鞋练习，以适应在山地上的徒手搏击，所有的一切，都成了军国主义的炮灰。这个新的武德会并没有开展活动就寿终正寝了。

这个时期，原先设计成立跨流派的大学生空手道联盟，终因战争而流产了，许多空手道部成绩突出的青年，变成万恶的侵略者，也成为战争炮灰，被送到战场并葬身战场。松涛馆建成不久，入门大学生陡然增多，可不到数月，又相继辞行，这些大学生大都成为替军国主义者送死战场的阴魂。军国主义者发动的战争，给本国普通民众带去难以言尽的灾难。东京大学唐手部OB江里口荣一有一则回忆："1936—1938年，是空手道草创期，木原秀二郎从涉谷的常盘松校舍特地到旧东京帝国大学山上旧道场，与我们大家一起挥汗训练，

---

[1] 嘉纳治五郎作为亚洲第一奥委会委员，曾经将1940年第12届奥运会承办权争取到日本的东京。由于战争扩大，此届奥运会停止。

他身材高挑，肌肉紧实，一点赘肉都没有，标准的运动员身材，而且他的脸是蛋型，眉目清秀，十足的美男子。可是换上唐手训练服，站在道场，又变了一个人。他的动作轻灵敏捷，自由自在地与对手相抗，轻松自如的运动之态如同飘舞的蝴蝶。可是霎时一击，就表现出'一击必杀'的威严，正如猛虎下山。这些勇猛的动作几乎与他优雅的外表不相配。可以将空手的形与组手表现提升至如此美妙的境界，世间只属他一人。可惜天嫉英才，如此优秀的木原秀二朗以年轻的生命葬送在战场中。"

1945年8月15日，日本接受波斯坦宣言，无条件投降，美国占领军进入日本后，开始全面清理军国主义影响。1945年11月6日，由新政府文部次官下达通令，禁止学校一切武道活动。这个通令包括三层限制：中止学校体炼课（剑道、柔道、薙刀、弓道）；不许组织正课之外校友会有关武道活动；将原来学校课程中武道课时间改为体操课。同年12月又出通令："禁止在学校或者附属设施内开展武道活动。"1946年8月，文部省体育局发布"关于实施社会体育通知"，其中特别对剑道作了限制，禁止各单位或个人组织剑道有关活动。剑道、柔道作为军国主义武道，受到占领军强烈限制①。特别是剑道练习时的发声，让人想起日本兵在战场上短兵相接时的嚎叫。美国占领军特别厌恶剑道。1947年1月9日，文部省发布第10号令"有关武道老师资格证书全部作废"，这样就开除了一大批学校的武道老师，学校全面禁止武道。

三、逐渐走向成熟的大学生空手道联盟

空手道战前没有被列入日本中小学校正式的课程，似乎与军国主义有一点距离。这时不少大学的空手道人，特别是擅长英语的空手道老师和学生，与美国占领军有关人士进行斡旋，他们对占领军说，空手不是日本武道，是东方的拳击，是竞技体育，他们从不同层面展开恢复空手道活动的努力。

当时早稻田大学的大浜信泉和广西元信去与GHQ②交涉，提出两个理由：第一，本土最大的空手道团体是松涛流，由于空手道是受其他日本武道排挤的，松涛流创始人船越义珍这样杰出的空手道大家，武德会不授予他范士，没有将他看成本国人，所以船越义珍没有参加武德会，也没有协助军国主义的战争工作。第二，空手道是由中国拳法传来变化的，美军安纳波利斯海军学校

---

① 此则主要参考中林信二.武道的步伐[M].茨城县：中林信二遗作集刊行会，1987：118-124.

② GHQ：第二次世界大战后，联合国最高司令官的总司令部，特指驻扎日本的联合国军司令部。

将中国拳法列为课程,对美国人来说,空手道有亲近感①。这样空手道独独成为学校体育活动中免于禁止的武道②。

1946年,早稻田大学由富泽一郎开始组织学生一起训练;曾医学校的空手道部也开始开展活动。1947年,在早稻田大学空手道道场举办空手道各流派联谊演武会,这个时段中,松涛馆系"日本空手协会",和道会系的"全日本空手道联盟"也开始恢复活动。各校空手道部学生逐渐加强联谊并组织多场交流演武。

迅速发展的大学空手道部活动,也陆续出现一些问题,学生间出现多起打架和违反学校纪律事件。空手道拳打脚踢给人感觉是容易打架的。1950年,受文部省的委托,早稻田大学的总长大滨信泉,组织各大学的空手运动部干事协商,成立了超越流派的全日本大学生空手道联盟。这个时期,包含大专在内,共有149所学校表示愿意开展空手道活动。

柔道1950年才得到GHQ允许恢复活动,剑道改为"竹剑比试"也是1953年才在大学中复出的。1946—1953年,由于剑道、柔道被全面禁止,原来属于剑道、柔道的高中、街道道场,也成为空手道迅速扩展之地③。在战后复课的各大学中,空手道部的学生将柔道、剑道部的一些骨干拉到空手道道场。战后占领军对日本大学进行改组,增设了几所新大学,几乎所有的新设的大学都开展空手道活动,这个来自琉球国的"外国武术",在这个时期内,在日本本土赢得前所未有的发展空间。据统计,到1950年,参加空手道活动的人数达到40万人,盛况空前,而且开始大规模走向世界。

1950年的第一次大学生空手道演武大会中,有关东的14所大学。关西也有4所大学参加了共同演武。学生空手道联盟对武道近代化、武道的竞技体育化是否适宜的问题,进行了广泛的研究,还就空手道比赛的实行与裁判规程有关问题进行扎实的研究。这些活动的开展为当代空手道的进步发挥了积极作用。

第四节 第一届大学生空手道锦标赛

1957年11月30日(星期六),第一届日本大学空手道锦标赛在"两国国

---

① 安纳波利斯位于美国东北部马里兰州首府,濒临切萨皮克流湾。
② 金城裕.空手道[J].冲绳:榕树书林,1973:11.
③ 金城裕.空手道[J].冲绳:榕树书林,1973:8-9.

际会场"举行,参加比赛的学校达29所(报名32所),这是空手道发展史上一次划时代的尝试,是不受流派限制的现代竞赛的尝试,被称为空手道历史的转折点①。比赛由全日本大学生空手道联盟主办,每日新闻社作为后援。大会开幕式上,大会会长致辞、日本文部大臣致辞、来宾致辞、裁判员致辞、选手宣誓,然后选手退场后就开始了五个轮次的比赛(图5-10)。

第一届日本大学生空手道锦标赛比赛是团体赛(图5-11);采用单败淘汰制;每校限定派出5名选手;各校选手按照预先排好的顺序出场。两两相较,按照各校胜出的人数判定胜负;每对比赛时间为二

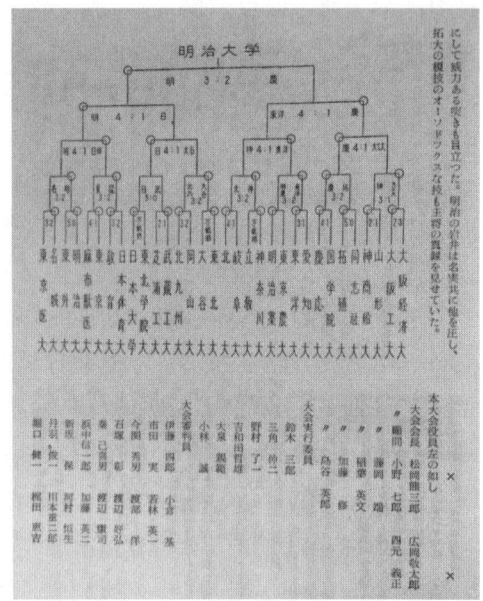

图5-10 第一届日本大学生空手道锦标赛组手团体对阵表

分钟;比赛采用不戴护具,点到为止的对抗方式;一次有效的击打得"一本",可以判为该场胜者。所谓有效的击打指:正确的姿势、准确的距离、充足的力量、精确的攻击点,还要有充裕的气势。瞬间摔倒对手并做出有效击打可得一本;踩对方的脚面、用掌击对方面部、故意用膝撞击对手、其他有危险的摔法,均判为犯规动作,出现一次犯规,就判对方为胜方②。

比赛从下午1:00开始,最终,明治大学以3胜2负的艰难成绩,战胜庆应义塾大学,获得团体冠军。

这次大会有三个意义:一是真正实现超流派的团结,29所大学不分流派聚集一堂,打破各宗派唯我独尊的思想;二是实行徒手对抗的尝试,不戴护具,点到为止。这种竞技方式,后来被全日本空手道联盟采用,并被世界空手道联盟采用;三是为日后全日本空手道联盟的竞赛组织提供了可贵的借鉴。

20世纪50年代以后,随着日本经济的发展,部分大学各自组织"空手道远征团"到美国、欧洲等大学进行交流演武也逐渐频繁起来。1965年,全日本大学

---

① 金城裕.空手道[J].冲绳:榕树书林,1997:41.
② 金城裕.空手道[J].冲绳:榕树书林,1997:45-46.

图 5-11 第一届日本大学生空手道锦标赛团体赛决赛场景

生空手道联盟举办第一次日美友谊学生空手道大会;1973 年,东京农业大学的毕业生组成日本大学生空手道访问团,到美国的大学中表演交流①(图 5-12)。

图 5-12 获得全日本首届大学生空手道比赛团体冠军的明治大学

大学生空手道联盟虽然与支撑全日本空手道联盟的四大流派关系紧密,但是又是一个独立的社会团体。这个流动的充满生机的大学生空手道群体,成为日本近代空手道发展不可或缺的部分。

---

① 到 1985 年,参加学生空手道联盟的有 234 所大学,估计有 5000 人参加空手道练习。如果加上没有加入这个联盟的学校,大约有 300 所大学设有空手道部。

 **本章小结**

空手道被称为"君子之艺",就是因为在东京、大阪等地,最先练习空手道的是一批大学生,是有学问、有修养的人练的徒手搏击之技艺。

日本现代武道的发展,都是借助大学生力量的,而空手道开始在大学中推行却是非常艰难的。

日本大正初期,18岁入大学的只有1%;到1926年前后,也只有3%至4%的18岁以上适龄人能够上大学,大学生是青年精英。这个群体加入空手道的发展,是一股充满活力的生力军。大学生是人群中最有智慧、最具探索精神、最充满活力的群体。大学生组织了全国性的大学生空手道联盟,打破流派局限,开展广泛的交流与联合;是大学生挑战唐手不是竞技体育、不能比试的禁区,尝试对抗比赛,从戴护具的直接击打,到点到为止的竞赛方式的建立,是大学生这个同龄人的精英、这个群体,让来自琉球的拳法成为现代竞技运动项目。

大学生参与空手道的传播突出表现在两方面,一是富于创新与改革的勇气与实践,东京大学唐手部尝试各种护具保护下的直接击打的竞技,立命馆大学出了尝试并另立竞技项目日本拳法的泽山宗海,还有早稻田大学的野口宏。"寸止"的竞赛方式就是在大学生不断尝试下成熟的。拓殖大学的中山正敏回忆,他对空手道的贡献就是将传统的唐手竞技化。二是这是一个富有生命力的传播生力军。随着日本经济发展,随着日本制造,各企业公司中骨干如果是经过空手道训练的大学毕业生,他就将空手道带到世界各地。墨西哥的糸东流空手道、美国的空手道、法国的空手道、英国的空手道,都是大学生们作为先驱为普及打下的基础。

所以说,大学生是当代空手快速普及不可或缺的生力军。

第六章 近代日本空手道四大流派

第一节 日本武道的流派与近代空手道四大流派

日本武术流派的形成大约在 15 世纪初,最早是僧人慈音所创立的剑术一刀流,弓术有日置吉田流等,马术是大坪庆秀的大坪流。和平的环境中,武术流派越分越多,到江户末期,柔术就有 179 个流派、弓术 51 个流派,马术 66 个流派、枪术 147 个流派、砲术 192 个流派、剑术有 743 个流派[①]。日本武术是以"型"作为传承的基本形式,日本的其他各种艺道如茶道、华(花)道等也是以型作为传承模式。

日本武道成为一个流派有四个必备条件。一是天才的名人出现:创始人必须在身经百战中表现出自己独具一格的技术,流派始祖不仅技术上超群,在人格上还必须被当代人敬佩。二是有独特而成熟的技术体系与教学体系:所谓的独特而成熟的技术体系是指,区别一般人靠天生的身体条件战胜他人,这个流派的技术必须细致缜密,即使是身体条件并不突出的传人,通过本流派老师专门指点与长期训练,就能达到一般人不能达到的技艺境界。流派还要有一套成熟的教学训练体系。诚如宫本武藏所说:"千日稽古谓之锻,万日稽古谓之练。"按老师的方法练,可以达到技艺高强的境界。比如代表本流派的特别套路、特别技法,还有区别于其他流派的辅助练法等。三是这个天才的技艺还必须有继承人,创始人不单是一个人出色,还要培养出一批出色的弟子,拥有一批习练者,成为一股在业界有影响的力量。四是有一套秘密传承的规矩:为了超越其他流派,自己流派的技术、理论、精神绝对不能对外部泄露。日本武道要求初学者入门时向师父递交"起请文",要有名望的人作为证人,或者向神起誓;宣誓入门后决不懈怠,努力钻研练习,保守秘密、对老师绝对服从等。对入门者来说,这个起请文也是强化对武道的尊重性,强调自己作为该流派一

---

① 田中守,藤堂良明,等.了解武道[M].东京:不昧堂,2000:114.

员的约束性①。

从冲绳传到日本的唐手,原没有流派之称,船越义珍在1922年出版的《琉球拳法·唐手》中写着,琉球拳法是没有流派的,只是按照身体条件不同,用不同技术,分为昭灵流与昭林流。他的这个观点沿自他的老师安里安恒。安里安恒1914年接受冲绳的琉球新报采访时,发表过类似的意见:身体强壮力气大者使用的技术属昭灵流,身体灵活者使用的属昭林流。

安里安恒的这种观点并没有被冲绳唐手界广泛认同。1926年,嘉纳治五郎到冲绳观摩唐手,通过冲绳县官厅协调,当地的唐手名人与官厅有关部门的管理人员达成一致,将冲绳县当时流传的唐手,按分布地域确定为"首里手""那霸手""泊手"三种。而且这种分法也比较勉强,泊手技术特点与首里手基本相近,作为一种流派,在20世纪二三十年代后渐渐淡出,而首里手则分出小林流与少林流。加上从福州学拳归来的上地流后来居上,冲绳当今的传统空手界则认为,冲绳传统的空手只有小林流、刚柔流、上地流②。而刚柔流源于东恩纳宽量只有130余年,上地流源于上地完文,也只有100余年,这两个流派完全是复制从中国福建学到的拳法。只有首里手,可以追溯到佐久川宽贺,他是从中国留学回来的琉球王府官员。

现在作为支撑公益财团法人全日本空手道联盟的刚柔流、糸东流、松涛流、和道流等四大流派,是20世纪30年代末40年代初形成的。

近代空手道四大流派中,刚柔流名称最早确立,1929年,宫城长顺意识到,没有名称的流派,要在日本本土推广不容易被人接受,就将自己所授拳法取名为"刚柔流"。

糸东流的摩文仁贤和,得知宫城长顺将流派取名为"刚柔流"后,便将自己的两位老师的姓结合在一起,起名"糸东流",时间大约是1936年。

松涛流是1939年,位于东京丰岛的空手道专用道场建成时,题馆名为"松涛馆",船越义珍的学生们将自己的流派称为松涛流,船越义珍接受了这个提议。

和道流是大塚博纪1939年前后确立名称的。

虽然四个流派的命名各自有脉络,史料中记载的时间也不尽相同,但是,近代空手道的流派名称正式发表可以推断是1940年前。1941年5月4—6日,旧"大日本武德会"主办"纪元2600年奉祀暨第44届武德祭大会"。这个

---

① 田中守,藤堂良明,等.了解武道[M].东京:不昧堂.
② 野原耕荣.冲绳传统空手"手"的变容[M].冲绳:球阳出版,2007:344.

演武大会以剑道、柔道、弓道、薙刀演武为主,空手道与其他古武道也应邀参加大会演武,参加这个武德祭演武的人,必须在3月末将各自流派名称报给大会组织者,以便大会组织者将流派的名称印到表演节目单中,发给现场观众。按照严格的正式公布为准,各流派名称确定的时间可以确定在1940年或1939年底。

1941年,在京都的武德祭演武大会上,松涛流、刚柔流、糸东流、和道流都正式出现在节目表中,这就是由准国家机关"大日本武德会"正式认可了各流派的名称。当时参加武德会组织表演的,基本上是大学或专门学校的学生,有职业的人练习武道的较少。参加这场武德会表演的还有登记为公相君流(长岭将真)、警视拳法(并木光太郎)、日本流拳法(小西康裕)的人。这些流派有的后来改名了,如在冲绳的长岭将真将原先的公相君流改为小林流,小西康裕改为神道自然流。有的后来就没有延续下去了。但四大流派一直持续下来,并成为1964年全日本空手道联盟成立时的支柱团体。

四大流派中,松涛流在东京传播时间最长,传播面最广。松涛流是船越义珍门人的招牌,从明正塾走出众多日本近代空手道草创期的骨干力量。在全日本空手道联盟成立的1964年,被称为"学联派系"的空手道团体,也是以松涛流门人为主:庆应义塾大学、早稻田大学、拓殖大学、法政大学、国士馆大学、一桥大学的空手道部,都是船越义珍的学生。毕业于拓殖大学的中山正敏,后来是日本空手协会首席师范;水田二雄的松涛联合会,早稻田大学、庆应义塾大学OB为中心的松涛同门会等,都是船越义珍的弟子,这些团体构成松涛流的主力阵容。

1964年,刚柔流的创始人宫城长顺已经逝世,成立全日本空手道联盟时,刚柔流主要是由在东京的学生空手道团体刚柔会(宇治田省三)、刚柔馆(山口刚玄)、刚柔联盟(宫城敬)、正刚会(多田正刚)等团体组成的,刚柔流中还有立命馆大学的空手道OB会。

糸东流主要有东日本的岩田万藏和西日本的摩文仁贤荣所属的团体。组建全日本空手道联盟时,糸东流团体有糸州会(坂上隆洋)、正气会(渡边胜)、修交会(谷长郎)、林派糸东流(林辉男)、修道会(关博)、明武会(藤谷昌和)、同志会(阿部严)、贤友会(友寄隆一郎)、圣心会(国场将豪)、心技会(藤恒三)、宪圣会(高山辉男)、南武会(树村健平)等。

1964年全日本空手道联盟成立时,只有和道流的创始人大塚博纪健在,和道流组织较为严密,东京大学、日本大学、明治大学、农业大学、日本齿科大学、立教大学、东北大学、外国语大学、东京工业大学、玉川大学、东海大学等毕业生,自卫队及各支部道场的强有力的学生们组成一个团结的和道流团体。

日本空手道一直被研究者称为群雄割据。参加人数多,门派多,又不团结。目前空手道流派名号各是,五花八门,但是从空手道发展历史看,四大流派在20世纪60年代是日本空手道的主体力量。如果参照日本武道的传统流派成立的四大条件,现代日本空手道四大流派没有通过实战检验的、水平超一流的流祖,也没有神秘传承的一套仪式,虽然各自的内容和教学方式有些不同,但是还没有形成风格独特的技术体系,但是他们认自己是某流的,而且在全日本空手道联盟成立之时,这四大流派的团结起到支撑作用。

第二节 船越义珍与他的松涛流[①]

一、松涛馆流空手道

船越义珍自1922年5月,到东京参加第一届体育博览会后,开始以各大学为中心普及琉球唐手,普及初始,基本是教平安初段～五段作为开端。到1935年,船越义珍出版《空手道教范》一书,已经对原来传授的技术体系作了较大的充实与改革。船越义珍曾经在书道学习用"松涛"之号,新落成的空手道场正式起名为"松涛馆"。各大学的船越义珍的学生也将"松涛馆"作为自己空手道之根,自称松涛门或松涛流。这时松涛流空手道的技术体系与理念及管理体系基本已经完整了。船越义珍也有参与街道空手道场的经营,但是他的主要精力放在大学的空手道部发展上。这些有大学空手道部经历的学生,就业时到日本全国各地,也就将松涛流空手道技术与理念传播到日本各地。

1939年建成的松涛馆,1945年4月9日被炸毁,当时第二次世界大战进入盟军反攻阶段,日本军国主义者失败已成定局。松涛馆被炸时,船越义珍的一些有实力学生基本不在东京,原来的各界支持者,也大多数被疏散到乡下,都不在现场。松涛馆被炸毁后,门人们还继续在松涛馆原址的旁边川村学园体育馆,坚持一小段时间的空手道活动,到10月15日,全部停止[②]。船越义珍因战事紧张而被疏散到熊本县。1947年9月,船越义珍才回到东京。11月,在东京的松涛流学生开了一个欢迎会,欢迎船越义珍回到东京,这时他已经78岁高龄了。

[①] 船越义珍已经在上一章中介绍,这里主要介绍松涛流各团体的情况。
[②] 高木丈太郎.空手道要谛[M].东京:株式会社讲谈社,2011:219.

从 1922 年到 1947 年,船越义珍在大学传播的唐手种子,已经蔚然成林了。20 多年的风雨,东京各大学的毕业生,已经成为日本社会各界骨干。不论在首都东京还是在各道、府、县,这群热爱空手道的学生,不论是专业从事空手道传播或是业余参与空手道活动,他们出色的能力和社会地位,都极大推进了近代日本空手道发展,一些学生已经在国外开始松涛流空手道的传播了。

1964 年,组建全日本空手道联盟时,源于松涛流有两个团体,一个是具备国际影响与协调全国实力的公益社团法人日本空手协会,一个是松涛馆。日本空手协会早期基本是拓殖大学的校友组成。而其他大学的船越义珍教过的学生基本聚在松涛馆旗帜之下。船越义珍的学生们组成的松涛流空手,在东京是影响最大的空手道组织①。

江上茂 1912 年出生于福冈县(图 6-1),1931 年入早稻田大学,同时加入唐手会,同时还进入松涛馆学习,他在船越义珍直接指导下,还与船越义豪成

图 6-1　松涛馆代表江上茂(左)与船越义豪组手(1939)

---

① 1987 年,仪间真谨与藤原棱三对话"近代空手道发展"时担忧,船越义珍创始的松涛馆流,再一次统一已经是不可能的。松涛同门会渡部俊夫会长、日本松涛联合会水田二雄会长、社团法人日本空手协会高木正朝理事长、国际松涛馆金泽弘和馆长、财团法人美国松涛馆大岛劼馆长等,都是各自拥有支部,能够自行颁布段位、组织比赛的独立组织。仪间真谨认为:全日本空手道联盟作为一个组织,只是竞技团体,很难作为一个技术的专家集团。松涛流同门的再统一,难就难在技术与思想的对立。30 年以上的发展历史,形成的上下层的人际关系与船越义珍时代人与人水平型的关系已经不同了。

为好友。他们一起研究形、研究组手,还留下20世纪30年代珍贵的练习组手照片。江上茂1938年就成了松涛馆段位审查员。二战后复课,成为船越义珍的代理,是早稻田大学空手道部领队,正式聘用的体育讲师。其后江上茂还成为学习院大学、东邦大学、中央大学的空手道师范。还到东急、富士通、东京都厅等企业团体指导空手道,也为各地方的空手道支部的建设筹划。同时在世界各地还建立支部,指导世界各地的学生。他晚年修禅,在他的空手道习练体系中,有许多禅的修行与体能练习的内容。1975年,为实现老师的遗愿,他与广西元信一起,发动并主持了日本空手道松涛会本部道场松涛馆的重建工程,在东京菊川区重建了松涛馆。江上茂被推为馆长,广西元信①任理事长。继广西元信之后,毕业于中央大学的企业家高木丈太郎1995年接任松涛馆第三代馆长。目前松涛馆系在日本国内,地方与各大学有数十个支部,在意大利、智利、法国、古巴、西班牙、葡萄牙、中国台湾等有十余个国际支部。

二、公益社团法人日本空手协会(JKA)

1948年,船越义珍的学生中山正敏(1912—1987)(图6-2)、庆应大学的小幡功、早稻田大学野口宏等发起成立日本空手协会,船越义珍被聘为协会最高技术顾问②。

图6-2 中山正敏(右)指导金泽弘和

---

① 广西元信是船越义珍亲自授课的学生,也是日本空手协会早期骨干,由于不同意日本空手协会违背船越精神,开发点到为止的竞技,不采用船越义珍父子新编的"太极之型""天之型",1953年宣布退出日本空手协会,不久江上茂所属的早稻田大学空手道部也退出日本空手协会。

② 1976年,船越义珍的弟子松涛会理事长江上茂等人重建松涛馆,区别于日本空手协会。

协会在早稻田大学体育馆举行成立大会,并举办了协会第一届升段审查会。日本空手协会在近代日本空手道技术规范形成与发展中发挥了重要作用。公益社团法人日本空手协会是以船越义珍所传授的拓殖大学的毕业生为主体、成立最早的现代空手道社团组织。

中山正敏出身医生世家,他学习空手是巧合,他原想进剑道部,可是看到空手,就迷上了。他是船越义珍亲传的学生。他回忆,当年在拓殖大学跟船越义珍学习空手道,船越义珍非常讲究礼仪,他说因为空手是拳打、脚踢、指插的格斗技术,给人非常野蛮的感觉,如果不能做到诚心在内,礼仪在外,在文明社会就不能发展。所以他日常生活中礼节非常周到,每次到拓殖大学空手道部指导,船越先生一进校门,遇到打扫清洁的员工,也非常周到地问候。在船越义珍指导下,中山正敏从预科到本科整整练习五年,在学校他主要的时间都花在空手道练习中。毕业时就是黑带三段了。他还到北京大学留学过,在北京期间,他多次探访北京城里的武术馆,观察、比试,有过多次冒险式的经历。

中山正敏认为,自己对空手道的贡献就是将传统的唐手竞技化①。采用了花样滑冰、体操的打分方式,将形作为竞技,而且充分体现了空手道无先手的原则,采用"寸止"方式进行对抗竞技,将拳、脚停在击中对方一寸前。日本空手协会在全日本和世界范围内推广这套竞技体系。

二战刚结束时,美国占领军一方面禁止日本武道公开活动,特别是剑道与柔道,另一方面,则是将日本武道引入军队。其中美国战略部队,长达20年间,轮流派骨干来日本,要日本政府派武道教师前去军营授课。教柔道的是三船久藏,教合气道的是富木谦治,教空手道的就是中山正敏。美国人来的都是运动能人,棒球选手、橄榄球手……他们要求教的每一个动作必须符合科学原理,这对中山正敏也是一个促进。他编写出适应美军学习的空手道教材。还在这个基础上出过空手道教科书,被译成多国文字。中山正敏回忆,日本战败初期,生产还没有恢复,食品成为社会问题,当时确实很艰难,但教美军空军战略部队,包伙食就算是很好的待遇了。

日本空手协会的组织运营比较成功,第一代会长是练空手道出身的日本内阁大臣西乡吉之助,是船越义珍明正塾时期的学生。第四代会长是田中角荣,是1972年中日恢复正常邦交的日本首相;现在的最高顾问是中曾根康弘,20世纪80年代任日本首相,在世界政界有较大的影响。这个实力强大的团

---

① 当年其他大学空手道部学生致力于空手道竞技改革的思考与实践,与中山正敏是殊途同归的。

体,一直忠实践行船越义珍空手道思想,由于规模大,就区别于松涛流的其他团体,而成为全日本空手道联盟成立时的一方重要力量。

日本空手协会成立于1948年,是日本战败的第三年,此时还在战争废墟中的日本民众情绪十分低落。空手协会开始就朝着两个目标前进:一是改善社会沉迷低落的风气,通过流汗训练,磨砺青少年的身心;二是通过空手道与世界各国进行文化交流,重振民众信心。来日本空手协会的外国人,从开始就将空手道作为修行的一种方式,不在于比赛的胜负。日本空手协会的道场挂着五条指导纲领:致力于人格完成;坚守诚实之道;培养努力精神;重视礼仪规范;力戒血气之勇。

日本空手协会成立后,就着手利用新闻媒体宣传,扩大协会的影响。20世纪50年代,有数十名外国空手道爱好者到日本空手协会学习。多家报纸、杂志、电台、电视台先后报道了日本空手协会道场的情况。1953年由日本空手协会派出小幡功、镰田俊夫、西山英峻参加日本武道团到美国巡回表演;1955年应泰国海上警卫队的邀请,又派中山、冈崎到泰国表演并指导空手道,据说,中山、冈崎还与保持25年不败的泰拳选手交流,看完空手道演练,对方惊叹:"用一生精力学习,无法学成空手。"①访问苏联的日本议员代表团,带着日本空手协会练习的照片,一展示,苏联、南斯拉夫等国家马上要求日本政府派指导员传播空手道。一系列有效的推广普及活动,提升了日本空手协会的影响力。

日本空手协会在日本国内47个都道县府都有支部、支部道场、官公厅、实业团体、大学、高中、初中、体育俱乐部等,约有900个支部团体。世界上140个国家地区都已加盟日本空手协会。②

日本空手协会从1957年开始,就建立了"研修生制度",研修期两年,有独立的教育课程,通过标准课程培训,考试合格者,可以派到协会所属的各国任空手道指导员。目前日本空手协会总本部所在地东京文京区,长年保持在岗的专职人员有30余人。他们接受各国松涛流空手道支部派人来日本学习或进修,并向海外派遣指导员。

中山正敏1965年出版了《空手道新教程》,1978年出版了《最优空手道(1—11)》,被翻译成多国语言。为防止指导员个人技术理解引起的动作偏差,日本空手协会每年都会组织由首席师范为首的总本部指导员举行定期讲习

---

① 金城裕.空手道[J].冲绳:榕树书林,1997:19.
② 数据来源于公益社团法人日本空手协会六十五年史,2014年12月。

会,对日本国内和海外的指导员进行技术细节的讲解与规范。由此确立了日本空手协会在技术方面不可动摇的权威地位。

日本空手协会作为松涛流技术传承正统团体,具备世界性号召力,特别是在船越义珍的门人中具备强有力的影响。他们提倡"基本""形""组手"三位一体的修炼体系。作为相同的流派,习练相同的套路,追求传统空手的精髓。

日本空手协会网页上明确提出,本协会目标是:"作为空手道的公益法人,不仅在日本国内而且在世界各国担当起指导、普及空手道的责任,要将日本产生的无可替代的武道文化,以正确的方式继承与发展。"

日本空手协会还举办如下各种竞赛活动:

内阁总理大臣杯全国空手道比赛:第一届是1957年10月在东京体育馆举办的,每年一届,已经坚持几十年了。从第26届全国空手道比赛开始,独立设立"文部大臣杯小学、初中、空手道全国锦标赛"。参赛人员由各都、道、府、县选拔,每年约有3500余名中小学生参加。还有"内阁总理大臣杯全国高中生空手道锦标赛"。

船越义珍杯世界空手道锦标赛:将船越义珍所传承的空手道的世界各国爱好者聚集在一起的比赛。大会提倡"普及与推进船越义珍的教育空手道,为世界和平作贡献"。全世界有140个国家与地区的公益法人空手道社团加盟,每3年一次,在各成员国之间轮换举行。2015年8月,日本空手协会主办的世界空手道大会在日本武道馆举行①。

熟练者全国空手道锦标赛:2002年开始设立,每年一次,男子40岁以上,女子35岁以上者的比赛,赛场作为向自己挑战,与他人切磋的尝试,追求生涯的空手道。

日本空手协会成功主要依靠三点:一是有富有战斗力的团队,团队内部有良好的人际关系;二是具备充实的指导员队伍,在空手道技术上领先一时;三是有优秀的后援者,有媒体支持,后勤保障到位,三位一体。

20世纪80年代的日本空手道历史研究者也指出,这个强有力社团法人的不足在于:不够开放,只是拓殖大学空手道校友把持着协会的各项权益。日

---

① 公益社团法人日本空手协会与公益财团法人全日本空手道联盟合作又独立,可能日本空手协会运营能力太大,动用了皇宫成员的名誉,举办所谓"天皇杯"比赛,没有协调好全日本空手道联盟之间的关系,2015年8月之后,在全日本空手道联盟网页上就将日本空手协会开除了。这样,日本空手协会会员不能参加全日本空手道联盟组织的各种比赛,这个争端还在官司诉讼与协调中。现在在全日本空手道联盟网页上,日本空手协会已经没有了,改为一般社团法人日本空手连合会。

本空手协会也难免利益与权力之争,原来的骨干因各种原因,独立于协会各立门户的情况也时常出现。

第三节　全日本空手道联盟刚柔会

一、宫城长顺与刚柔流①

1929年,宫城长顺(图6-3)的弟子新里仁安以那霸署巡查部长身份,作为宫城长顺的代理人,到京都明治神宫演武祭上表演唐手,出场前,大会运营主持人问到"你是什么流",没有流派名称往往被看成没有历史渊源的、非专业的,所以,新里仁安应急回答是"半硬流"。回到冲绳,赶紧向老师宫城长顺报告事情经过,宫城长顺认为,唐手想要作为武道在日本发展,必须有日本武术式的流派名号,于是采用《冲绳武备志·拳法大要》中拳法八句的"法刚柔吞吐",起名"刚柔流"。而"刚柔流"正式出现在文献资料中,是1939年左右。

图6-3　宫城长顺中年时

宫城长顺被称为刚柔流的创始者,他出生在一个中等的药材商家庭,成长的家庭是在福州从事贸易的那霸市大资本家。宫城长顺14岁入冲绳县立第一中学时,开始向东恩纳宽量学习唐手。与船越义珍与摩文仁贤和相比,宫城长顺身体条件好,体态适中、匀称灵活、强壮有力。随东恩纳宽量习拳,开始每天就是"三战"与功力辅助练习,宫城长顺一次也没缺席,很快被老师器重,悉心相授。

中学中途退学,一边从事家族的生意,一边继续跟东恩纳宽量学习唐手。1908年在第五师团第23连队服役,担任卫生兵。

1910年11月,宫城长顺结束兵役后回到冲绳,被东恩纳宽量叫到家里特别施教。每天练几十趟三战,作为辅助,练习握瓮,举石担,打卷藁,反复体验型的内涵。从慢练调整动作细节,逐渐进入快速与发力。接着练习如何脚贴地面进退,动作合着丹田呼吸。一举一动老师都用手扳脚触纠正,所谓秘传型

---

① 参见第四章第二节之三。

的应用解说，也毫无保留地传给宫城长顺。平常东恩纳宽量带学生，三战练习为基础后，就是教一套型，称为高徒者才教 3 套型，但是对宫城长顺，毫不保留，其他弟子回去后，将宫城留下再教，将三十六手以外的 8 个型全部传给他。东恩纳宽量经常给他布置题目，让他体会型的意义，宫城长顺着迷于唐手研究，他的枕边放着笔记本与笔，梦里想到型的解析，一跃而起掏出笔写，有时就到院子里练起来，沉迷的思考，往往有第六感的启迪。第二天他向老师汇报对型的理解时，东恩纳宽量非常吃惊他对唐手的理解。

晚年的东恩纳宽量经常生病，宫城长顺将他接到自己家中，一边延医治疗，一边接受他的口授指导。

1915 年 5 月，受老师东恩纳宽量的派遣，他与仲本英炤一起到福州，考察东恩纳宽量在中国的师父住所、练功地点等，带回《武备志》①，还深入研究了福州南拳的辅助练习法并带回器材。同年 10 月，东恩纳宽量指定宫城长顺为自己的后继者，并向门人与同道朋友宣告。

1915 年 10 月，东恩纳宽量逝世。宫城长顺一边研读冲绳传"武备志"，一边反刍东恩纳宽量的教导，从理论化角度思考唐手。宫城长顺曾站到海水中练习三战，让海水淹到脖子，合着海浪声音呼吸，他还站在海边冲着海浪练眼。

他还尝试不吃饭状态下练习三战感受。早晨起来，先做柔韧练习，再对着蚊帐冲拳，夜里睡觉前，用正冲拳的风击灭蜡烛，合着呼吸发声，20 岁结婚的宫城长顺已经有 4 个女儿了，儿子宫城长敬也出生了。但是宫城长顺还是入迷研究唐手，坐着、躺着都在思考各种情形下如何应用三战防身。夜间走在暗道中，与人擦肩而过时，迅速判断对方是否带伞或其他武器了，还判断从后面来的人是男还是女，体重多少，是否左撇子。

1916 年，宫城长顺还邀请了几位福州武术家到冲绳。1917 年 7 月，宫城长顺在福州茶商吴贤贵的陪同下，再访福州，在中国待三个多月，开始参考福州的拳法，学习研究预备运动、六技手、《武备志》记载的技术等。1936 年，他还到上海，与精武会的中国拳师赵连和、梁技初等交流。宫城长顺是同时代的冲绳唐手传习者中视野最为开阔的（图 6-4）。

宫城长顺是同时代的唐手家中少有的读书人、文献资料搜集专家。宫城长顺家庭富足，收集资料与访问名流，有充足的经费保障。他当兵时是军医助手，他的藏书中有大量的医学书籍，还有历史、技术、思想、美学、宗教学方面的书籍。宫城长顺也花大量时间修禅，在他的文章《唐手道概说》中"以心传心"

---

① 高宫城繁，等.冲绳空手·古武道事典[M].东京：柏书房株式会社，2008：531.

"教外别传""不立文字""绝对无我"等术语俯拾皆是。

他是大度的人,在空手道发展中投入大量的私财,家里的生意交给妻子经营,他不闻不问,家境接近破落也毫无察觉。1919年,宫城家的资产包括土地、建筑物、证券、存款、商品等相当于日本20世纪80年代10亿日元。在冲绳算是富甲一方。但他仗义疏财,仅20年左右时间,就将这些钱用光,大部分是替亲戚朋友的经济担保而损失的。宫城长顺是理想主义者,他对经济不上心,一心追求唐手的技术提升与普及。

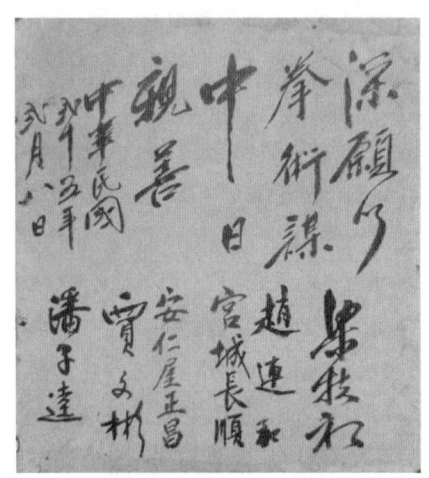

图 6-4 宫城长顺到上海与精武会总教练赵连和等进行交流笔名留下的纪念小纸扎

宫城长顺在近代空手道发展过程中属于不显山不露水的实力派。他是刚柔流的创始人,但是他始终尊自己的拳法老师东恩纳宽量是刚柔流始祖。所以现在的刚柔流传人,将东恩纳宽量与宫城长顺并列为创始人。东恩纳宽量学的都是福建拳法,传播给宫城长顺的也是原原本本的福建拳法。宫城长顺按照东恩纳宽量的嘱咐,在老师传授的基础上加以整理和充实,发展了东恩纳宽量传授的拳法。对传统的唐手技术与体系作了划时代的贡献(图6-5)。

宫城长顺全面继承了东恩纳宽量的9个型:三战、一百零八、十三手、十八手、三十六手、制引战、四向战、破碎、久留顿破。

宫城长顺自己创造了作为刚柔流入门的型:击碎一、击碎二、转掌、太极①。还有跌打药方、古武术(棍与刀);辅助训练13种器械:酒瓮、滚石、石锁、沙袋、沙箱、石担、石轮、木人、武石、石履、铁履、铁镯、碾钟②。还有"靠基(技)"③。这个技术体系还保留在现在冲绳的刚柔流传承中。

宫城长顺是善于思考的。唐手是什么?这个问题冲绳不少人练习开始是模糊的,他在1936年的讲演中就有清晰的认识:"何谓唐手?此即是身不带寸

---

① 月刊空手道编辑部.空手道创世纪の传说[J].东京:株式会社福昌堂,1996:42.
② 高宫城繁,等.冲绳空手·古武道事典[M].东京:柏书房株式会社,2008:551.
③ 靠技:是福建拳法常用的训练方法,练习者双方用前臂互相撞击,练习手臂击打的力度与抗击力。

图 6-5　1934 年,宫城长顺指导那霸市立高中学生练功

铁,平时作为磨砺心灵胆量、追求健康长寿,遇急则是护身之术也。即多数场合,以身体作为武器击败对手作为原则。但是临机应变,器物并用也未尝不可。世人往往将用拳击断 5 张叠在一起的木板或者打断几块砖瓦看成是唐手的本体,但这只是唐手修炼的一小部分,此道妙谛之高远,与所有武道相通,在于教外别传、不立文字之中。"①

对唐手的优点,他总结出七点:一是不需要宽大的场所;二是可以单人练习也可以集体练习;三是不需要大块时间;四是男女老少咸宜,可以根据体力选择适宜的型;五是不需要费用;六是可以手持简单器械,也可以徒手练习;七是通过身心磨砺达到具备坚韧不拔人格,是简便易行、身心并举的运动。

在冲绳传统的唐手传习中,基本是与福建拳法一样的,以套路的传承与练习为主,其他打卷藁、枝手拆招,都是为应用"型"的内涵服务的。那霸手是"三战起,练到死",不断重复三战动作,打基础。据说,东恩纳宽量在福州学习时,前三年就是反复练习三战,东恩纳宽量回到冲绳开设唐手传习所,也是用这种方式,一些学生回忆,枯燥的三战,无穷反复,也使东恩纳宽量的好多学生中途知难而退。

他忠实传承了老师东恩纳宽量的那霸手三战,三战一直作为刚柔流最基

---

① 甲斐国征.正传冲绳刚柔流空手道技法[M].宫城县:日本武道征武馆有段者会,2004:4.

本的训练方式。传统的三战训练是光着上身,将脚站成不丁不八步,双肩下沉、裆部上提、夹紧肛门、腹部充实。老师不停敲打习练者的肩、腿,看是否站实了,用力是否正确。宫城长顺经常对学生说,练习三战,就是书法的"永"字八法,是最基础的。

宫城长顺研究了东恩纳宽量所有的技术,还将从福州学回的六技手改造成"转掌"。将东恩纳宽量的三战呼吸法改为缓慢的,将原来的进三步、退三步的三战,改成可以转身的三战,前进、后退结合的三战。

宫城长顺考察出预备运动,确定了流派名称为刚柔流后,1932年,宫城长顺写出"刚柔流拳法"小册子,送给学生濑名波达德。小册子记述了三战技法要旨,刚柔流将"三战"的传承作为道统的核心。重点是头正、颈直、收下巴,尾骨下沉,气沉丹田。

宫城长顺综合了自己的体验,将唐手的练习科学化、规范化。先是将东恩纳宽量传授的技术整理为三种运动,由型、约束组手、辅助练习三部分组成。到了1936年,应邀在大阪作"唐手概述"演讲时,这个教学内容已经以五种方式成型了。他还参考医生友人的意见,研究出"预备运动"。(①脚趾伸展与反曲;②脚跟伸展;③合掌压腕;④扩胸收掌;⑤体侧屈配合吐气;⑥单手前推;⑦立卧撑后伸腿跳;⑧提膝。)

宫城长顺经常告诫学生,学习了空手,不要张杨,举止要谦虚,不要显耀;头发、胡子、衣服装饰都要节制,不能夸张。不仅在空手道界,在日本武道界,宫城长顺的人品也受到好评。

宫城长顺对近代空手道的贡献可以归结为三条:

一是以雄厚的家庭经济为支撑,豪爽散财,致力早期冲绳唐手界的团结与研究推广,参与并主持冲绳早期的空手道俱乐部等团体;

二是与中国拳法界广泛交流,完善了刚柔流空手的技术体系。据他学生的记载,后来被翻译成《冲绳武备志》的白鹤拳谱,就是宫城长顺从福州带回冲绳的。刚柔流在冲绳影响最大。宫城长顺在北京期间,拜访过许禹生、贺振芳、张献堂、白乐民、张喆、刘子川等北拳名家。与上海精武会拳师亦有交流。

三是用近代体育的、教育的、美学的思考,整理了传统那霸手的内容体系,将只是练型的教学方式,整理为预备运动、基本型、辅助运动、开手型、组手练习五个步骤。

与同时代的船越义珍和摩文仁贤和等比较,宫城长顺在冲绳时间最长,战后一直在冲绳传授空手直到生命的最后。他直接指导的学生,有一批人成为冲绳社会各界精英,为后来空手在冲绳的普及奠定了坚实的基础。

1946年10月,冲绳县政府在具志川市设立了警察学校,宫城长顺被聘为空手教官。1947年那霸市设警察学校,宫城长顺也任教官。1948年,他在自家那霸市壶屋的住宅里设道场,指导当地青少年学习空手。1953年10月7日,逝世前夜还指导学生到深夜。他的学生称他演练的技术已经达到出神入化的境地。

宫城长顺晚年收徒,连指导费都不收,一心指导青年健全成长,学生入门时,就是在庭院中打扫卫生,搬运杂物,做身边的杂事作为做人的第一步,通过武的磨炼来陶冶人格。他不允许学生有不逊的态度,一定要有谦虚的态度,这是宫城长顺的指导方针。

由于宫城长顺的努力,刚柔流与其他四大流派不同,在东京的官方的全日本空手道协会中有全日本空手道刚柔会,在冲绳还有刚柔流的传人与组织,而糸东流、松涛流,只是在东京等城市有自己的传人与组织,在冲绳已经没有直接的传人与组织了。

二、关东三巨人之泉川宽喜

泉川宽喜(1908—1967)是在关东传播琉球唐手的三巨人之一。小学时向东恩纳宽量的高徒许田重发学习空手,打下基础,也得到祖父松村宗棍高徒泉川宽得的指导。大正末年,哥哥的朋友家组织空手研究会,他得以向各流派师范学习。1929年(21岁)向比嘉世幸学习刚柔流空手,1936年作为老师的代理,在南洋的提尼安群岛的帕劳群岛传播刚柔流空手。1937年,老师授予他代表唐手秘籍的《武备志》,成为刚柔流正统的继承者。1938年,作为冲绳出生的刚柔流师范,移居日本本土,开始刚柔流的本土普及。1939年,在神奈川县川崎市创立空手道刚柔流泉武会总本部。他是少数能够完整掌握"一百零八手"的刚柔流传人之一。同年参与策划成立日本空手道联合会。日本战败后,驻扎在日本本土的美国军队经常请日本人教武道,他在美军的羽田基地教美国大兵空手,1950年美国NBC电视台对他作了专访,这是最早向海外介绍空手道的电视报道之一。在美国人面前,他显得特别小巧,他擅长转身用招,移动时将脚跟提起来,灵活得像猫一样。他有特别的几招接近打的技法,只传给儿子。这就是,对手将动之时用柔法粘进封住对手,一接触对方身体就发刚劲。避免刚与刚之相碰,以柔化刚。不让对手发力,达到传统空手"不打人,不被人打,化解冲突"的境地。1957年被日本武德会授予范士称号。他还留下许多传奇故事。他能横向飞墙上壁,一跃而起踢飞坐在人力车上客人的文明帽。他的教学非常严厉,但对技法又十分保守,从来不在训练场公开演示对抗方法。训练结束后总爱与学生一边喝茶一边聊天,话题离不开打架,又总避免打架。年轻时在大阪,一个好朋友卷入纠纷被黑帮绑架了,为了救朋友,他孤身手持两支铁钗,打到黑帮门内,黑帮头目被他的勇敢仗义所感动,放了他的朋友。

他教出许多出色的学生,如日本刚柔流空手道素水馆的市川素水,东京都大田区支部长高头勉,双干流双节棍道的荒川武仙,巴西圣保罗空手道联盟的相良寿一,合气炼体会的吉丸庆雪等。这些人为日后全日本空手道联盟刚柔流的成立奠定了基础。

三、刚柔流第二代传人山口刚玄

1950年,山口刚玄(1910—1989)(图6-6)在东京设立了全日本空手道刚柔流会。第二年,宫城长顺授予他刚柔流十段范士。这个时间内,在日本东京、大阪刚柔流空手道界,论影响,山口刚玄是第一人。

山口刚玄生于萨摩藩的鹿儿岛。山口刚玄在自家10个兄弟中排行第三。鹿儿岛是明治维新时期雄藩逼主的策源地之一,民间习武之风相当盛行,剑道、柔道名家辈出。萨摩男儿,是明治初年英勇善战男子的代名词。鹿儿岛剑道最出名的是示现流剑术,其宗家是岛津藩主的御用武术教师。示现流剑术擅长以攻为守,硬进硬劈,以一刀从肩上劈到脐下(大袈裟)而闻名,示现流剑术也称为"藩外不传"之秘术。示现流剑术有一种基础训练,就是"劈立木",手持木剑,几百次、几千次地反复劈击立木,小学

图6-6　山口刚玄(1910—1989)

生的示现流剑术习练者,也要经历这种基础训练。山口刚玄小时候,就经历过这种训练,戴着武士斗笠,反复地练习劈立木,提升劈击的力量。少年时的剑术功底,为山口刚玄后来练习唐手打下体能的基础。在家乡时,山口刚玄有个剑术的竞争对手,年龄与他相仿,特别敏捷,在比试中,山口刚玄屡屡败在他手下,不服输的山口刚玄,一方面加强剑道基本练习,另一方面不停从其他武道着手寻找突破。刚好居所附近从事木匠工作的冲绳人丸田武雄给他打开了一个视野,丸田武雄演练的拳法,让山口刚玄相当吃惊,因为当时日本本土没有

以拳打脚踢为主体的徒手格斗武道。他就开始向丸田武雄学习唐手,这是他唐手的启蒙。

1928年,他考入关西大学法学部预科,组织了"拳骨组",第二年中退。1929年,山口刚玄重新考入立命馆大学,那时他的兴趣不单在武道上,他还有为当代社会作贡献的凌云之志,他立志在风云变幻的日本近代社会中,将自己的理想贡献给社会正义事业。他精力过人,富有组织才能,鼓动力极强,先是入学校的相扑部和啦啦队,接着他将几位唐手爱好者集结起来,开始唐手训练。他将小组取名为"昭和新撰组",也在这个时间段,他通过来自冲绳的朋友介绍,认识了宫城长顺。

宫城长顺1929年在京都的元新选组的壬生屯所开设唐手道场,这是刚柔流唐手进入日本关西的第一步,之前,宫城长顺在这里传授的对象,主要是劳动工人阶层。山口刚玄算是第一个大学生。一见面,山口刚玄就被宫城长顺的技术与人格所吸引。刚柔流的"三战"特有的吐纳呼吸、技法深深吸引着他。在宫城长顺的指导下,他沉浸在唐手的基本训练中,打卷藁、练三战、盘靠枝等,学习基本技术,提高体力、肌肉力量。因为听从宫城长顺先生的教诲,要普及刚柔流,所以改名字为"刚玄"。特别是三战的四种呼吸法:阳息吹、阴息吹、半阳阴息吹、表动法息吹。"息吹"的名是山口刚玄起的,作为刚柔流三战练习的基础,特别讲究呼吸法是刚柔流空手道的特色之一。

接着,在日本武德会柔道部指导师范福岛清三郎的支持下,山口刚玄挂起"振兴馆"招牌,开始了刚柔流空手道场的经营。这段时间,他得到宫城长顺的信任,宫城长顺在世界各地行走,将立命馆大学的空手道教学任务交给他,称之为唐手代师范。年轻的山口刚玄以刚柔流新宗家为己任,朝着成为流派的领袖人物目标努力,他开始戒烟戒酒,时不时跑到山里的瀑布下打坐修禅,让湍流的瀑布冲刷身体,他苦练三战。他还不停地在学业上努力,文武两道兼修,这个时期,他还取得了司法书士(司法代笔人)的资格。

1931年后,山口刚玄曾经进入中国东北,把来自蒙古、朝鲜、中国等地的武术家组成东亚武道使节团,到日本各地巡回表演,这个时间,他还接触了蒙古摔跤,学习吸取蒙古摔跤的技法。1936年,日本武德会认同了空手道,宫城长顺被授予空手道教士,山口刚玄被授予炼士。

1945年,日本战败,山口刚玄成为俘虏,被强制到西伯利亚劳动改造,1947年11月,他回到日本。此时的日本一败涂地,一片荒凉。这给许多日本青年人强烈的冲击,特别是在战前有抱负、有追求的日本青年人,他们感到前途渺茫,为之奋斗的国家灭亡了,人生价值观完全破灭了,生活的目标破碎了。

山口刚玄想到了自杀。1948年12月,他只身来到东京原宿的东乡神社,盘腿入禅,抽出短刀,准备自尽。他回忆,当时似乎一点也没有身临死亡的恐惧,只是此时,一阵神秘的声音从他耳边传来:"你还有尚未完成的使命!你必须竭尽你一生精力完成使命!使命?是的,为了空手道,我必须活下去,这是我的使命。"他突然从迷茫中惊醒。经历过死亡迫近的洗礼,他发誓,劫后余生,必将余生奉献给空手道。

20世纪50年代初,他重振善于鼓动与组织的才能,打出"全日本空手道刚柔会"的旗帜,呼吁全国空手道界团结起来,当年约有3万余个刚柔流练习者响应,刚柔会成为空手道界一大组织,闻名全国。他致力于将空手改造成为日本国民喜爱的体育运动,将全日本空手道界团结起来,将空手道传播到海外去。这与当年他的老师宫城长顺到夏威夷、中国等地进行武术交流与传播的经历有关。在东京上野公园附近的刚柔流总本部道场,到1957年,会员数有2000余人,每天140人左右到道场学习与训练(图6-7)。

图6-7　20世纪50年代浅草时期,山口刚玄指导学生

1964年,在空手道界大统一的社会风气中,根据日本武道馆的强烈要求,和道流的大塚博纪、日本空手协会的中山正敏、糸东流的岩田万藏等人,与山口刚玄等协商并达成共识,共同组建了"全日本空手道联盟"[①]。

---

① 后来山口刚玄离开全日本空手道联盟。但是他对当代日本空手道的发展功绩是不可忘却的。1989年,他已经80岁,对当时的空手道,山口刚玄认为:"率真地说,空手道魅力最近渐渐弱了,空手道加入奥运会、空手道竞技化、向新方向发展,这些都是重要的,但是最重要的一点不能忘记,这就是精神的重要性,尊重武道的特性,这些是不能与空手道分离的。"

第四节　全日本空手道联盟糸东会

一、摩文仁贤和与糸东流

糸东流现在是全日本空手道联盟比较活跃的一个组织。目前在中国推行的空手道中,糸东流的形占主导地位。糸东流是由摩文仁贤和创立的。在第三章第二节中,已经提到,他是好学的唐手家。在冲绳时,就是唐手传承的骨干力量。做了大量有效的活动。1918年29岁时在自己的家中设立唐手研究会,1921年日本皇室的久迩宫、华项宫等要人到冲绳,摩文仁贤和带学生在师范学校表演空手。当年秩父宫到冲绳时,他又作为嘉宾表演了空手(图6-8)。

图6-8　摩文仁贤和(右)演练组手(1938)

1928年,摩文仁贤和受嘉纳治五郎影响,决意到东京传播唐手,由于船越义珍已经在东京铺开唐手普及的基础,小住一段时间后,摩文仁贤和就到关西大阪、京都一带了。摩文仁贤和的关西之旅并不顺利,开始教习琉球唐手,只有关西大学沢山胜(后来成为日本拳法创始者)与几个学生参加。也没有教学用道场,在自己住家的6叠大的地方兼作道场,练习结束,上面铺上草席就是床了,生活非常困难。

通过6年左右的坚持努力,摩文仁贤和在关西一带培养了一批弟子,唐手逐渐在关西各大学中普及开,几所大学相继成立了唐手部。1934年,摩文仁贤和在大阪将自己的道场名为"养秀馆",这个名字发想起源于自己母校冲绳县立第一中学的校训"海邦养秀"。后来听说宫城长顺已经将自己所授体系定名为刚柔流,他以此为契机,将自己老师糸洲安恒、东恩纳宽量两人名字第一个字取出,将自己传播的空手命名为"糸东流"。1939年3月,在日本武德会登录这个流派名称。7月,他在大阪成立"大日本空手道会",后改名为"日本空手道会"。1941年,受东洋大学学生崎尾健之邀,担任东洋大学空手道部指导。

这段时间,上地流开创者上地完文辗转到日本近畿地区南部的和歌山县,在和歌山市开始小范围传播福州永泰学回的虎拳,因为距离较近,摩文仁贤和经常与之来往,后来成为至交。上地完文出生于1877年,比摩文仁贤和年长12岁。

摩文仁贤和创立的糸东流,是以套路特别丰富著称的,据儿子摩文仁贤荣回忆,船越义珍跟糸洲安恒学的是首里手,但只学会了首里手四分之一的套路。父亲是学会了首里手、那霸手所有的套路。摩文仁贤和在冲绳担任警察期间,有机会到冲绳各岛巡查,他利用广泛接触民间拳师的机会,向冲绳民间的拳师学习各种拳术套路和器械套路。糸东流套路体系分五个门类,糸洲安恒系列:平安、内步进、慈恩、拔塞、五十四步等;东恩纳宽量系列:三战、转掌、半月、十三、久留顿破等;新垣派系列:二十四、燕飞、壮镇;松村派系列:拔塞、罗汉;石岭派:石岭拔塞;松林流系列:北谷屋良公相君;松茂良派:王冠、安南;其他:鹤法、白鸟、八步连、二十八步等。

摩文仁贤和在传统唐手的基础上,对传承的唐手作了大量的研究,积累了大量的经验,并开发出传统唐手尚未阐发的内涵。

糸东流形的演练他强调三个要素:一是技法的变化:每个动作应该有数个应用变化。二是气息的吞吐:由长吞短吐到短吞长吐,交叉变化出6种气息吞吐方法;三是重心的移动:要求静止的稳定与移动的轻快结合。

糸东流形的演练还讲究时机,就是时间与距离的把握,有心理上的、有物理学意义上的。

糸东流强调武道空手四要素:一眼、二足、三胆、四力。眼,要求不仅要判断对方的状态,还要一眼明了对抗时,自己所处的周围环境与气候。足,要求进攻、防守重心安定不离地面,移动甚至跳跃中注意过犹不及,恰到好处。胆,要求不论面临何种情况,都要保持不惊、不惧、不疑、不惑。力,要求有耐力、爆发力,要戒紧张僵力[①]。

摩文仁贤和一生不懈追求唐手,对物质与名誉是个无欲恬淡的人,而且乐善好施,自己即使困苦,只要看到别人有困难,他会竭己所有扶助。他经常因为接济朋友而陷入更加贫困中。他将唐手修行观写成诗,大意可译为:"放下一切杂念、朝着武道的真谛、快乐前行!"他以关西为据点,在推广琉球唐手方面留下巨大业绩。1952年他死于大阪。生前,他在技术的构建与人才培养方面,已经为糸东流的发展奠定了坚实的基础。

---

① 月刊空手道编辑部.空手道创世纪の神话[J].东京:株式会社福昌堂,2003:114.

二、糸东流第二代宗家摩文仁贤荣①

摩文仁贤荣（1918—2015）（图6-9）是糸东流创始人摩文仁贤和的长子。从小跟着父亲，接受空手道的熏陶。父亲借警察工作之便，暗访民间唐手高人，经常带着他。在自家院子里，经常聚集着冲绳最好的一批唐手传人。从小，贤荣就在父亲这些朋友的怀抱里长大。1932年，一家人随父亲来到大阪，那时他读小学三年级。在非常困难的环境中生活，从小参加空手道训练，造诣颇高。1940年入伍，先在大阪的参谋本部任勤务兵。1941年作为野战部队的邮政兵伍长，在菲律宾的宿务岛看管机密文书。

图6-9 摩文仁贤荣宗家二代（2000）

1945年被俘虏，被关三个月后回日本。1952年，父亲摩文仁贤和去世，糸东流内部经历一小段时间的混乱。当时摩文仁贤荣尚未介入糸东流空手道的组织事务。

不久，摩文仁贤荣被推为糸东流第二代宗家。他参与了糸东流的技术指导工作。糸东流分为东西两大组织，东日本以东京为主要地区，以摩文仁贤和的学生岩田万藏为会长，西日本以摩文仁贤荣为会长，他以大阪自家道场为根据地。以和为贵，团结一批糸东流弟子。

从1962年开始，贤荣以访问墨西哥为契机，先后在北美、中南美、亚洲、欧洲等普及糸东流空手道。1964年4月，东日本糸东流、西日本糸东流联合举办全日本空手道糸东流锦标赛。10月联合加入全日本空手道联盟。摩文仁贤荣1984年获得日本武道协议会的"武道功劳奖"。1993年3月17日，仰慕摩文仁贤荣的世界各地糸东流指导员集结，成立了世界糸东流空手道联盟，有泛美洲、亚洲、俄罗斯、欧洲等地区51个国家的空手道糸东流门人加入，摩文仁贤荣就任总裁。

1955年开始，陆续编著有《空手道》（爱隆堂1955年版）、《空手道教范》（爱隆堂1968年版）、《技巧空手道》（爱隆堂1979年版），1989年、1995年、1997年相继用法语、英语再版了以上三本空手道书籍。

---

① 在第九章中对摩文仁贤荣传统空手道推广有较为详细的记载。

2001年,由摩文仁贤荣口述,横山雅彦整理的《武道空手的邀请》出版①,作为一本思考深邃的专著,被日本各大图书馆收藏,并相继被译成法语、英语、德语。这部专著不仅是空手道理论,而且作为优秀的身体论、思想史的参考书,得到欧洲学术界的高度评价。法国前总统密特朗的政治顾问,特意在法文版写下前言,介绍这本书。

他像父亲一样,对物质生活非常"淡泊",将自己的一切都奉献给了空手道和自己的学生,大阪养秀馆道场,是摩文仁贤荣在日本的道场,也是贤荣在日本的住家。访问糸东流圣地的人,谁都被所见到的情景所感动。一打开门,就是40叠的青色的榻榻米铺设的道场,正面供着佛坛,旁边是沙发与电视机,沙发的里面是厨房与浴室,总之这道场就是摩文仁贤荣所有的生活空间。有人评价,糸东流没有像其他流派那样分裂,正是因为摩文仁贤荣的高尚品德。

三、东日本糸东流代表岩田万藏

岩田万藏(1924—1994)(图 6-10),出生在东京,他的家族从 1853 年开始经营茶叶。祖母与合气道创始人植芝盛平是好朋友,人称女中豪杰。岩田万藏小时候,就从植芝盛平开始武术启蒙。接触唐手是偶然的,因为自家茶叶店的掌柜是冲绳人,让他认识了冲绳唐手,这是一种在日本本土从来没有见过的技术。接触唐手后,岩田在读中学时还参加柔道、剑道的训练。1941 年,进东洋大学读书,加入学校的空手道部。摩文仁贤和是东洋大学空手道部指导教师。岩田身高 168 厘米,体重 70 公斤,被唐手部主将海保薰看好,认为他日后会成为大学唐手部的主力。

图 6-10　糸东流的岩田万藏
(1924—1994)

入部后,他没有辜负周围人的希望,训练非常投入,不到 3 年,就被摩文仁贤和授予师范称号。岩田万藏学习武道的进取心没有止境。他博采众长,还向藤田西湖学习忍术。藤田的忍术非常著名,被称为"最后的忍者",曾被陆军学校请去授课,精湛的技艺多次惊动日本武道界,当时藤田西湖已经不收徒弟了,由于是空手道界名流摩文仁贤和介绍的学生,他看到岩田万藏作为武道家的

---

① 日语为"武道空手へ招待"也可以译成"走进武道空手"。

可塑性，将其收为徒弟。岩田万藏就向藤田学习大圆流杖术、心月流手里剑（暗器）、南蛮杀倒流拳法等技术。转益多师让岩田的武艺渐趋完善。

战争扩大化后，岩田万藏被征兵，训练中断。1945年8月，在日本伊豆大岛成为战俘。战败的日本，到处充斥着贫困与绝望。但是岩田万藏对空手的热情不因环境而变化。1948年，他回母校东洋大学空手道部兼任师范。1950年，他在东京的上野开设道场，正式开始面向社会大众的空手道指导。他指导学生非常严格，学生形容他"站在道场是夜叉，离开道场像菩萨"。由于指导有方又严格，他带的东洋大学的学生在全日本大学生空手道锦标赛中取得多个团体冠军。他经常鼓励学生"输的时候不要怨裁判，要赢得让谁都看得懂，才是真正的赢"。

他对空手道的贡献不仅是在大学指导学生取得好成绩，更重要的是在于促成东、西部糸东流的统一。1952年摩文仁贤和去世。1960年，岩田万藏费尽心血将东日本的糸东流空手道各支部组织起来，同一年，西日本糸东流各道场由摩文仁贤和儿子贤荣统筹，东西联合组成全日本空手道糸东流，为日本近代空手道的发展做出了巨大贡献。岩田万藏有出众的组织能力，后来在岩田万藏逝世的纪念小册子上，摩文仁贤荣回忆："入门时，父亲就断言，岩田君是可以托付糸东流的出色人物。"

由于他在组成全日本空手道联盟中的努力与贡献，1964年，任全日本空手道联盟常任理事、一级资格审查员。同时任全日本空手道联盟糸东会副会长。他参加过在墨西哥奥林匹克纪念大会的空手道表演。1970年第一届世界空手道大会中，他担任日本空手道代表团团长。

1972年，参加兵库县举办的第12届糸东流空手道全国比赛回程途中，因交通事故，岩田万藏头盖骨塌陷，持续昏迷两周，长时间昏迷会引起语言障碍、失意等后遗症，就在学生与家人陷于绝望之时，他又奇迹般康复。1973年，在新加坡举办的第一届亚洲空手道锦标赛，他担任裁判长。1980年，接替前会长成为全日本空手道联盟糸东会会长。1986年，担任全日本空手道联盟中央技术本部部长。他多次在全日本空手道联盟锦标赛、全日本少年武道炼成大会、全国运动会空手道比赛中担任裁判长。他牢记摩文仁贤和将空手道作为"君子之拳"的教诲，"稽古不是为了给别人看，而是锻炼自己。"这也是他经常鼓励学生的话。1994年，岩田万藏获日本武道功劳奖。

第五节　和道流与大塚博纪

一、从柔术宗家到唐手名家

大塚博纪（1892—1982）（图 6-11），出生在一个比较富裕的家族,父亲大塚德次郎是医科大学毕业生,算是时代精英,早年响应明治政府号召,将现代科学技术送到农村去,于是就从东京下到茨城县下馆市,在下馆开设一家儿科医院。在当地来说,这是一家新兴科技支撑的新式医院。母亲是当地贵族的后裔,大塚博纪小时候身体不好,6 岁时,母亲就敦促他跟叔公、原土浦藩的武术指南江桥长次郎学习柔术。江桥长次郎是直心影流剑术与浅山一传流柔术的传人。小时候,大塚博纪也喜欢过剑道,但是母亲认为剑道有许多用剑击打头部的动作,会伤了他的智力,禁止他练习。母亲很严格,小时候每天要大塚博纪看报纸的新闻,要求大塚谈读

图 6-11　大塚博纪中年时拳照

后感。这不单单是谈读后感,而是要求他养成读透新闻的习惯,这种思考方式在他日后工作与生活中发挥了重要作用。

大塚博纪读初中时,入过学校的柔道部,柔道部指导老师是中山辰三郎,中山的柔术不仅擅长摔,而且踢打技术也很出色。中学毕业后（1911）进入早稻田大学专科部商业专业读书,当时东京都内的街道有几百家柔术道场,他一边在大学读书,一边如饥如渴地练习柔术。"琢磨与创意""广博与好奇"的个性,一直伴着大塚博纪的武道探索的生涯。1911—1914 年之间,大塚博纪在东京的各柔术道场中与大东流、天神真杨流、神道古流、天心流、起倒流等多个流派的切磋中磨砺柔术。1916 年他还入杨心古流金谷元朗之门。在金谷元朗的支持下,1918 年还取得整骨医师的合格证书。

大学就读中途,父亲德次郎因急病而死,他只得中途退学。也是由于母亲的安排,他在川崎银行就职。这时候仍然坚持柔术练习。1921 年 6 月 1 日,中山辰三郎授予他神道杨心流柔术的"免许皆传"证书,作为神道杨心流的宗家,成为该流派的第四代掌门人。这时大塚刚好 30 岁,距离 6 岁开始入门习

武,已经 24 个年头了。

根据大塚博纪回忆,他在最艰难的时候,幸亏父亲留下的田产的支撑,靠典卖父亲的遗产维持生计,才有时间和财力坚持研习柔术与唐手,父亲的遗产成就了他在唐手术方面的修养。

他就职银行的附近,有一个冲绳县迎宾馆,他听说迎宾馆举行欢迎会时有唐手演武。这是他对琉球唐手好奇的开始。1922 年,在明正塾,得以与船越义珍认识。在船越义珍的指导下学习唐手。开始向船越义珍请教时,他问到琉球唐手有哪些内容,如何学习等,船越义珍告诉他,一共有 15 个套路,一般人要学习 5 年,悟性特别好的人也要 2 年。指导大塚博纪学习一开始,船越义珍马上感觉到大塚博纪身上有特别之处,问他:你学习过什么武术吗?大塚博纪对唐手表现出特别的灵性。大塚博纪的身体条件也较好,身高 170 厘米,体重 75 公斤,在当时日本男子平均身高 155 厘米的人群中,算是身高体壮者。

从 1922 年 8 月开始,大塚博纪每天去向船越义珍学习,下午一点到四点,几乎一天也不停歇,那时,到船越义珍明正塾学习的人,少的时候 1~2 个,多的时候已经有 14 个左右。只过了一年多,大塚博纪学会了大半套路,但是大塚博纪觉得,船越义珍所授的套路中,总有一些不能理解的动作,这个动作为什么要这样而不能那样?船越义珍没能清晰地解答他的疑问。但比起日本本土的武术,琉球唐手的各种踢打极富特色,但是以型反复练习的形式,不能体会动作的应用。他暗下决心,要探个究竟。

跟船越义珍学习不到两年,大塚博纪就全部掌握了 15 个型,向船越义珍学习的过程中,大塚博纪也经常代替船越义珍指导新来的学员。一段时间里,船越义珍看到入门的柔道选手们体能与技术强悍时,有点自卑。他感到唐手训练一天,就是几十遍反复打一个套路,远没有达到柔道车轮式对抗赛的强度,面对柔道选手的挑战,船越义珍似乎感到信心不足,大塚博纪在旁边就鼓励老师,发挥柔术技术中缺乏的、而唐手擅长的打、踢的技术。当有人向船越义珍挑战时,大塚博纪也曾经勇敢地挡在老师的前面。

在比照了各种柔术、唐手后,大塚博纪认为:"擒拿也好,摔跤也好,踢打也好,这些基本原理是一样的,是可以相通的。"①

大塚博纪曾经想亲身到唐手的发源地冲绳去考察,解开船越义珍传授中的疑问。当一切就绪准备出发时,一个机遇改变了这个计划。1924 年 5 月,通过嘉纳治五郎热情斡旋,宫里来人请船越义珍到皇居济宁馆道场表演唐手。

---

① 月刊空手道编辑部.空手道创世纪神话[J].东京:株式会社福昌堂,2003:82.

开始,船越义珍不想接这个事,而大塚博纪认为,向皇室高官宣传唐手,是推广普及唐手的难得机会,他劝说船越义珍接受邀请,并积极协助船越义珍准备皇宫演武事宜。这时,他放弃了前往冲绳考察的打算。如何把握这个机会,船越义珍为人相当老实,没有太多的想法,他就想将15个型逐个表演。大塚博纪认为,单是型的表演太单调,东京人认识的武道,是一种搏斗的技术,没有表现出对抗的内涵,是不完善的武道。于是他按照柔术的"受(递招)""取(用招)"的规律,将唐手型的动作进行了改革设计,并增加了"空手对匕首""空手夺刀"(图6-12)等项目。这些设计,动用了大塚博纪的柔术素养,徒手格斗对抗设计很成功,唐手表演得到宫内高官的赞赏。表演后,这些新设计的对抗组合,作为新技术元素,被和道流空手道体系一直保存下来。

图6-12 大塚博纪(右)演练空手夺刀(1936)

1928年,从小西康裕处得知摩文仁贤和到东京,大塚博纪就专程前去向摩文仁贤和请教,摩文仁贤和先看了大塚博纪练的型,指出许多处失误,并且非常认真地将大塚博纪所学的型重新演练了一遍。看了摩文仁贤和演练的型,大塚知道船越义珍教的有不足,于是就向摩文仁贤和请教。据大塚博纪的儿子回忆,摩文仁贤和会70~80个的型,大塚博纪大约掌握了40个。后来,大塚博纪又有机会认识了被称为实战派名人的本部朝基,本部朝基最拿手的一个型,就是"内步进",但是本部朝基可以解答大塚博纪关于各个型中每个动作的攻防含义,而且对每招防守与反击后的变化也能解答得很清楚。这些都是大塚博纪向船越义珍学习时留下的疑问。经过摩文仁贤和与本部朝基的指导,大塚博纪的唐手技术有了突破性的长进。唐手在东京传播的早期,唐手传人彼此间关系较好,不保守,互相学习研讨之风比较浓。

大塚博纪在银行工作17年后,也就是在母亲逝世后的第二年,就辞职专心经营空手道场,专注于空手道的教学与传承了。

大塚博纪的儿子回忆,小时候父亲很疼爱他,经常将他带到道场,还时常让他吃很可口的中国菜。但是更多时间,父亲都不在家,邻居也不知道父亲是从事什么工作,有那么多学生来,又不像是学校老师。白天看到父亲都在睡觉,晚上他就到各个学校去教学唐手,经常教到深夜,由学生陪伴着回家。父亲一生不懈钻研空手技术,常常睡觉时还在琢磨,如果想起一个动作,就起来,站在床边练习。还有传说是,一次泡澡时突然想起一动作,就裸着身体从澡房里冲出来到客厅练习,一生醉心于空手道技法的探究,留下许多有趣的传说。和道流是空手道,但是也有柔术的技术,而剑道的元素也被大塚博纪融合在空手道中。

大塚博纪是空手道四大流派创立者中活得最长的人,他与船越义珍的关系比较特别。他是船越义珍最早的学生之一,在船越义珍最困难的时候,他曾经是船越义珍身边可靠的同盟者,但是他们最终分道扬镳,各自为政。有人说,可能大塚博纪出色的技术与才能,不被船越义珍所容,船越义珍要培养自己的儿子船越义豪为继承人;也有一种分析认为,在空手道传承体系中是否加入"组手"的问题,两人的观点冲突到不可调和。大塚博纪的和道流有许多日本柔术与剑术的元素,重视两人实践对抗技术,他是一个不断吸收与扬弃的改革者。

为何称"和道流"? 大塚博纪有一则解说:"人间最需要的是和与爱。不论伟人还是杰士,单枪匹马是难以成就伟业的。社会生活中如果缺乏和与爱,就不是人的生活而是动物的群集。然而什么是和,就是理解对方的立场,站在对方立场考虑。"[①]据他的儿子回忆,教育学生时,大塚博纪经常将"武道是和之道,空手术心并举的修炼是相当重要的"挂在嘴上。

晚年的大塚博纪(图 6-13)强烈呼吁空手道界加强团结,追求和而不同的境界。

二、和道流的形成与发展

1931 年,大塚博纪以柳生新阴流剑术的久保义八郎的道场临时作为自己和道流的本部。此时大塚博纪也向道场主久保义八郎学习柳生新阴流剑术。1934 年 5 月,大塚博纪决心从船越义珍身边独立,在神田末广町道场开设了"大日本空手道振兴俱乐部",他将自己原来的整骨诊所和街道道场合并。他还到东京大学、东京农业大学、日本齿科医学专科学校、日本医科大学等空手道同好会去指导唐手,把这些团体吸收入"大日本空手道振兴俱乐部"。后来改称为"大日本空手道振武会",到 1934 年秋天,和道流空手道在各大学、官

---

① 金城裕.空手道[J].冲绳:榕树书林,1997:12.

图 6-13　晚年大塚博纪演示和道流

厅、公司等合计有 300 多个支部,在海外也有 30 余个支部。

他还通过日本古武道振兴会活动,接触到富田流上太刀剑术,他自己在琢磨富田流剑术,这些学习的心得,现在留在和道流空手道的闪躲进击的"身法"中。闪躲进击是基于日本剑法的步法与身法,后来他儿子称之为"液状的球体,圆滑灵动、伸缩自如"。

1938 年 5 月,他参加日本武德会的炼士考试合格,日本武德会授予他炼士称号。将自己流派起名为和道流,大约是 1939 年,先是名为"神州和道流空手",很快就改为"和道流"。到 1942 年 5 月,他又被日本武德会授予教士称号,这时虽然当局提倡武道,但由于太平洋战争的扩大,健康的青年人都走向战场了,空手道人口急剧下降。到第二次世界大战结束时,东京已经看不到空手道场了。这样以空手道教学维持生计的生活已经不能继续了,一直到战后第二年 5 月,总算明治大学空手道部发来邀请,请他担任指导。随着由于战争中断的学校陆续复学,1947 年春天,东京大学、东京农业大学、日本齿科医学高专、立教大学等大学的空手道再次开展活动,他的生活也迎来转机。

大塚博纪空手道职业立世的自信,主要是 1952 年筑地道场开设以后。筑地道场当时是三幸建设公司总部所在地,社长田中清玄是东京大学毕业生,是大塚博纪指导东京大学空手道部时的学生。田中清玄曾经是日本共产党的委员长,当年日本共产党主张武装夺权,被日本当局关在狱中,在狱中他转向修禅,战后被释放,他放弃政治活动而从事实业,在建筑界颇有建树又相当活跃。这个筑地道场存在时间只有二年左右,但是这个时期培养了很多人才:太田义人、若林英一、村上辰夫、波田义隆、高地邦雄、铃木辰夫、大贺康弘、石塚彰、田边好光、荒川通、大塚次郎等,都成为近代日本空手道发展的骨干人才。

大塚博纪根据自己的思考与实践,融合日本本土剑术、柔术的技术,形成了一套空手道体系。和道流的技术是相当考究的,这套体系既讲究技术的实战作用,又强调练习者以和平宽容的心态处事。这些理念,使大塚博纪创立的和道流空手道别具一格,虽然在四大流派中和道流的历史最短,但是在东京,普及面广,赢得一大批追随者。

全日本空手道联盟的专务理事、松涛馆会长高木房次郎,对大塚博纪在近代空手道的主要贡献归为两点:"第一,现代加盟日本学生空手道联盟的学校空手道部中,有一半以上是大塚博纪的学生,是他在大学中播下空手道种子。而且这些空手道部中许多人,日后成为活跃的空手道指导者。第二,在技术方面的贡献。船越义珍传播的是松涛馆流的技术体系,船越义珍先生将冲绳的唐手体操化致力于普及,而大塚博纪在接触空手道之前,已经是杨心流柔术的掌门人,在这个基础上,以一个武术家角度来思考空手,研究空手踢打对抗的时间与距离,追求技术的娴熟,完全通过自己的研究与实践,重新组建了空手道技术体系。开拓了空手道新的境地,将'最成熟的技术'留给后世。他完全以一个技术高手即武道家的立场,来研究和普及空手道。作为一个空手技术的修炼者,我一直以来对他抱着极大的尊敬。他是近代空手道不可或缺的人物。"①

和道流空手道自成一体,技术体系比较丰富:①形 16 本:从船越义珍处学会的 16 个套路;②基本组手的形 36 本:单个动作防守与反击:上段 10 本、中段 10 本、下段 6 本、两个动作连续的防守与反击 6 本、三个动作连击的 4 本。③正坐擒拿:10 本;④站立式的擒拿:10 本;摔技:14 本;⑤应用形:10 本;⑥对短刀:7 本;⑦对长刀:5 本;⑧救护术:7 本;⑨逮捕术:14 本;⑩女子护身术:14 本;⑪穴位:29 个②。

本章小结

全日本空手道联盟组成不是一帆风顺的,日本空手道一直处于群雄割据的局面。以 20 世纪 30 年代末形成的四大流派为主体,而后一个流派中又分

---

① 根据全日本空手道联盟专务理事高木房次郎的回忆文章;月刊空手道别册.空手道创世纪の传说[J].东京:株式会社福昌堂,1996:77.
② 仪间真谨,藤原稜三.对谈・近代空手道历史[M].东京:棒球杂志社,1986:408-409.

出数个独立的派别。

　　1972年,冲绳从美国人手中再回归日本,冲绳的空手流派更是以名称繁多的方式走向东京、大阪等大城市,也跻身世界。有人曾经认为,群雄割据的日本空手道界如果大团结,是日本第一大武道团体,但是从船越义珍开始,就没有一个人或一个组织可以将全日本空手道团结成一体。

　　目前主导着日本空手道走向并代表着日本空手道参加世界空手道联盟各项事务的是公益财团法人全日本空手道联盟。全日本空手道联盟发展形成的过程,也是日本近代空手道发展的主线。全日本空手道联盟所属的四大流派,是近代琉球唐手到空手再到空手道演变的主要团体。松涛流的船越义珍、糸东流的摩文仁贤和、刚柔流的宫城长顺都来自冲绳,他们在变革的时代中,适应时代的要求,对冲绳的传统唐手进行了大量改进,他们还以大学为基础,广泛普及空手道,为近代日本空手道的发展奠定了基础。和道流的大塚博纪,先是向船越义珍学习唐手,而后又向本部朝基、摩文仁贤和学习,将从冲绳人学习的唐手与日本本土柔术与剑术相结合,丰富了近代空手道技术体系。由于他在技术发展方向上与船越义珍看法不一致,终于分道扬镳,自立门户。四大流派全部源于冲绳。

第七章　从全日本空手道联盟(JKF)到世界 KARATE(WKF)

第一节　全日本空手道联盟成立的背景

第二次世界大战结束,日本无条件投降,占领日本的联合国总部曾经有一个战后日本发展计划,铲除军国主义滋生的土壤,对日本进行民主改造。将日本的经济力量限制在维持民众简单生活并具备分年度赔偿受害国家的水平。但是1951年6月,朝鲜战争的爆发改变了美国人的立场,1951年旧金山和约签订,1952年和约生效,日本恢复成一个独立的国家。接着,日本很快成为美国人与共产主义阵营较量的亚洲基地,美国开始扶持日本。朝鲜战场上的军事物资的需要,促进了日本战后经济的发展。新干线通车,国民经济复兴,民众生活电器化的实现,日本逐渐从战争废墟中走出来。

1964年成立全日本空手道联盟,图7-1是当时时代背景促进的结果。日本在经济发展同时,更重视以本国文化表现民族的自立与自强。1964年东京举办第18届奥运会,是日本人战败之后,第一次在全世界面前重新展示自己。以柔道为代表的日本体育文化,被这一届奥运会列为正式比赛项目。空手道界人士受到时代影响,也酝酿着团结一致合力发展。日本政府的体育与教育部门也在思考同样的问题。受文部省的委托,早稻田大学的总长大滨信泉在成功组织全日本大学生空手道联盟基础上,再次主持社会各界空手道团体的整合。

全日本空手道联盟,是日本半官方的公益财团法人,他是日本体育协会成员单位、是世界空手道联盟的日本代表、属于日本奥委会旗下的体育协会。日本国民体育大会,参加世界空手道联合会活动等,均由公益财团法人全日本空手道联盟负责。

尽管日本空手道界一直没有真正形成一个完整的团体,但是全日本空手道联盟目前是日本国内最权威的空手道组织。他的组织结构超越流派的束缚,由政府的道、都、府、县逐层支撑形成。如同中国武术协会由全国各省、市、

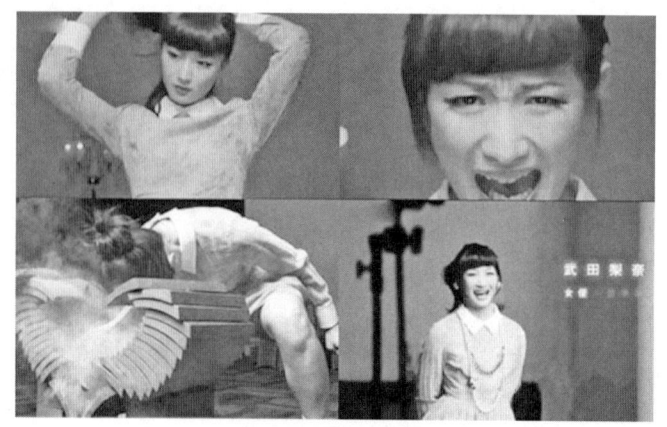

图 7-1　网络中介绍的日本空手道

自治区的武术协会支撑一样。设在东京的全日本空手道联盟，协调组织着日本各地方如大阪、京都、北海道、九州等 47 个都、道、府、县的空手道联盟。支撑全日本空手道联盟的还有六个团体，分别为四大流派松涛流、刚柔流、糸东流、和道流和日本空手协会、炼武会。

1969 年，全日本空手道联盟被日本文部省认可为财团法人，作为日本国内唯一的空手道管理与协调团体。1970 年 10 月加入世界空手道联盟（WFK）。1972 年加盟日本体育协会，1981 年在滋贺举行的日本"国民体育大会"上，由全日本空手道联盟组织空手道比赛成为正式比赛项目。1999 年 10 月 3 日，世界空手道联盟（WFK）被国际奥委会承认为国际单项体育组织。2012 年 4 月 1 日，内阁府认可为公益财团法人组织。

第二节　全日本空手道联盟的组织架构与宪章

一、全日本空手道联盟的组织架构

全日本空手道联盟是 1964 年成立的，作为日本政府的全国空手道活动的组织与协调团体展开工作。按照全日本空手道联盟的章程"统一协调全国业余空手道界的一切活动，以空手道的健全发展和空手道运动的普及为目标，力争为国民的身体健康与精神健康的发展作贡献"。

全日本空手道联盟是由 47 个都道县府的空手道联盟、空手道竞技团体（全日本实业团空手道联盟、全日本学生空手道联盟、全国高中体育联盟空手道部、全国初中空手道联盟）及会派团体（刚柔会、糸东会、和道会、松涛馆、连合会、炼武会)组成的(图 7-2)。

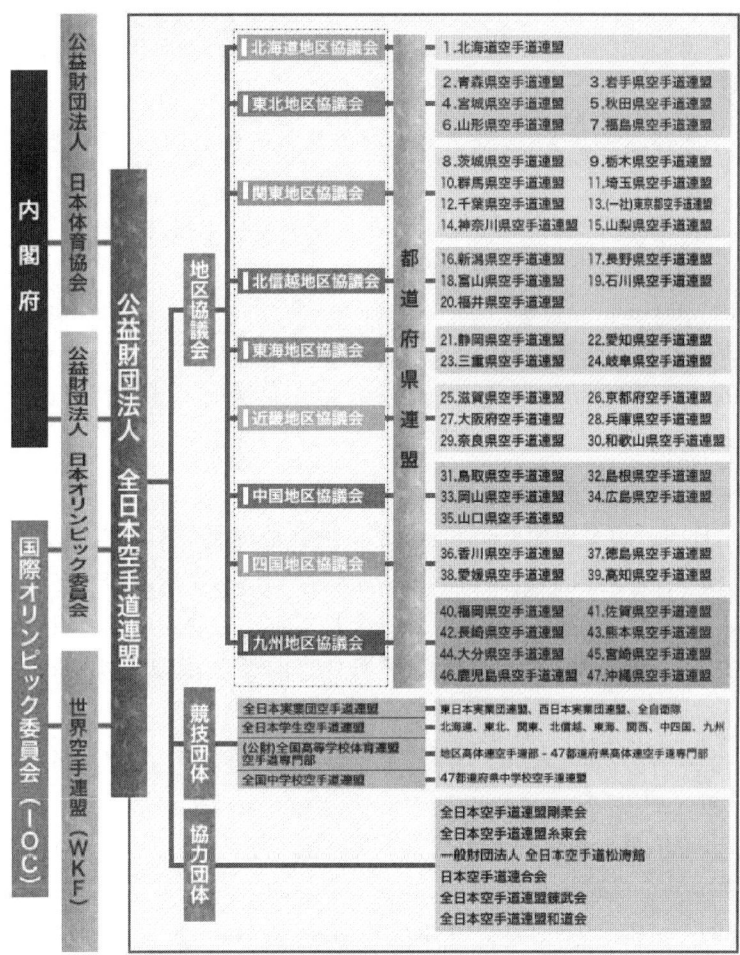

图 7-2 全日本空手道联盟(JKF)组织结构图

全日本空手道联盟的管理机构由组成的联盟的各个团体选出评议员组成，由评议员组成评议会，从评议会成员中选出理事和监事，再由理事中选出会长、副会长、专务理事及常任理事。由理事组成理事会，决议并执行联盟的日常事务，评议会作为理事会的咨询机构，有关捐助等由评议会决定。评议员由 90~100 人组成；理事会限定在 27 人以上、31 人以内(会长一人，副会长 5 名以内，专务理事 1 人，常任理事 15 人以内)。联盟第一任会长是早稻田大学的总长大浜信泉，第二任是笹川良一，现任会长是笹川尧。

理事会下设 6 个专业委员会：

（1）医科学委员会：从医学的角度探明空手道的技术，为改善空手道指导方法、促进空手道运动员的健康管理、提升运动员的竞技能力发挥作用。

（2）会员制度普及委员会：加强联盟的组织建设，调查、研究、策划有关促进会员发展、加强登录等管理制度。

（3）中央技术委员会：着眼于解决有关技术的各类问题，负责技术方面的运营。

（4）选手强化委员会：负责选手的强化训练与技术提升。

（5）裁判委员会：负责培养优秀裁判员，提高裁判水平。

（6）全空连会馆建设委员会。（2011年11月，日本空手道会馆竣工）

全日本空手道联盟还设有事务局，事务局负责处理全日本空手道联盟日常事务，事务局分为三个课：总务课、企画业务课、指导与普及课。

二、空手道宪章

作为日本武道联盟的一员，空手道联盟也是按照日本武道宪章来发展推进空手道的各项事业的，但是为了更加贴切空手道的实质，全日本空手道联盟制定了《空手道宪章》，从宪章可以看出全日本空手道联盟的主要目标：着眼于青少年的健全而全面的发展，致力于终身体育的观念，提倡将空手道作为人生一部分。

第一条：目的　通过坚持不懈的身心磨炼，锻炼身体、陶冶人格、成为身心健全发展的有为人才。

第二条：精神准备　有志于空手道修炼者，应该从礼节、正义、道德、克己、勇气入手提升自己的道德修养，维护空手道的品位与威严。

第三条：稽古　遵从"从礼开始至礼而终"的教诲，重视基础训练，从技术的娴熟走向心、技、体的融合。

第四条：竞技　在竞赛或演武时，只求充分表现出平素磨砺出的心技体的成果。注意对抗时的安全，遵守规则，不拘泥于胜负，要有胜不骄、败不馁的气度。

第五条：稽古场　谨记稽古场（道场或者体育馆）是身心修养之地，维持严正的规律、严格礼仪做法，努力保持肃静、清洁、安全的修炼环境。

第六条：指导普及　指导者必须以高尚的伦理观磨砺自己，研究技术、以身作则、心身兼修，成为社会尊敬的、符合导师称号的人；指导之时，要致力于构建尊重师长、爱护学生的训练氛围，要将严格训练与安全管理协调一致。普及之时，不论性别、年龄、伤残与否，不能过于强调技术标准，要通过空手道运动来学习责任、担当、公正、公开的体育精神,学习体谅他人、举止优雅、遵守社会规则,学习高尚的伦理观,成为社会尊敬的人才。

将空手道作为人生修养的一种途径,强调在人成长过程中,空手道对人的身心健康发展、对人的社会适应产生积极作用。

第三节 全日本空手道联盟的运营

全日本空手道联盟的目标是统筹日本空手道界的各项活动,在群雄割据的日本空手道界,完全统辖是一件不容易的事。全日本空手道联盟首先将空手道作为日本武道的一部分,武道当代的价值在塑造青少年健全的人格与促进青少年身心发展。这个目标就是让空手道成为日本中小学体育课正式内容;推进空手道的普及,最终进入国际奥运会赛场,就要将空手道技术规范化、简约化,改进竞赛方式与裁判规则,让它成为不受地域、宗教、语言影响的国际性运动项目。简略描述,全日本空手道联盟目标就是三个:一是以推进奥运会为象征的国际普及;二是进入中学体育正课的国内普及;三是加强本联盟组织建设与运营能力提升。

全日本空手道联盟在成立之初就着眼于以下工作:

建立运营机构并建立各项制度;

全日本空手道联盟裁判委员会规程;

选手强化委员会规程;

会员制度规程;资格审查规程;

女性委员会规程;伦理委员会规程;

公认段位规程;少年段位规程;公认称号规程;

建章立制,为全面开展空手道工作奠定基础。

规范技术体系与完善竞赛办法:这是普及的一个重要前提,全日本空手道联盟从成立开始,就借助组织内部的中央技术委员会的权威,对联盟竞赛的空手道的形进行了规范,从组织联盟四大流派中各取两个形,通过中央技术委员会的审核,确定了8个形作为全日本空手道联盟竞赛用的形,接着马上组织编写联盟技术教科书,对形的动作要求作了细致的说明。再组织都、道、县、府的指导员讲习班,规范动作。每年全国锦标赛之前,专门召开教练员裁判员讲习会,对形的动作进行细致讲解。统一动作,有章可循。对传统的空手道进行标准化与简约化的改造。研究改进竞赛规则。形与组手并重,要求参加比赛须参加形与组手两项比赛。裁判员也是兼任形与组手两部分的裁判①。这为国内和国际推广奠定了基础,简约而规范。

全日本空手道联盟早期的工作主要在国内参与统筹空手道的各项工作,在国际推广方面,虽然也有组织国际比赛,向国外派遣空手道指导员等活动,但是在20世纪60年代到80年代,这项工作有"墙内开花墙外香"的情况。

一、主要日常事务

全日本空手道联盟主要的事务有七个方面:
一是奖励空手道运动的普及;
二是培养空手道的指导员;
三是进行有关空手道种类活动的调查与研究;
四是主办各类空手道赛事及讲习会;
五是负责授予段位和有关空手道的名誉称号;
六是出版有关空手道的杂志与书籍;
七是从事有关促进上述六个事业发展的其他事宜。
具体推进的各项事务如下:

二、主办的各类竞赛

1.全日本空手道联盟锦标赛(男女个人赛组手及形):从1969年在日本武道馆举行第一届全日本空手道联盟锦标赛,每年一届,由全日本都道县府、实业团体联盟、学生联盟和代表约150个运动员参加,是日本国内最高水平的空手道比赛。

2.国民体育大会空手道竞技:1981年在滋贺县举行的第38届日本国民体育大会,空手道竞技被列为正式比赛项目,每四年举行一次。

3.全国高中生空手道锦标赛,每年一次。

4.全国高中生空手道选拔赛,每年一次。

5.全国初中生空手道锦标赛,每年一次。

6.全国少年武道炼成大会(空手道),每年暑假与日本武道馆联合举办。

7.全日本少男少女空手道锦标赛。

---

① 随着国际比赛水平的提升,到21世纪初,先是从欧美的空手道运动员分开参加形与组手比赛。现在日本国内全日本空手道联盟体系内的一流运动员,也是组手与形分别由不同运动员参加。

8.日本空手道淘汰赛。

9.全日本伤残人空手道竞技大会。

三、选手强化、公认裁判员、指导员讲习会

为提高参加国际大赛的水平,每年选拔有关选手在日本国内进行七次左右的短期集训,到海外三次集训。(日本没有专业运动员的编制,空手道这个项目也没有职业俱乐部,参加世界空手道比赛的运动员都是各行各业的在职职工,由全日本空手道联盟组织短期的集训。)

全国公认的裁判员讲习会:一年两次,分别在东京、大阪举行,旨在提高裁判员的执裁水平。参加讲习会短期学习,并参加考试,根据学员成绩授予资格。

全国公认的体育运动指导员讲习会:一年一次,提升空手道指导员的水平,参加讲习班学习并参加考试,根据成绩授予相关等级与资格。

四、公认段位审查 组织研修会

公认段位审查:初段～三段,由各都、道、县、府、竞技团体及会派团体审查并授予;四段、五段由各地区协议会、都、道、县、府、竞技团体及会派团体审查授予;六段、七段由中央技术委员会审查员审查,一年一次在东京与大阪交替进行,每年11月举行一次;八段的考查每年一次,每年三月在东京举行。全日本空手道联盟还设有荣誉资格称号:炼士、教士、范士,可以由各都道县府或者是竞技团体推荐,根据被推荐者的习武资历、获得的成绩、参与社会空手道指导的年限与对空手道普及发展事业的贡献,赠予全日本空手道联盟炼士、教士、范士。范士为最高荣誉。

研修会有两种:

全国中学(部活动)指导者研修会:由全日本空手道联盟与日本武道馆共同举办,目的在于提高各中学空手道俱乐部指导员的指导水平。

教练员讲习会:参加这种讲习会并取得合格者,可以得到日本文部科学大臣授予的指导员资格,是一种职业资格证书培训。

五、发行广告杂志和其他研究等

为普及与振兴空手道联盟事业,宣传与启蒙空手道运动,全日本空手道联盟专门主办并发行两种月刊杂志:《精彩的空手生活》《活力的空手道生活》。

为配合2013年空手道被列为中学体育必修项目,还增加面向中学空手道

教育的杂志《进步》与面向女性的空手道杂志《有味》。

开展空手道医学事业研究：从医学的角度关心与研究空手道选手健康管理、应急处理、营养、体重控制、心理健康，旨在提高选手的健康与竞技水平。

空手道专门分科会：作为日本武道学会的一个分科会，属于武道学会的一个部分，日本武道学会空手道专门分会，专门从事作为武道的空手道研究与发表事宜。

全日本空手道联盟除了处理日本国内的有关空手道活动的事务外，还负责国际有关的空手道活动的事务。

六、参与世界空手道联盟的事务

主办世界空手道大会或参加世界空手道大会；

参加世界空手道锦标赛，每两年举办一次；

参加亚洲空手道锦标赛：每两年举办一次；

亚洲青少年锦标赛：在亚洲锦标赛之间举办；

参加世界各地的空手道邀请赛，作为嘉宾出场表演。促进空手道的普及与发展，增进友谊与交流。

根据国际交流基金会的安排，派遣空手道专家到世界各地指导空手道的技术发展。从年度的日程表中可知全日本空手道联盟一年主要的工作（年度日程安排）：

全日本空手道联盟年度工作日程示例
2016 年度（日本的年度计划从当年 4 月起到次年 3 月止）

2016 年 4 月		
日程	事业名	场所
2 日（土）—3 日（日）	2016 年度强化选手选拔会	日本空手道会馆
9 日（土）—10 日（日）	全国组手裁判员讲习·审查会	日本空手道会馆
16 日（土）—17 日（日）	全国组手裁判员讲习·审查会	大阪府立体育会馆
23 日（土）—24 日（日）	2016 年度新人强化选手选拔会	日本空手道会馆
29 日（金·祝）	第 50 届关西学生空手道个人冠军赛	兵库县立体育馆
未定	第 1 届常任理事会	日本空手道会馆

第七章 从全日本空手道联盟(JKF)到世界KARATE(WKF)

续表

2016年5月

日程	事业名	场所
4日(水祝)	第31届全国高等学校空手道冠军赛※中止	熊本市综合体育馆
5日(木・祝)	第52届东日本大学空手道锦标赛	日本武道馆
7日(土)—8日(日)	全国形裁判讲习会、审查会	日本空手道会馆
14日(土)	第15届理事会	日本空手道会馆
14日(土)	第2届常任理事会	日本空手道会馆
20日(金)—22日(日)	第1届选手强化合宿	日本空手道会馆
20日(金)—22日(日)	第1届新人选手强化合宿	日本空手道会馆
22日(日)	第56届西日本实业团空手道锦标赛	尼崎市ベイコム综合体育馆
28日(土)	第50届东日本实业空手道锦标赛	东京武道馆
29日(日)	第44届关东学生空手道个人锦标赛	和光市综合体育馆
29日(日)	第54届西日本大学空手道锦标赛	近畿大学纪念馆

2016年6月

日程	事业名	场所
3日(金)—5日(日)	第2届选手强化合宿	日本空手道会馆
4日(土)	第54届全自卫队空手道锦标赛	日本武道馆
4日(土)	第7届例行评议员会	日本空手道会馆
17日(金)—19日(日)	第6届东亚青年空手道锦标赛	台北桃园
17日(金)—19日(日)	第5届东亚少年空手道锦标赛	台北桃园

续表

2016 年 7 月		
日程	事业名	场所
3 日（日）	第 60 届全日本学生空手道锦标赛·东西对抗赛	大阪市中央体育馆
8 日（金）—10 日（日）	第 3 届选手强化合宿	日本空手道会馆
22 日（金）—24 日（日）	第 2 届新人选手强化合宿	日本空手道会馆
30 日（土）—8 月 2 日（火）	第 43 届全国高等学校空手道锦标赛	山口县长门综合体育馆
30 日（土）	第 39 届全日本少年武道（空手道）炼成大会	日本武道馆

2016 年 8 月		
日程	事业名	场所
6 日（土）	第 16 届全日本少年少女空手道锦标赛（组手竞技）	东京武道馆
7 日（日）	第 16 届全日本少年少女空手道锦标赛（形竞技）	东京武道馆
10 日（水）—13 日（日）	FISU 第 10 届世界学生空手道锦标赛	葡萄牙
16 日（火）—18 日（木）	第 7 届全国指导员研修会	日本空手道会馆
19 日（金）—23 日（火）	第 4 届选手强化合宿	日本空手道会馆
26 日（金）—28 日（日）	第 24 届全国中学生空手道锦标赛	新潟县·朱鹭会议中心

2016 年 9 月		
日程	事业名	场所
2 日（金）—3 日（土）	中学校武道教学研究事业	宫城县·石卷市
4 日（日）	第 8 届关西学生空手道公开赛	近畿大学纪念馆
10 日（土）	1·2 级资格审查研修会	日本空手道会馆
11 日（日）	公认教练员更新义务讲习会	日本空手道会馆
16 日（金）—18 日（日）	第 5 届选手强化合宿	日本空手道会馆
24 日（土）—26 日（月）	日本中老年运动会 2016 空手道比赛	秋田县立武道馆

续表

2016年10月		
日程	事业名	场所
1日(土)—2日(日)	空手—世界循环赛	冲绳县武道馆
8日(土)—10日(月)	第71届国民体育大会	岩手县营武道馆
9日(日)	第3届常任理事会	岩手县
10日(月·祝)	第59届关东大学空手道锦标赛	日本武道馆
14日(金)—16日(日)	第3届新人选手强化合宿	日本空手道会馆
15日(土)	第12届全日本残障人空手道竞技大会	东京武道馆
25日(火)—30日(日)	第23届世界空手道锦标赛	奥地利·里兹
未定	第59届全关西大学空手道锦标赛	未定

2016年11月		
日程	事业名	场所
3日(木·祝)	第27届关东学生空手道体重别锦标赛	东京竞技文化馆
4日(金)—6日(日)	日本体育协会公认教练专门科目讲习会(前期)	日本空手道会馆
20日(日)	第34届全日本实业团体空手道锦标赛	尼崎市综合体育馆
19日(土)—20日(日)	第60届全日本大学空手道锦标赛	日本武道馆
21日(月)—28日(月)	第15届亚洲青少年U21空手道锦标赛	印尼·马咖萨鲁市

2016年12月		
日程	事业名	场所
3日(土)	六段审查会	日本空手道会馆
4日(日)	六段审查会/七段审查会	日本空手道会馆
9日(金)	第4届常任理事会	日本空手道会馆
9日(金)	公认称号及推荐段位审查会	日本空手道会馆

续表

9日（金）	第16届理事会	日本空手道会馆
10日（土）	第44届全日本空手道锦标赛（团体战）	东京武道馆
11日（日）	第44届全日本空手道锦标赛	日本武道馆
16日（金）—18日（日）	日本体育协会公认教练专门科目讲习会（后期）	日本空手道会馆
25日（日）—27日（火）	第24届河北杯全国高中空手道锦标赛	宫城县·仙台市宫城体育馆

2017年1月

日程	事业名	场所
4日（水）—6日（金）	第30届桃太郎杯全国高中空手道炼成大会	冈山县综合体育中心体育馆
7日（土）—8日（日）	面向女性会员技术讲习会	日本空手道会馆
9日（月·祝）	2017年开镜式·武道	日本武道馆
20日（金）—22日（日）	日本体育协会公认上级教练专门科目讲习会	日本空手道会馆

2017年2月

日程	事业名	场所
4日（土）—5日（日）	2016年度体育指导员研修会	爱媛县
14日（火）—16日（木）	2016年度学校空手道实技指导员讲习会	静冈县
25日（土）—26日（日）	2016年度日体协公认体育指导员讲师全国研修会	日本空手道会馆

2017年3月

日程	事业名	场所
5日（日）	八段位审查会	日本空手道会馆
18日（土）	2016年度各流派别形讲习会（刚柔·和道）	日本空手道会馆
19日（日）	2016年度各流派别形讲习会（松涛·糸东）	日本空手道会馆

续表

26日(日)—28日(火)	JOC青少年奥林匹克杯第36届全国高中空手道选拔大会	别府市综合体育馆
28日(火)—30日(木)	JOC青少年奥林匹克第11届全国初中空手道选拔大会	埼玉县立武道馆
未定	九段审查会	

从年度的日程安排可以了解全日本空手道联盟发展的工作细节。

第四节　全日本空手道联盟的技术与竞赛

一、技术体系与理念

在全日本空手道联盟成立之前,日本国内就有数个头衔为"全日本"的空手道联盟组织。空手道的技术体系、竞赛方式,是决定一个竞技体育团体的生存与走向的关键。全日本空手道联盟技术来源于松涛流、刚柔流、糸东流、和道流。作为竞赛的方式,采用"形"与"组手"并举的方式,组手采用"寸止",用中文表述就是"点到为止"。其实还没有点到,差一寸就停止了,停在距离对方身体5厘米处。

(一)技术理念

空手道技术理念是时代变化的产物。从制服对手或置对手于死地的武术,发展成真正的个人成长的一条途径,空手道的技术理念是基于教育、在于人格形成这个目标上的,这个理念影响了空手道的技术体系的形成。船越义珍1922年将琉球唐手传播到东京,以大学为中心展开普及,他提出空手道二十训,在他的松涛馆,又将二十训提炼出五条,作为"空手道的理念":空手从礼开始到礼结束;空手无先手;先知己而后知彼;头脑比技术更重要;战斗在于如何操纵虚实。1964年后,会长笹川良一提出:"重视礼与节,促进健全人格形成。"现任会长笹川尧提出"和"的理念。这些理念作为引导技术发展的方向。

(二)技术框架

全日本空手道联盟的技术由三部分组成:

基本技术(固定基本、移动基本)。

形(基本形、指定形、应用形)。

组手(分解组手、基本组手、自由组手)。

1. 基本技术

固定基本,指原地反复练习基本动作;移动基本,指前后左右移动中反复练习基本动作。

基本动作:步型:弓步、马步、虚步;突:冲拳;打:各种打法;当:肘击、靠撞;防守:里格、外挡、上架、下砸。

基本技术练习的要点:正确理解每个基本动作的攻防含义,不做多余的动作;移动从现在的位置开始;运动轨迹必须是直线运动,取两点之间的最短距离;冲拳、踢腿要用瞬间的、集中到一点的爆发力;动作前要放松;必须以实战的心态练习每个动作;眼法要正确;姿势要准确;呼吸要自然。

2. 形(图 7-3)

图 7-3　左右分别为全日本空手道锦标赛形女子冠军与男子冠军(2015)

为什么需要形?作为磨炼精神与肉体的空手道修行,考虑一个人能够修行的方式,一个人的练习就是形。形当中包涵着"冲""打""防""踢"等各种技术,由于琉球先人的长期研磨,产生出各式各样的形。根据传承人的不同,形也各具特色。形的动作表现都是从"防守"开始的,体现了"空手无先手"的基本理念。而且形的演示中,从敏捷果敢的进攻一瞬转到专注对手以静待变的防御,在判断对手技法水平可能意向的瞬间,作出攻防的反应。在与对手的寻找距离、捕捉进攻机会中学习尊重对手。

形分为基本形、指定形、应用形三种:

基本形:平安初段至五段;内步进、三战、击碎。

指定形:全日本空手道联盟制定的形,用于段位考试和正式比赛。全日本空手道联盟是由四大团体支撑的,规定形也均衡地由每个团体各种形中选择两个。

根据全日本空手道联盟编《空手道形教范》,全日本空手道联盟规定的形有8套①:拔塞(大);久留顿破;观空(大);慈恩;十三;镇东;狮法;十八。

应用形:主要是那霸系、首里系。

那霸系是以宫城长顺传刚柔流传统形为主。

首里系的应用形主要是体现在糸东流的形中。

形修炼须知:眼睛要注视目标,扎实保持应战心理;呼吸顺畅,力量、速度、时机的把握要准确,关键一击要精准利索;步法要流畅;要准确理解、正确表现技法;动作不能夸张,形不是演戏,要的是高尚气质的演武。

3. 组手

组手分为:分解组手、基本组手、自由组手②。

分解组手:对在形中包含的技术含义进行拆解,两人按照形的动作顺序,一攻一防反复练习。练习动作拆解,可以提高形的表现力,也是加深对攻防意义的学习掌握。

基本组手(约束组手):预先规定进攻方与防守方,规定进攻的部位与方法,两人进行攻防交换的练习,可以用组合进攻技术连续进攻与防守,可以加快进攻速度,逐渐加大难度,达到掌握进攻与防守的目的。

自由组手:在规则限定下,两人自由地应用空手道的攻防技术进行对抗练习,是检验所学的技术是否奏效的练习。

自由组手是一种竞技体育方式,对进攻的方法与进攻的部位有严格的限制(图7-4):

禁止攻击的部位:喉部、裆

图7-4　全日本空手道联盟比赛女子组组手

---

① 财团法人全日本空手道联盟.空手道形教范[M].东京:棒球杂志社,2009.
② 一般空手道是将组手分为约束组手、自由组手。2007年出版的《日本的武道》中,全日本空手道联盟提供的技术是将组手分为三种,这是一种分类法的改革。

部、关节、脚背；

不允许用手指、掌底攻击对方；不允许将对方的手臂、脚作为攻击目标。

允许进攻的部位是头部、面部、颈部、腹部、胸部、肋部、除肩部外的背部。

组手的意义与理念：通过形的稽古积累了与设想对手进攻与防守的技术，到了组手，就是接近实际对抗了。与形的练习不同，组手要面对变化的对手，需要良好的心理素质，面对实战要有勇气、要果断、丝毫也不能松懈或者走神。

组手修炼要点：必须注意攻与守动作的正确性，进攻方要钻研如何在对方还没察知自己的动向时快速起动；防守方则讲究如何识破对方的进攻意图，有效地防守反击；攻击距离的判断要准确，要有预判对手可能向前或者向后移动的能力；防守与反击要在瞬间转换，要有因敌而变的反应；要捕捉攻击的目标，并在接触前一寸止住；姿势自然、重心平稳、距离适度、根据对手变化移动，保持动作平衡与呼吸自如。

二、竞赛方法与规则

同样是徒手搏击的竞赛，不同的竞赛规则决定着技术发展的方向，比如，是否可以用摔，是否可以用拿，肘和膝是否可以使用，是否戴护具，是点到为止还是直接击打，是套路与对抗分开比赛还是融为一体，是突出击打还是舞练。

（一）空手道竞赛裁判与分工

裁判组组成：空手道比赛与中国武术不同，不设总裁判长和裁判长，比赛大会设裁判委员会、场地管理、赛事监督来处理竞赛中各种问题。现场执行裁判组成：1名主裁判、4名边裁判、1名赛事监察员，计时员、宣告员、记录员、记分监察员各1名。

裁判委员会职责：与赛事组委会沟通协商，确认比赛专场的安排、所有装备和必需设施的准备与发放、比赛的运作与管理及安全措施等，以保证比赛顺利完成；指派场地管理到各自负责的区域，根据各场地经理的报告采取相应的措施；监督并协调所有裁判人员的工作；根据需要指派候补工作人员；在比赛中发生规则中没有明文规定的技术性问题做出最后判决。

场地管理：对所有负责的场地内进行的比赛的主裁和边裁进行委派、指定、监督。对负责区域内执裁的主裁判和边裁判的工作进行监督，并确认他们有能力完成赋予的职责；当赛事监督发出场上有违背比赛规则的信号时，要求主裁判暂停比赛；每日准备书面报告，对其管辖的每一位裁判员及工作人员的工作情况进行总结和建议，并上交裁判委员会。

赛事监督：协助场地管理监督比赛进行，当现场出现主裁判或边裁判的判决有违背竞赛规则的情况时,赛事监督应立即举起红旗并吹响口哨。场地管理应要求主裁判暂停比赛并纠正相关错误。经赛事监督认可的比赛纪录才可以作为正式大会纪录保留。在每一场或每回合的比赛开始前,赛事监督都应确认选手穿戴着被认可的装备。在团体赛中,赛事监督不参与场上裁判的轮换。

比赛场地:边长为8米的四方形,上面铺有经过 WKF 认定的垫子,场地四周应有2米的区域作为安全区。比赛场地必须平坦且无危险,必须足够大,以允许选手能够毫无阻碍地完成整套形的演练或进行自由组手竞技。

(二)"形"竞赛的主要规则

全日本空手道联盟的"形"的比赛与中国武术的套路比赛相似,都是主观评定式的裁判方式,但裁判的判定标准与方式明显不同。空手道形的竞赛是采用两两相较的方式,两人一起上场,输者出局,胜者进入下一轮。

裁判由5位成员组成。主裁判面向选手坐在中间,另外四位裁判坐在比赛场地的四个角落。每位裁判员手执红蓝旗各一面。如果用电子记分板,则手持输入终端。

图 7-5　全日本空手道联盟形团体冠军表演(2016)

形的比赛分为团体赛与个人赛。团体赛中每支队伍由三个人组成(图 7-5),且队伍成员性别一致。个人赛分别是男子个人赛、女子个人赛。

比赛实行败者淘汰赛,允许复活赛。按竞赛规程规定,选择有关的空手道形演练。允许选手根据各自道场的传授,对形的内容有所变更。在每一轮比赛前,选手都要将所选择的形通报给记分台;在每一轮比赛中,选手都必须演练不同的形。上一轮演练过的形，不得再重复。（根据参赛人数，选手要准备多套不同的形，如参赛选手或团队数只有5～8人，则选手只需要演练3个形，如果参赛的人数或团队数是65～128个，则选手或者团队要准备7个形）在团体形的奖牌争夺赛中，两队必须先依次集体演练形，然后对形的每个动作的意义进行用法演示。整个演练时间包括形和分解，为6分钟。从选手进入比赛场地鞠躬开始计时，到形的分解演示的最后一个鞠躬结束，不允许在比赛中使用传统武器、辅助设备或附加服饰。

选手必须穿比赛规则中规定的正式服装。

比赛的运作：第一回合比赛开始前，点名确认双方选手无误后，一方系红带、一方系蓝带。面向主裁判并排站在赛场的边缘。向裁判小组行鞠躬礼之后，蓝方选手将先退出场地。红方选手在移动至指定开始的位置，并清楚地宣告他将要演练的形的名称后，开始演练。演练完毕之后，红方选手退出比赛场地，由蓝方选手演练。蓝方选手的演练完成之后，双方回到比赛场地边缘，等待裁判小组的判决结果。

形的判定标准：5名裁判员依据运动员的表现，从四个方面评判：

一致性：形的本身与所属的流派的标准一致；

技术的表现：从步法、手法、腿法技术的合理与准确与否、转换的动作是否顺畅合理、时机的把握、正确的呼吸、专注力的表现；

运动能力的表现：力量、速度、平衡力、节奏；

技术难度：形本身的难度。

形并非舞蹈或戏剧表演，它必须遵守传统的价值及理念。从实战的角度来讲，它必须具有真实性，即动作具有攻防意义，同时从技术上也要表现出意志的集中力、潜在的打击力度。在展示出力量速度的同时，还要展示出它的优雅、节奏和平衡感。

形的比赛中出现如下6种情况，即被取消资格：演练错误的形或者宣告错误的形；在演练过程中出现明显的犹豫或停顿几秒钟；干扰裁判的工作；演练过程中腰带脱落；形和分解的总演练时间越过6分钟；不遵守主裁的指令，或其他不当行为。

(三)"组手"竞赛的主要规则

组手场上裁判由1名主裁判和4名边裁判员组成：

主裁判职责：①主导整个比赛进程，包括负责宣布比赛的开始、暂停及结束。②根据边裁的判决，宣判得分。③当发现一方选手出现受伤、生病或其他无法继续比赛的情况时，叫停比赛。④当认为有人得分、犯规或为确保场上选手自身安全,暂停比赛。⑤当两位或以上边裁示意得分或出界,叫停比赛。⑥示意观察到犯规的情况,并请求边裁的支持。⑦认为有理由让边裁重新考虑他们的警告或处罚的判决时,要求他们重新考虑。⑧召集边裁对"失格"的判罚进行合议。⑨必要时向场地经理、裁判委员会或申诉委员会解释某个判决的依据。⑩在团体赛需要时,宣布并开始附加赛。⑪根据边裁的判罚给予警告或进行处罚。⑫领导小组进行投票并宣告结果。⑬解决平局的问题。⑭宣告比赛获胜方。⑮主裁的权限不仅局限于比赛场地,还包括其所有相关区域及控制场内教练、其他选手或选手的任何随行人员的行为。⑯主裁负责所有口令发出和所有判决的宣告。

边裁职责:①根据自己的判断做出得分和出界的旗语信号。②以旗语对主裁示意的警告或处罚做出自己的判罚。③对相关的判决行使投票权。

组手比赛(图 7-6)采用团体赛和个人赛。个人赛按照年龄与体重进行比赛;团体赛每一支男子队伍由 7 名队员组成,每一轮比赛允许其中 5 位选手出场;每一支女子队伍由 4 名队员组成,每一轮比赛允许其中 3 位选手出场。团体赛中各队伍的每位成员都可以上场比赛,不设固定候补。在每回合比赛前,

图 7-6　初中生组手比赛,戴护头(2017)

各队代表应选派好出场队员,并将出场队员的名字和上场次序填写在大会规定的表格上,交到官方记录台,申报之后,不得更改出场人员与顺序。比赛基本采用单败淘汰制,也有采用小循环赛的败部复活赛的方式。

全日本空手道联盟组手比赛规则,特点在于"点到为止",用日语表述是"寸止";所有的进攻在接触对方身体一寸前停住。

组手级别:

男子:60 公斤级、67 公斤级、75 公斤级、84 公斤级、84 公斤以上级;

女子:50公斤级、55公斤级、61公斤级、68公斤级、68公斤以上级①。

比赛时间:每局男子3分钟,女子2分钟。

比赛场地:边长为8米的四方形,上面铺有经过WKF认定的垫子,场地四周应有2米的区域作为安全区。

选手的服装与护具:参赛选手的服装的颜色、长短、标志、头发、指甲等都有具体的规定。

护具必须携带如下6种:①拳套;②护齿;③护身(女性还必须佩戴护胸);④护胫;⑤护足;⑥少年比赛时除佩戴以上护具外还要佩戴护头。不强制佩戴护裆,如果佩戴,必须是由WFK认可的款式。所有的护具都必须通过WFK认证。禁止戴眼镜,可戴软性隐形眼镜。如因受伤而需要使用绷带、护垫或辅助护具,必须由大会医生建议并取得主裁的许可。

得分分为三种:一本(3分)、有技(2分)、有效(1分);

得分动作必须满足如下条件:

良好的姿势、饱满积极的态度(全神贯注又不怀恶意);

刚劲快速有力的击打、完成击打动作后的警戒(残心);

准确的时机、正确的距离。

全日本空手道联盟规则包括世界空手道联盟的规则,正确的距离是指:在击到对方得分部位前5厘米距离。

得分部位:头部、面部、颈部、腹部、胸部、背部、肋部;

允许用剪腿、泼腿等传统技法击倒对方,但为了安全,不允许用抓抱对手腰以下部位的摔法,不允许用支点在腰带上的摔法。

得3分(一本):用腿法攻击对方头部、面部、颈部;对方被摔倒或自行倒地时,再加到对方身上的任何击打动作;

得2分(有技):用腿法击中对方腹部、胸部或肋部;

得1分(有效):用冲拳或者其他手法击中得分部位。

禁止使用的动作有两类:

第一类:一是进攻动作接触到对方的得分部位,就是打中对方,特别是喉部,即使碰触都不允许。二是攻击对方的手臂、腿部、裆部、关节、脚背。三是以掌攻击对方面部。四是用危险的或被禁止的摔法进攻对方。

第二类:假装受伤或夸大伤情;无防备,作出可能使自己被对方击中而致

---

① 不同年龄段的体重分级不同。21岁以下级(18、19、20岁);少年(14~15岁);青年(16~17岁);分的级别与世界锦标赛不同。

伤的行为；用逃避的方式使对手无法得分；消极，没有交战的意图；消极搂抱对方；使用危险的可能伤害对手的攻击动作；试图用头、肘、膝进攻对方；挑逗对手，不服从裁判，对裁判不礼貌或者有其他有违礼节的行为。

在空手道比赛中，对造成选手伤害的任何攻击判罚都很严厉，在成年人比赛中，在判断"寸止"时，允许无伤害性的、轻微的、有节制的触碰。但在青少年比赛时，不允许触及头部、面部、颈部。

在团体赛中，可能因为一个运动员的无礼行为导致整个团队失去比赛资格。

犯规的处罚分为5个等级：忠告、警告、犯规提醒、犯规、取消资格。

胜负的判定：

率先取得8分的净胜分；

在比赛结束时得分高者；

因裁判判定胜；

因对手犯规胜；

因对手被取消资格胜；

因对手弃权胜。

团体赛允许平局；个人赛不允许出现平局。

个人赛如果时间结束时出现双方均未得分或者得分相同，则由四位边裁判与主裁判通过投票方式来决定，每人一票。这时判定胜负由三方面作为根据：选手表现出的态度、斗志、力量；双方所展示出的战术优势和技巧娴熟度；双方在场上的主动性。

第五节　从全日本空手道联盟到世界 KARATE

日本的9项现代武道中，柔道已经于1964年东京第18届奥运会率先成为奥运会的正式比赛项目。相扑曾经也有过进入奥运会的进程举动，但是没有成功。空手道一直处于分裂的状态，在欧洲空手道联盟提出建立世界空手道联盟时，全日本空手道联盟的要员曾经还设想先将日本国内的空手道统一起来，再做国际的事务，但是这项完全统一国内所有空手道界的构想至今没有实现。

空手道成为奥运会正式项目，在最后环节，全日本空手道联盟发挥了重要作用，东京2020年是东道主，以巴赫为主席的新国际奥委会改革的条款给日本人机会，但是从空手道走向国际初期阶段，普及空手道的业绩，并不是1964

年成立的"全日本空手道联盟"开始,而是成立于1948年的"日本空手协会"走在前头、冲绳民间的传统空手走在前头;而致力于成立世界空手道联盟,是欧洲空手道联盟走在前头。

一、欧洲人率先的国际空手道联盟

20世纪30年代开始,冲绳传统空手界就走向世界各地传播唐手。1950年后,日本空手协会就派遣指导员到美国和欧洲各地传播船越义珍的松涛流空手道。五六十年代是欧洲和美国等地空手道发展的高峰时期(图7-7)。

图7-7　2001年金泽弘和主持的英国空手道学员合宿

1961年,法国的空手道四段亨利·普利通过努力,在欧洲培养出数百名黑带选手。1963年,法国、比利时、英国三国空手道人士组成欧洲空手道联合会并召开第一次欧洲空手道会议,意大利、瑞士、德国、西班牙的代表加入了这个团体。这时,全日本空手道联盟还没有成立。以这七个欧洲国家为中心,成立了"空手道欧洲会议"。1964年,第二次欧洲空手道会议召开,这次会议旨在研究竞赛规则与裁判问题。在欧洲人研究空手道裁判规则时,日本空手协会(JKF)的高野、山崎、富山、铃木、望月、高见泽等应邀参与了指导。1965年,第三次欧洲空手道会议召开时,又有奥地利、南斯拉夫、葡萄牙等国团体加入。第一届欧洲空手道锦标赛于1966年5月在法国巴黎举行,比赛采用"点到为止"的"组手"竞赛。由于电视直播,欧洲锦标赛比赛取得巨大成功。1968年,爱尔兰、苏格兰也加入这个欧洲空手道会议。同年5月,第二届欧洲空手道锦标赛在巴黎举行。这届锦标赛开始增加"形"的比赛,来自日本和道流的铃木、松涛馆的金泽弘和,被该次大会聘请为技术指导。同年,欧洲空手道会议建立了国际裁判员制度。1969年,非洲空手道联盟成立。1970年,欧洲空手道会议会长帝鲁·柯得宣布国际空手联合会成立,并准备在巴黎举行第一届世界空手道锦标赛。欧洲人的举动惊醒了日本人,全日本空手道联盟会长笹川良一匆忙专程到法国会见帝鲁·柯得,提议欧洲空手道会议与日本联合组织世界空手道联合会,暂停关于世界锦标赛的议题,通过协商,双方取得共识。

二、成为国际单项体育协会成员

1970年,全日本空手道联盟为主体,联合欧洲空手道会议,在东京组织成立了由33个国家参加的世界空手道联合会(WUKO),第一任会长由全日本空手道联盟会长笹川良一担任,并在东京武道馆举行了第一届世界空手道锦标赛。世界空手道联盟约定每两年举行一次世界锦标赛。

1975年初,以冲绳人西山英峻[①]为会长的国际传统空手道联盟(ITKF),向国际奥委会申请成为国际单项体育组织,世界空手道联盟得知情况后,赶紧在第二年向国际奥委会提出同样申请。由于国际奥委会在世界上只承认一个组织为国际单项体育组织代表,经过周折,1985年,世界空手道联盟(WUKO)被国际奥委会所承认。由于国际传统空手道联盟(ITKF)的反对,国际奥委会一度暂停世界空手道联合会(WUKO)作为国际单项体育组织的代表资格,协调并要求世界空手道联合会与国际传统空手道联盟重组成一个新的世界空手道组织。几度磋商,双方终因发展空手道的宗旨不同没有实现融合。后经过世界空手道联合会与全日本空手道联盟的努力,1993年10月,在巴塞罗那第101次国际奥委会全会上,世界空手道联盟WUKO更名为国际空手道联盟(WFK),并被通过为国际奥委会承认的国际单项体育组织。

1999年,世界空手道联盟(WFK)开始申请空手道作为奥运会正式比赛项目,连续三届作为备选新增项目而最后落选。

空手道走向世界不单是全日本空手道联盟的力量,欧洲空手道会议、美国空手道协会、拉美空手道联盟等,多元的空手道流派和多元的团体,加上全日本空手道联盟的努力,到20世纪80年代空手道的普及率已经相当高,作为一个普及到世界各国的广泛性项目,空手道已经具备了足够多的参与率。

三、全日本空手道联盟主导的最后冲刺

世界空手道联盟成立以来,全日本空手道联盟也为空手道入奥做了大量工作,2003年新加坡的奥委会全体会议,空手道入奥在奥委会全会的投票中

---

① 西山英峻为日本冲绳人,松涛流空手道传人,大学期间参与空手道活动相当活跃,1953年随日本武道代表团访问美国,1961年只身到美国发展,以洛杉矶为总部成立国际传统空手道联盟,拥有73个国家团体,三年一次轮流在成员国举办国际比赛。他坚持空手道是武道的理念,反对金牌至上的竞技空手道。参见第九章第二节。

以 31∶60 失败,曾经引起欧洲的空手道联盟有关人士对日本同盟者表示不满。但是全日本空手道联盟一直将入奥作为自己主要工作目标之一。他们动员了日本各界的力量,甚至也将以格斗闻名的极真空手道作为自己的协作团体,目标就是进入奥运会。

2014 年 6 月 18 日,82 名日本国会议员成立了"空手道推进议员联盟",内阁官房长官菅义伟作为发起人之一,并任会长,联盟成立趣意书指出:"日本传统的空手道,在世界广受喜爱,为进一步促进普及发展,从多角度促进青少年健全发展,无论如何第一步目标是促成空手道成为东京奥运会和残奥会的正式项目。"菅义伟说:"我自己在大学时代就是通过空手道练就的勇敢与不屈的精神,至今还在发挥作用。"他们认为国际奥委会新会长就任以来,对夏季奥运会的竞技项目进行新的改革,新出台的多项改革为空手道入奥提供了难得的机会,为了紧抓这个机遇,有必要成立空手道推进议员联盟,空手道曾经 3 次作为奥运会候选新增项目,都功亏一篑。现在应该乘东道主之势,一定竭尽全力将空手道推进奥运会(图 7-8)。

图 7-8 日本东京都自民党结成的议员联盟,目标在于将空手道推进东京奥运会

世界空手道联盟会长为此非常高兴,特意表达感谢。空手道推进议员联盟成立会上,竹下亘干事长对设立宗旨、规则、事务人员安排作了说明,高村正彦、石破茂为最高顾问、佐藤正久为事务局长、笹川博义为事务局次长。会上,全日本空手道联盟会长笹川尧致贺词,世界空手道女子冠军日本选手宇佐美里香进行形的表演。

2014 年 7 月 19 日,IOC 发布公告,夏季奥运会总体规模,参赛的运动员总数限制在 10500 人以下,由主办地选择新增项目。世界空手道联盟会长安托尼·艾斯皮诺、全日本空手道联盟会长笹川尧、德国空手道联盟会长外依·格鲁斯和世界空手道联盟理事奈藏稔久,7 月 28 日专程到瑞士洛桑,拜会国际奥委会主席托马斯·巴赫和其他奥运会协调官员,面陈增加空手道作为东京 2020 年奥委会比赛项目(图 7-9)。

图 7-9　2014 年,全日本空手道联盟会长笹川尧、德国空手道联盟会长、世界空手道联盟会长等前往瑞士洛桑拜访国际奥委会主席巴赫

2014 年 8 月 8 日,在南京举行的青年奥运会上,国际奥委会主席托马斯·巴赫表示:奥运会项目的规定将采取柔软政策,其中之一就是根据主办城市的意向设项,主办城市向奥委会提出方案,经国际奥委会审议后可以通过。而棒垒球与空手道是东京最希望增加的项目。全日本空手道联盟在"会报 03 号"上披露了这个消息。

2014 年 9 月 1 日,世界空手道联盟主席在全日本空手道联盟会长笹川尧等陪同下,专程拜访了东京奥委会编委会会长竹田恒和,就东京奥委会增加空手道项目的意义、参加比赛运动员人数、现有比赛场馆的利用、空手道竞赛高水平的表现,世界空手道联盟充分具备组织大型比赛经验等事宜进行了交流。世界空手道联盟的设想得到东京奥组委的理解与支持。接着全日本空手道联盟发起空手道支持者 50 万人署名活动,活动延续到 12 月,超过 71 万人签名支持空手道进入东京奥运会。

2014 年 10 月 29 日,空手道促进议员联盟举行第二次会议,联盟争取到 110 名议员加盟,会议通过了新决议:"空手道此前几度成为奥委会候补新增项目而未能实现入奥,国际奥委会从2020年开始将进行项目改革,这是极好的机会,空手道推进议员联盟决议强力推行空手道成为东京奥运会的正式比赛项目,向政府和有关团体强烈呼吁。为空手道入奥尽最大努力协调国际奥委会和东京奥组委。应该着眼于2020年东京奥运会和残奥会将空手道作为正式比赛项目而努力。"

2015年11月28日,东京都议会以全票通过,决定将"棒垒球与空手道等五个竞技项目作为东京2020年奥运会新增项目",会后将议会决议分别送达东京都知事外添要一、文部相下村博文、东京奥组委委员长森喜朗等。11月,在德国举行的世界空手道联盟总会上,日本人奈藏稔久被选为事务总长,香川政夫任技术委员会长,这又加强了日本人在世界空手道联盟中的力量。

东京奥组委向国际奥委会提交增设新项目的申请,按规定提出的六项新增运动项目中,排在第一位的是在日本拥有大批爱好者的棒球与垒球;排在第二位的就是"空手道"。东京奥组委向国际奥委会提出:"增设空手道项目8个金牌,共增加80名运动员。"比赛地点就在1964年第18届东京奥运会柔道比赛馆,即日本武道馆。比赛时间为两天。

全日本空手道联盟发言人对新闻媒体说:空手道设两个子项目、在2日内完成比赛。比赛小型而内容充实,参加人数男女相等,在日本武道馆举行,不必增加场馆投资、空手道还可以作为残奥会项目。空手道是超越国别、宗教、性别的、成熟的竞技体育,世界空手道联盟和全日本空手道联盟在赛事运营中会采用较为灵活的方式,吸引更多人参与这个运动项目。

2016年6月4日,国际奥委会执委会会议同意东道主的建议,打包通过将"棒垒球、空手道、攀岩、冲浪、轮滑"作为2020年东京奥委会新增项目。8月3日里约热内卢国际奥委会第129届全会通过,至此空手道已经成为2020年东京奥运会的正式比赛项目。

第六节　当今全日本空手道联盟面临的问题

一、空手道成为中小学正课问题

日本重视武道教育,早在1926年柔道与剑道就成为日本中小学校正式课程。而后,弓道、薙刀作为日本传统武道,被中小学女生所青睐。而空手道这个源于琉球的唐手,是新兴的武道,一直被认为是外来的,比较粗俗与野蛮,迟迟得不到日本高层人士的普遍承认。20世纪50年代这段时间中,空手道得到前所未有的发展空间,随着战后日本经济的复苏,到了80年代,空手道简捷、易行、实用,成为日本推向海外的最有影响的体育文化。但是全日本空手道联盟长年致力于将空手道当成日本武道的一部分,推进日本的学校教育体系,直到2010年日本武道协议会上,才将这个目标作为日本武道馆的一个联合目标。2012年付诸实施。

武道议员联盟总会在推进"日本武道振兴"计划,从统计的各个中学开展武道教育情况来看,柔道、剑道比较普及,日本文部科学省体育、青少年局2014年11—12月,从都、道、府、县公立中学各抽20所学校,全国样本为960个,调查2012年日本国会通过将武道教育列入中学正式课程以来,各校实施武道教育的情况,64.4%的中学开展柔道教学,35.7%的中学开展剑道课,除冲绳县外,其他各县中学开展空手道课的不足10所,接近1%。只有冲绳县88%的中学将空手道作为体育课正课。要在全日本将空手道作为学校正课,还有很大距离。

全日本空手道联盟对中小学开展空手道课程非常重视,组织技术与教学骨干编写了中小学空手道课的示范教材,从如下的案例中可以得知全日本空手道联盟在青少年普及中的一些努力:比如在小学生中普及空手道时,要重视快乐教育,引导小学生乐于参与空手道活动,让小学生在空手道中感受到乐趣,强调小学生的身体发育,避免提倡毅力与坚持,严格要求与表扬结合;对初中学生指导时,理论方面要重视满足他的好奇心;不要高深的理论指导,重视如何能够引导他们喜欢。技术方面比小学生略为提高。青春期的学生对新的事物充满好奇,在技术上也要注意。对高中生来说,特别强调基本动作的扎实与正确,对从小学、初中时期已经养成的缺点,要适当予以纠正,而且也注意唤醒学生成长的自觉,让学生主体体验正确与缺陷。这时指导教师不能居高临下指导,在尊重学生个性与交朋友的方式中与之共同进步。全日本空手道联盟对小学生、初中生、高中生的空手道指导内容有相对成型的模式。

比如高中学生的指导:

第一部分:基本动作,礼法:学习正确的礼节方法,学习在武道中礼的意义。步型:掌握各种步型的特征,各种步型与技法的关联性,解说每个步型的四个要点,步幅、脚尖的朝向、膝部的位置、重心所在。还要讲究移动中保持重心在步的正中。基本方法:冲、插、打、格挡、踢、各个动作的作用,攻击与防守动作的着力点与着力部位。在移动中练习各个攻防动作。

第二部分:对人的技能,约束组手:在动作约定前提下,在攻与防转换中练习与掌握动作,每个动作要求准确,没有多余的预摆,防守要紧密,还要学会在不利的位置进行反击。自由一本(组手):预先固定好攻与防顺序,但在连续攻与防的练习中捕捉当中决定性的一个动作。作为一组进攻中决定胜负的一击。自由组手:按照全日本空手道联盟规定可用的方法,攻击对方可攻击的部位。自由自在的起势、自由自在的技术应用与发挥,特别注意培养寻找攻击与反击的距离与时机。从防守到反击的转换,反应的敏捷、变化的流畅。

第三部分:形与技能;基本形:首里系:平安初段、二段、三段、四段、五段、铁骑二段、铁骑三段。那霸系:击碎一、二段,三战中选择部分形练习或者全部练习。要在正确理解形的每个动作意义基础上认真掌握练习。

指定形:原先的指定形:拔塞(大);久留顿破;观空(大);慈恩;十三;镇东;狮法;十八。

2006年又新增了8个套路:制引战;十三;观空(小);雁飞;松村鹭牌;二十八步;二十四;公相君。

应用形:选择2~3个套路,准确理解套路的每个动作后将动作完整演绎。全日本空手道联盟的技术指导建议中提出:高中生是进入成年人的路口,要通过空手道的修炼促进其成长为人格完整的人,指导教师要营造严格要求与包容鼓励相结合的空手道修炼氛围。

二、确保继续成为奥运会项目问题

为了适应国际奥委会的要求,空手道在竞赛方法方面作了国际竞技体育共同趋势的修改:一是保证空手道竞赛是安全的;二是参与的国家和人群越来越广泛,可以不受限制参与空手道运动;三是在竞赛胜负的判定方面,避免主观意志,要客观透明。

空手道成为2020年东京奥运会比赛项目后,是可以长久作为奥运会正式项目还是只是昙花一现?2016年11月18日,在日本议员多功能厅召开"空手道推进议员联盟"第4次总会,目前已有114名议员参加这个推进会。他们开始筹划空手道成为残奥会的正式项目而长久保留在奥运会中(图7-10)。

为更多的人了解空手道竞赛,制作了统一口径的宣传招牌,还对空手道竞赛的规则作出相当简约的说明,力求让更多的人来了解支持空手道竞赛。

如何看待竞赛空手道与传统空手道?传统与竞技能并行发展吗?全日本空手道联盟能否继续引领空手道走向?日本空手道源于琉球的唐手是研究者不能否认的。现在他们认为空手道是在冲绳拳法的原型的基础上,作为日本的传统文化发展升华的。已经超过冲绳时期的精神与技术了。将空手道作为一种武道文化来继承,是东京的空手道研究者的共识,但是必须有重视传统又

第七章 从全日本空手道联盟(JKF)到世界 KARATE(WKF)

图 7-10 空手道残障人比赛

不拘泥于传统的姿态才能发展。将传统作为母体，让母体不断发出新芽，只有这样的武道才能不断繁荣。

历史是在动荡与平稳、停滞与进步中交替前行的。无论什么时代，都要让武道发挥出促进平安与进步的作用。如何带领世界空手道研究的走向？空手道成为奥运会项目之后是日本的文化，还是完全按欧洲人意愿改造？全日本空手道联盟能够把握住空手道发展的方向吗？

全日本空手道联盟还要以空手道母国的自觉，主动协助世界空手道联盟、亚洲、欧洲、非洲、大洋洲、泛美的空手道联盟展开各种空手道活动，致力于空手道的国际普及。还要尽可能为国际空手道组织提供技术支持。必须派遣空手道专业人士参加国际竞技大会技术讲习会等活动。对日本人来说，这里有高级空手道专家储备的问题(图 7-11)。

确保世界第一竞技水平地位：在

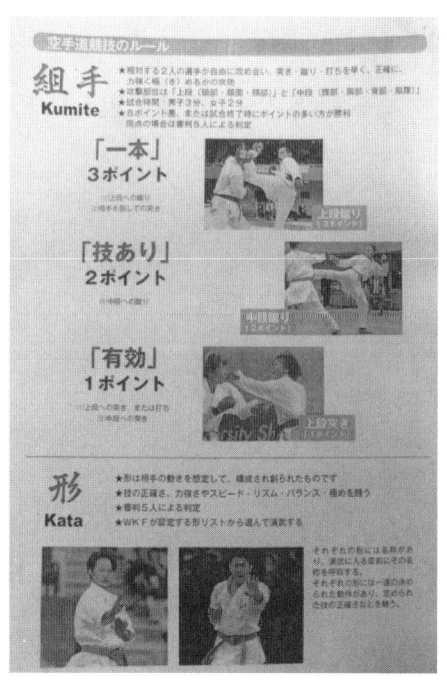

图 7-11 奥运会空手道比赛宣传图片之一，空手道比赛简要规则

所有空手道国际大赛中,外国选手总是将空手道母国日本作为挑战目标。如果在决战中战胜日本选手,对外国选手来说就是一件光荣而值得夸耀的经历。日本空手道如何在国际大赛中稳居领先的地位,这也是全日本空手道联盟面临的尖锐问题。不论采用何种竞赛规则,全日本空手道联盟的选手应该保持不败。必须有强有力措施保证日本选手在将来国际空手道大赛中保持优势的技术态势。但是技术一旦公开,竞赛胜负就是选才与训练水平的问题。相对在力量、速度、耐力都占优势的欧洲美洲的空手道选手,日本人在身体能力方面并不占优势。世界空手道联盟的规则修订方面,欧美的人士逐渐主导了发展趋势,比如用高腿击中头部得3分,就明显有利于手长腿长的欧洲人,这样对于日本来说,也是严重的挑战。

2016年10月15—20日在奥地利举行的第23届空手道世界锦标赛中,日本代表团取得6金、2银、1铜的好成绩,是参赛队伍中奖牌最多的团体。我们看到日本队强项在形,是靠主观意识打分的竞赛,男女个人形、团体形的冠军被日本队包揽,10个组手比赛中,仅得女子68公斤级、男子84公斤级冠军。对抗项目中,日本队并没有绝对优势。

三、解决日本国内空手道人口下降问题

少子化的影响:21世纪以来,日本出现了人口减少的趋势,经济泡沫多年未能复苏,经济衰退的社会中,家族的主力男性由于生存压力加大,不敢结婚,女性由于自立参加工作,不愿意结婚或晚婚,或者结婚不愿生育,导致日本出生率连年下降,少子化已经相当严重。相对于1949年出生率高峰期的270万人,到2008年,低于170.5万人,少子化的现象严重影响了参加武道活动的人数。一方面,日本对学校全面实施一周五天制,改革了学习指导要领,全面修订了教科书;另一方面,由于儿童人数减少,不少原来的学校体育运动俱乐部停止活动或者废除了。据有关统计,今日日本参加空手道道场练习和空手道俱乐部的孩子明显减少了,只有20年前的三分之一左右①。一些儿童受学业影响、其他运动项目更具有吸引力等多种原因,参加空手道练习的少年儿童逐年减少。

在普及与吸引现代日本青少年参与空手道运动中,全日本空手道联盟提出"心的教育",通过空手道修炼来提升青少年的健全精神,特别是通过空手道修炼不断提高青少年的礼仪规范与举止优雅。他们致力于打造"有魄力的空

---

① 日本武道馆.日本的武道[M].东京:棒球杂志社,2007:262.

手道",吸引更多的适龄儿童参加空手道运动。培养青少年独立顽强的个性,解决目前日本青少年中精神软弱、父母过度保护等问题。

为了让更多从较大年龄开始亲近空手道的人士,在申请空手道段位方面的便利,发挥这个群体的积极性,全日本空手道联盟采取措施鼓励"生涯空手道",就是一生追求空手道的人。给予高龄的空手道修行者授予相应的段位。作为日本文部科学省与日本体育协会鼓励终身参与体育活动的一个环节,2001年开始举办年长者全国运动会,空手道也作为一种正式运动项目被采用,空手道被认可为老龄适宜的运动项目之一。这方面的研究也正在加以推进。

现在日本文部科学大臣认定空手道的指导员制度作为国家认可的社会事业一环,全日本空手道联盟也将完善空手道社会体育指导员制度。随着时代发展,对空手道竞赛的规程、对技术规范也应该有相应的改进与发展。

四、经费筹措的问题

筹备资金为公益财团法人开展各项活动奠定基础:第一任会长是早稻田大学的总长,他是一位有社会声望的学者,来自冲绳县,之前曾经受文部省委托,成功组建了全日本学生空手道联盟。但是在联盟筹措经费方面,第一任会长没能有更多的贡献。第二任会长笹川良一,有财团支持,上任就给全日本空手道联盟注入一亿日元资金,让社团法人成为公益财团法人组织。接着通过发展会员、段位审核、国家公益金资助多方面解决经费问题,按日本社会管理有关规定,全日本空手道联盟每年公布年度预算并公布年度决算,接受社会各界的监督。2015年元旦,会长笹川尧还是在新年致辞中讲到筹措经费是全日本空手道联盟重要的任务之一。从全日本空手道联盟公布的2015—2016年度的经费预算看,全日本空手道联盟年度经费收入大约在36200万日元;其中会员费约2724万日元;事业收入(主要段位审查、升段费、讲习班学费)约17120万日元;赞助费约1600万日元,政府的补助金约1100万日元。作为开支部分主要是:雇员酬金、各种人事补贴约占5000万日元,旅费交通、水电费、消耗品、杂志印刷发行等为其他主要支出。年度各类赛事经费、参加各类国际比赛的经费有另外的经费渠道。全日本空手道联盟建设有独立的"日本空手道会馆",会馆除全日本空手道联盟办公地外,还可以兼讲习班、训练等。全日本空手道联盟是公益财团法人机构,是非营利性法人,但是要经营运转还是存在经费的问题。目前全日本空手道联盟的净资产约为 13 亿日元[①]。

本章小结

全日本空手道联盟是日本国内权威的空手道组织协调管理机构,它作为日本武道协议会成员,是在日本体育协会、日本奥委会、世界空手道联盟等组织的支持下开展空手道各项工作的。由于日本的社会管理制度,全日本空手道联盟的历史还没有其他的空手道团体长,在竞赛方式改进,体现空手道特色方面,还存在种种不足,但是全日本空手道联盟在简约形式、规范技术、国际推广和空手道成为奥运会正式比赛项目及空手道作为武道的一种,正式进入中学教育方面做了大量有效的工作。我们分析全日本空手道联盟发展的过程,既看到了现代竞技运动普及的艰辛与曲折,也看到了成为奥运会竞赛项目和当代国际化运营中一些共性的标准。安全、规范、简约是成为国际竞技项目的重要条件,而开放与国际化也是空手道成为当代世界性运动项目的一个有效途径。

---

① 全日本空手道联盟经费收支资料参照 2016 年 5 月全日本空手道联盟(JFK)网站公布数据。

第八章 从"寸止"到直接击打

全日本空手道联盟是日本国内最大的空手道团体,它的"组手竞技"用的是"寸止"的方式,类似于中国的"点到为止",这是基于竞赛安全的考虑,是在近代竞技体育基础上试验发展起来的,最早是各大学唐手部之间的交流赛,各自商定比赛规则,逐渐被全国性大学比赛采用,现在世界空手道联盟、亚洲空手道联盟、全日本空手道联盟、日本国民体育大会的空手道比赛,都是采用"寸止"的竞赛方式。但是这种"点到为止"的竞赛方式,一直以来受到各方的质疑。有的观众认为这是假比赛。冲绳传统的空手界有人直接就嘲笑这种"寸止"竞赛为舞蹈。在空手道国际比赛中,也常有欧美的运动员被判输感到不服气的。与"点到为止"的竞赛方式相对的就是直接击打制的空手道比赛,毕竟是现代体育竞赛,保证参赛者的安全是第一位的,在1964年全日本空手道联盟成立之前,有不少人作过空手道直接击打制竞赛的试验。如东京大学唐手研究会,早在1928年开始采用棒球的护胸和面具、拳击的手套,东京大学的空手道部也走过80余年历史,现在仍是采用全日本空手道联盟"寸止"的竞赛方式。摩文仁贤和也在20世纪30年代开始,采用过直接击打制比赛的试验(图8-1)。但他只开了一个头,并没有持续下去,在糸东流空手道的体系中,还是以形的练习为主体的修炼体系。这些试验虽然没有完全成功,但是促进了日本空手道的多样化与

图8-1 摩文仁贤和早期试验戴护具直接击打,右为当年神奈川县柔道会会长

繁荣。立命馆大学刚柔流空手道草创期,山口刚玄就开始试验直接对打,称之为"实战组手"。青年时曹宁柱参加试验过戴护具直接击打,极真会创立人大山倍达还在曹宁柱的武馆训练过一段时间(图8-2)。

图 8-2　山口刚玄主持的东京刚柔流会馆 50 年代试验戴护具对抗

第一节　脱胎于糸东流空手的"日本拳法"

日本拳法是独立于全日本空手道联盟的一个法人社团,但是它脱胎于糸东流空手道。日本拳法曾经也是现代日本武道中一个有影响的类别,但是由于内部的分裂与长时间的"兄弟"诉讼官司,这个日本拳法在日本自卫队系统和一些警察系统采用外,并没有成为当代日本武道联盟的一个正式团体,也没有被列为日本国民运动大会的比赛项目。

一、泽山宗海与日本拳法

日本拳法的技术体系,是泽山宗海于 1932 年开始建立的,它的拳法与腿法技术与我国武术散打相类似。泽山宗海原名泽山胜,生于明治三十九年(1906)12 月 12 日,1932 年 7 月毕业于关西大学法文学部法律专业。

在关西大学读书期间,他向摩文仁贤和学习糸东流空手。宫城长顺在大阪短期传播过刚柔流唐手，也曾经教过泽山宗海①。泽山在学习唐手前，练习过柔术，他学习的柔术也是以形的方式传播擒拿、点、蹴等技法，形为主的徒手练习，激发不了泽山宗海的兴趣。刚接触唐手的踢打为主的攻防，泽山宗海很有兴趣，但是糸东流唐手也是以形为主，泽山宗海不满足，就领着几个爱好踢打对抗的同学，以大阪府吹田市垂水神社为据点，将唐手的形的基本方法进行拆解，研究如何自由击打，他选用了唐手的各种辅助练习方法，兼采拳击、柔术之长，创立了踢、打、摔、拿并用的综合徒手搏斗体系，他们还自己动手，设计并缝制护具，设立了竞赛方法，创立出有别于普通唐手以形为主的竞赛体系。从大学期间开始研究，仅三年时间，就聚集了100余个爱好者，大学毕业的同年秋天，泽山宗海成立了"大日本拳法会"，自任会长。

泽山宗海先以自己的母校关西大学和吹田市作为据点，致力于在大学体育会中普及推广日本拳法，关东地区则由弟子森良之祐推广②。东京一带最早成立日本拳法俱乐部的是立正大学，之后逐渐扩大到多所大学体育会中。

泽山宗海创立了日本拳法会，不久，就将会长让给在关西大学中低两级的同学矢野文雄，自己专注于拳法技术的研究。除了不断完善日本拳法的技术体系与竞赛方式，就日本拳法技术本身，泽山宗海还开发出"波动拳"（用一种带弧线的拳法，打出特别的力量）。还研发出增加力量、增加柔韧、增加耐力等体能的辅助练习方法的"日本拳法"体系。

第二次世界大战日本战败后，泽山宗海回到母校任讲师，并继续他的拳法研究，他自任日本拳法首席师范，一生致力于拳法技术研究，在日本拳法研究中，他引入中国孙子兵法、庄子的思想、禅的训练等哲学思考，对典型的技术，从物理学、力学的角度作了科学的分析。

二、日本拳法的发展

日本拳法运营团体以大学为主体扩充，曾经取得较好的效果，而且日本拳法的技术体系与练习方法较完善，指导者的培养方面也很出色，很快得到社会的好评，其他讲究直接击打的徒手竞技团体，模仿日本拳法技术的也很多。开展日本拳法活动的各大学中，关西大学一直在技术上拥有优势。随着各大学间日本拳法竞赛的开展，一些在高中阶段就表现出较强水平的学生选手，被东

---

① 在宫城长顺1934年著的《唐手概说》中，记录了冲绳以外的弟子，其中有泽山胜，就是泽山宗海，但是泽山宗海的书中没有提到向宫城长顺学习过。

② 由于人际关系问题，1953年泽山宗海将森良之祐除名，而森良之祐在东京也有自己开辟的一片天地，组成独立的日本拳法新团体，开展研究、培训、竞赛等各项工作。

京数所大学的日本拳法部所引进。国士馆大学、明治大学从关西引进一些高中的好手,逐渐成为具备竞赛实力的大学。中央大学、龙谷大学、大阪商业大学、早稻田大学、关西学院大学各校也是日本拳法竞赛中的强校。同志社大学也挑选了不少高中好手,也具备与各强校抗衡的竞赛能力。

由泽山宗海研发的日本拳法技术体系,实用性强,一直被日本自卫队训练所采用。泽山宗海的弟子森良之祐曾被邀请参与制定了自卫队徒手格斗教材。自卫队的徒手格斗教程,采用了日本拳法、柔道、富木谦治流合气道三种技术。森良之祐还担任过日本警察大学校的讲师,因此日本拳法对警察的逮捕术也有很大影响。

日本拳法在几十年的发展中,产生了一批在日本徒手格斗界有一定影响的人物,如松永俊治从1962年到1972年连续9年取得全日本拳法锦标赛个人冠军,1975年再次登上冠军领奖台。另一位选手杂古哲夫,计49次取得冠军,成为日本拳法界的名人,他们到海外指导日本拳法,为日本拳法的国际普及作出贡献。

日本全国有66所大学、40所高中将日本拳法作为课外教育活动,但尚未列入大学与高中联赛的项目,也没有成为日本国民体育大会的正式比赛项目,2009年,为打破流派和分派的界限,各地日本拳法友人成立了公益财团法人全日本拳法联盟。2009年10月13日,全日本拳法联盟获得内阁府认证。截至2015年,日本拳法大约有40万左右的爱好者登录在册(图8-3)。

图8-3 日本拳法的团体比赛的礼节

由于泽山宗海之后第二代传人不团结,就"日本拳法会"还是"全日本拳法会"的名称与标识问题,谁代表正宗的日本拳法问题,几个相关团体长年在打官司,影响了日本拳法整体实力与发展机遇。现在东京、大阪等地日本拳法的传人们正逐渐达成共识,为纪念宗师泽山宗海,各团体协作,努力将日本拳法发展为日本国民运动大会的正式比赛项目。

三、日本拳法的技术特点

泽山宗海创立的日本拳法有三个特点：一是技术上基本放弃"形"为主的体系，直接建立了以步法、拳法、腿法、摔法、拿法的技术体系，这是日本拳法的主要技术，日本拳法体系中也有形，但是在整个技术体系中形是次要的；二是发明了适用于徒手搏击竞赛的护具，泽山宗海则从自己缝制护具开始，成功开发了包括护头、护胸、护裆、护胫、拳套五个部分的护具组合，确立了戴护具直接击打的竞赛方法；三是借鉴了琉球唐手的辅助练习方法，如拧木棒、打沙包等方法，提升击打的威力，重视抗击打能力训练，并研发出一套自己的发力方法。

泽山宗海不满足唐手的练习体系，正如他所说的：光是形，不能建立正确的攻与防的技术要领。他在《日本拳法》一书的"著者的话"中指出："东洋自古以来就流传着各派拳法，各派拳法都有相当的历史与道统，而这些拳法全部是'形'的拳法。而我在昭和七年创始的日本拳法，穿戴上新研究出的护具，以互相自由攻防方式进行训练，是'乱'的拳法。"[①]

相对于日本柔术和琉球唐手都以"形"为技术主体，泽山宗海的日本拳法就是以打为主体的，这点从他穷一生精力所研究写成的《日本拳法》中可以看出。泽山宗海从1932年在大阪创立日本拳法会，到1964年写出《日本拳法》一书，1968年出改写版，经过30余年的研究与改进，日本拳法的技术体系基本完备。

《日本拳法》一书分为九部，37章。

第一部为序，第一章是序说：日本拳法概要、拳法的起源、沿革、日本拳法的创始。第二章是礼：概要、礼法、立礼、座礼、蹲踞之礼。第三章是人体要害部位：概要、头部的要害部位、躯干的要害部位、手臂的要害、腿部的要害等。第四章是拳脚的种类：拳的握法与击打着力点、掌的型与击打着力点、各种指法的变化；腿法的着力点：前脚掌、后跟、足刀、脚面等；肘、膝、额的应用与着力点。第五章是步法：只提出五种，上步、侧步、交叉步、换步、曲斜步与转身撤步，所有步法的要点是贴着地面走。

第二部是"基本"，第六章是"准备势"：中段准备势、准备势的眼法、准备势与对方的距离、准备势的节奏等。第七章是"搏技（上）"：拳法五种：①冲拳：前手冲拳、后手冲拳、冲拳击头、冲拳击胸；②横打：类似侧拳；③外打：从里向外

---

① 泽山宗海.日本拳法[M].东京：每日新闻社，1968.

横向鞭打;④斜打:抛拳,弧线从上向下击打;⑤扬打:上勾拳。第八章是"搏技(下)":腿法五种:①突蹴:正蹬腿,力点在脚跟;②扬蹴:前弹腿;③横蹴:侧踹;④膝蹴:向前撞膝;⑤踏蹴:踩,提腿从上向下踩。第九章是"防守":防守概要、四种防守方向:①横受:横向拍挡或外格;②上受:上架;③下受:下消;④搂与抄。第十章是"躲技(身法)":①后闪;②侧闪;③下沉;④潜入;⑤开身:外展;⑥后退。(用步法拉开距离)

第三部是基本的组合,第十一章是连击,有拳法连击、有腿法连击、有拳腿连击。第十二章是身法与防守的组合。第十三章是防守到反击的变化。

第四部是"组打",就是贴近时的打法,主要是摔与拿,日本拳法允许摔与拿,具体的摔法与拿法有限制。第四部中介绍的只是几组与踢打结合的快跤技术与控制技术。

第五部是"形",是套路,简洁的动作组合;第六部是"乱","乱"是自由击打,与"形"按预先的动作顺序演示是相对的,"乱"是日本拳法的特征。在第六部"乱"中,有第二十章"乱稽古"、第二十一章"空乱稽古"、第二十二章"想乱稽古"。第七部是练习;第八部是比赛;第九部是研究要录。

日本拳法的技术体系是相当完善的徒手格斗体系,他采用直接击打式的徒手搏斗,并且允许踢、打、摔、拿的综合徒手技术的使用,日本拳法的技术简洁、明了、实效,没有花法,无疑对空手道竞赛的发展及徒手格斗竞赛的发展起到示范作用。

四、摩文仁贤和对日本拳法的影响

泽山宗海是摩文仁贤和的学生,他的技术思路脱胎于摩文仁贤和。1934年摩文仁贤和的《攻防自在护身术空手拳法》(图8-4)一书,由榕树书林出版,船越义珍为该书写了"十年前的回顾"一文,收在研究附录中,小西康裕以空手术普及本部长的名义为此书写了序言。这本书可以分析出泽山宗海的日本拳法踪迹。

摩文仁贤和在序言中说到为此书的目的:"近来人们开始研究空手拳法,有关研究的专著有富名腰氏的唐手术、帝大空手部的拳法概说等,但有关刚柔流拳法的研究尚未看到,因此我不揣简陋,起稿写作。"

摩文仁贤和《攻防自在护身术空手拳法》一书,在技术方面除了介绍三战、开手两个简短套路外,就是按照徒手的主要攻防技术,对踢打技术作了简约的归纳。该书分总论、各论、研究余录三部分。总论:第一章:空手及沿革;第二章:空手的流派;第三章:空手与身心锻炼;第四章:空手的实用效果。各论:第一章：空手的预备运动：脚的运动、颈部运动、腰的运动。第二章：空手的补助运动：①拳的握法与冲拳：直冲拳、上勾拳、侧拳、鞭拳；②踢法：弹腿撩阴、弹腿击腹、踹膝关节；③打法；④肘法四种；⑤步型：八字步、丁字步、虚步、并步、马步；⑥转身法；⑦握力增进法：石锁的练法、铁轮的练法、砂袋的练法。第三章：空手拳法基本运动：①三战；②开手；③套路的分解说明（用法说明）。第四章：修业者须知：附章、研究余录：①糸州派流祖、恩师糸洲安恒的遗训；②拳的大要八句；③十年前的回顾（船越义珍）；④拳脚死活须知（小西康裕）；⑤赞唐手拳法歌（松本静史）、着语（田中吉太郎）。摩文仁贤和的《攻防自在护身术空手拳法》与船越义珍的《琉球拳法·唐手》体例上明显不同，这部专著直接讲拳腿的用法，

图 8-4 摩文仁贤和的《攻防自在护身术空手拳法》

简约、直接，而泽山宗海的《日本拳法》，从体例上与《攻防自在护身术空手拳法》基本相似。也是按照步法、拳法、身法、腿法、组合进攻与防守法，技术体系上继承了摩文仁贤和的思考，并丰富、完善了摩文仁贤和的技术体系，并且在单个技术上也进步了。当然泽山宗海结合各流空手、拳击、柔术等徒手格斗术，通过近30年的改进、试验，整体技术体系已经比较丰富并形成了自己的特色。但是明显可以读出，当时摩文仁贤和空手体系对泽山宗海的影响。

对于空手道发展来说，日本拳法虽然是独立于全日本空手道联盟之外的社团法人，但它整体技术体系脱胎于空手道，并对空手道的发展起到启发与促进作用。

第二节　炼武会与全日本硬式空手道

一、炼武会与远山宽贤

远山宽贤（1888—1966）（图 8-5）是出身于冲绳的空手家，全日本空手道联盟（旧）总本部修道馆馆长，是日本昭和年代空手道代表人物之一。被誉为冲绳空手道关东三巨人之一。他是糸洲安恒晚年的高足。他还曾经向板良敷

朝郁、东恩纳宽量学习过。1906年，远山宽贤入冲绳师范学校读书，当时师范学校的唐手师范是糸洲安恒，代理师范是屋部宪通。1908年开始到1911年的三年间，远山还担任糸洲安恒和屋部宪通的唐手教学的助手。远山宽贤与德田安文、真喜屋某被人称为糸洲安恒的弟子三杰。远山还向大城朝恕学习过棒术、钗术，还向首里区首任区长知花朝章学习了"知花公相君"套路。师范毕业后担任过小学教师，1924年，远山宽贤到台湾还向台北的陈佛济、台中的林献堂学习中国拳法。1930年远山到东京，在东京的浅草石浜小学前设立了修道馆，在这里培养了高足尹曦炳，尹曦炳后来创立了韩武馆（图8-6）。

图 8-5　炼武馆的远山宽贤（1888—1966）

图 8-6　炼武馆主持的全日本空手道锦标赛中戴护具直接击打（20世纪60年代）

1948年，远山宽贤与船越义珍之间还发生了"空手本家"的争论。船越义珍在东京基础牢固，松涛流培养出大批人才在东京各处普及空手道。但是远山宽贤的拥护者认为，船越义珍不是糸洲安恒的正式弟子，只是旁听生而已。不是糸洲安恒直系弟子的空手，不是正统的空手。因为远山宽贤是冲绳师范读满三年的正式学生，而船越义珍只是师范学校速成班读一年制的，所以远山宽贤才是糸洲安恒正统的传人。糸洲安恒是1905年开始在师范学校任教，并传授唐手,而船越义珍出生户籍上记载是1870年,从时间上推论,不可能在师范就学①于糸洲安恒。通过远山宽贤与船越义珍的争论,可以看出,日本传统的空手道界还是存在着谁是正统的差别意识的。

远山技术在冲绳唐手界的影响远高于船越义珍。他认为空手没有流派,就是不带寸铁的徒手格斗术,是基于精神道德修养,成为一种竞技体育的。所以也自称为"无流派主义的空手道"。远山宽贤将空手道定义为:"空手道是以刚柔、阴阳、呼吸的原理作为根底,以赤手空拳为武器,以伦理为引导,攻防自在、护身防敌的武道。"

远山宽贤是一个多才多艺的教育家,由于他在教育思想方面与鸠山和夫、鸠山春子夫妇观念一致,曾花费大量时间在研究并参与鸠山幼儿园建设,并作为园长运营着幼儿园。修武馆在东京最先也是与鸠山幼儿园紧挨一起。远山宽贤的儿子曾经在国际小提琴比赛中获得大奖,远山宽贤本人也擅长小提琴演奏。远山宽贤空手道理论方面有《奥义秘传空手道》《护身锻炼空手道》《空手道大宝鉴》三本著作,由鹤书房出版。在空手技术方面,远山宽贤坚持"空手无流派"论,一生提倡空手道无流派主义。套路方面,他擅长"古流五十四步",是屋部宪通传的。由于远山宽贤开放的空手的理念,他创立的修道馆培养的学生也就有较为开阔的打破流派门户的理念与实践。为日后炼武馆开放接纳各流空手道人参加比赛奠定了基础。

炼武馆也有形的比赛,炼武馆形的竞赛与全日本空手道联盟不同,不是靠裁判员举红白旗判定,而是采用打点的方式。也是根据动作的准确性、动作的力量、动作的速度来评价的。但是形只保留五个套路:古流五十四步;内步进三段;知花的公相君;城间的岩鹤;松茂良的公相君。

远山宽贤后来将主要精力致力于幼儿的教育。他将自己对空手的思考留给了学生,他学生继承了他的思想,尝试了在日本近代空手道发展中的重要的一页。

二、炼武会的创立与发展

1945年日本战败后,东京一片狼藉,战后东京最早的街道空手道馆,是由远山宽贤直传的弟子韩国人尹曦炳与金城裕共同创立的,开始称为韩武馆,他们将戴护具徒手比试称为竞技体育,取得当局同意后,在联合国占领军的监视

---

① 这点争论其实船越义珍自己在《空手道一路》有记载,船越义珍向安里安恒学习时,糸洲安恒作为安里安恒的朋友,两人经常在一起,也介入指导船越义珍。

下开展活动。1950年韩武馆关闭。1951年,基本由韩武馆的原班人马组成的炼武馆,在重新开张后,继承了韩武馆戴护具进行直接击打的技术体系。开始用剑道练习的护具,1953年开始,开发了新的护具代替剑道护具。1954年新的比赛护具研究成型。用新研发的护具,5月2日举办了关东空手道锦标赛,12月3日在东京共立讲堂举办第一届"全国空手道锦标赛"。

1959年,炼武会着眼于超越流派的界限与矛盾,组成全日本统一的空手道组织,成立了"全日本空手道联盟(旧)",实业家蔡长庚担任会长。副会长是近代空手道发展中重要的参与者与见证人小西康裕,被称为"引导战后空手道理论界"的金城裕也担任副会长。还聘请了当时空手道界元老和道流的大塚博纪、日本拳法的山田辰雄、松涛流的仪间真谨担任顾问。师从冲绳唐手名人城间真繁的玉得博康,被聘为炼武会第一代最高师范。在炼武馆改造的机关报创刊号上,小西康裕还发表文章,呼吁空手道界团结一致,共同探讨作为现代体育的空手道途径(图8-7)。

图8-7　1959年成立的全日本空手道联盟节气贺词

炼武馆举办的全国空手道大会,名称就是"全日本空手道联盟锦标赛"。1964年,有日本政府内阁背景的新的全日本空手道联盟成立,炼武馆将名称让出。根据新的全日本空手道联盟要求,炼武馆停止举办全日本空手道大会,接下来的6年中,在亚洲的各个国家轮流举办亚洲空手道锦标赛,采用炼武会戴护具击打式。1971年,以"全日本防具付空手道锦标赛"名义复办全日本空手道比赛。1974年,又将组织名称改为全日本空手道联盟炼武会。

1981年,炼武馆与其他几家推行戴护具直接击打制空手道组织共同组成日本硬式空手道协会(即现在的全日本硬式空手道联盟)。1985年,在东京都新宿区新宿4丁目设立了专门的硬式空手道联盟事务局。

全日本空手道联盟炼武会,现在是全日本空手道联盟下属的一个团体,炼武会既属于全日本空手道联盟,又有独立的活动空间,一方面参加全日本空手道联盟各都道府县组织的赛事,也独立开展全日本国内和国际的比赛与交流。炼武会空手道组手的比赛,"寸止"与戴护具直接击打并行,随着新护具开发,戴护具直接击打比赛的扩大,一些新组成的团体逐渐脱离炼武会独立了。1991年,将戴护具直接击打的全日本空手道锦标赛改称为"全国防具付空手道锦标赛"。2000年,东京都防具付空手道联盟与埼玉县防具付空手道联盟为中心成立了"国际防具付空手道联盟"。这个联盟从炼武会中独立。日本武道空手玄和会也是从炼武会中独立出来的社团。

炼武会历代会长在社会有较高的知名度,初代会长为企业家蔡长庚;第二代会长工田裕二是参议员、曾任日本参议长;第三代会长冈野裕,是参议员、劳动大臣;第四任会长长谷川宪正,是参议员,全国邮政局长会顾问。

2012年举办了第50届全国防具付空手道锦标赛,这届硬式空手道锦标赛上,全日本空手道联盟系东会及全日本空手道联盟和道会出场作了"形"特别演武,这标志着全国防具付空手道联盟超越流派的界限,得到空手道界的普遍接受。

三、炼武会戴护具直接击打竞赛的进程

炼武会组成之初期,既采用全日本空手道联盟的点到为止的竞赛方式,也自行开发出直接击打的竞赛方法,直接击打制竞赛采用"一本"决定胜负,每场比赛净打2分钟,2分钟时间里决不出胜负,则采用延长战。比赛护具有面具、护胸、拳套,但不能戴护胫和护脚面。允许进攻的部位有头部、胸部、腹部、肋部。腹部以下为禁止攻击部位。可以配合拳法或腿法进攻,用拨腿动作绊倒对手,但不能用低边腿攻击对手腘关节。用正确方法有效击中得分部位则

得一本，一次接近准确的击中则得"有技"，2个有技为"一本"。

炼武会护具开发经历过几个阶段：1946年刚开始时，主要用剑道的护具，因为当时剑道被联合国占领军作为军国主义的产物禁止，剑道的护具大量被遗弃，炼武会的研发者们将旧物加以改进，但是用剑道护具安全性不够，剑道护具用于徒手格斗，显得笨重，特别是头盔，过于坚硬，拳腿击中还会造成击打方的伤害。外观上也不好看，并且剑道护具制作成本高，废品利用之后，不易推广。

1954年研发出新护具。新护具主要用布、皮作为材料，安全性不高，重量大，不灵活，设计样式比较老旧，而且价格高，不易推广。

1978年，炼武馆成立了护具改良委员会，着手新护具的开发。

1981年以新开发的护具取代旧的护具，新护具用白色的护头、白色的护胸、黑色拳套作一副。但这时期研发的护具还是太重，而且头盔的前面部位特别坚固，正面攻击几乎不发生效果，而后脑保护层较薄弱。还有，正面与剑道护具一样用铁制，选手用手或脚进攻时有被挂住的危险，如果选手没有通过打砂袋的系统训练，在打别人时自己容易受伤。

接着又新研究出名为"强壮的伙伴"的新护具，用灰色护头、白色护胸和黑色拳套为一副，护头的后部的缓冲性能有明显提高，通透性也强了，视野也扩大了。新研发的护头采用树脂材料做缓冲，通过日本汽车检测协会测试，有很强的冲击吸收性能，护胸的材料也改为轻型的，形状改为蛇型，更加轻便灵活了，拳套击打点部分缓冲加厚，也增强了安全性。整体护具更加适身，便于徒手技术的发挥。

1983年，又研发完成了女子与少年专用的护具。在第20届炼武会全国大会上使用。由于新的研发商介入，硬式空手道采用的护具与样式不断得到改进（图8-8）。

玉得博康曾经任炼武会最高师范，曾经引领炼武会技术发展方向，他也是财团法人全日本空手道联盟元老，他就空手道对抗竞赛方法作过研究，在"戴护具直接击打"与"寸止"的两种对

图8-8　2015年东京的戴护具击打竞赛场面

抗竞赛方式中,哪种更便于公正的判定胜负,更让观众看明白输赢?他认为,戴护具直接击打优点在于:①能够充分发挥出选手的力量与技术;②戴护具减少运动员危险;③不用"寸止",技术是否成熟、力量是否充足,裁判可以清楚判明;④戴护具击打可以听声音与看位移便于裁判判定;⑤对竞赛的胜负,观众也可以清楚判定①。

由全日本空手道联盟炼武会主办的全日本戴护具锦标赛是日本国内最早成熟的一种戴护具直接击打制空手道比赛,炼武会从开始就提倡打破流派的界限,不论何团体、何流派,只要具备初段以上水平的空手道习练者,就可以参加由炼武会主办的戴护具全日本空手道锦标赛。这样,参加这个团体比赛的各类空手道组织越来越多。另一方面,由于护具开发与提升有一个过程,有些团体越过炼武会自行结合有关产家开发出新的护具,又另立门户,另立比赛细则,举办新的全日本戴护具式的空手道锦标赛。

我们在研究日本当代空手道发展过程中,特别是阅读《空手道》的各种竞赛报道中,名称相近的而又独立的戴护具直接击打制空手道赛事很多,有些竞赛参加的流派名称也一样,有的仅一字之差,为了较为准确地区别不同流派,有的空手道联盟还要冠上会长的名字才能分清是哪个团体。

戴护具直接击打式的空手道比赛,虽然不是全日本空手道联盟和世界空手道联盟采用的正式比赛方式,但作为徒手搏斗的一种现代竞技方式,在日本拥有较为广泛的爱好者,也为日本空手道当代发展开拓了更为广阔的舞台。

第三节 世界硬式空手道

在日本多个戴护具直接击打制空手道竞技尝试中,这个"世界硬式空手道"团体有些特殊性,他的发展路径倒是非常清晰的。

"硬式空手道是最有效地应用徒手空拳和踢法,探究生死搏斗原理,进而超越胜败到达的境地,它是磨砺与提升人的精神、技术、体能之道。这种修行是探究真善美的、动的禅道。即通过不懈的锻炼,严格的竞技,掌握高级护身之技,培养强健的身体,养成健全的精神,进一步为人与社会带来正义、和平、发展。这也是空手道修行的最终目的。"世界硬式空手道联盟创始者是久高正之,同时久高正之还是世界少林流拳行馆空手道总本部、总师范。

我国从1979年开始尝试散手对抗竞技,一方面积极学习借鉴他国徒手搏

---

① 高宫城繁,等.冲绳空手·古武道事典[M].东京:柏书房株式会社,2008:455.

击竞技竞赛经验，一方面从民间收集、挖掘传统武术的功法与技法。1981年，这个世界硬式空手道团体就访问我国，还向当时的人民体育出版社《中华武术》编辑部赠送了自己开发的护具和竞赛规则。我国虽然没有成为他的成员单位，但是世界硬式空手道的尝试，对我们还是有积极意义的。这个硬式空手道与不戴护具直接击打制的极真空手道没有关联，与公益财团法人全日本空手道联盟、公益社团法人日本空手协会，也不是隶属关系，不属于四大流派，与炼武会也没有关系，在空手道界独立成系的。这个世界性的组织，主要依据于新型护具的开发。

一、世界硬式空手道的沿革

硬式空手道是从久高政之的父亲久高政祺开始开发的。1947年，久高政祺在熊本县开设了"少林寺流拳行馆空手道场"，1955年，将本部道场移到东京新宿区早稻田（图8-9）。

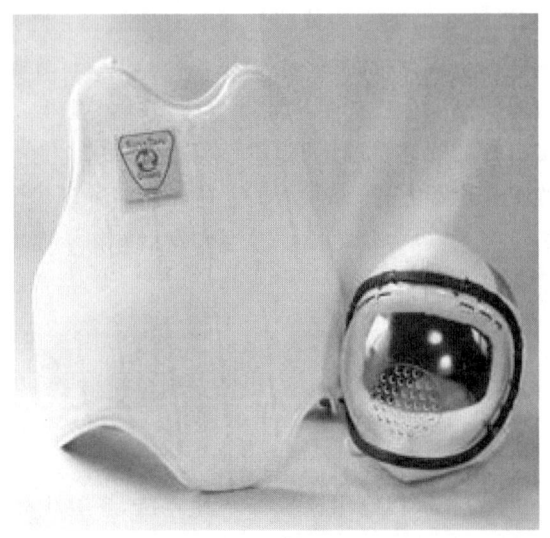

图8-9　世界硬式空手道联盟开发的新式组手护具（护面与护胸）

久高政祺曾经用剑道的护具试验直接徒手对抗，可是剑道护具是铁制的，头部不能用徒手进攻。他们也尝试用拳击的头盔等。所以"少林寺流拳行馆空手道场"的时期，曾经无奈采取点到为止的竞技方式。但是该馆指导者认为不直接击打的"寸止"，不是真的空手道，只是更好的有效的徒手竞技体系出现前的暂时性的选择。

久高正之以父亲的经验为基础，一直不懈地改造竞技护具。20世纪60

年代到70年代,久高正之在美国、加拿大等国教授空手道。久高正之曾经参加过多种空手道比赛都取得过好成绩。

1977年,久高正之参加民间的空手道近代化国际会议,出席了技术发展咨询会,决定研究防止危险、安全的护具,并开发明确判定胜负的比赛规则。

他研究比照过橄榄球、曲棍球、拳击、击剑等竞技护具,还研究各类欧洲体育竞技中的护具。在这些基础上,对护具样式、护具材料的受冲撞性进行反复的研究与试验,终于完成了现在硬式空手道竞赛的护具:"超级安全",1978年又开发出新一代护具,久高正之认为穿上这种护具,选手可以在安全的前提下,放心应用踢、打、掌击等方法互相进攻与防守,裁判与观众都能够清晰地判断出胜负。

这种护具由面具与护胸组成。护面透明、轻型、有韧性。穿戴其他护具经常发生的牙齿、下巴、鼻子、眼睛受伤的事故可以大大减少,而且穿戴后选手的视野基本不受影响。护胸盖住肋骨和锁骨,保护了胸与胃。这种护具研究过程得到作为空手道专家的 Wayne Donivan 教授(加拿大)、Laurence Van-Niekerk 博士(澳大利亚)、David Chu 博士(瑞士)、Alain Haurede-Baight(南非)的鼎力支持。

1980年,久高正之正式发表使用安全护具的"硬式空手道"比赛法,并成立了国际硬式空手道联盟。

同年,在东京国立代代木体育中心第二体育馆举办了第一届国际硬式空手道邀请赛,当时的日本武道馆馆长松前重义担任大会组委会主席,原总理大臣海部俊树担任最高顾问。加拿大、美国、澳大利亚、瑞士、可伦比亚、西班牙、阿根廷、印度、菲律宾、新加坡、委内瑞拉等地的选手参加了邀请赛,算是一场规格很高的空手道竞技大会。

1985年,久高正之应邀正式访问中国,在北京体育大学、上海武术馆、少林寺等地进行表演与交流。

二、世界硬式空手道比赛方式

由于世界硬式空手道联盟是在开发出特殊的护具背景下开展的,穿戴安全护具"超级安全",选手可以充分发挥各种技术,不仅是自己使用踢、打、插等方法,也可以自信不会给对方造成伤害,这种方式竞赛可以是不论男女老少均可参与的徒手竞技修行。由于没有安全上的顾虑,可以全速地发挥动作。不仅练习者可以提高兴趣,直接击打在护具保护部分,是否击中,可以明晰判定,胜负的判定也明白清楚,对观赏者也增加了吸引力。

世界硬式空手道比赛有形、组手。在空手道世界群雄割据的状态中,超越门派界限,只要承认这种比赛方式,加入世界硬式空手道组织就成为会员,就有资格参加比赛。

从1980年公布第一个规则,1994年第二版,到2006年修订了第三版规则。

硬式空手道比赛在9米见方的平地上(女子与少年场地为7.2米见方)举行,徒手、赤脚、戴头盔与护具。

比赛分为组手、形、集体形三个部分。组手比赛分为个人赛和团体赛,团体赛有7人、5人、4人三种。

组手比赛一局为3分钟。

禁止肘击头部,禁止踢裆,只能直接击打戴护具部分。

裁判员由一名监查、一名主审、二名副审组成。

三、世界硬式空手道联盟组织现状

1980年,日本全国、各流派、各会派的代表与权威人士聚集一起,尝试参与日本国内的第一次硬式空手道锦标赛,大会期间成立日本全国组织"日本硬式空手道协会",后改成"全日本硬式空手道联盟""世界硬式空手道联盟"。当时来自直接击打式空手道、非接触性空手道、戴护具空手道的各流派、会派,还有日本拳法、中国拳法、少林寺拳法、跆拳道等团体出席了在国立代代木体育中心第一体育馆举行的集会。

世界硬式空手道联盟为特定非营利活动法人。

世界硬式空手道联盟(WKKF)所在地:东京都新宿区喜久井町20番地。

组织采用会员制:会员必须缴纳会员费。会员分为有参与决议权的正会员与没有决议权的"竞技会员",正会员一年会费10000日元,团体会员20000日元,竞技会员有资格参加由世界硬式空手道联盟组织的比赛,年费2000日元。

联盟的宗旨:作为公益法人通过对担负着21世纪重担的青少年及一般民众进行硬式空手道的启发、浸透,为青少年健全的身体与心理培养,超越年龄、地域的国际交流,通过硬式空手道的各种活动,通过体育运动文化普及,为体育的振兴与发展,为地域体育文化的繁荣作出贡献。

联盟的竞技最优先考虑的是安全性,防止受伤事故。尊重对手、重视精神,追求心、技、体的协调发展,在道德修养下降的当今社会中追求精神提升。

联盟的事业:举办促进保健、医疗、福利的活动;促进社会教育的活动;推进社区和睦的活动；振兴学术、文化、艺术、体育的活动；救援灾害；促进地域安全活动；推进人权与和平的社会；促进国际协作活动；促进儿童健全发展的活动；职业能力开发与增进就业的活动；通过硬式空手道的各种表演竞赛讲座、青少年、选手、教练员的研修等活动增进交流与提升就业能力。

联盟具备较为完善的国际性组织：亚洲联盟有澳大利亚、新西兰、日本、中国、印度、马来西亚等国家硬式空手道联盟。还有美国、南非、西班牙、法国、英国、德国、瑞士、俄罗斯、荷兰、希腊等国家的硬式空手道联盟。目前有40个国家地区60个空手道团体加盟世界硬式空手道联盟。

全日本的硬式空手道大会每年举办一次，到2018年，已经举办33届。世界硬式空手道锦标赛到2015年11月已经举办20届。前三届在日本东京举办，接着在澳大利亚、美国、加拿大、荷兰、东京、印度、印尼、澳大利亚、葡萄牙、希腊等国家轮流举办。印度、西班牙、瑞士、俄罗斯、菲律宾等国家还举办了本国的硬式空手道锦标赛。2016年开始开发电子护具，类似击剑比赛击中亮灯的装置尚未应用在正式比赛中。有些国家还将硬式空手道作为学校课程。

世界硬式空手道联盟有一个有趣的现象，虽然是世界性现代体育组织，是公益的非营利性活动法人。但是带有家族传承，父亲创立的，由儿子久高正光（炼士六段）任理事长。

第四节 "史上最强空手道"——国际空手道联盟极真会馆

极真空手道是20世纪50年代开始公开，六七十年代风行全世界的一个空手道流派，是由大山倍达（1923—1994）创立的。

极真空手道徒手击打威力相当大，正式比赛开始前，常常举行击打功力表演，参赛选手用腿踢断4根绑在一起的棒球棒、用手臂击断四块叠在一起的、厚20厘米的冰块（图8-10），用掌指穿断4块3厘米的木板等，表演让观众感受到极真空手道的威力。极真会空手道对抗中一拳击断对手肋骨、一腿踢

图8-10　极真会选手功力表演（20世纪80年代）

倒对手的场面，时时出现在竞赛场中。20世纪七八十年代，日本年轻人认为，要学会真正徒手格斗，就要练习极真空手道。

相对于全日本空手道联盟的"寸止"，相对于硬式空手道的戴护具比赛，极真空手道在徒手搏击中是一种"真实"的存在。从空手道比赛大会时观众参与的情况，能够判断民众喜爱程度。20世纪80年代，全日本空手道联盟主办的各种全国性表演大会或比赛，观众席上基本是参加比赛的学校后援团、出场团体的成员和出场选手的支持者，观众席整体是稀稀落落的，几乎没有非参赛关系的观众。日本的业余体育竞赛一般是以学生活动为基础，得到家长市民广泛的关注与支持，全日本空手道联盟是日本体育协会所属的团体，是权威的，但是全日本空手道联盟的比赛观众热情较低。极真会馆与日本体育协会即全日本空手道联盟是无关联的组织，极真会馆组织的空手道比赛是得到市民广泛支持的。1969年，极真会馆推出不戴护具直接击打的公开赛。公开赛就是开放参赛资格，非极真会馆的成员，只要承认不戴护具直接拳打脚踢规则者，就可以参赛。第一届公开赛有泰拳、柔道、其他流派空手道的选手参加，最终前三名都是极真会馆的选手（图8-11）。

根据PHP研究所出版的《昭和五轮书·地之卷》介绍，到1982年，大山倍达的极真空手

图 8-11　大山倍达用正拳击断木板

道，在日本国内有56个支部，弟子达10万人之众；全世界143个国家地区里，极真会空手道拥有800个支部道场，登录在册的全世界极真空手道弟子超过1000万，其风头远在"点到为止"全日本空手道联盟之上。20世纪80年代，极真会空手道冠军决赛的发奖仪式长达40分钟，观众无一人退场，足以说明其影响力。

国际空手道联盟极真会馆比赛规则摘要如下：

比赛方法：不戴护具、不戴拳套、不分体重，击倒制、判定制。

可用方法：允许拳打、脚踢、肘撞、膝顶。

禁用方法：不能用手击头，不能用摔法。

攻击部位：头部（拳法除外）、胸部、肋部、大腿、小腿。

第八章 从"寸止"到直接击打

比赛时间:每场 2 分钟,无法判定胜负时可延长 2 分钟。

判定方式:有"一本胜利""判定胜利""犯规胜利""失格胜利"等四种判定方式。

一本胜利:用允许的动作攻击对方可攻击的部位,致使对方倒地 3 秒内不起,或者站立后丧失战斗意志为得一本;

"有技":用允许的方法攻击允许攻击的部位,造成对手倒地或者瞬间失去战斗意识,但 3 秒内可能直立再战斗的,2 次"有技"为"一本"。

判定胜利:在 2 分钟内没有出现一本、失格等情况,主裁判与 3 名(或 4 名)副裁判根据场上选手表现情况判定,如果无法判定输赢,则延长 2 分钟再战。延长战 2 次仍无法判定胜负的,则根据当天的体重判定胜负。

犯规判定:①用拳、肘攻击对方的面部,用手指触到对方面部。②踢对方裆部、用头攻击对方。③用任何动作攻击倒地的对手。④除以上几则外,裁判员认为的犯规动作。⑤除恶意犯规,出现犯规动作提醒一次,提醒 2 次减 1 点,一场比赛中被减 2 点则判为犯规,为负方(图 8-12)。

失格判定:失格即取消资格:①比赛中不听从裁判员指挥的;②迟到,不按时出场比赛;③消极相持不出动作 1 分钟以上;④举止粗暴、态度恶劣等。

极真会馆空手道比赛主要得分动作有:用低边腿踢对方腘关节;用转身横扫腿击对方头部;对转身后踹击对方的胸肋部;用外摆腿从上向下劈对方头部;用弹腿击对方躯干正面;用直拳、摆拳、上勾拳击对方躯干正面;用边腿攻击对方头部和胸肋部位;用肘击对方躯干正面;用膝撞击对方躯干正面(用肘、膝时不能在抓抱对手的状态下进攻)等①。

图 8-12 极真空手道不戴护具,直接击打比赛场景(20 世纪 80 年代)

---

① 极真空手道规则主要摘自长谷川巨气 2000 年 7 月 16 日在德岛市立体育馆举行的全四国岛第 17 届空手道锦标赛规则。大山倍达弟子采用的规则大致相同。各人有些许不同。

一、大山倍达与极真会馆空手道

大山倍达1923年6月4日出生在东京①,1931年,家里将他寄在位于中国东北经营牧场的姐姐家,这时他接触到中国拳师李相志,开始学习"借力"法。从小怀揣飞行员之梦的大山倍达,1937年,回到日本,考入山梨县航空学校读书。他在航空学校就读时热衷于力量训练,举杠铃、练俯卧撑、借力法训练等,不断变换练习方法,这为他后来成为徒手格斗的强人奠定了基础。1946年,他进入早稻田大学的体育科,当年10月,在东京街头因为看不惯美国大兵调戏日本女性,一拳将美国大兵击倒,惹祸后,躲到深山,一边逃避美国宪兵的追捕,一边苦练空手道功力与技术(图8-13)。

图8-13　1994年,世界空手道极真会锦标赛开幕式上,大山倍达演示刚柔流的形"转掌"

他以成为"昭和的武藏②"为人生目标,吉川英治写的小说《宫本武藏》,他读了十余遍。他曾在东京附近的千叶县的清澄山苦练空手道各种技术与强化

---

①　另一种说法是大山倍达是朝鲜人,父亲是崔永玄,母亲是芙蓉,是家中的第4个男孩。出生在韩国。本研究的观点是根据20世纪80年代出版的杂志与著作编写的。都是大山倍达生前出版的。2006年日本新潮社出版的小岛一志、塚本佳子合著的《大山倍达正传》几乎颠覆了前面所有的有关大山倍达的经历记载。包括出生地、旅行25国打架记、与牛搏斗等细节。但是大山倍达所创立的极真会空手道的影响是不可否认的。极真会全盛时期在日本和世界的影响也是不可否认的。我们重点在于研究大山倍达对日本空手道发展的促进作用,本研究资料参考了《大山倍达正传》部分观点。主要采用大山倍达生前的资料。

②　宫本武藏是日本17世纪一位剑客,也是日本最著名的武士,持剑游历打遍日本无敌手,成为孤独的高手,留下《五藏书》一本,记载他对剑的理解,成为日本武道的经典著作。日本作家吉田英治根据宫本武藏有关记载写下现代小说《宫本武藏》,成为畅销书,当年曾经成为日本青年人的精神追求。该书多次被改编为电影或电视剧。宫本武藏也成为日本家喻户晓的武士。

击打威力的训练。1947年9月,在京都丸山公会堂举行的日本战后最早的全日本空手道锦标赛中获得冠军。这次比赛,号称全日本空手道锦标赛,但参加的面尚不大。1948年,他再入千叶县安房郡的清澄山,开始了为期18个月的空手道修行。这段时间中留下许多传奇的故事。大山倍达每天训练内容是:先是沿着崎岖山路跑步,训练脚力,接着练习举重;再在一片苎麻园上来回跳跃,练习弹跳力;接着打沙包,再打卷藁,以手刀切石块;最后将自己学过的唐手形(套路)全部打一遍。当时,他体重71.25公斤,可以举起112公斤的重量,已经是相当好的成绩。

从清澄山下来,大山倍达认识了曹宁柱,在曹宁柱的空手道馆中训练了一段时间。1950年11月,他住在千叶县山的肉食处理场的旁边,开始练习徒手斗牛。这段时间里他拆下47头牛的角(图8-14),其中4头牛被他一击即毙。这段经历,被媒体拍成纪录片宣传,大山倍达声名大噪。另外,日本武道界也有批评意见,比如有人批评说:"砖瓦是用来盖房子的,不是用来打碎给人看的;牛应该是用来耕地或者是挤奶的,不是用来卸角的。"但是大山倍达按自己的理想一意前行。

图8-14 大山倍达徒手卸下公牛角(20世纪50年代)

1951年初,应美国占领军的邀请,大山倍达先后到座间、府中、立川、横须贺、所泽、横田、横滨等美军基地指导空手。1951年7月开始,他又到中曾根道场学习柔道,并获得讲道馆柔道四段资格。1952年,应美国芝加哥空手协会邀请访问美国,在美国32个城市表演、指导空手道,并先后与7个美国职业摔跤手真正比试过。真正比试是指双方立下类似"生死状"的契约,比赛不受规则限制,一方服输或被击倒不能再战为止。1953年4月,再访美国,在芝加哥表演与墨西哥公牛格斗,他用手刀折断牛角,一掌击倒猛牛,日本空手道的威力让美国观众吃惊。1954年1月,从美国回到日本,应新闻媒体的要求,拍摄了"与猛牛格斗的空手"新闻纪录片,与450公斤重的公牛持续格斗30分钟。1955年,再访美国,还到南美和欧洲等地,多次与各国职业摔跤手、其他各界的格斗技选手比试。他用手刀切断啤酒瓶的颈,引起轰动,被称为"神手"。1956年,他在东京借用立教大学的旧芭蕾舞练习馆,开始了"大山道场"

的招生培训，招牌打出，当年学生总数就达 300 人。这个道场，后来被称为极真会馆的发源地。1957 年 3—6 月，他再次到美国、欧洲表演比武。1957 年 7 月，在墨西哥又与公牛搏击，场景录像通过电视新闻宣传，再次轰动日本，大山道场的在东京的学生数一下越过 700 人。1958 年 1 月，应海外学生的要求，编写出版了英文书 What is Karate（图 8-15），这是最初的英文空手道书籍，一举成为畅销书，发行了 50 万部。1958 年 9 月，应华盛顿特区 FBI 本部的邀请，到美国指导空手道并作公开表演。10 月应西点军校的邀请，公开演讲并进行空手道表演。1959 年 7 月，第一届

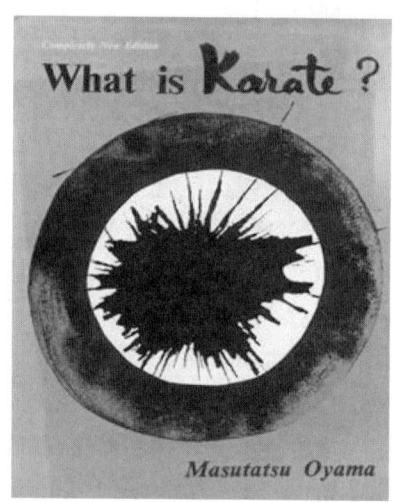

图 8-15　（英文版）什么是空手道

夏威夷空手道锦标赛，出任裁判长并担任公开表演嘉宾。此间又在美国、欧洲等地指导与传播空手道。由于 50 年代中后期，他接连密集地访问美国和欧洲，宣传普及空手道，到 1960 年，大山倍达在美国、欧洲的 16 个国家中拥有 72 个支部道场①。

　　他著有《世界旅行打架记》一书（图 8-16），记载他在美国与职业拳击手、职业摔跤手公开比武的经历。前后向美国拳击手、摔跤手挑战 270 余次，其中数次是一拳击倒对手，在美国掀起一阵空手道热潮。不少美国原来柔道馆挂出教学空手道的招牌，没有经历过空手道培训的格斗手也开设了不少空手道场。大山倍达充分利用了新式媒介的宣传效应，将极真会空手道推向一个几乎是神奇的高度。

　　1963 年，大山倍达将大山道场移到东京丰岛区西池袋，开始建设极真会馆总本部。1964 年，泰拳正式向日本空手道界挑战，全日本空手道联盟认为这种挑战行为是歪门邪道，不予理会，大山倍达的极真会则积极应战，派出黑崎健时、中村忠、藤平昭雄 3 人到曼谷与泰国拳手比赛，取得 2 胜 1 败战绩。

　　1964 年 4 月，大山倍达着手成立国际空手道联盟极真会馆，聘请总理大臣佐藤荣作担任会长，政界实力人物毛利松平任副会长。6 月，位于东京丰岛

---

　　①　极真空手道习惯将分部或分馆称为支部。比如日本全国有 47 个支部，基本上一个县（行政建制对应我国一个省）一个极真空手道支部，由支部长处理本县极真空手道教学、训练、授段、比赛等事宜。

区西池袋的极真会空手道会馆竣工,国际空手道联盟极真会馆正式成立。该年度,应美国亚特兰大佐治亚州立大学邀请,大山倍达前往作为期1个月的指导与表演。8月,极真空手道中东、近东联盟成立,应约旦王室邀请,大山倍达到约旦指导国王、皇太子等练习空手道。

1969年9月,极真会馆组织了全日本空手道锦标赛,采用直接击打制的竞赛方式。此为世界上最初的不戴护具直接击打制空手道公开赛。首次比赛,总共有48名选手参加,其中非极真会馆的选手32人,最终前三名全部为极真会馆弟子所取。第一名是山崎照朝、第二名是添野义二、第三名是长谷川一幸。此后极真会全日本空手道公开赛每年举办一次。

图 8-16　世界旅行打架记

1971年《少年漫画》杂志开始连载《空手道一根筋》①(图8-17)。日本是一个男女老少都喜爱阅读的国家,不论年龄大小,几乎都对漫画情有独钟。日本的地铁或者JR电车上,总能看到正在阅读的人,大多数是在看漫画。这个连载的空手道故事,极大地提升了极真空手道的知名度。这个时期,以大山倍达为原型的电影成功拍摄并放映,这些都扩大了极真会空手道的影响与发展。

1975年11月,第一届极真会世界空手道锦标赛在东京体育馆举行,36个国家128名选手参加比赛,激烈的徒手搏斗吸引了众多观众,决赛日全场爆满。1976年6月,记录第一届极真会世界空手道锦标赛

图 8-17　畅销书《空手道一根筋》

---

①　如果硬译则为《一代空手傻瓜》,在汉语中傻瓜是贬义词,在日语中则有着迷、不顾一切,只专心于空手的意思,这里意译为"一根筋"。

的电影《地上最强空手道》引起轰动,先后在30个国家上映。12月,《地上最强空手道2》上映。

极真空手道通过实力与新闻媒体的宣传普及到欧美各地,也引起中东、亚洲、欧洲一些国家王室的兴趣,1978年,约旦王储专程到日本观摩第10届全日本极真会空手道锦标赛。1981年,沙特阿拉伯王储参观极真会空手道总本部,观摩极真黑带选手表演。同年尼泊尔王储参观极真会馆演武大会。英国著名电影演员《007》的男主角等欧洲名流也先后慕名访问了位于东京池袋的极真会馆总部。

1979年7月,大山倍达应邀在苏联驻日本大使馆表演空手道(图8-18)。12月,第二届世界空手道锦标赛在日本武道馆举行,来自60个国家的146名选手参加了比赛。1980年,澳洲、南非、巴西等国家地区举办了极真空手道比赛;1983年,在法国航空母舰上举办极真空手道演武大会。1984年1月,第三届世界极真空手道锦标赛在日本武道馆举行。1987年11月,在日本武道馆举行第4届全世界极真会空手道锦标赛,有76个国家207名选手参加。

到1988年,全日本的都、道、府、县都建立了极真空手道支部。1989年,苏联科学学院的"全苏联东洋格斗技中心"以官方文件批准正式成立极真空手道苏联支部。

图8-18 大山倍达在苏联驻日大使馆表演切断啤酒瓶(1979)

1989年7月,大山倍达以个人名义发出呼吁:为提高日本空手水平,邀请所有高水平的选手参加极真会馆主办的全日本空手道锦标赛,要超越流派,互相切磋技艺。1991年11月,第5届全世界(极真)空手道公开赛在东京体育馆举行,105个国家、250名选手参加,大山倍达亲自下场表演空手道刚柔流的形"转掌"。1994年4月26日,大山倍达因肺癌死于日本东京,享年71岁。

"百人组手"是极真空手道一种追求极限的训练方式,一个人对100人轮番自由对抗,每人2分钟,持续200分钟的训练,是对人体力量、速度、反应、意志极限的挑战,极真会馆空手道每年组织各支部长或者"内弟子"①合宿,在海滩、在深山,集体进行挑战身体极限的训练。几百次的蛙跳,上千次的俯卧撑,上千次的冲拳,上千次的踢腿。冬天在瀑布下任凭冰冷的飞流冲击身体。还进行各种技术与思考的讲习。极真会馆的训练是以强度闻名的,追求达到人体的极限。

大山倍达在美国、欧洲等地传播空手道期间,也写出多部空手道专著,《秘传极真空手》、《100万人的空手道》(图 8-19)、《给空手初学者》、《昭和的五轮书·地之卷》、《极真之道》等专著的出版发行,对传播空手道产生了重大作用。

图 8-19 英文畅销书《100万人的空手道》

大山倍达是个性突出的人物,大山倍达自信地说,自己是日本当代的宫本武藏,是比首相还知名的当代日本人。因为首相可能因种种负面影响短时间就下台,最多也是连任两届,而他是极真空手道的总裁,世界各地拥有数百万的弟子并且是终身制的。

他认为在亚洲,真正强大的是中国,日本被美国所占领,日本人打不过美国人,而中国人在朝鲜战场上打败了美国人。他认为毛泽东治下的中国是最文明的国家,没有娼妓,没有毒品。

他提倡"头要低、眼要高、言要慎、心要宽。以孝为基点,以益他为原则"的极真会理念,也影响了一批人。

他在《世界旅行打架记》一书中,记载了各种徒手比试的场面,记载在香港与一个陈姓中国太极拳家比试时,一开场被中国拳手的阵势所震动,自觉服输。他说凭着自己的年轻力壮,当时可能可以用速度与力量勉强战胜对手,但他被这位中国拳手的风度所折服。他对中国的感情和了解或许起源于9岁在东北的记忆与中国武术的启蒙。北京意拳传人泽井健一战败后回日本,后来

---

① 极真会空手道的内弟子,相当于中国传统的递帖的弟子,相当于正式有拜师仪式接纳的弟子。

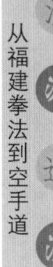

成为极真空手道特别教师,泽井健一在北京向意拳名家王芗斋挑战并败在王的手下后,拜王芗斋为师,习得意拳,回日本后,泽井健一在小范围内传授了意拳,他的拳法得到大山倍达的尊重,泽井时常给大山倍达的内弟子授课,他可以随意在极真会馆中走动,他被称为拳圣。

这些有点传奇的记载,都是见诸正式的出版物,虽然有后人对大山倍达的记载经历提出诸多质疑,但是时至今日,日本各类空手道道馆中,极真会空手道仍然是学习人数最多的。在日本众多的武道馆中,能够以学员学费维持的,只有极真会空手道馆。

笔者在2006年和2015年前后两次在冲绳考察空手道,冲绳200余家空手道场,2006年,学生数最多的是七户康博的极真会空手道,学生数1000余人。2015年时,人数最多的是宫平保与宋丽夫妇经营的"天行健中国武术馆",长年参加学习并登录在册的1000余人,第二名的还是七户康博的冲绳极真会空手道会馆,有800余人。而其他道场的学生相对比较少。

二、颠覆了"寸止"的直接击打制

从船越义珍1922年将琉球唐手传到东京开始,唐手一直以"一拳必杀"作为徒手搏击的主要特点,唐手的练习一定有打卷藁,唐手的达人一定以长满老茧的拳头示人,以表示长年不懈的训练。还有以拳断砖、以头碎瓦等方式来表示唐手习练者的功力。因为强大的功力会造成比试的伤害,所以唐手是不能比试的,必须以"形"为练习主体,以拆招作为辅助。东京的大学生率先打破不能竞技的限制,尝试并成功用"寸止"方式进行竞赛,另一部分探索者则在尝试戴护具直接击打制竞赛,在安全、轻便的护具的材料选择方面做了大量研究与试验。

大山倍达不戴护具的直接击打制,颠覆了传统唐手的观念:一是空手道威力仍然是巨大的,甚至比传统的切断木板、击碎瓦片更加强悍。二是极真空手道的击打制相当激烈,赛场上一拳击晕对手,一脚踢断对手肋骨的情况时有出现,但是持续二十余年的极真会空手道全日本公开赛或者世界极真空手道公开赛,尚无出现大的伤害事故。虽仍有"一击必杀"的功力,但也不是不能直接比试的。而且作为竞技体育,极真空手道比赛的观赏性、判定的明晰性,明显高于点到为止的全日本空手道联盟。

大山倍达极真空手道的试验证明空手道是一种有效的徒手技击体系,而真正作为武道的空手必须是可以用于实战的。

由于大山倍达强悍的个性,与在世时极真空手道的盛况,极真会馆一直独立运营于全日本与世界,国际空手道联盟极真会馆与全日本空手道联盟没有往来。传统的空手道四大流派与冲绳的空手道也没有公开与直接的交流与协作。

三、大山倍达的遗产

（一）大山倍达的遗产

大山倍达留下了什么？他是日本空手道近代发展的划时代人物。他的尝试与实践让人们看到日本空手道并不单是"寸止"式点到为止,有实实在在的击打。他的极真空手道最盛时期,弟子们与泰国拳手、职业拳击手、职业摔跤手都有过较量,极真弟子们一再证明,空手道是最强的徒手格斗。

"极真空手道"是金字招牌。"史上最强空手道"纪录片、《空手道一根筋》、国际空手道联盟极真会馆,已经成为日本武道文化的一个品牌。极真空手道成为日本武道文化的一部分,成为世界了解东方文化的一个重要窗口。

全世界 140 个国家地区拥有被政府公认的极真会馆支部道场,1200 万以上极真会空手道会员[①]。

两年一届的世界极真空手道锦标赛,每年一度的全日本极真会锦标赛是空手道界的大集会,是世界 1200 万极真空手道习练者的节日,也是众多的极真空手道观众的盛典。

日本国内,大山倍达建立了庞大的极真会空手道体系,到 1985 年,全日本 47 个都、道、府、县,都有极真会馆支部,这些支部长负责该县的极真会会员的扩大、运营极真空手道的培训、赛事等事宜。有些大的城市如东京又有城南、城东、城西等支部,一般支部长在自己管辖的领地内招生、培训。这也是极真会馆弟子们赖以生计的地盘。各支部根据学员人数与各级比赛组织开展情况,每年要给总部汇报,要缴纳一定的经费,要按照总部下达指示或派员现场指导开展各项活动。

大山倍达逝世,还留下国际空手道联盟极真会馆的一连串事务,美国、欧洲、南美洲、亚洲的极真会馆举办讲习班或洲际大会,日本极真会本部派谁去？两年一度的世界空手道大赛谁任日本的教练？每年大山倍达举办内弟子的合宿,特别讲习班,参加世界极真空手道锦标赛时,还要举行选拔赛,这也是大山倍达的遗产,要有人来继承。

位于东京丰岛区池袋的极真会本部道场,是一幢四层楼的建筑,大山倍达

---

① 该数据来源于 1994 年 4 月 27 日日本最大报纸之一《朝日新闻》报道。

与家属们一直生活在四楼。而一到三层全部是极真会空手道开展日本国内与世界范围内极真会馆空手道事务的中心,是极真会馆空手道的热爱者的朝圣地。

大山倍达还登记了极真会的各式会标,有LOGO(图8-20),有汉字的"极真会"(图8-21),等,这些弟子们要使用,必须通过许可并交付一定的费用,每年东京的总本部举行活动,各县支部长要带头参加,极真空手道活动和升段等还要向总部交费。大山倍达作为极真空手道的创立者,作为众多弟子的老师,收取适当的费用,各县支部长们还是乐意的。大山倍达曾经说过,他所经营的国际空手道联盟极真会馆的经济与他家庭是无关的。此外还有极真奖学会等社团。还有专门的杂志社《威力空手》。谁能运行这些商标进行商业或公益活动?

　　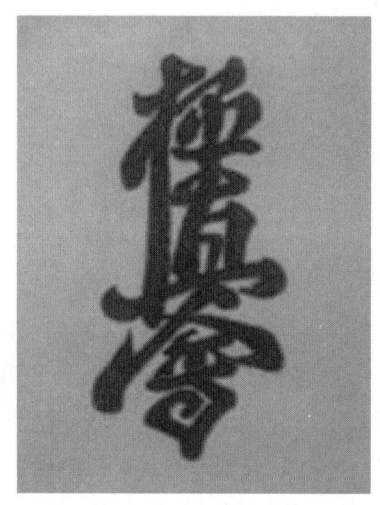

图8-20　极真会空手道的图标　　图8-21　极真会空手道的专用标识

大山倍达还有一些用于日常生活与极真空手道合宿用的不动产。大山倍达是个传奇人物,除了自己出生入死,创立出世界最强的武道极真会品牌外,他也是一个独裁者,学生不听话就"破门"。大山倍达生前,有部分弟子原来是受派遣到美国欧洲一些国家的,后来就独立出去,自立门户,如芦原英幸被破门就独立举起"新国际空手道联盟芦原会馆"。学生的叛离并不能影响大山倍达极真王国。但谁能继续大山倍达的神话?极真会馆创立者和老师的权威,谁能继承?

大山倍达有自己的哲学:一是男人一定要强。这个强不是你一定会打赢什么人,重要是战胜自己,挑战自己的极限。二是为人一定要孝。

大山倍达还留下11条座右铭：武之道从礼开始到礼结束，所以时常保持规范的礼节；武之道的探求如攀登悬崖，必须不懈地专心致志；武之道一切在先手，然而不能用于"私斗"；武之道中金钱极为重要，但是不能执着于钱财；武之道有自身的姿态，无论何事都有正确的姿态；武之道以千日为初心，以万日磨砺为成就之阶梯；武之道在于自我反省，常常反省方能成就练达；武之道自有胸怀天下之气概，修炼中不能忘记初衷；武之道起于点止于圆，线只是过程的附带；武之道的精髓于真实的体验，不惧生死体验；武之道中有信赖与感恩，不能忘了体会这丰硕的收获。

大山倍达有自己未竟之业：建设豪华的空手道殿堂（新的极真空手道会馆），编纂一部完整的空手道辞典，还有希望将极真会馆、国际空手道联盟、《威力空手》杂志社与极真奖学会一体化，改为公益社团法人。

这些有形与无形的遗产，都需要有人来继承。

（二）围绕大山倍达遗产的纷争

四分五裂的极真会馆的弟子们，也是大山倍达的一份重要遗产。大山倍达生前预料，自己死后极真会大乱。因为一个靠权威独裁维持运营的组织中，独裁者倒下去后，分崩离析是常态。

大山倍达不仅是出色的空手道家，还是一个非常成功的经营者，他派弟子到美国欧洲、在全日本各县，设立极真空手道支部，各自独立相安，以老师大山倍达为中心。他充分利用新闻媒体宣传他的极真空手道，他擅长沟通各界人士，皇室、政界、商界、演艺界都有朋友为他开展极真空手道铺路。

大山倍达生前有意培养同样出生于韩国的松井章圭。松井章圭13岁开始在家乡千叶县极真支部练极真空手道，被大山倍达看中后转入池袋本部训练。17岁获得全日本锦标赛第4名，获得第17届、第18届全日本极真空手道比赛冠军，同年代表日本参加世界极真空手道比赛获得冠军，并完成"百人组手"。大山倍达不断派他代表自己参加国际性极真会空手道活动，以提升他的知名度，他还拜托身边的资深支部长帮助松井章圭。

虽然松井章圭也有全日本冠军与世界空手道冠军的头衔，但是徒手与职业拳击手、职业摔跤手格斗、徒手卸下墨西哥公牛角、旅行25国打架的经历是不能复制的。大山倍达以自己的亲身磨砺，创立了极真会的金字招牌，大山倍达的权威是不容易替代的。

围绕着极真会遗产的弟子间纷争，可以梳理为三个层面：指定馆长继承人引发争议，未亡人无奈发难，支部长协议会介入争夺。

指定馆长继承人引发争议：争议引发是发生在"私葬"①现场公布的"遗嘱"。1994年4月25日500余名极真会空手道的学员、校友、各界著名人物前来参加"私葬"。彻夜的守灵，到第二天下午，由历届极真空手道冠军松井章圭、八卷建志、数见肇、三瓶启二、七户康博等手抬着棺木进灵柩车。家属大山智弥子简单的致辞，还有芦山初雄致辞后，梅田嘉明②宣布，"生前大山总裁留下遗言书"。这公布的遗言书总共有12款：

极真会馆、国际空手道联盟作为一体社团法人化，考虑到法人化需要时日，此间先将"财团法人极真奖学会"充实扩充。如果可能，将极真会馆、国际空手道联盟吸收入财团法人极真奖学会。

梅田嘉明担任财团法人极真奖学会理事长，有限公司极真会馆财务管理事务董事长。

极真会馆、国际空手道联盟的大山倍达的后继人为松井章圭。世界各国、日本国内的本部直辖的道场负责人、各支部长、各分支部长必须赞同并协力。

松井章圭作为极真会馆新会馆建设的第二次建设委员会长。着力建设新会馆，各支部长要协力。

梅田嘉明作为极真会馆、国际空手道联盟、财团法人极真奖学会、极真会馆财务管理有限公司、《威力空手》杂志社等极真有关事业的监督人，作为松井章圭的监护人。黑泽明、大西靖人、米津、长鸣宪一也协助监督梅田嘉明。

池袋的极真会馆的土地和建筑物全部献给国际空手道联盟极真会馆。

在石神井的土地与房屋产权由妻子智弥子和三女喜久子两人平分。大山倍达自己的储蓄和现金全部留给妻子。极真会馆方每月支付给智弥子100万日元作为生活费，终生如此。

《威力空手》作为极真空手道的机关杂志，每月支付三女儿喜久子100万日元生活费。

在汤河原的别墅给二女儿惠喜子，如果极真会馆方面需要，可以转让归极真会馆，但极真方每月支付100万日元给二女儿。

长女京喜由极真会馆每月支付100万日元。

智弥子、京喜（留一琴）、惠喜子、喜久子与极真空手道一切无关系。

大山倍达个人的债务也由极真会馆方面负责。

---

① 这里指非公祭。只是近旁的弟子与亲属的告别式。当时只有500余人参加告别式，大山倍达公祭时各界名流约8000人参加。

② 大山倍达的极真会的学生，医学博士，大山倍达所住医院院长。证人有米津稜威雄、大西靖人、黑泽明。

这个遗言的落实,除证明人梅田嘉明等五人外,还得到资深支部长乡田勇三、芦山初雄的鼎力支持。曾经的全日本极真会冠军中村忠也曾证明,大山倍达死前特地交代过他支持松井章圭。

后来又追加了遗言的部分内容,包括向大山倍达在韩国的亲人、在北海道的私生子各支付1000万日元的费用等。实际上松井章圭为代表的极真会馆,无法支付遗言中庞大的日常费用。《威力空手》杂志社很快就关闭了,由杂志社支付三女儿生活费也成为一纸空文。

未亡人无奈发难:事情在两个月后发生急剧变化,1994年6月20日,遗族大山智弥子为主召开记者会,对遗言真实性表示疑问。作为大山倍达创立极真会馆的同行者,也是极真会馆秘书长的大山智弥子,随着丈夫一路走来,在极真会馆王国众弟子中,是备受敬重的师母,可大山倍达逝世不到一个月,极真会馆一切与自己无关。她感觉自己被完全软禁在极真会馆大楼的四楼,她无法接受。五月末,智弥子向全国支部长写信,信中称"那不是大山倍达的亲笔信,大山的死有不明点,遗言书是伪造的"等内容。她认为,作为与大山倍达共同生活近50年的自己,是大山倍达法定的继承人,今后"极真会馆""极真空手""KARATE极真"这些名称、图标等使用,先由作为继承人的自己来管理,再商量接下来如何处理。新闻发布会后,大山智弥子向地方法院提出申诉。在等待法院判决结果中,在少部分支部长支持下,大山智弥子自任极真会馆馆长,行使馆长职权。大山智弥子出席一些极真会馆活动,参加比赛大赛开幕式。

1995年3月31日,接受大山智弥子申诉的东京家庭法院,判决遗言书无效。理由是证人与遗言有利害关系。梅田嘉明等支持松井章圭的力量向东京高等法院提出上诉,1996年10月16日上诉被东京高等法院驳回,松井章圭一方再上诉,最终1997年3月17日最高法院再次驳回上诉,大山危急时遗言失效。

松井章圭无奈搬出位于池袋的极真会馆本部。

支部长协议会介入争夺:支部长协议会是大山倍达生前就有的,由各县的资深极真会支部长组成,协议会议长是西田幸夫,副议长分别为长谷川巨气、三瓶启二。极真会馆重大事项都在协议上讨论通过,但是召开支部长协议会必须要极真会馆馆长同意。

宣布松井章圭为极真会馆馆长时,尽管协议会中有不少支部长对此有疑义,仍采取平静观察态度。一年后,1995年4月5日,极真会馆支部长协议会议长西田幸夫主持召开支部长协议会,以"将极真会私有化""独断专行""处理极真会馆事务不透明"三点理由,要求松井章圭辞去极真会馆馆长职务。但是松井章圭坚持自己是为了完成总裁大山倍达的遗志,不肯辞职。支部长协议会与松井章圭的矛盾开始升级。

在遗属向地方法院申诉,认为松井章圭在没有法律依据情况下自任极真会馆馆长,占领他们生活的空间(位于池袋的极真会馆本部),而松井章圭坚持不离开时,部分支部长曾经两度冲击松井章圭留守的极真会馆本部,昔日的兄弟出手开打。当地警察介入调停。与此同时,各县极真会空手道支部长也独立展开工作,松井章圭的极真会馆馆长权威受到冲击。

这三种团体随着时间推移产生了分分合合的激烈变化:

松井章圭一直以继承人身份开展工作,乡田勇三①一直支持他。松井章圭接手后也作了大量的改革与尝试,一是让优秀选手进入职业赛,参加 K-1、终极格斗等商业比赛,自己也组织"一击"商业比赛,与文部省旗下的全日本空手道联盟合作,尝试戴护具的比赛,研究如何向奥林匹克竞技场进军等。对极真会馆组织进行了改造,为了避免原来资深支部长的干扰,他重组了极真会馆的全日本组织,开除一批原支部长,新委派年轻的、有选手比赛经历的支部长。极真会馆改成会员制,全国各支部极真会学员都必须到他的东京本部登记,每人交一万日元。成为正式会员后,参加极真会馆的各类培训,各县之间转支部等有优惠。松井章圭还对极真会空手道赛制进行改革,增设了多项不同年龄与不同方式的赛事。

芦山初雄一直是松井章圭坚定的支持者,特别是刚宣布遗言存在,松井章圭成为馆长继承人时,面对各种责难,芦山初雄都是坚定站在松井章圭的身边,力挺年轻尚欠资历的松井章圭。但是 2001 年,芦山初雄被松井章圭除名,据说,芦山初雄本人在不同场合表现出对松井章圭参与职业 K-1 比赛不满,但是在俄罗斯极真会开展与掌控权方面的冲突,或许更是他们冲突焦点。

梅田嘉明职业是医生,是大山倍达临终前救治的医院院长,这个社会地位或许使他作为极真会高层干部,感觉比较特殊,梅田博士与各支部长私交比较差,他从坚决支持遗嘱到公开反对松井章圭也不到 10 年时间。

遗族派大山智弥子:遗族派是夫人大山智弥子和三个女儿。其中大女儿留一琴与母亲生活中没有多少的交集,也常常聚不到一起。早年留一琴嫁给

---

① 乡田勇三(1940—),东京人,1959 年入大山道场,极真会创立时为黑带选手。曾任极真空手道总本部代理师范,东京城东支部长。第 26 届全日本极真空手道锦标赛开始接替大山倍达任最高裁判长,极真会大赛多场决赛的主裁判,后以极真会馆最高顾问身份参与极真会活动。

也是在大阪经营极真空手道的大山倍达的弟子津浦伸彦,津浦并没有得到大山倍达的重点栽培。1995年极真会分裂后,他们独立在大阪成立"极真大山空手",由大山留一琴任馆长,高举大山倍达极真会馆的旗帜,开展极真空手道教学与竞赛活动。多年在大阪承办全日本极真青少年体重制比赛等。1996年9月,大山留一琴死后,津浦伸彦仍独立开展极真空手道竞赛等活动,一度曾经回归遗族派。遗族派随着智弥子逝世,已经淡出极真会的争斗。

1999年6月,支部长协议派产生分歧,原协议会议长西田幸夫退出支部长协议会,自立新团体"演武会"。三瓶启二接替为支部长协议会代表。

三瓶启二1954年出生,早稻田大学第二文学部毕业,是极真会全日本空手道大会第12—14届三连霸。两次参加极真空手道世界锦标赛,决赛中惜败,两获亚军。1990年第二次挑战"百人组手",获得成功。对于1964年出生的松井章圭,三瓶是前辈,宣布由松井章圭接任馆长时,三瓶明确表示反对,他专程会见正在举办支部长特训班的松井章圭,他提出,先不要凭遗嘱方式继承,总裁大山倍达逝世后,不要专制独裁的极真会馆组织,要有选举制,用定期轮流执政的方式继承极真会。三瓶启二的周围有一批拥护他的支部长,他们也不同意用宣布遗嘱的方式让松井章圭接下极真会馆掌控权。三瓶启二的劝阻并没有说服松井章圭,矛盾与争斗一直在持续(图8-22)。

图8-22　三瓶启二(右)在全日本锦标赛(极真会馆)决赛中

2001年,多名资深支部长也退出三瓶启二为代表的协议会,与原先遗族派的部分支部一起成立了"极真连合会",现已经改为"世界总极真"。

2001年,绿健儿为代表一批支部长另辟路径,成立新极真会。

还有一些不介入纷争的极真会的弟子们,仍然举起大山倍达极真会馆的旗号,在日本各地独立进行极真空手道传承与发展。

所有的极真会馆弟子都表示要真正继承创立人大山倍达的遗志,但是有太多的利益交集,分分合合,明争暗斗。我们无法详细了解其中内情。松井章圭、绿健儿、长谷川巨气、芦山初雄四大组织都在组织全日本极真空手道年度赛和世界极真空手道锦标赛,但比起大山倍达生前的全日本极真会空手道锦标赛,比赛规模、选手水平、媒体关注度等都无法比肩。

由于弟子们完全分裂,没有整合的力量,大山倍达的遗愿中建设新极真会馆已经搁置;《空手道事典》也没有编成出版;将极真会馆、国际空手道联盟并入极真奖学会,成为社团法人的愿望也没有结果。大山倍达生前风光无限的池袋极真空手道本部,只是成为一个大山倍达纪念室和一个由三女儿惨淡经营的、初级水平的极真空手道场。

四、大山倍达弟子们

在目前世界流行的各类空手道中,不能没有极真空手道,由于大山倍达的逝世,没有人能够一统极真会弟子。尽管极真会不是奥运会竞技项目,但是极真空手道仍然是活跃在世界的武道。

大山倍达健在时,能够用铁腕似的运营手段,将自己的学生团结在身边,但是1994年4月26日大山倍达逝世之后,极真会的弟子们四分五裂。有人想重新融合,但是尚需时日。从1969年到1994年,极真会馆的全日本锦标赛和世界极真空手道公开赛,已经产生了几十个冠军,这些冠军基本是职业空手道传播者:早期的学生黑崎健时,成立"黑崎格斗技学校";大山茂带着大山泰彦和三浦美幸在美国经营着"USA 大山空手道";添野义二在东京创立了"士道馆"、佐藤胜昭创立"佐藤塾";东孝自立的大道塾举办"黑斗旗"比赛,以开放的形式接受非极真空手道的选手挑战,近年又改称为"空道"。大山倍达的内弟子田畑繁等人组织了"社团法人极真会馆",旗下有30余个日本国内支部和50余个海外支部。还有近年频繁在中国华东地区推广极真空手道的松岛良一等人。以下列举几位独立的有代表性空手道极真会馆传承者:

(一)"打架十段"芦原英幸

芦原英幸(1945—1995)(图8-23)出生在广岛县佐伯郡一个小岛上,从小是喜爱大海的淘气小家伙,生长在乡村的孩子,喜欢在山上奔跑,在海里游泳,山里、海里,一泡就是一整天。从小与祖父祖母生活在一起,自尊心极强,绝不在别人面前低头。小时候好恶作剧,小学高年级开始学习剑道,为了掩饰缺乏母爱的寂寞,经常疯狂地挥剑劈刺。武道是相通的,剑道训练为日后他在空手道方面的高深造诣奠定了基础,步法的灵活,击打时机的把握,都有帮助。

中学毕业才15岁,他就到东京打工谋生了。离开广岛时也没有特别的想法,只是想远远离开落后的家乡。到东京一家广岛人开的工厂工作,每天跑步去上班,第一个将工厂的大门打开,大门很沉重,就当成练就体力。近6个月的打工也锻炼了身体。工作逐渐熟练后，开始寻找业余的精力消耗方式了，这时想到了空手道。最初是从电线柱上看到极真空手道招生的广告，到池袋一看，道场非常破旧。就是一间普通民房，但是很快，激烈的训练气氛就像一股魔力，将他吸引。练习的学员不足 30 人，但是直接性的击打对抗训练迸发出活力，牢牢地吸引了芦原英幸。他马上就报名入门。那时是 1961 年 9 月。入门开始只要有空余时间他就到道场练习。在与道场学长对练中，常常被打，但是越是输越不服气，越拼命练习技术。1964 年获得初段，1966 年，就提为本部指导员。大山倍达原来准备派芦原英幸到巴西教授极真空

图 8-23 芦原英幸的动态拳势

手道，但阴差阳错，没有成行。1967 年，芦原英幸被极真会总部派到爱媛县推广空手道，当时日本经济尚未充分发展，到爱媛县的一个小岛，落户在 3 叠小居室，刚开始道场只有 5 个学生，平时酬劳连吃饭都不足，经常过着只有饭没有菜的生活。芦原英幸是空手道天才，其对空手道最大的贡献在于他总结出一系列空手道技术。这个系列称之为"捌"，是用更加流畅的动作，更有效地应用手足，不受年龄限制，能够迅速掌握的空手道技术。他的空手道技术吸引了众多的空手道爱好者。1970 年，他在八幡浜建立了自己的空手道场。

他一生认毛利松平①为恩师，毛利不仅有实力支持他，还是他婚姻的介绍人，当芦原英幸在学生支持下在八幡浜盖起新的极真空手道馆时，毛利松平鼓励他走向四国岛最大城市松山立足。当时恰好大山倍达传奇式的漫画《空手道一根筋》问世，里面也有打架十段芦原英幸的故事，媒体宣传也助长了芦原英幸在爱媛县的声名。

在东京一次打架，他一个人将五个醉汉打倒，被带到警局讯问，问到叫什么名字，他说是田中角荣（当时的日本首相），因态度恶劣被强制劳动过，到中年，回首年轻时的鲁莽，卢原英幸一直惭愧当年给警察造成的麻烦，为挽回不

---

① 毛利松平：日本 20 世纪 60—80 年代有影响的政治家，四国岛出生，曾任大臣。1981 年，任日本武道馆第四任理事长。

良影响,他主动示好,到四国岛创立极真会空手道时,特别腾出时间为警察上课,让他们在执勤时能够少被动尽点力。

由于芦原英幸的技术体系细致而别致,又逢空手道大发展时期,四国岛附近的大阪、德岛等不属于爱媛县范围的空手道爱好者,都到松山市拜芦原英幸为师。学生迅速增多,加上有政界实力人物的支持,他很快在爱媛县大城市松山建设新的空手道馆。1978年,他在松山市新落成的空手道馆,其规模不亚于东京池袋的极真会本部。

"木秀于林,风必摧之",大山倍达来信说,让他有所收敛,不要破了规矩,占了师兄弟的地盘。而且教学规模扩大,给总部的费用也要求增加。在年度的各支部长会议上,芦原英幸感觉自己被孤立了,在支部长群中找不到共同语言。他就提前离开东京。这之前,也就是他刚到爱媛县开展极真会空手道普及时,刚招到数名学员,突然接到极真会总部的通知,让他火速回东京,回到本部,没有告诉他做什么,待了几星期,来自四国的学员的信,接连飞来,催他回去教学。后来大山倍达告诉他,派他到巴西去教授,但是他放不下四国岛的学员,就自作主张回四国了。这可能已经为日后与极真会总部的分离埋下伏笔。支部长会议不久,他就收到来自东京总部的信,被永远开除出极真会。性格刚强的芦原英幸,经过短期的痛苦,1980年开始自立旗号,新国际空手道芦原会馆诞生了。他的学生都表示,不论极真会如何,他们跟定芦原英幸(图8-24)。

芦原英幸的技术(捌)是特别的,相对于提倡"惊险的艺术技巧与浅薄的破坏力",他认为现在需要的是实战的空手,就是不仅不被对手打到,而且能够有利地、安全地控制住对手。最重要的是"在快乐中练习,自己不受伤,让自己的技术得到充分的提升。芦原英幸的空手就是提倡这种技术的。而且最适应真正的搏斗,最具实践性的空手。"他认为"哪里都有比自己强的人在,一定要通过宽容的、能够照顾弱者的心胸,共同切磋、共同竞技、互相学习、互相帮助,这样才能一步一个脚印进步。"

芦原英幸回到四国岛推广极真空手道的20世纪60年代,正是日本空手道迅速发展的时期,但他特别强调在热闹中冷静思考,才能持续地前进。

他认为空手道还有很长的路要走,空手道不是日本国民运动会竞赛项目,比剑道、柔道落后20年,也没有进学校。空手道要努力改造成现代社会受欢迎的运动。

他自立"新国际空手道联盟芦原会馆",总本部设在爱媛县松山市,东京、

图 8-24　极真会早期的四大天王(从左到右):山崎照朝、芦原英幸、添野义二、长谷川巨气

关西、神户、中国①有四个本部,在日本全国各县有 130 个支部或同好会,在"新国际学生空手道联盟"中有爱媛大学、早稻田大学、法政大学、东京大学等 20 余所大学参加。在美国、加拿大、南非、俄罗斯、瑞典、英国、意大利等 30 余国家都有芦原空手道支部。

1993 年开始,芦原英幸患肌无力,到 1995 年 4 月,处于弥留前状态,300 余名学员在他病榻的房前,集体练习他所授的空手道技术,对正在忍受病魔折磨的老师,表达感谢与激励,场面十分感人。

芦原将自己短暂一生总结出的空手道技术,写成《实战空手道(1—3)》三册,由日本权威出版社讲谈社出版,还有英文版 *Fighting KARATE*、*More Fighting KARATE*,还有录像带《超级技巧芦原空手》《实战空手道基本编/应用编》等。这些技术书与技术视频,即使在今天也有重要的参考价值,在技术上有里程碑的意义。

他从短暂的人生总结:要有带着笑脸的挑战精神,常常改革自己,不忘常备谦虚之心,常怀感恩之心,不能辜负依赖的人,彻底信任眼前的合作者。认准目标不怕误解前进,自觉行动不是被人提醒后再行动。

---

① 日本中国地区,位于日本本州西端,由鸟取、岛根、冈山、广岛和山口 5 县组成。

芦原英幸创立的国际空手道联盟芦极会馆本部目前由他儿子继承经营，他的学生们有的自立，有的仍然围绕着新馆长继续芦原空手道的传承。

芦原英幸的学生最出色的是石井和义与在美国设立圆心空手道馆的二宫城夫。二宫城夫继承芦原英幸的技术，到美国发展后创立了自己的"圆心馆"，21世纪初，经常带美国的弟子回日本参加各类比赛并获得良好战绩。

石井和义(1951—　)：出生于爱媛县北宇和岛郡，新日本空手道联盟正道会馆馆长。高中一年级入门师从芦原英幸学习空手道，在芦原英幸指导下，石井和义参加各类比赛与踢馆的比试，保持不败记录。1975年，受命设立极真会馆芦原道场大阪支部。石井和义以大阪为中心，在日本关西一带推广芦原空手道，正值空手道迅速发展期，加上石井超人的经营能力，学生最多时达10万人。1980年，石井和义自立正道会馆，不单自己主办格斗比赛，还经常派学生参加其他门派或拳种举办的各类对抗比赛，且屡获胜利，被称为"常胜军团"。1991年，与美国的USA大山空手道举行"5对5对抗赛"，这种商业性的比赛尝试，轰动一时。其后正式成立职业竞技部，1993年开始主办总奖金为70万美元的"K-1"职业赛。中国散打选手也多次参加这个比赛。目前在中国仍有人在推广"K-1"。这可以说是一个真正抛弃门户，包容各路英雄的世界性大赛。其中"K"代表Karate(空手道)、Kongfu(功夫)、Kickboxing(踢拳)、Kempo(拳法)等；"1"即第一。K-1曾经是世界上规模最大，奖金最高，观众最多，影响最大的搏击比赛。尽管石井和义没有用芦原会馆命名，但石井和义承认，没有芦原就没有现在的石井。

（二）野武士长谷川巨气

长谷川巨气(1948—　)，原名一幸。被空手道媒体称为"孤高的野武士"。出生在日本四国的德岛县，少年时代就继承曾祖父的勇敢、不服输个性，有不达目的不罢休的闯劲。中学时曾热衷柔道，参加过县比赛。高中毕业到东京一家化工厂打工并考大学，19岁生日那天，入极真空手道本部道场。1969年，极真空手道第一届全日本锦标赛，夺得无差别级第三名。1970年第二届锦标赛上夺得无差别级冠军，被称为"小巨人"（图8-25）。

身高165厘米的长谷川，要在大汉林立的极真直接击打制比赛中脱颖而出，在训练中得付出比他人更多的努力，为克服身材较小的缺陷，初入极真会时他一天练习8小时。30公斤的杠铃推举100次，极真会本部馆的杠铃当时最大重量是100公斤，他硬是找到130公斤的重量练习卧推。他认为应该先将自己的潜在力量充分调出，再研究技术与战术，应战身材高大的对手，要动脑筋，要设计多套战术。

20世纪70年代,是日本空手道馆之间互相踢馆很频繁的时代,极真会刚建立不久,不少人冲着大山倍达之名来较量,长谷川一幸也数次代表极真会应战来池袋极真本部道场踢馆的人,无疑都是击败挑战者,这也培养了实战经验、心理冷静、动作果断。

他善于观察学习学长们的优点,特别得益于在家乡四国岛传播空手道的前辈芦原英幸的指点。第一届全日本空手道比赛后,长谷川被留在本部道馆当指导员。但他担心指导

图8-25 获得"社会文化功劳奖"的长谷川巨气(1999)

员工作影响自己的正常练习,当时芦原英幸劝他回到家乡四国岛,并承诺将自己所有技术毫不保留传给他,长谷川就以父母生病的理由回到四国,在芦原指导下刻苦训练,一年后,回到东京参加全日本空手道大赛,获得冠军。当时他与芦原英幸、山崎照朝、添野义二被称为极真会四大天王。

芦原英幸"回家乡传播正确的空手"的召唤,对他有强烈的吸引力。夺冠第二年,长谷川从东京理工大学中退,回到家乡德岛创办极真空手道德岛支部,后又兼名古屋支部长。

在家乡德岛初创极真会馆时,年轻气盛的长谷川为磨砺自己,挂出"欢迎踢馆"的招牌,自己也经常到其他空手道馆较艺。那时的空手道交流更接近实战,允许双方用摔、抓、推等动作。他潜心钻研技术,暗下决心建设日本第一的空手道场,不仅是道场外表布置第一,而且内涵要第一。几十年来,他一心致力于在家乡培养选手。

他追求的是武道空手道,不是竞技空手。当回答电台记者访问的"与K-1格斗比,极真空手有什么不同"时,长谷川回答说:"与商业比赛不同的是业余的精神,是一生的精神修炼。武道空手不是为了荣誉、奖品、奖状而战。总裁大山曾说,比赛场上胜者绝对不能狂欢,这是对对手的尊重与礼遇。就是在场上指导或当助手,也不能用激烈的言语刺激对手,这是武道,是怜悯之心,是武士的情怀。"第一次到东京池袋的极真会馆时,长谷川就是被极真空手道弟子们强悍身体技术表现与严格的礼仪所打动的。对空手道技术,他精益求精,而他更注重空手道传承过程的礼仪与精神,尊重事理,对长辈彬彬有礼,谦虚恭

敬的举止。

1997年,长谷川巨气偕夫人首次到中国访问,途经上海体院短暂考察后,到厦门访问了福建体育学院。第二年带18名极真会弟子再访中国,与福建体育学院、泉州南少林武术学校、温州市武术协会、浙江平阳育英武校的散打专项学生进行了技术交流。

由于他长年专注于家乡的空手道传播,培养出众多优秀青少年学生,为奖励他在青少年教育与空手道国际推广方面的业绩,1999年他被日本民间组织授予"社会文化功劳奖"。

长谷川巨气是第二届极真空手道全日本锦标赛无差别级冠军,很早就立足于家乡德岛县发展,是资深支部长,也曾经是极真会空手道支部长协议会副议长。但他无意于东京本部纷争,所以有"孤高的野武士"之称。

但是当极真会面临四分五裂时,他又站在支部长协议会前面。长谷川巨气与资深支部长联合组建"世界总极真",先后担任总师范、最高顾问。目前,有60余个国家与地区的极真会空手道团体参加世界总极真的各类赛事与讲习班等活动。

他以"一生空手、一生极真"为己任,2012年,集一生钻研,撰写出版了《长谷川一幸师范的极真之理与技》一书,该书有许多独到之处,特别是拳腿击打角度,支撑腿的位置,身体的拧动姿势,非常细致讲究。

他为人豪爽,诚恳率直,处事简洁明了,信用担当。他生活简单,工作出差都是与空手道有关,谈论话题也是空手道,虽然相较于20世纪90年代,极真空手道已经开始下坡,已经年近七十的他还是不懈地专注于极真空手道的国际传播。近几年他辗转于俄罗斯、希腊、奥地利、澳大利亚等地传播极真空手道,他时常忙碌于筹备举办全日本的极真空手道比赛,举办世界总极真锦标赛也成为近年的重要工作。2017年,还曾经邀请中国空手道协会秘书长、极真会空手道上海龚道场师范等人,访问观摩在名古屋举办的世界总极真空手道比赛。2018年7月他专程到上海参加"上海城市联赛——亚太极真精英邀请赛"讲课。近年来,每年到世界总极真上海龚道场参加讲习与升段活动,为极真空手道在中国的发展发挥了重要作用。目前就世界总极真的上海龚道场就有25个教学点,3000余名学员。

(三)跨界老将芦山初雄

芦山初雄(1948—　)(图8-26)出生在琦玉县,1963年秋天入大山道场,取得二段后就在极真本部当指导员。一段时间离开极真会馆,到围绳里打职业踢拳道表演赛,打泰拳比赛,在日本的泰拳比赛中几乎保持不败。后师从太气拳宗师泽井健一①学习中国意拳。在意拳研究方面也有相当的造诣。1973年复归极真会并在当年的第5届全日本空手道锦标赛获得冠军,1975年第一届极真世界空手道大会亚军。

长年担任极真会本部首席师范,极真空手道琦玉县支部长,还负责俄罗斯方面的极真空手道发展工作指导。长年担任极真会全日本大会裁判长。大山倍达死后,被任命为极真会最高顾问。

图8-26 芦山初雄

极真会馆初创时期,大山倍达对其他流派来破门非常重视,他认为如果极真输了,就没有"世上最强空手道",极真会馆就没有学生来学,支部长们就没有钱吃饭。被大山倍达安排到日本各地普及极真空手道的支部长,初期是非常艰辛的,没有自己的场馆,就借用公用体育馆,借不到就到公园露天教学的情况也常有。

芦山初雄曾经是松井章圭接任极真会馆馆长的坚定支持者。但他反对将极真空手道职业化。松井章圭从1996年开始宣布开放门户,让极真会优秀选手参加商业性格斗比赛,比如"K-1"和"PRIDE"。芦山初雄在不同场合表示了自己的观点,大山倍达强调极真会馆是最强武道,武道空手道不是职业与商业,大山倍达晚年对以K-1为代表的职业表演赛是嫌弃的。

芦山认为,商业比赛吸引眼球是有限的,37年前,他作为泰拳手出道,在泰拳的发展高峰时,作为日本的泰拳手参加各种世界比赛,很有名气。泰拳在日本刚出现时,轰动一时,观众人山人海,但是一段时间后就冷却了,巴西柔术也曾在日本风靡一时,几年后也冷却了。只有武道的空手道才是长久的。流行的东西如果没有文化内涵,其生命力是不会长久的,能留在人们心中的是真正的武道。武道中礼节与对人格健全培养的价值是长久的。空手道真正的精神是严以律己,宽以待人,把空手道作为商业去发展是错误的。作为一个武道家,最重要的工作是让孩子成为真正有用的人,空手道的宗旨和礼仪,是空手

---

① 曾在北京败在王芗斋之手并拜王为师,日本战败后被遣送回国,在日本传习意拳。

道中的重要内容。他曾对有孩子的家庭作过一次调查,大部分人都表示他们最想让孩子学的是空手道。他们并不是想把自己的孩子培养成 K-1 选手,他们最大的愿望是让自己的孩子拥有"正义之心"和"正义的力量"。

芦山初雄是将空手道指导作为一生追求的"人生之道"来对待的。大山倍达曾经说:"宁可不要 100 弟子,只留一个得意门生。"一个指的就是芦山初雄。芦山初雄以匠人之心,以一个"求道者"的姿态,长年不懈从事空手道指导。在极真会馆中,芦山初雄的为人与其对空手道的忠诚追求,是得到各方认可的。

2003 年,由于意见不合,芦山初雄被松井章圭开除,离开松井章圭的体系极真会馆后,芦山初雄与广重毅一起于 2003 年 1 月成立"极真空手道联盟极真馆"。举行开馆仪式当天,界内有 800 余人前来捧场。芦山初雄的极真馆,当年夏天在琦玉县的超级竞技场,举办了"第一届全日本体重制极真空手道锦标赛",秋天又举办"第一届全日本极真会空手道锦标赛"。芦山初雄打出发扬大山总裁"最强空手""追求真的武道空手"的旗帜。

2006 年 11 月,芦山初雄代表的"第四届全日本极真会空手道锦标赛"汇报表演上,还展示了"真胜负比试",这种比试采用了戴头盔,用分指手套,可以打头、可以抓、可以摔的规则。这是对极真比赛规则的一种超越。芦山初雄花费不少精力激活了大山倍达手上建立的"财团法人极真奖学会",这为后来松井章圭与之打官司争夺这个极真奖学会的主导权打下契机。

芦山初雄是大山倍达弟子一个重要的当事人,目前他所经营的极真馆在规模上尚不如其他几位。

(四)小个巨人绿健儿

绿健儿(1962—　)(图 8-27)出生于鹿儿岛县的奄美大岛,奄美大岛是原琉球群岛的北部五岛之一。他小时候受漫画《空手道一根筋》影响,迷上空手道。16 岁开始练习极真空手道。经过地方千叶县比赛,取得小级别的第 8 名,通过不懈的努力,取得第一届体重制全日本空手道锦标赛第 8 名,到第二届就得到冠军。大山倍达曾经鼓励他:"只要不忘记勇气与初心,一定行。你一定会成为极真世界的王者。"大山倍达看上绿健儿以小胜大的潜力。由于父亲在家乡经营的公司遇到难题,在一次世界极真会空手道比赛前夕,绿健儿退出训练一线,回家乡协助父亲经营公司事业,大山倍达还专程到绿健儿偏僻的家乡,动员他父亲支持他出赛。

绿健儿以小打大,开辟一片风气,他最擅长的动作是跳起转身侧踹和腾空抢背盖脚。绿健儿总结出在淘汰制空手道竞技中的五个要素:快速的步法,顽强的耐力,丰富的技巧,不衰的节奏,强大的抗打力。从练习空手道开始,他就将站到世界空手道最高领奖台作为自己的目标。在第 5 届极真世界锦标赛(1991 年)上取得无差别级冠军。

绿健儿是极真会名古屋支部长,但是,大山倍达逝世后,众弟子不满松井章圭独揽极真会总部事务,资深的各支部长组成一个联盟,先以支持遗属为旗,与松井章圭打官司,官司经过数年的反复,最终判决松井败,支部长协议会中,三瓶启二一度成为首领,绿健儿曾经是三瓶启二坚定的追随者。

后来,这个支部长协议会几经分分合合,绿健儿退出三瓶启二的团体,自立"新极真会",2001 年就任 NPO 法人新极真会长。

图 8-27　绿健儿的侧踹

新极真提倡:促进青少年健全成长,促进国际交流与社会贡献三位一体。

新极真精神:磨炼身心,坚固不拔。将武学之精髓发挥至极致,养成随机应变之敏捷身手。以诚实刚健,战胜自我。尊师重道、举止有礼,不可有耀武扬威之心。尊重个人宗教信仰,不忘谦让的美德。努力不懈,提高智性和体力。终生修炼,追寻极真真谛。

新极真的技术体系中除了以手击脚踢为主的进攻与防守技术外,还有形:包括刚柔流的三战、太极、平安、击碎、观空等套路。在新的组织形成与发展中,绿健儿重视青少年人格培养,重视引导参加空手道练习的学生参与公益活动,重视国际交流。新极真会还以争取成为奥林匹克竞技项目为旗号,吸引更多青少年参与。

现在全世界有 73 个国家与地区设有 173 个新极真支部,登录在册的会员近 70000 人,每年举办全日本比赛,每四年举办一次国际性的新极真大会。目前大山倍达的弟子中,新极真拥有的学生数最多。2018 年 6 月 23 日在东京体育馆举行的新极真空手道"梦幻庆典 2018 国际大会",有 3021 名运动员参加。海外有 20 个国家 241 人前来参加形与组手比赛。

(五)"馆长继承人"松井章圭

松井章圭(1964—　)(图 8-28)是出生在日本的韩国人,他从小具有不屈的韧性。1976 年 13 岁的松井章圭在自己生活的千叶市北支部,参加极真空手道训练,支部长是手塚畅人,负责经营极真空手道的,真正技术启蒙老师是加藤重夫，是从总本部派遣去指导的。但是大山倍达很快发现了他的潜能，说服他父亲并将他转到东京本部道场训练，很快他从"地方军"成为"嫡系"，在本部道场取得黑带后，参加第12届全日本极真空手锦标赛取得第4名的成绩。在中央大学就学同时，留在本部道场接任指导员。他一直得到大山倍达的青睐，进步快速。1986年、1987年两年连续取得

图 8-28 馆长继承人松井章圭

全日本极真空手道无差别级冠军，并于1988年获得世界极真会空手道锦标赛冠军。他还一次性完成"百人组手"，成为极真会弟子中耀眼的后起之秀。

按照梅田嘉明等人证明的"遗言"，大山倍达死后由松井章圭出任极真会馆馆长。相对于其他的资深支部长，刚30岁的松井章圭，出任极真会馆掌门人时，也才出任独当一面的支部长两年，将极真会馆全部工作交给这尚未取得公认的、资历尚浅的师弟手里，引发一系列纷争。

作为遗嘱中继承人的松井章圭，为了防止其他极真弟子争夺，注册了大山倍达的遗产："KYOKUSHIN""极真会馆""极真奖学会""极真会馆圆形图标""与上一个形状不同的圆形图标""刺绣在上衣胸前的毛笔字书体极真会""极真空手 KYOKUSHIN KARATE""INTERNATIONALKARATE OGANIZATION 国际空手道联盟"。作为专利注册后，其他人使用必须通过他的允许，这引起大家强烈不满，围绕着这些遗产享有权，大山倍达弟子之间的诉讼一直在持续。大山遗属对遗言的真实性提出质疑，并上诉到东京家庭法院，几经抗诉与再诉，1997年，东京最高法院判定大山倍达危急时"遗言"无效。松井章圭仍然以国际空手道联盟极真会馆馆长的名义，相继组织了第26届公开淘汰制全日本空手道锦标赛，1996年导入硬式空手道竞赛方法，采用戴护具分体重直接击打赛制。同年，在美国纽约组织第一届硬式空手道女子锦标赛。四年一度的公开淘汰制世界极真会空手道锦标赛还是由松井章圭延续主办。1999年他还成立了极真会馆形竞技制定委员会。当年松井章圭将极真空手道总本部道场搬离大山倍达遗留下的池袋极真空手道本部。

松井章圭对极真会进行改造，成立最高顾问部，乡田勇三和芦山初雄接任

最高顾问,放下极真会以"最强格斗"自居的架子,主动让优秀选手参加其他团体主办的徒手格斗赛事如职业赛 K-1 等,还自己主办了"一击"商业赛。同时扩大空手道的舞台,组织了世界空手道大会。

按照大山倍达执掌极真会时期的惯例,他继续举办国际空手道联盟极真会馆短期的海外留学生讲习班,举办为期 3 天、5 天的各支部长合宿,组织全日本极真空手道大会,组织四年一度的国际极真空手道大会,增设了全日本体重制空手道锦标赛、每年 8 月设立了"极真祭",他拓展了极真会各项活动内容。

目前松井章圭系统的极真空手道在日本国内有 98 个支部,906 个道场,拥有 50000 名学生。在海外有 236 个支部,大约有 8000 个道场。

他与属于日本奥委会的全日本空手道联盟联合,探讨直接击打制空手道竞技入奥的问题。2015 年 4 月,在东京江东区的日本空手道会馆,公益财团法人全日本空手道联盟与一般财团法人国际空手道联盟极真会馆签订了将空手道推进 2020 年东京奥运会的友好团体备忘录。全日本空手道联盟笹川尧会长表示,此后极真会馆的全日本大会将得到全日本空手道联盟的支持,松井章圭表示,如果奥运会比赛需要极真会馆的选手,或者是按照全日本空手道联盟的规则的比赛需要,极真会也给予支持。全日本空手道联盟的网页上,挂着友好团体是松井章圭为馆长极真会馆总本部。在极真会"第 48 届全日本空手道锦标赛"举行时,日本国家队团体形(集体套路)的三名选手作为嘉宾为大会开幕式表演。

2016 年 1 月 16 日,松井章圭生日,他将大山倍达的"大"字加进自己的名字中,改名为松井章奎。

尽管极真会没有在松井章奎领导下稳定成一个整体,从他主导的 2018 年极真祭活动看,通过 24 年的坚持,本部的道场内容是拓展了,除了商业性的"一击"赛事,引进女子直接击打赛制、戴护具直接击打赛制,改进体重制赛制、形的竞技、多条并举的方式。而且在极真会馆运营方面,注意引导学员参与社会慈善事业,参与共同维护地域的安全,加强国家间的友好与交流的事业(图 8-29)。

2017 年 10 月,作者曾与日本

图 8-29 松井章圭的 2018 年极真纪念广告

空手协会一位资深教练交谈，他认为，抛开极真会弟子纷争的各种原因，松井章圭是个非常出色的空手道事业经营者。

 ## 本章小结

"寸止"作为空手道竞技方式已经被世界空手道联盟所采用，也有人认为，正是具备相当的破坏力，能够点到为止，这是一种理想的竞技体育，是一种激烈竞争中的克制。但是这种点到为止的"寸止"的竞赛方式一直也被诟病，认为没有打到就分胜负，是假打。

从空手道由琉球传到东京开始，研究直接击打制竞技就没有停止过，从糸东流摩文仁贤和，到他的学生泽山宗海开辟"日本拳法"的直接击打，从20世纪30年代东京大学学生尝试，到50年代炼武会尝试，一直到世界硬式空手道联盟的尝试，空手道竞技探索者们在护具的安全性、轻便性方面下了大量功夫，也取得了很大成绩。

大山倍达独树一帜，采用不戴护具的直接击打制，充分显示出空手道作为徒手对抗的威力。在世界空手道联盟主宰的竞技空手道入奥再三受挫时，公益财团法人全日本空手道联盟还将极真会空手道松井章圭馆作为自己的联络团体，共同探讨戴护具直接击打的竞赛模式，尝试新的入奥方式。

直接击打式空手道丰富了现代空手道表现方式，扩大了空手道参与人群，它是空手道发展中重要的力量。

而在直接击打式空手道中，大山倍达和他所创立的国际空手道联盟极真会馆是一面鲜艳的旗帜。

第九章 多元并立的当代日本空手道

日本空手道界,一直处在群雄割据之中,互相不服气和分分合合是日本空手道界的常态。另外,也正是法人团体的独立运营的社会管理制度,才促成了日本空手道多元发展。

第一节 坚持传统的冲绳空手界

一、门派林立的冲绳空手界

琉球是一块特别的土地,是一块灾难深重的土地。1609 年,被萨摩藩强行攻占,被迫签订割让岛屿、纳贡,已经初尝被殖民的滋味。1879 年,日本明治政府强行将琉球废藩置县,琉球王被囚东京,琉球臣民是一种何等无奈的心情。1945 年,日本挑起的太平洋战争的尾声中,冲绳作为反攻中的盟军登陆战的战场,冲绳民众也承受了巨大的灾难。冲绳岛几乎被夷为平地,房屋设施几乎全毁,各种历史文物与资料损失殆尽。战斗中双方军人死亡超过 24 万,据统计冲绳平民死伤人数超过军人,有的村庄人口死亡过半。日本战败,成为被盟军占领进行民主改造的国家。1951 年,旧金山和约签署,日本成为正常国家,可是冲绳仍然是美军军事基地,一直到 1972 年才再次被纳入日本的版图。从 1945 年到 1972 年的 27 年间,冲绳实行的是与日本本土不同的政策,冲绳民众必须遵守美国人给冲绳人制定的法律。冲绳人到日本本土,必须持有护照并得到有关部门的批准。冲绳似乎是一个没有归属的地区,冲绳人没有了精神家园。冲绳的文化也在这样的艰难多变中变换着。冲绳的历史学者将冲绳的历史分为七个时期:原始冲绳世、古代冲绳世、大和世、战世、美国世、冲绳、大和世,经历了七度转变[①]。

空手道出现在琉球,不是因为琉球是一块充满强悍气息的土地,两次被占领均未见民众强烈抵抗。当年东恩纳宽量就认为,冲绳青年人由于酗酒与早

---

① 伊波胜雄.冲绳的历史[M].冲绳:むぎ社,2011.

婚而身体虚弱、士气低下，出于改善这种民风的追求，他在家乡普及从中国学来的拳法。二战结束后，冲绳一直有各流派的零星的空手道场在惨淡运营。

琉球唐手，原本没有流派之说，但各人演练型的名字没有标准。1926年11月，为迎接嘉纳治五郎到来，冲绳唐手界进行协商，将原来并不清晰的各种唐手归并为那霸手、首里手、泊手三种。这是20世纪20年代冲绳唐手界的代表人物在冲绳县官厅有关部门主持下协商做出的结论。

20世纪40年代后期，在和歌山发展上地流的上地完文回到冲绳，发展的势头超过泊手流。那霸手的传人宫城长顺传播的福建拳法起名为刚柔流，糸洲安恒的首里手，经几个弟子分立门户，基本也是原貌的，在60年代又有一些新的流派出现。

在冲绳空手界，目前主要有三大流派：一是刚柔流；二是由首里手演化的小林流、少林流、松林流等；三是上地流。冲绳空手经常是一个流派演变出多个流派，或者一个流派中数个组织都是自承传统、自立门户进行传播并授予段位。根据冲绳空手道振兴协会有关骨干2008年的整理，冲绳传统的空手主要流派与团体有：

小林流：冲绳小林流空手道协会、冲绳空手道小林流馆协会、冲绳小林流空手道馆联合会等9个；

少林流：全冲绳少林流空手道协会、国际冲绳少林流圣武馆空手道协会、全冲绳少林流空手道古武道联盟、首里少林流等14个；

松林流：世界松林流空手道联盟、冲绳松林流空手道协会、冲绳空手道松林流喜舍场塾等3个；

松源流系、少林寺流系2个。首里手系有冲绳首里空手道场、首里手古武道圣道会等4个，一心流系、空心流系各1个。

刚柔流：冲绳刚柔流空手道协会、冲绳空手道刚柔会、冲绳刚柔流泊手空手道协会、国际冲绳刚柔流空手道联盟、冲绳昭灵武术协会、刚柔流尚志会等19个。

上地流：上地流空手道协会、上地流空手道联盟、上地流空手道拳诚会、世界上地流空手道联盟等6个流派，19个会派。20世纪30年代，就有上地流弟子到美国大学传播唐手，上地流虽然没有参与东京为主的日本本土的全日本空手道联盟组成，但是在冲绳本地发展较快。1977年，以上地完英为主，由上地流空手道传承者编著《精说·冲绳空手道》，洋洋700余页，从中可以看出上地流在人才方面还是颇有实力的。上地流的走向现代有一定创造性。他将最简单的型进行重组，在冲绳本地有后来居上的气势，虽然是40年代以后才回到冲绳,但比较快就成为影响一方的流派(图9-1)。

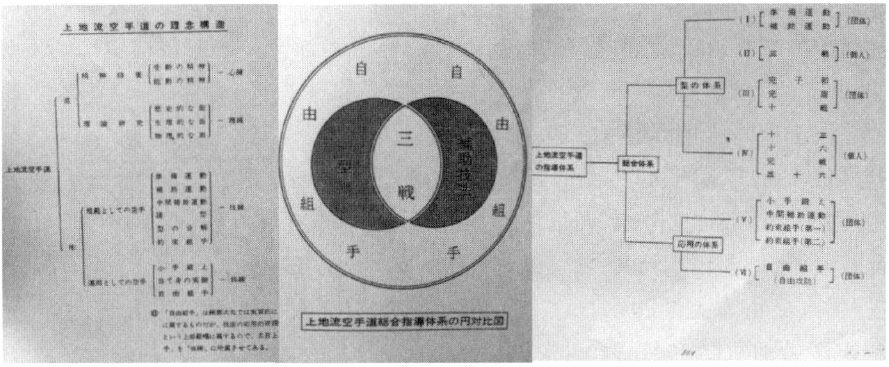

图 9-1　上地流空手的技术理念与结构(示意)图

冲绳空手还有孝武流、硬软流、半硬软流、昭平流、刘卫流、冲绳拳法、琉球拳法、松涛馆、极真会等。

二、冲绳空手走向世界的独立路径

冲绳空手道界有独立的传播到世界各地的途径。走向世界,冲绳空手界的历史比日本本土早,屋部宪通20世纪20年代就到夏威夷传授唐手近8个月。祖坚方范(1891—1982)是首里手的名家,1924年到阿根廷传播空手。祖坚继承了松村宗棍的技术,后来取名为松村正统少林流空手道。他移居阿根廷开设道场传播首里手同时,还到南美各地表演。直到1952年回到冲绳,28年间在阿根廷指导普及空手道,他的影响很大。回国后他在冲绳西原町我谢开了个小道场,坚守少数精英主义,虽然从学者不多,但紧紧地坚守传统空手。

宫城长顺也受夏威夷日本报社的邀请,1934年到夏威夷传授唐手。上地流的友寄隆宏20世纪50年代在美国的波士顿教授空手一年余,刚柔流的东恩纳盛男20世纪60年代以美国为中心,到世界各国传播空手道,并在60余个国家建立了刚柔流空手道馆。冲绳人传播的不是全日本空手道联盟规定的形,他们传授在冲绳当地流行的传统型。型、约束组手、辅助训练是冲绳传统空手的训练方法。

冲绳空手的发展还有美国军人的参与:1945年到1972年,美国的空军、陆军、海军、海岸警卫队等及家属每年有5万~10万人驻守冲绳,美军在占领冲绳的日子里,冲绳当地的政府也将空手表演作为与美军交流示好的桥梁,经常组织当地空手道家到美军基地表演,加上参加越南战争的美军,也将冲绳作为休息地,他们中一些人对冲绳的空手道产生了浓厚兴趣,他们有的请当地的拳师到基地传授空手,也有美国军人到冲绳的街道空手道场学习,还有人获得段位,这些美军的官兵复员回国后,将冲绳的空手带回美国各地,其中还有人将冲绳的老师请到美国,这种交流与来往,促进了冲绳传统空手在美国的发展(图9-2)。

由于琉球资源贫乏,琉球人自古以来就有出外谋生的传统。冲绳县建县的1899年,就有27人集体移民夏威夷,琉球人口中有13%长期居住在国外,根据有关统计[①],1937年,冲绳县移民的人数达147495人,其中大多数居住在夏威夷、巴西、菲律宾群岛、旧南洋诸岛,现在冲绳县的移民约36万人。移民给冲绳带来两大明显的好处,一是减缓了土地狭小、人口过剩问题,二是支撑了冲绳的经济。1929年,冲绳侨民汇回来的钱,占冲绳县官厅年度总收入的66.4%。第二次世界大战的冲绳战役中,冲绳几乎被夷为平地,也是以夏威夷为中心的冲绳侨民,将各种物质从世界各地寄回冲绳,让侥幸生存的家乡父老度过了非常时期。这些侨居国外的冲绳人,既在关键时期支撑着家乡的发展,也将冲绳的空手传到世界各地。

图 9-2 那霸市内的刚柔流上原空手道场

冲绳有关研究者统计,截至1970年,在国外从事空手教学的冲绳人超过1000人。有准确记载的、常驻国外,并多次来往于冲绳与外国之间的空手道人统计数据如下:美国(116人),中国大陆(52人),法国(39人),加拿大(36人),阿根廷(34人),德国(27人),英国(26人),澳大利亚(25人),巴西(22人),瑞士(18人),意大利(17人),中国台湾(12人),印度(12人),一共分布在78个国家、地区,其中8段以上者就有574人[②](图9-3)。

在冲绳这块土地上,有200余家空手道道场,大多数道场老师,特别是在冲绳有名望的传统空手道家,不可能去学习全日本空手道联盟制订的形。他们都在传承着冲绳传统的型。

---

① 野原耕荣.冲绳传统空手"手"的变容[M].冲绳:球阳出版,2007:409.
② 高宫城繁,等.冲绳空手·古武道事典[M].东京:柏书房株式会社,2008:146-147.

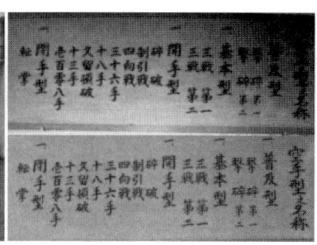

图 9-3　左为上原空手道场内学员的名字牌；右为空手道场中所学内容；中为外间哲弘道馆的小学生班学员

有一小部分到东京或其他日本大城市上学的人，由于在大学期间学习了全日本空手道联盟的技术体系，回到冲绳开设新的道场培养人才。冲绳街道道场规模大的拥有近千名学生，小的仅十数人。

三、冲绳空手道界的团结、分裂与抗争

日本空手道是琉球唐手演变而来的。船越义珍在东京传播唐手的初期，不断从琉球的传统名家身上学习，刚柔流、糸东流都是冲绳的空手传承人创立的。但 1945 年到 1972 年，两地的空手道渐渐隔绝了。1945—1955 年间，冲绳的空手道界非常松散，不同流派各自为政，同一流派间也互相不联系，处于"一国一城"的群雄割据状态。随着战后冲绳与美国为主的国际交流与传统文化的复兴，冲绳空手道的价值被重新认识，冲绳当地学者普遍认为空手道是未开发的传统文化，它的价值需要再发掘。目前冲绳空手界零散的状态不能适应国际发展的要求，冲绳空手道界需要加强团结，交换信息、研究问题、提炼技艺、整理理论，才能发挥空手道发源地的作用，才能适应国际发展的要求。1956 年 5 月，由小林流（知花朝信）、上地流（上地完英）、刚柔流（八木明德）、松林流（长岭将真）四大流派为主，以那霸的长岭道场，组成了"冲绳空手道联盟"。联盟提出"结成大同，团结能够对应国内外空手活动的体制，将冲绳的空手推向世界"。

1961 年 6 月，以保存冲绳古武术为宗旨的"冲绳古武道协会"成立，这个团体主要由本部流的比嘉清德、上原清吉，少林流的祖坚方范、岛袋善良，渡山流的兼岛信助、冲绳拳法的中村茂为中心，会长由比嘉清德担任。

1963 年，小林流的知花朝信退出冲绳空手道联盟。虽然小林流由于知花朝信的退出而缩小，冲绳空手道联盟还是维持了 4 年，到 1967 年，更多人希望有一个可以将全冲绳所有空手道馆组织管理起来的新组织，于是冲绳县空手道组织进行了重组，成立了新的"全冲绳空手道联盟"，这个新的空手道联盟旨

在求大同存小异,开展了空手道普及与宣传活动①。松林流的长岭将真担任会长,上地流的上地完英、刚柔流的八木明德、少林流的岛袋善良担任副会长,理事长由小林流的比嘉佑直就任。这次扩大了联盟的规模,但是人事安排方面的问题尚未真正解决。

1972年冲绳归日本后,冲绳空手道界面临着加入全日本空手道联盟的问题。但是,对于冲绳的空手道界来说,全日本空手道联盟是不够权威的。支撑全日本空手道联盟四大流派的创始人全部出于冲绳,松涛流的船越义珍、刚柔流的宫城长顺、糸东流的摩文仁贤和都是冲绳人,和道流的大塚博纪是冲绳人船越义珍的学生,空手道之源在冲绳,让东京的全日本空手道联盟来指挥冲绳空手道,段位的授予与裁判的选派都由东京的人士决定,他们无法接受(图9-4)。

图9-4　1977年5月,获得全冲绳空手道联盟总会授予范士十段称号的四位冲绳空手代表人物

全冲绳空手道联盟要求,冲绳人的高段位由冲绳县自己来授予,每年的全日本空手道联盟比赛或者四年一度的国民体育大会空手道比赛中,冲绳县要多派几名裁判员。几经磋商,全日本空手道联盟拒绝了全冲绳空手道联盟的要求,全冲绳空手道联盟就抵制全日本空手道联盟,最后决定冲绳的空手道界不参与全日本空手道联盟组织的活动。

---

① 高宫城繁,等.冲绳空手·古武道事典[M].东京:柏书房株式会社,2008:642.

空手道成为日本国民体育大会正式比赛项目后,冲绳县空手道协会的抵制举动让冲绳县体育协会很不安,为了冲绳县体育代表团在日本国民体育大会上整体的比赛成绩,1981 年 8 月 25 日,冲绳县体育协会将不妥协的"全冲绳空手道联盟"开除出冲绳县体育协会,他们重组了愿意与全日本空手道联盟协调的"冲绳县空手道联盟",向东京的全日本空手道联盟让步,接受全日本空手道联盟的指导,按照全日本空手道联盟的规范参加日本国民体育大会的空手道比赛。这样,进一步造成了冲绳空手道界的分裂。冲绳县空手道联盟新会长由原"全冲绳空手道联盟"的会长长岭将真担任。同时,另一批空手道人士自行结合组建了"冲绳空手·古武道联盟";此间又有几个会馆组织新的团体,但是没有产生大的影响。

2015 年,冲绳县空手道联盟被日本武道协议会授予 2014 年年度武道优良团体,现在的会长是照屋幸荣[①]。该年度日本武道协议会授予的武道优良团体有 9 个,九个武道团体各有一个,剑道的优良团体是全日本学生剑道联盟,位于东京,会员有 10198 人,冲绳县的柔道联盟也在本年度作为柔道代表被授予优良团体,会员有 2261 人。而冲绳县空手道联盟会员仅有 209 人。可以看出,冲绳的空手道还是比较分散的,代表全日本武道协议会的关系组织,也就是正式作为政府代表的联盟,会员仅 209 人,其他空手道在冲绳的实力更加强大。

四、冲绳传统空手界的视野

抵制全日本空手道联盟的全冲绳空手道联盟,29 年来坚定高举传统的旗帜,对全日本空手道联盟以权势自大的行为作尖锐的批评,拒绝本土空手道的系列化,宣传作为武道的冲绳传统空手道的内涵。

冲绳的空手名家真正与全日本空手道联盟的接触是 1987 年,第 42 届日本国民体育大会在冲绳举行,当看到日本国民体育大会的空手道竞赛时,冲绳本地的空手名人们沉默了。

冲绳人对竞技空手道的忧虑:空手道已经成为世界最为普及的武道,192 个国家,近 6000 万参加,比柔道参加的人数高出许多,但是空手道面临着与柔道一样的问题,现在已经处于欧美人引领潮流的状态。竞技空手道与垫上运动翻筋斗、单脚跳等与武道空手相距甚远,让人哑然失笑。冲绳人看到世界空手道锦标赛冠军的女子团体形表演,认为那是与"一拳必杀"的冲绳传统空手

---

① 武道[J].东京:日本武道馆,2015:164-165.

完全不同的垫上体操。组手比赛，高腿可以得3分，与跆拳道的判定越来越近，完全是随意按有利于长腿的欧美人的意愿修正规则，已经不是冲绳空手道"正拳第一"，冲绳传统中的拳法不论上段、中段均改为得1分。

战后在东京的日本武道推向世界有一个前提，不是作为武道，而是作为竞技运动的一种，强调民主主义。日本武道再生之途径就是在组织运营、竞技规则方面从根本上向竞技体育转变，将武道改变成民主的竞技体育。武道作为竞技运动推广到世界，也是向世界宣传，日本已经作为一个独立的民主主义的国家。所以思考日本武道的变化不能不考虑时代背景。在当时的时代环境下，武道不得不进行民主主义的改造。但是战后70年，日本在世界上地位与国内社会环境已经发生变化，现在强调民族特色又成为日本的一种力量。

从琉球唐手到东京的空手道，经过八十余年的发展，习练人数呈数百倍的增长，在技术发展方面也大相径庭。冲绳的唐手坚守传统，型的每个动作都有出处，而全日本空手道联盟为了平衡四大流派，联盟采用的型，则是分别从松涛流、刚柔流、糸东流、和道流四个流派的型中抽两套。这些形与传自琉球的原型套路已经有了很大的不同。特别让冲绳唐手界不能接受的是"寸止"的对抗方式，这个方式现在已经被世界空手道联盟所采用。冲绳的传统空手界，没有办法接受这种"点到为止"的比赛。

按琉球唐手传统的方法，空手先是基本练习，比如"正拳"，就是冲拳，千百次打卷藁，练出"一击必杀"之威力；二是练形，反复地练形，刚柔流是反复练"三战"，首里手是练"内步进"；三是组手，冲绳的组手是拆招，基本是最简单的进攻与防守，将形的动作意义进行拆解；四是实战。这种实战是不能公开的，只是秘密进行。在冲绳空手名家看来，全日本空手道联盟的点到为止的比试，是可笑而荒唐的。没有打到对手，如何判定胜负？打到身上功力如何？靠裁判举红色或绿色的旗来判断，观众看得糊里糊涂。这是竞技的（体操式的）空手道，而冲绳的空手是追求一击必杀的武道空手。

野原耕荣将冲绳传统空手信念总结为十条：①冲绳传统空手的起源是琉球的"手"。②冲绳传统的"手"是从城廓时代（公元8世纪）的战争中形成的武术，是武道。③冲绳传统的空手只有"小林流系""刚柔流系""上地流系"。④冲绳传统空手是以"一击必杀"为宗旨，无论何时都是作为武道传承的。⑤冲绳传统空手以打卷藁的正拳作为根本，只有型、古武道、实战三种方式。⑥冲绳传统空手按照先人传的"型"原原本本练习，丝毫不改动。⑦冲绳传统空手有各种传统的型，从初学到高级阶段练习的型是有顺序的，必须按照这个顺序循序渐进。⑧冲绳传统空手是以礼、敬、义、仁、诚、忠等武士道精神作为支柱的。⑨冲绳传统空手中,没有胜负。⑩冲绳传统空手将冲绳空手作为传统文化保存,有义务将原汁原味的"型"传播到世界①。

但是冲绳的街道空手道道场也有的面临着倒闭的危机,冲绳县的空手道大会是由县厅教育部门联合举办的,是有政府背景的比赛,比赛得奖者可以得到政府的有关奖励。这种比赛全部按照全日本空手道联盟规则评判,传统的型,练得再好,也得不到认可,赛场上出现这种情况,使曾经专心练习传统空手道的少年伤心,也影响了维持传统空手道场的可能性。传统空手道场的学生越来越少了,传统的空手道面临着难以为继的困境。

从坚守冲绳传统武道的空手出发,冲绳本地的空手习练者对全日本空手道联盟的竞赛方法提出批评:日本的文化传统中不仅是武道重视"形",其他艺术也重视"形",他们将"形"看成多年来先贤们对传统技艺千锤百炼之后塑造出的榜样,后人必须反复严格按照先贤的榜样稽古,才能继承传统的精华。日本学者源了圆,比照了日本弓道的阿波研造②与嘉纳治五郎对柔术形的理解与改造后,写了一段话:"(阿波研造与嘉纳治五郎)两人将武术提升为武道这一点是共通的,再一点,二人将在日本封建社会中形成的武术提升为世界各国都接受的普遍性的技术,这个立足点也是共通的。但是,在普遍性实现的方向上,前者(弓道)尊重传统的心法,在过去经验的基础上深化了前人的理解,而后者则基于现代生理学、物理学的法则,使柔术的技术彻底合理化,进而将'精力善用、自他共荣'的柔道理念,活用到人生哲学或者社会哲学中。两人成为绝妙的对比。"弓道的阿波研造从内心的普遍性追求精神,柔道的嘉纳治五郎则在合理化中从外表实在中追求科学的普遍性。相对这种武道的提升,空手道作为竞技体育,有必要具备普遍的规范性。而全日本空手道联盟的比赛,不论是"形"的比赛,还是"组手"比赛,其规范性都非常暧昧,观众几乎无法看出胜负是怎么判断的。在组手比赛中出现过用边腿踢死人的事故③。这也是一些传统空手人士反对"寸止"规则的一种理由。

---

① 野原耕荣.冲绳传统空手"手"的变容[M].冲绳:球阳出版,2007:318-319.
② 详细见《箭与禅》一书。有中文译本。
③ 在全日本空手道联盟的组手比赛中,一个外国运动员与日本运动员比赛时,几次用高腿寸止在对手的头部,可是裁判员总是不判为"一本",外国运动员突然急了,一记高腿直接击中对方的头部,可是习惯于"寸止"规则的日本运动员,没有防守接触性攻击的经验,被击中就发生了严重事故。

五、冲绳县政府强力支持

近年来,冲绳县政府将空手作为地方优秀的文化遗产,政府将冲绳的空手区别于全日本空手道联盟的体系,制定并实施了一系列的保护与发展冲绳空手的措施:

国家无形文化财宝:冲绳政府将空手作为文化遗产。冲绳县政府提出:"冲绳的空手和古武道是琉球王国时代,在与东南诸国繁荣的贸易背景下,琉球人将从中国传来的武术与在琉球本地的武术融合而形成的。近代以来,空手分为首里手、泊手、那霸手,加上昭和初年的上地流,在冲绳这块土地上体系化。同时其他使用器械的古武术,也在这个期间体系化。空手、古武术作为个人护身术和身心修养的手段继承,在学校体育中的价值也得到广泛认可,这些价值在国际上得到认可与发展。"冲绳县教育委员会将空手道作为"无形文化财宝",并于1999年授予长岭将真(松林流)、糸数盛喜(上地流)、八木明德(刚柔流)三人"冲绳县指定无形文化财保持者";2000年又授予宫平胜哉(小林流)、仲里常延(少林寺流)、仲里周五郎(小林流)、伊波康进(刚柔流)、友寄隆宏(上地流)、涌川幸盛(刚柔流)6人冲绳县无形文化遗产保持者[①](图9-5)。

图9-5 获得"无形文化财"的三位冲绳空手界元老

空手道日的设立:2005年3月29日,冲绳县议会通过决议,将10月25日作为"空手之日"并发布宣言:"在遥远的公元700年,空手就在冲绳这块土地上产生,先人们在冲绳丰富的自然风土的生存中创造出空手这个享誉世界的传统文化,那时称之为'TEI'。"被称为"万国津梁之民"的先人们,驰骋在中国与东南亚之间的广阔世界中,广泛与他国人民交流,将丰富的世界文化带回家乡构筑起冲绳的和平与繁荣。公元1400—1500年之间,中国武术传来,此前独自发展的"手",积极吸纳中国武术的长处,"手"得到更多充实与提升,形

---

① 高宫城繁,等.冲绳空手・古武道事典[M].东京:柏书房株式会社,2008:9.

成今日的空手。1936年10月25日,"空手"正式被定为冲绳拳法的名称,这是世界各国的空手家所熟悉的,所以将这一天作为特别的日子,留住历史记忆是有意义的。世界空手人口已经接近5000万,它跨越国家、语言、宗教、体制、人种的障碍,普及到150个国家。二战结束仅半个世纪时间,空手就以迅猛之势被传播到世界的边边角角,她具有不可预测的魅力。空手中"空手无先手"的伟大哲理、尊重生命的思想理念,构成空手的"和平之武",我们确信,这个理念正是现代社会所需要的。空手的理念,将为国际社会作出更大的贡献。为此,本县议会为冲绳传统空手的今后发展,为世界和平与人类幸福多做贡献,将10月25日作为"空手之日"①。

空手道大学的设想:冲绳县一直将本县作为空手的圣地,20世纪80年代以来,冲绳县的一些知名人士相继提出设立一所大学,将空手道作为专门的学问来研究,日本有国际武道大学,这是著名的政治家、科学家、柔道家松前重义1984年4月在千叶县胜浦市开设的私立大学。国际武道大学开办之初只有体育学部,设武道学科、体育学科。重点是研究柔道、剑道、弓道、居合道,以日本的传统武道为依托,由于涉及学校经营的规模效益问题,2001年国际武道大学又增设了竞技运动教练、国际体育文化两个学科。琉球的空手道在日本本土是边缘武艺。

1972年冲绳县回归日本后,在冲绳县官厅的旁边有一幢武德殿。武德殿活动以警察为中心,每天训练的主要是剑道与柔道,几乎没有空手。冲绳空手道主要是在街道小道场中普及与延续。1989年后,冲绳县政府改建了县立武道馆,他们提出武道馆要突出冲绳本地的空手道。当时设想新武道馆增设空手家的研修室,计划建设空手道研修者的宿舍,接受世界各国来的进修生。由于冲绳传统各流派互不相让,接受外国的研修生,由谁来教学?如果不是冲绳传统的三大流派的教师出任,由全日本空手道联盟的人来教学,就失去了冲绳武道馆的初衷。但是,冲绳县立武道馆建设必须有日本文部科学省的资金支助,文部省的资金进入,县立武道馆不能排除全日本空手道联盟。这样,建立空手道研修室与研修生宿舍就从原方案中被撤除了。

作为民间的力量,上地流空手道早年建设有"冲绳空手道协会研修会馆",接受海外研修生。小林流系、刚柔流系、上地流系三个教师曾经合作经营"冲绳传统空手道古武道中心",也对外国人开放,这些机构只是进行技术研修的,

---

① 高宫城繁,等.冲绳空手·古武道事典[M].东京:柏书房株式会社,2008:7.这是冲绳县收集到的截至2008年的资料,根据2015年元旦全日本空手道联盟会长笹川尧年元旦贺词,已经有188个国家,6000万人参与。

又分属某一流派,没有发展成较大规模的力量。

1998年,原冲绳县空手道联合会理事长滨川谦主张成立独立的空手道大学,他还提出,要举办冲绳传统空手古武道世界大会,建设空手会馆,完善空手道圣地建设,将空手作为无形文化财宝,要认定空手传人为人间国宝。

冲绳国际大学名誉教授、冲绳空手道协会十段高宫城繁赞成建立空手道大学,但他提出:新建大学不是一件容易的事,应该逐步推进,应该先设置空手道学科,先在冲绳名樱大学的"人间健康学部运动健康学科"中增设空手道学科,探索空手道学科的存在价值,在空手道、古武道学科中,可以考虑设置医学、护理、保健、体育、福祉、心理、武道等课程。作为大学教育,不可或缺的事项是,能够担当从各国来的留学生教育的教授阵容。教授必须具备语言沟通能力、表达能力、论文执笔能力,能够从精神修养和技术修炼方面指导学生学习空手,既要有非凡的武术技能,又要有良好的人格修养,还要有宽阔的学术视野。名樱大学已经有留学生宿舍,具备了接受外国留学生的基本条件,可以试行,空手道需要大学水平的研究。

那霸市政府曾在2003年度的年度预算中,安排一笔专用资金,作为国际空手道大学筹备的费用,预算了500万日元的调查论证经费。当年,调查组出示了一份调研报告。可惜这份报告具体如何策划,大学建设与维持资金来自何处,教授阵容来自何处,学校占地多少,建设多少教学设施,多少生活设施等关键问题都没有结论。接着这个筹备组提出,如果一时无法建立空手道大学,先成立"冲绳空手振兴中心",充分利用现有街道道场与设施,以"空手道振兴中心"为核心制定活动内容、振兴方针、培养空手指导员、培养优秀选手。成立NPO(民间非营利组织)法人"冲绳空手道·古武道支援中心"。冲绳的空手道大学,至今仍然停留在设想中,但是已经看到当地官方与民间有关人士的努力。

冲绳空手会馆的建设:空手道大学没能付诸实施,冲绳县议会通过预算,花费43亿日元建造了冲绳空手会馆。会馆位于原首里市丰见城城址公园旧址,加上公园的绿地,面积有23万平方米。其中会馆建筑用地约占3.8万平方米。建筑面积7910平方米。主要由5917平方米的道场(四个道场),1803平方米的展览厅,91平方米的特别道场,以及小型训练馆、研究讨论室组成。还有休息室、饮食处、以及可容纳100部小车、4部大客车的停车场等配套设备(图9-6)。

这项经费由日本政府作为文化建设项目安排拨款,部分经费纳入冲绳县政府预算。会馆在设计方案通过后,即开始动工。冲绳县政府有关部门非常

图 9-6　2017 年落成的冲绳空手会馆(俯瞰)

重视,将其作为冲绳县重要的历史文化遗产,要建造一个全世界空手爱好者的家园。有关人员也在加大力度收集琉球唐手和空手的资料。另外,筹备组人员也在研究,当外国爱好者到冲绳后,谁来教,教什么,这里既显示出冲绳空手道的多样性,也表现出缺乏统一性。冲绳人不使用全日本空手道联盟常用的"空手道"而是用"空手",这个汉字词组,一方面,冲绳县空手研究者与传承者坚持冲绳本土传统,不与全日本空手道联盟苟同;另一方面,这个"空手"更接近于历史真实,可以回归琉球"唐手"。会馆 2011 年开始立项调查,2013 年完成基本设计,2017 年 3 月 4 日已经完工并投入使用。

空手会馆建设的目的:将冲绳传统空手作为文化遗产保存、继承、发展,以空手的发祥地为据点,向国内外辐射空手的消息。会馆建成后将有空手资料展示,海外讲习会,培养、派遣、招聘空手指导员,举办演武大会等有关空手文化活动。

会馆建成后将由冲绳传统空手道振兴会运营,冲绳县知事担任会长,冲绳县空手道联盟、冲绳县空手道联合会、全冲绳空手道联盟、冲绳空手·古武道联盟四个团体的会长担任副会长,四个联盟在空手会馆中将拥有各自独立的事务所等设施[①]。目前已经竣工的冲绳空手会馆,由冲绳县观光课管理。

冲绳传统空手振兴会(图 9-7):2008 年 2 月 14 日,以冲绳县知事为会长的冲绳传统空手道振兴会宣布成立。这个振兴会申明,不属于世界上任何组织,独立开展冲绳传统空手活动。振兴会的成立得到冲绳县内空手道最大的 4 大组织的支持,它是冲绳教育、体育、文化、金融、新闻各界人士推动下,在冲绳政府直接扶持下成立的公益社团。

冲绳传统空手道振兴会宗旨:冲绳的空手是坚持基于哲学思考、基于原理

---

① 本数据由担任冲绳空手会馆建设,负责展示委员会的嘉手提供,嘉手苅徹为早稻田大学体育人类学博士。他也是冲绳县政府委托的县文化、艺术审议委员。

图 9-7 冲绳传统空手道振兴总会成员

的武道空手。"君子之武术""神武不杀"是冲绳传统空手精神的基础,"一击必杀""完全防御"是技术的基础。前人的遗产不仅是作为一种乡愁的历史记忆,而且要发挥出传统空手中蕴藏的巨大活力,在当代发挥出它的作用。

"它是向世界普及发展冲绳传统空手道的组织。它是将冲绳产生的伟大的文化遗产——传统空手的型与质,向世界推广的组织。冲绳传统的空手是将'和平的信念、人格的陶冶'这样具备高度精神性的形,作为生命的。"

冲绳县突出地方特色的空手文化发展,繁荣了日本空手道整体的发展,增大了空手道人口。在空手道技术与理念方面也出现了多元的拓展。

2018 年 8 月 1—8 日,在冲绳县立武道馆,举行了"第一届冲绳空手国际大会",50 余个国家地区的 1500 余人参加大会。发出邀请函的是大会执行会长冲绳县知事翁长雄志(图 9-8)。

图 9-8 《第 1 届冲绳空手国际大会秩序册》

第二节　空手道流变仍在路上

一、糸东流宗家的坚守与超越

糸东流,是全日本空手道联盟一个团体,但是作为糸东流又有自己的国际组织,第二代宗家摩文仁贤荣(图9-9),以终身体育的方式,以形为中心,以武道的精神追求吸引了一批传统空手道热爱者。

摩文仁贤荣的学生村田诚良,毕业于大阪外国语大学,是日本"武田制药"的推销员,20世纪50年代开始到墨西哥推销

图9-9　摩文仁贤荣晚年在欧洲教学空手道

日本药品,为墨西哥与日本的经济交流做出了很大贡献,后被聘请为墨西哥工商大臣顾问。村田诚良一边从事药品推销,一边利用在墨西哥的人际关系,在墨西哥创建了糸东流空手道场。60年代初,摩文仁贤荣受邀到墨西哥,空手道在这个国家受欢迎的程度令他吃惊。这个国家当时拥有40万名空手道习练者,而80%是糸东流的道场所属,空手道在这里被看成是有学问的人的体育,是"君子之艺"。因为糸东流空手道的学生中,出了数位总统和大臣。这里的人参与空手道练习的目的与日本人热衷竞技空手道完全不同,墨西哥的空手道人,男女老少各得其乐,每个人各有自己的一套空手道玩法①。

糸东流的特色是形的数量齐全,被称为近代空手道之父的船越义珍,当年盛赞糸东流创始人摩文仁贤和,对各流派的形都相当拿手。当代糸东流传人追求武道空手,将日本本土武道思想融入来自冲绳的空手道中。在东京,主流空手道突出"竞技""组手"的现实中,糸东流坚持"从形开始到形结束"。他们认为练习同一个空手的形,可以像登山一样,从不同角度开始登,有不同的风景。比如作为健身练习的形,作为武道练习的形,不同的目的,在相同的形中可以品出不同的内涵。"形"是因人而异的,是动态的,"水之无形,因地制形"。

---

①　摩文仁贤荣.走进武道空手[M].东京:三文社,2001:77.

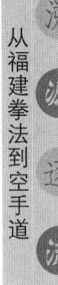

每一个动作都可以变化出多种攻防技术。当代糸东流也强调击打的威力,也练习卷藁等提升击打的破坏力。对他们来说,不论是点到为止的"寸止",还是直接击打的"硬式空手道",都是竞技运动,都不是真正的武道空手。竞技是有限的,只想如何得分,一切为了胜利,而到了一定年龄就要退役了,而武道,则是终身的追求,他们追求的是武道。二代宗家摩文仁贤荣认为,父亲早逝,父亲与船越义珍一起将琉球唐手改造成日本武道的宏愿尚未实现就逝去了,父亲只完成了空手"形"的体系构建,空手"精神"的构建,他正在进行中。

在国际推广中,他常常面对异想天开的外国学员出其不意的攻击与提问,长年的挑战与磨砺,让摩文仁贤荣对形的理解达到融通无碍的境界。身高只有158厘米、年过90的他,能将欧洲的大个子习练者摔飞,相对于在世界各地指导竞技空手道的指导员来说,他是独步一境的传统武道家。

摩文仁贤荣在海外大力普及的更多是健康空手道与长寿空手道。看到日本国内表演断板切砖,他很心痛,他极力提倡:"空手是男女老少皆宜"的锻炼方式。空手"不是打败对手而是战胜自己"。他的这种思想开花结果:每年8月,在法国的科西嘉岛举行为期一周的讲习会,全欧洲数百名糸东流空手道修行者聚在一起。这是真正的男女老少咸宜的集会,是各取所需、各得其乐的聚会。讲习班在森林广场举行,有人全家都来参加。参加者中有围绕传统空手技术研究的高段位者研讨小组,有将形整理成太极拳一样,像呼吸体操一样演练的女性、老年人研究小组;年轻人在比试竞技空手;树荫下,律师、教授、政治家研讨小组在研究空手思想与哲学,各取所需,各美其美。

糸东流空手道传播,适应时代的印记很浓厚,很成功。摩文仁贤荣已经在欧洲各地留下较为牢固的空手道传播体系,这也是空手道适应当代社会的一个成功案例。

二、终身修行的空手道

随着科技进步与健康水平的提高,老年人比例逐渐增高,日本作为世界长寿国家之一,比较重视老年各项事业的发展,终身体育也是其中一项。日本的老年运动会已经将空手道列为正式比赛项目。而船越义珍、仪间真谨、摩文仁贤荣、金城裕等近代空手道名流都是耄耋之年还耳聪目明,思维敏捷。全日本空手道联盟也将终身空手道作为事业推进的一个目标。

庆应大学的"星期四会",在践行船越义珍空手道的"空手修行是一生的"的遗训,为后人作了示范:1977年4月1日开始,庆应大学空手道部的OB成立了"星期四会",每周四,集中在学校医学院的空手道场训练,这是一批曾经接受过船越义珍直接指导的庆应大学空手道部的校友,将近40年坚持不间断,每周四训练,到2014年8月21日,已经达到1757次的训练日。这个团体主要成员岩本明义年龄最大,已经86岁,还每周一次从家里到学校的道场,参加练习,追求终身的空手道,他们在一起持续从学生时代开始的理想与友谊。

星期四会的训练从傍晚6:30开始,内容一般由四部分组成:一是准备运动;二是基本训练:基本拳法、基本腿法、基本步法;三是形①的分解研究(约束组手);四是本月研究的形,有全日本空手道联盟指定的形,庆应大学传统的形,组手的形,行进间的动作研究等。7:50开始整理运动;20:00—21:00是恳亲会。

2014年11月1日,由这个周四空手道部主要成员真下钦一整理出版了《拳·熟年空手与庆应之形》②一书,真下钦一出生于1933年,1951年考入庆应大学,曾经任庆应大学体育会空手道部教练。这本书将他们周四练习的主要套路整理成册(图9-10)。可以看出,船越义珍的松涛流从开始的14个形,逐步发展了,也融入刚柔流、糸东流的套路,在东京的空手道一度强调"空手"的赤手空拳,将冲绳传统"棒术"排除了,从船越义豪开始,松涛流就从冲绳的传统唐手中汲取养分,已经将"棍术"纳入自己的技术体系,还将"钗"也列入。

图9-10　庆应大学的"熟年"空手道练习者

星期四会的练习内容中除了船越义珍早年在庆应大学传播的型外,还增

---

① 关于形与"型",在日本这个词有相同意义但有所区别,形的大意与中国的套路相同,但是形可以变化,型则是一个模型来约束。在冲绳的传统中称"型"为多,在东京则逐渐改为"形"。糸东流的第二代摩文仁贤荣也用"形"。

② 真下钦一.拳·熟年空手与庆应之形[M].东京:株式会社チャンプ,2014.

加了冲绳传统的器械——棍、钗,还增加了刚柔流的一百零八、三战、五十四步、转掌等型。这个由庆应义塾体育会OB组成的星期四会,激励了不少的庆应大学的校友,几年来,要求参加者越来越多。由于人数不断增多,渐渐参加者年龄差别越来越大,现在又演化出星期二会、周六俱乐部、周日讲习会等。

三、追求"80岁不老"的时津贤儿

时津贤儿(1947—)(图 9-11)在法国为主的欧洲传播空手道是另一种途径。1971年,他在日本著名的一桥商科大学毕业后,本可以在东京进入一家大银行工作,过着富裕的白领生活,但他选择了挑战,他应邀来到法国传授空手道。在法国的开拓初期,遇到众多的困难,但是他一边以教学空手道谋生,一边学习并不断探索。1982年,他在巴黎大学修完了社会学、东洋文明两门博士学位课程。1985—1989年,在法国巴黎大学任体育学讲师。他不断地反思传统空手道型的内容与内涵,用批判的精神,研究中国武术太极拳、意拳、气功、禅等多种东洋武术修炼形式,他在不停发问,人是什么?空手道是什么?他在法国的空手道教学传播中,发现法国人追求

图 9-11 练中国武术的时津贤儿

的空手道与日本人不一样,日本的青年追求格斗的空手、竞技的空手,在大学时代,埋头苦练,疯狂地追求极限,毕业之后不少人基本放弃了。而法国人一旦学习,则是终身追求,法国人更多的是大学毕业、就业后来学习空手道,他们在空手道中寻找东方的智慧,体验武道的思想。

时津贤儿认为,法国的体育指导员制度非常严格,在健身馆或者空手道教室担任教员,必须要有资格证书,而资格证书必须是全国性体育协会才能颁发,法国的空手道联盟掌握着法国空手道指导员证书颁发的权力,高额收取资格申请者的经费,把大量联盟的经费花在竞赛空手道选手的培养上,偏离了空手道精神追求与身体健康的宗旨。1979年,他设立了"少林门空手",2001年设立"时津流自成道",强调"道"是靠自己修炼成的。2002年,他又设立了时津流国际协会,以法国为中心,在西班牙、意大利、瑞士、葡萄牙、比利时、加拿大、英国、摩洛哥、日本各个道场传播与体验自己的武道思想。

他认为竞技空手道的追求是短期的,随着身体机能的衰退,最强的竞技能力到 40 岁前已经结束,接下来如何练?现代人寿命长,100 岁都不稀奇。他在探讨"强到 80 岁"的修炼途径。如何提炼人的潜力?为什么在火灾时,一个人能表现出数倍于平常的力量,这种应急的力量可以随意调动吗?他一直在摸索与试验。

他认为在国际交流中,武道既需要体验,也需要语言交流,刚到巴黎时,他对能够用法语与大学教授交谈的外国人佩服得不得了,随着自己能够用法语轻松交流,这种感觉没有了,在大学中的自卑感也消除了。哲学的教授在思考:人是什么?人生的意义是什么?我也在空手的修炼与传承中思考:我是谁,我的存在意义是什么,我在追求什么?无论从事哪种学问,他们是平等的。他将研习空手道喻作登山,一样是登山,作为健身的登山与挑战人的极限的冲刺珠穆朗玛峰是不同的。武道的追求也是在登山的路上。

时津贤儿还用法语出版了《作为国际文化的空手》《武道的方法叙说》,用日语出版了《武道的发想论》《武道之力》等著作。他的思考也吸引了一批欧美受众。目前他还返回来,影响了一批日本空手道习练者。像这样以个人之力活跃在欧美的日本空手道传播者不止时津贤儿一人。

四、松涛流的两条支脉

国际松涛馆空手道联盟弘道会的金泽弘和(1931—)(图 9-12)和他的国际松涛流弘道会有一定的代表性,他是从日本空手协会的体制中分离出,自立门户的。

图 9-12 演示跳起踢的金泽弘和

金泽弘和出生于岩手县,拓殖大学空手道部出身,进入大学之前,他练过相扑、练过足球,是个全能的体育尖子。1956 年,拓殖大学毕业后进入日本空手协会工作,是日本空手协会第一批甲种研修班学员,是战后日本空手道界新秀。1957 年,在日本空手协会主办的第一届全国空手道锦标赛上获得组手冠军,第二年大会取得形、组手总冠军,第三届日本全国空手道大会形、组手亚军。1960 年,他应邀到夏威夷传播空手道。1962 年,在他的努力下,夏威夷空手道联盟成立,他任首席师范。1963年升为五段,开始到美国各地指导空手道。1964年开始,在欧洲各国指导空手道。1966年升为六段,担任英国、德国空手道联盟首席师范。参加过墨西哥奥运会的空手道表演。在世界空手道大会上,多次担任裁判。在世界性空手道比赛中也出任过欧洲队教练。他还曾担任过日本空手协会理事、国际部长。担任过日本武藏大学、关东大学、北里大学的空手道部师范。1972年,在巴黎举行的世界空手道锦标赛担任日本代表团主教练。由于与日本空手协会本部在处理一些事务的矛盾,被指责并被除名。1979年10月,他从日本空手协会独立出,自立"国际松涛馆空手道联盟弘道馆"。目前在50余个国家有自己的分部。

  金泽弘和是走向世界的现代日本空手道主流先驱者之一,20世纪60年代,在欧美等国,日本是战败国的阴影还是浓重的,他在空手道普及教学中有种种不测之境遇。刚到夏威夷教空手道,遇到经纪人克扣工资,生活很困难;他要求学员练习开始时向道场内的日本国旗敬礼,但是夏威夷的美国学员则说,我只是学习空手道,不想向战败国国旗敬礼。在空手道推广的表演中,为考验空手道是否具备击打破坏力,原先说好准备的杉木木板,被换成杂木而且泡水,用正面冲拳打不断,现场颇为难堪。在道场教授空手道结束时,还遇到黑人青年拿着手枪顶着头,黑人在考验空手道是否真的可以实战。在讲解空手道的形时,他强调提裆夹臀,气沉丹田,有现场听讲的美国妇女一把抓住他的裤裆,验证老师是否将睾丸吞入肚内,种种挑衅与困难一言难尽(图9-13)。

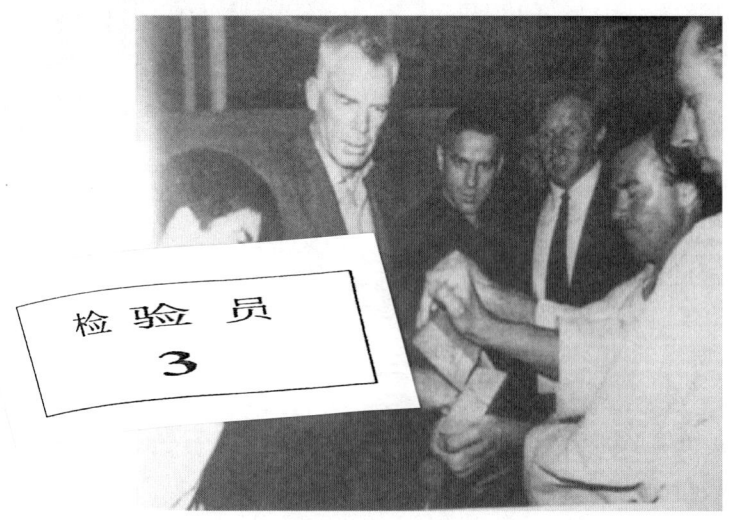

图9-13　金泽弘和表演以拳断板,旁边观者为柔道无差别世界冠军荷兰的海辛格

他曾经在宣传柔道的电影中扮演粗暴的空手道人,也曾经担任过正面宣传空手道电影的男一号。1987年,他编写出版了《空手组手全集》《空手型全集》《空手六周通》等,被译成多个国家文字出版。

传播空手道,他也有过荣耀,在阿塞拜疆,他还曾经受到英雄般的热捧,他乘坐班机抵达机场时,机场的广播专门为他播放欢迎词。现在他仍然是全日本空手道联盟的国际裁判。

虽然成立独立于日本空手协会的组织,在空手道传承上,他坚守着船越义珍松涛流的传统,船越义珍在《空手道教范》中列了15个形,金泽弘和1987年8月出版的《空手型全集上·下》中有26个型,在船越义珍传授的14个形基础上,他吸收了来自其他的流派的型:五十四步(大、小)、二十四步、燕飞、壮镇、明镜、慈阴、慈恩、珍手、云手、王冠等。像金泽弘和这种从原主流体制中分流出来还继续传播空手道的人也不少。

大岛劼(1930—)又是另外一种方式在传播着日本空手道。1948年他进早稻田大学的第二高等学院时,曾直接受教于船越义珍。1952年,他成为早大空手道部的主将,现在是美国松涛流空手道联盟会长。

大岛劼学习空手道时,正是日本剑道、柔道被禁时期,很多人由于战败而放弃武道,他逆流而上,进入空手道部,他认为自己看到的真正的武道家不是残暴的,是有修养的,他没有看到恃强凌弱的武道家。1955年他赴美国,在南加利福尼亚州大学研究生院留学。当年日本与美国经济相差巨大,日本大学毕业生月薪只有20美元左右,而洛杉矶的警官月薪达500美元。再加上战前、战争中的反日宣传,美国人非常轻视日本人,即使在人种偏见较小的美国西海岸,日本人也基本租不到房子。由于战败,多数日本人信心不足,他在机场偶尔遇到日本人,都是穿着短小不合身的西装,精神萎靡不振。这样的环境下,独自一人在美国的他,遇到难以想象的困难。但他暗下决心,日本到底能带给世界上什么?只有日本的文化。他立志在美国发展空手道。

大岛劼回忆:1952年4月28日"旧金山和约"生效后,到日本来学习柔道、空手的美国空军体育指导考官团到讲道馆来学习柔道和空手道。当时空手道教学中,中山正敏担任正教官,大岛劼任副手。同时在讲道馆教柔道的小谷澄之八段当时还说:"这么大个子的美国人,可不能将真的技术教给他们。"不教真技术又教什么?(图9-14)

赴美国之前,他也茫然,有没有美国人来学习空手道?没有想到,20世纪60年代,美国学习空手道的人口呈爆发式增长。大岛劼在大学时代,曾经与同学们讨论过空手近代化和大众化的问题。到美国又遇空手道的商业化问题,对商业化,他当时是有抵触的。现在想起来,复古情调也好,近代化也好,空手训练的经验是共同的,与各国年轻人相互理解、加深国际交流不是能起作用吗?这不是靠书本能够解决的,必须超越语言,用身体接触碰撞才能体验,才能达到彼此真心的交流。

1956年,他成立了"南加利福尼亚州大学空手同好会"。1957年,在加利福尼亚州工业大学又成立了空手道部。1964年,又在法国设立松涛馆,以此为开端,在欧美、亚洲、非洲、南美洲的十余个国家设立了松涛馆。他名下的欧美学生号称有一万多,但是长期坚持的只有5%。从他手上,先后给340人颁发过空手道段位证书。有段者中

图9-14 大岛劫在美国家中弹钢琴

有博士46人。有段者都是智商高者,也有黑人。70年代,美国空手道联盟会的会长、加拿大空手道联盟的会长,都是他的学生。他认为,为了学习格斗目的来的欧美人,一段时间就走了,出于精神修炼而来的人,才能坚持下来。他的空手道场采用会员制,每人注册入会20美元,学费一个月20美元,每天都是训练日,每天都可以来练习。当年登记的人有3500人,坚持缴纳学费的有2800人左右。美国国土大,各地的美国人追求不同,西部的学生以武道精神为追求,东部的学生则大多是商业型的。70年代,美国的空手道场设立与破产,如同走马灯,最盛行时期,北美刊行的空手道杂志,月发行量超过100万册。但是流行都是一时的,只有真正的空手道才能持久,真正静下来的空手道才是空手道真谛。大岛劫将自己视为武道家,他认为,如果没有精神的空手道,技术再优秀也没有价值,应该通过空手道观察思考社会,体味人生的意义。

20世纪70年代初期,他在空手道训练中注入新的元素,结合禅的训练,训练前场内停止一切声响,正坐入禅默想,之后开始准备活动,再有基本形的训练,然后组手,训练结束,轻微的整理活动后,再入禅30分钟①。

由于铃木大拙在美国的传播,来自东方的禅,20世纪70年代在美国非常流行,特别是经历第二次世界大战和朝鲜战争、越南战争,美国的年轻人开始

---

① 田中晶.空手道(保存版)[M].东京:株式会社创造,1977:46.

反思，物质第一的生活是不是人的最终追求，需要将美国人的价值观推广到全世界吗？美国年轻人也在修禅中寻找人生的真谛。大岛劼善于结合时机，将空手道的技术与精神修养融合在一起。他一直将空手道作为一种日本的文化来推广，他还严格要求学生按照日本合宿的方式，挑战人体极限，合宿的一次训练课，一种冲拳或者蛙跳就要坚持1000次，再结合禅的修行来促进精神的和谐。

1968年，他与学生（法国的有段者会长）有一段如禅师的"妙答对话"。这种交流与启示，是他与有学者背景的空手道学生经常采用的。有个对空手道非常专注的法国学生，当时只有28岁，两年后成为物理学博士，成为自己母校最年轻的教授。1981年留学美国，进入贝尔研究所。1990年成为加利福尼亚大学物理系主任，后来成为美国科学院院士。还有一位非常著名的数学家，年轻时就因为解答了世界级数学难题，被美国主流报纸连续几天介绍过。在大岛劼看来，这个数学家作空手道练习者是相当不成器的，但这是一位二十年一天也不缺席的热心练习者，是什么让这些学者醉心于空手道？他们在空手道练习中追求什么？

2005年，大岛劼已经年过七十，他曾经是全日本空手道联盟体制中人，在大学时也是只有空手道一条道走到底。社会历练后，他认定，除了空手道，自己一文不值。他曾经为美国队参加在日本举办的世界空手道大会努力斡旋过，也为美国与日本空手道联络架设过桥梁。但是现在，他像一个空手道体制的局外人，站在美国圣塔·芭芭拉的小山坡上遥望着太平洋，思考着日本的未来。武道是探求人生之道，探求人生是不分国籍、不分人种的。让他欣慰的是，世界各地都有很多认真的青年人，他们都在倾注生命探索人生的真谛。传统的"稽古"①，的确是值得夸耀的日本文化。由于他在传播空手道方面和教育青年方面的贡献，1975年和1995年两度被美国洛杉矶市授予文化传播功劳奖章。2000年，他在全世界弟子合力支持下，在美国的圣塔芭芭拉市建成了松涛馆大岛道场。这个道场只有一层建筑，相当大气，坐落在一座孤立的小山丘下，壮观、简约、洁静。他在欧洲组织的空手道合宿，每每有近千人的规模。我们难以想象，没有国家财力支撑，也没有大财团作为后盾，靠空手道传播者一己之力，靠教学的学费、靠学生的合力，可以在美国建设那么宏大的空手道道场，拥有那么多的学生群体（图9-15）。

---

① "稽古"这个词，在辞书中一般译成学习、复习、练习（学问、武术、技艺）等。但是在日本武道中这个词有思考、学习、研习古人传下来的技艺学问，不断地磨砺、创新出新的思想与技艺之义。

图 9-15　在美国芭芭拉市松涛馆开馆仪式中的大岛劫(中)

五、西山英峻的国际传统空手道联盟(ITKF)

国际传统空手道联盟(ITKF)是日本人西山英峻(1928—　)(图 9-16)创立的世界规模的空手道组织。西山英峻生于东京,他是冲绳人,11 岁时在东京目黑修道馆师从远山宽贤,其后在松涛馆,接受船越义珍直接指导。学生时代是拓殖大学空手道部主将,参与过全日本学生空手道联盟和全日本空手道联盟的组建。

1953 年,应美国空军的邀请,以小谷澄之(柔道十段)为团长的日本武道使节团 10 人,到美国 15 个州的空军基地作为期 3 个月的表演,西山英峻是代表团中空手道的代表。他以这次表演与考察作基础,1961 年,只身到美国各地指

图 9-16　西山英峻(1928—　)

导空手道,同年 11 月,举办全美空手道大会,并成立全美业余空手道联盟,自己担任会长。1968 年,以欧洲、亚洲、非洲的学生为主,在墨西哥奥运会期间,组织了墨西哥空手道大会。

由全日本空手道联盟主导的第一次世界空手道大会 1970 年在东京举办。第二次大会在法国的巴黎举行。但是参加巴黎空手道大会的他,认为巴黎的大会是不成功的空手道大会,各国的领队、教练有很多意见,比赛的规则不透明、不公平。比如"寸止",上段的冲拳目标是什么?拳要停在对手脸上何处?

距离多少？拳打出时肘要弯曲还是直的？正面冲拳要直，如果是横向的拳，本来就有弯曲，如何判定有效，这样的问题很多，因为对技术标准并没有达成统一的认识，主办者没办法给出明确而统一的答复，比赛会场有些失控。

有鉴于此教训，1975年，西山英峻以美国业余空手道组织为基础，组织了自成体系的空手道团体与空手道比赛大会，他还向国际奥委会申请成为国际单项体育组织，一度在世界空手道的影响与世界空手道联盟并驾齐驱。① 虽然最终在国际奥委会协调下，没有与世界空手道联盟结成一个新的国际空手道团体，但是这个总部在美国的洛杉矶国际传统空手道联盟，有72个国家的道场加入，每年在世界各地轮流举行空手道大会。

西山英峻坚持武道空手道，空手道的技术和动作都是接近冲绳的传统武道，国际传统空手道联盟的比赛规则，也是按接近实践的角度设计的。他认为国际传统空手道无法与世界空手道联盟联成一个统一体，是因为世界空手道联盟的目标只是在竞技比赛中获胜，追求安全性，像体操一样，规则也按这个理念推进，国际传统空手道联盟追求的是传统空手道，所有的规则朝着武道的目标制定。西山英峻不赞成空手道入奥，他认为柔道成为奥运会项目后，已经不是原来的武道了，空手道应引以为鉴。

国际传统空手道联盟一个重要特征是比赛用的型，尽量接近冲绳原汁原味。这点与全日本空手道联盟和世界空手道联盟是有区别的，冲绳传统首里手、那霸手的型，都可以在国际传统空手道联盟的竞赛中出现。他们一直坚持比赛没有胜与负，比赛就是将日常锻炼的结果发表一下。国际传统空手道联盟不以商业主义作为目标，并不是为了钱为了名声来练习空手道，归根结底是自己精神与肉体的锻炼。他们坚信空手道不是竞技体育，是武道、实用技术。它反对商业主义的竞赛，一切为竞赛的胜利，赢了有奖金，有新闻媒体捧场，出名了可以赚更多钱。传统空手道联盟追求的从始至终都是自己精神与肉体磨炼的武道空手。

本章小结

从福建拳法为主体的格斗技术，经过琉球，到东京，演化成日本空手道。特别是以全日本空手道联盟为主体的空手道竞赛将进入2020年东京奥运会，引起我们的重视。但我们梳理百年来空手道流变的过程，也清晰地看到，全日

---

① 参见第七章第五节"从日本空手道到世界KARATE"。

本空手道联盟的形与寸止的组手竞赛体系并不是日本空手道全部。日本社会经历过明治时期模仿欧洲阶段，经历了军国主义的疯狂时期，经历过美国占领阶段的民主主义改造，也经历过经济快速发展与传统文化回归的时期，还经历了经济泡沫多年低潮期。日本社会文化是多元的，经济总体还是发达的，人均收入远高于众多国家。经济的发达，在一定的程度上为人的自由提供了较大方便。日本文化曾经随着日本经济的复苏，随着日本制造的风靡，也走向世界，空手道在日本文化走向世界中，也在适应着世界各地的不同风土。进入奥运会，就要按照奥运会竞技的方式来改造技术与裁判体系，而作为一种传统文化，作为一种东方的文化，它在多元的当代社会中，应该是多元的、多彩的。

尾章　空手道流变的启示

时光流逝,空间转换,时空变换中,当福建城乡中的拳法仍保留着古老的纯朴,经过琉球、东京、欧洲与美国等地,百余年间,福建拳法已经演变成奥林匹克正式竞赛项目空手道,是"橘逾淮而成枳"还是"花香域外"?

我们总结日本空手道在时空转换中的流变,寻找这个源于中国的传统体育的近代化过程,分析其形成的特点与规律,有助于我们思考中国武术当前的发展与改革。

第一节　空手道流变的四个时期

琉球原是独立的国家,在她从落后原始的初级社会向封建社会发展的500年中,通过册封使、朝贡使、留学生、漂流人等多条途径,中国文化给琉球社会文化的发展带去决定性的影响,确立了琉球文字、思想、制度、教育、习俗、建筑各方面的基础。

福建拳法传到琉球,与中国文化传入琉球的时间与途径基本相同,至迟在1379年,闽人三十六姓入琉球,或者是册封使出使琉球就开始的。久米村闽人三十六姓以擅长拳法闻名于琉球乡间。册封使随行官员公相君传中国拳法,见于琉球拳法最早的文字记载中。册封使的笔记、大岛笔记都是记载琉球之"手"源于中国,这些到目前为止已知的、最早的关于琉球拳法来源的记载,相互印证了琉球民间的口传历史,琉球拳法是由中国传来的。而从各流派传承记录、理论构架、拳法风格、实物器械、文献资料综合分析,琉球拳法是以福建拳法为主体的。

从福建拳法到空手道发展,先期发展很缓慢,发生急剧变革时间只有100余年。百余年的发展中,日本人紧紧抓住四个机遇,促成了唐手从传统武术到奥运会项目的转变。

四个空间:福建、琉球、东京、欧美大地。

四个时间点:20世纪初期,明治维新的教育普及,源于福建拳法的"手"成为学校教育的"唐手";20世纪30—40年代,在欧洲竞技体育影响与大学生参

与下,琉球唐手演化成为竞技"空手道";20世纪60年代,随着日本经济复苏,空手道走向世界,成为世界 KARATE;21世纪初,奥运2020计划的改革,空手道成为2020年东京奥运会正式比赛项目。

一、从秘传之"手"到琉球"唐手"

第一时期是从神秘之"手"到"唐手"。福建拳法早期在琉球的衍化,恰如发展迟缓的农耕社会,漫长而迟缓。累积500余年,到1879年琉球被强行废藩置县时,琉球民间就有一批被称为唐手名家的人士出现在公众视野中。这些人以久米村的闽人为主体,也有琉球贵族的子弟和小部分从中国留学回来的琉球王府人。这个时期,拳师不是职业,学习拳法要在乡里有名望的人士担保或推荐下,才能入门。船越义珍、摩文仁贤和、宫城长顺都是在当地有名望的长者推荐下,开始拜师学习拳法的,仅在久米村和王府中流传。

这时期的琉球拳法称为"手",发音为"TE",还属于秘传之术。"手"是以型作为中心传承的,练重、练硬等辅助练习,都是围绕型的应用而展开的。型的名称直接就是福建话的音译,如"三战""十八""内步进""三十六"等。几百年来,源于福建的琉球拳法形成三个特征:一是作为王府士族子弟的一种教养;二是作为护身之武术;三是作为地方特色的表演艺术。那时,拳法仍是神圣的、神秘的,在民间,唐手名家"飞檐走壁""一掌毙牛"口头传说盛行。

20世纪初期,明治维新推进普及教育的需要,日本对外扩张中,培养军国民的社会思潮,使秘密流传在民间的琉球之"手",有机会成为学校正课的"唐手"。

从琉球之"手"到"唐手"的公开变革中,东恩纳宽量与系洲安恒是重要人物。东恩纳宽量的唐手术道场,是近代琉球最早开放收徒的唐手教学场所,他是基于改善琉球人萎靡不振之心智与瘦弱身体的努力。系洲安恒的学校唐手,是琉球拳法的一次划时代改革。系洲安恒按照教育的目标、健康的目标、教学的需要,改造了传统的琉球拳法,注重身体的均衡发育,删除可能伤害身体发展的动作,注重提升精神修养。这也是一次拳法技术的革命性改革。这种改革是在琉球社会从封建的农业社会转向现代的社会背景下进行的,是在明治政府在全日本推行欧洲教育改革的背景下进行的,是从"野蛮格斗"到"文明竞技"的国际背景下的体育改革,也是在明治政府的冲绳县官厅教育课指导、监督下完成的改革。改革的唐手屡次得到来自日本本土的官员与教育、体育专家的认同与鼓励。

二、从琉球唐手到空手道

第二时期是近代体育到现代转化时期。船越义珍在东京"第一届日本体育博览会"上展示琉球唐手后,接着在各大学传授唐手,传播糸洲安恒所改造的唐手,以 14 个"型"作为主要内容。在东京的唐手,与冲绳唐手相比,主要是动作架势上作了扩张,强调了唐手在身体发育与人格培养方面的意义,在组织传播方式上,以大学的体育俱乐部作为平台,成绩斐然,培养了一批现代空手道改革的骨干。

宫城长顺用准备运动、基本型、辅助运动、开手型、组手的方式,对传统琉球那霸手的内容体系进行重组,提升了琉球唐手传承体系水平。

摩文仁贤和整理与保留琉球民间传统武艺,充实了琉球传唐手的内容体系。

本部朝基的实战组手,证明了唐手的技击价值。

充满活力的大学生群体的介入,让唐手迅速传播,更重要的是大学生接受了欧洲竞技体育方式,打破琉球唐手"一子相传"、"一击必杀"、不能竞赛的禁地,揭下唐手神秘面纱,吸收了日本武道两两相较的比试方式,初步完成了从传统唐手到竞技空手的转变。

现代柔道创立人嘉纳治五郎对唐手情有独钟,在他的关心与帮助下,促成了传统唐手到现代空手道的转化。

20 世纪 30 年代的各大学空手道部的学生,到 20 世纪 50 年代已经成为日本社会各界的中坚力量,他们的参与是空手道现代发展的关键。

由于日本武道界重视流派传承的传统,空手道也由不同师承与不同团体,区分为刚柔流、糸东流、松涛流、和道流等流派。

三、从日本空手道到世界 KARATE

从日本空手道到世界 KARATE,可以分成两条路径,一是日本国内的尝试,二是走向世界的探索。

早在 20 世纪 30 年代,贫困的琉球人随着出洋谋生,开始零星地将唐手传播到欧洲与南美等地,洒下空手道普及的种子。

1945 年,日本战败,美国占领军清除军国主义影响的社会背景下,柔道、剑道等日本武道作为军国主义的产物被严厉禁止,而此前一直被日本武道压制的琉球唐手,意外得到发展的空间,空手道练习人群迅速增长。在联合国占领军的引导下,经过短暂的社会改造,日本逐渐成为民主的国家。20 世纪五六十年代，日本经济开始复苏，日本产品走向世界，日本政府重塑民众自信的政治导向，加快了日本空手道拓展。

1964年，以时速350公里的新干线通车与东京第18届奥运会顺利召开作为标志，日本社会、经济得到快速发展，日本本土的体育文化也得到了迅速发展，柔道成为夏季奥运会正式比赛项目，象征着亚洲体育竞赛项目被欧美各国所承认。

1964年，松涛流、刚柔流、糸东流、和道流四大流派和日本空手协会、炼武会等联合组成全日本空手道联盟（JKF），作为政府旗下的空手道统筹组织，代表着日本空手道主流走向。全日本空手道联盟朝着将空手道作为日本的武道，空手道纳入中小学正式课程，大力普及推广空手道并推进奥运会三大目标，努力推进各项事务。

日本社会团体是开放式的，多元的空手道组织各显其能，为空手道的世界普及发挥了积极作用。

一方面以"日本空手协会"为先导的松涛流空手道，从1953年开始，设立职业"指导员"职位，以"形"与"寸止"竞技方式，在世界范围内有力地推进空手道普及。

源于糸东流的日本拳法，提倡无流派的戴护具直接击打的炼武馆，刚柔流的山口刚玄都对戴护具接触性对抗作了大胆尝试。

大山倍达掀开"一击必杀"之面纱，让不戴护具直接击打制空手道风靡一时，国际空手道联盟极真会馆曾享有"史上最强空手"威名，20世纪80年代在世界140个国家地区有800余个支部，近1200万登录在册的弟子。极真会馆在探索空手道实战竞赛方面，丰富并发展了日本空手道，在世界范围内大大扩展了空手道参与人群。

四、成为2020年东京奥运会竞技项目

20世纪60年代，法国、比利时、英国等七国，率先在欧洲成立"欧洲空手道会议"，研讨技术、培养裁判、组织竞赛，很快吸引了南美各地空手道爱好者团体，在世界范围普及空手道事业上，欧洲人一度有超过日本人的积极性与实效性。欧洲人的步履激发日本空手道界的关注，经过协调与周旋，日本人与欧洲空手道会议联合组成"世界空手道联合会"（WUKO），第一届世界空手道锦标赛1970年在日本东京开幕。

借助奥委会2020改革计划，凭借2020年奥运会东道主的东风，日本空手道界协同世界空手道联盟，广泛动员各界力量，为日本空手道入奥创造了决定性条件。

2016年8月3日,在巴西里约热内卢举行的国际奥委会全委会上,全票通过,将空手道作为2020年东京奥运会的正式比赛项目。这是空手道成为国际性体育竞技项目的象征性标志。

在商业资讯与经济高度发达的当代社会,空手道是多元的,成为奥林匹克正式竞赛项目,标志着空手道是成熟的现代竞技体育,而作为文化的空手也有相当的市场,冲绳县直接放弃"空手道"而称"空手",旨在弘扬作为冲绳文化遗产的"空手",还有众多仍在改革中的各式空手道,他们区别于作为竞技体育的空手道,组成了繁花似锦的空手道世界。

第二节 空手道文化流变的空间

一、普及现代学校教育的社会背景

琉球唐手从中国拳法,主要是福建拳法流变而来。在琉球秘密流传数百年,产生结构性变化的正是20世纪初叶。日本的明治维新始于1868年,当日本政府安定了本土的政局再着手琉球社会的各项改革时,已经到了1879年。这时清王朝内忧外患,处于风雨飘摇中。对于附属国琉球的变故,已经爱莫能助。琉球王国被废除,琉球王被强迫送进东京,架空休闲。琉球国成冲绳县,县知事由明治政府直接派遣。琉球的中国文化传统被清除、欧风美雨浸淫的日本,一切唯欧美马首是瞻。欧美的教育制度、欧美的观念思考、欧美的生活方式,影响了正在改革中的琉球社会。1894年中日甲午战争与1905年日俄战争的胜利,助长了日本军国主义者"亚洲霸主"的野心,这种风潮直接影响着冲绳政府与学校管理者的思维。学生身体的生长和精神强悍教育,作为唐手改革的目标。嘉纳治五郎将传统的柔术改造成安全的柔道运动,英国将残酷的拳斗改造成现代的业余拳击运动,这些经验影响了糸洲安恒、东恩纳宽量等一批人,促成了琉球传统拳法转变成近代体育的唐手。源于琉球的唐手也顺利成为冲绳学校教育的正课。

二、模仿欧美竞技体育的社会风潮

在日本本土,大学体育教育中引进欧美近代竞技项目同时,也引进了欧美竞技体育的思想,全国性竞技联盟组成、竞赛规则的统一、基本技术的标准化、竞赛的组织、观众参与和观赏,都在朝着竞技体育国际化的模式改变。

特别是剑道、柔道、相扑等传统日本武道的竞技性转变，也促进了唐手的竞技发展。尽管船越义珍一直坚守着冲绳传统，坚持唐手不能竞技，但是社会形势决定了唐手发展的走向。当大学生群体介入唐手时，琉球的唐手产生了竞技性的转变，不管是寸止，还是直接击打，关键是可以进行交流较技、可以安全地判定高下了。体育竞赛首先要求安全，其次是明晰判定，再次是趣味性，这也是空手道竞技的方向。

传统体育竞技化是当时日本体育改革的共识，早在20世纪初期，除了大学生热衷于将唐手改革为对抗性的竞赛体育，就是教育界、军界等关心唐手发展的名流，也持相同观点。早稻田大学总长大滨信泉，在1934年发刊的《空手研究(第一辑)》，发表了《拳与德》一文，文章指出："以型为中心的传统稽古法，确实具有武术的价值。但是从空手普及与发展的角度考虑，是否可以创出像柔道、剑道那样的比试方法？'一击必杀'是空手追求的本质，这种本质就决定了空手不能比试吗？就不能考虑将空手发展成通过竞技决出胜负的体育竞赛吗？如果不能竞技，作为现代体育，则有失去大众兴趣的危险。我们必须要有一个观念：既要固守传统，也要适应时代进行变革。"①出身冲绳的海军少将汉那宪和②也发表过同样的意见。教育界、军界名流共同的看法，也反映了当时的社会趋势，空手道竞技化已经是时代要求。

现代柔道的创始人嘉纳治五郎，正是借鉴了欧洲竞技体育的人本化、标准化、组织化、普及化，1882年开始对日本传统的柔术进行了改造，1926年成功将柔道引入学校教育课程，并成功地推向世界，成为世界性的竞技体育项目，完成了柔道的现代化。

空手道组织也是以大学为基础，在大学生敢想敢为的尝试中，成立全国性的组织，统一技术规范、统一比赛方式，组织表演比赛，并迅速在日本全国普及。

相对于柔道必须有柔道服、榻榻米，剑道要有护具与剑，空手道赤手空拳，不需要特别的场地与服装，简单便利，所以空手道在20世纪五六十年代得到快速的发展，到90年代处于高峰期。

冲绳，由于长期作为美国人的军事基地，仍保持着较为浓重的农业社会的生产关系，空手保留着传统的气息，基本是一个小武馆，或者是一个拳师3~5个分馆，严格保留着传统师传，这点极像福建的县、镇、乡村的武术馆。而空手

---

① 高宫城繁，等.冲绳空手·古武道事典[M].东京:柏书房株式会社,2008:408.
② 参见第三章第四节之三,冲绳出身的海军少将,在船越义珍召开的年度文化合作座谈会上提出同样的建议。

到东京发展,则是随着从农业社会到工业社会转化的潮流,以大学为基地,以城市市民与公司团体为基地普及,这是空手道迅速发展的新的环境。

三、战后文化复苏和欧美青年反思的空间

1951年,"旧金山和约"签署,日本从一个被联合国军占领的战败国,变为一个有独立主权的国家,日本民族也需要在世界上有重新做人的自信与自立,日本重视重返国际家庭,摆脱战败的阴影,日本政府的竞技体育复兴计划,为各类体育竞技项目,特别是日本的竞技体育发展,提供了巨大的政策与经费方面的扶持。日本武道作为日本民族的一种文化,经过了民主化的改造,成为日本交谊世界各国的一座桥梁。空手道也得益于日本政府的文化复兴政策。

空手道人一方面在国内各流派中竞争与合作,另一方面在国际传播中表现出强大的坚忍与耐劳的品性,大批空手道人随着日本产品、日本公司走向世界各地,特别是东京各大学毕业的空手道OB,他们以企业与商业为桥梁,融入世界各地,在与各国政界、商界的和睦相处中发展了空手道。

空手道在欧洲和美洲,先是通过个人零星的传播,到20世纪五六十年代,空手道在欧美各国得到井喷式的发展,从二战、朝鲜战场、越南战场上回到自己祖国的美国青年人和欧洲青年人,开始思考人生的价值与生活方式,一种寻找东方智慧、体验东方文化的社会风潮,为空手道发展提供了新的空间,促成了空手道在欧洲与美洲等地的发展。也是在这种多元文化的交流与碰撞中,为多种形式空手道的发展提供了机遇。早稻田大学出身的大岛劼,一桥商业大学毕业的时津贤儿,拓殖大学出身的西山英峻等人,正是结合了欧美人反思价值的生存空间出色地在欧美大地上传播了日本空手道。

空手道简约易学,也为世界传播提供了方便。极真空手道风靡世界时,大山倍达到美国巡回演武,发现不少人仅看他的书学拳,也可以开空手道道场;金泽弘和在欧洲和夏威夷等地传播空手道时,也发现当地的一些空手道道场指导者竟然是依靠看书学拳设馆课徒的。20世纪60年代,美国南部曾经有一份月刊《空手道》,可以发行到100万份,那是有特殊需求的欧美空手道发展年代。

四、相对宽松的社会组织管理

日本体育社团相对独立,即便是全日本空手道联盟(JFK),也不能对其他空手道团体采取批准或限制其组织全国性或地域性空手道比赛或其他空手道活动。日本政界、企业界精英对武道文化重视的传统,也促成了日本空手道的

多元发展。

日本官员是选民选出来的,政治人物需要社会各界支持,政治人物特别重视武道团体的社会影响,注重结交武道界名流,也经常支持或利用民间的武道团体,这为多元的空手道发展提供了空间。如以松涛流为背景的日本空手道协会会长高木丈太郎,20世纪50年代可以说服副总理级人物出面,协助将全日本空手道各流派组合在一起,成立有全国影响力的联盟;60年代,大山倍达在国际空手道联盟极真会馆开馆式上,也请到时任首相的佐藤荣作当会长,政府大臣毛利松平当副会长;60年代初,松涛流空手道的金泽弘和以个人身份在夏威夷经营道场,日本内阁成员出访夏威夷,还专程去看望。这位政界人士认为日本战败后,早期在国外普及日本文化的人,非常值得支持,日后两人还成了朋友;70年代,金泽弘和准备带团到欧洲巡回表演,拜访了后来成为首相的田中角荣,田中资助了一笔可以解决表演团的路费的款项。极真会空手道长谷川巨气在家乡德岛举办本流派的比赛,也能得到当地出身的国会议员的支持,宫平保在冲绳的中国武术馆开张,所在地的浦添市长、议长亲自临场祝贺,担任仪式的嘉宾。这些空手道团体与个人并非政府所属的社会团体,仅是地方性的或者个人,足可以看出日本社会各层相对容易协作。

这样比较宽松的社会关系减少了繁杂的行政干扰,如来自县、市、区体育协会、教育局等部门的层层审批,直接按照自己的设想开展推广工作。

这种宽松的体育文化管理制度,既鼓励了空手道的多元发展,也使得"全日本某某年度空手道锦标赛"缺乏权威性,虽然打着全日本的旗号,但是经常只是一个流派自己的组织而已。

五、经济自由的杠杆撬动

"经济基础决定上层建筑",在特定的范围中,社会经济充分发展,会给文化创造自由的空间,空手道专职人员经济生活状态,影响着空手道的发展。从琉球唐手到东京的空手道,再到世界空手道转换进程中,在经济落后的琉球,农事是谋生的手段,没有职业武术教师,拳术是一种教养与护身的本领,教拳也是没有报酬的,这就决定了琉球唐手的传播方式的单调与零散。

经济发达的商业社会,城市社会分工细致,城市人群居住相对集中,武术教师能靠传播技艺赢得生存的经济基础,经济杠杆在发挥重大作用。

20世纪60年代,日本经济高速发展后,空手道,特别是极真空手道走出一条靠传播空手道收费自立的大道。入会、月谢、升段、合宿、讲习、竞赛多种组织方式,营造出民间空手道经济支撑的网络。极真会馆原最高顾问卢山初雄 2010 年接受中国记者访问时说过,极真空手道是武道空手,不需要商业作秀,不向商业资本献媚,能够靠教学收取学费来维持发展。这种独立的经济运营,也是空手道多元发展的重要推力。一直到 20 世纪 90 年代,极真会空手道各县级支部长收入不亚于日本知名大学教授。经济的自由,在一定范围中带来思想与行动的自由。

这种独立的经济运营方式一方面繁荣了空手道的发展,同样经济的利益也引发了师徒与门派之间的分裂。大山倍达的极真会馆,从 20 世纪 60 年代开始,培养一批批技术拔尖的学生。这些在日常训练生活中对师父毕恭毕敬的弟子们,被派到全日本各县和世界各地经营极真空手道。位于东京池袋极真会馆本部通过成套制度,管理着分布在世界和全日本各支部,每年有支部长会,讨论决议极真会空手道运营事项。每年有内弟子讲习会,由总裁大山倍达亲自授课,组织严密。但是经济利益冲击下,逐渐分崩离析。收入丰厚的学生,日后大多脱离大山倍达,独立门户。而且这种风气代代相承,石井和义 1969 年开始跟芦原英幸习空手道,后被委派为关西地区"新国际空手道联盟"总负责人,也是因为经济利益独立,不愿意在老师名下继续守摊,而是自立门户。①

现代空手道的发展历程证明,事业发展与个人经济富裕必须同步。生存的需要会激发人的巨大潜力,光靠政府出钱,有时会产生依赖与被动,政府支持只能是一种补充,不是空手道事业发展的主体力量。像柔道、剑道是日本政府扶持的中小学必修项目,每一个学校必定配备有专业教师、专用的道场。而空手道还没有这个待遇,但在日本民间,空手道馆比柔道馆、剑道馆要兴旺得多。在欧洲、美洲等发达国家的一些城市,也是空手道馆的数量最多。民间武馆都是个体经营的,如果经营不善,就得关门。空手道馆要想方设法留住学员,趣味、礼仪、健康等因素的调动,维持着可持续性的吸引力。经济杠杆规律,在传统武术向现代化转型是一个动力。有经济杠杆,做事就会竭尽全力,持久发展。能够靠自身力量维持可持续经济来源,是现代空手道普及面宽的重要因素。

---

① 石井和义 1969 年始跟芦原英幸习武,1975 年被委派为关西地区"新国际空手道联盟"总负责人。习武仅仅 6 年,只有 21 岁的石井和义,前往大阪后,以出色的组织能力、勤奋工作,很快在大阪、神户、京都、奈良、堺、冈山等地开班教学、成立分支部,五年时间就召集到 10 万多学生。石井和义在 1980 年就脱离芦原英幸,自行创立"正道会馆"。此后生意兴隆,财富倍增,并于 1993 年创办 K-1 比赛,在 10 多年时间里,成为日本最热门的、最赚钱的商业格斗比赛,常常是 4000 个座位的体育馆观众爆满,并在全世界 135 个国家用电视转播。

第三节　当代空手道的特质

一、开放与多元的组织方式

世界空手道联盟是个国际化组织,并不是日本人一统天下,世界空手道联盟中日本人执委仅占 1/13。法国人担任世界空手道联盟主席之后,现在西班牙人安东尼奥接任主席,第一副主席是阿根廷人,第二副主席是中国台湾的张光辉,第三副主席是突尼斯人,秘书长为日本人。秘书处设在西班牙①。世界空手道联盟的工作语言是法语、英语。在空手道入奥的进程中,欧洲各国的世界空手道联盟委员表现出不低于日本人的热情,而且在世界空手道联盟的竞赛规则的修订中,日本人并没有强有力的话语权。

日本国内,空手道界有四大阵营,一是以政府为依托的公益财团法人全日本空手道联盟;二是在冲绳、日本本土、世界各地都拥有众多爱好者的冲绳传统空手;三是大山倍达弟子们为主导的直接击打制空手道的各类团体;四是独立于三派的硬式空手道团体与竞赛体系。他们各自开展全日本和国际性竞赛与讲习活动。

即便是同属于船越义珍的松涛馆流空手道,也不断分裂与衍生出新的团体。公益社团法人日本空手协会,是最早的日本全国性空手道组织。1964年,它作为一个实力强大的实体加入全日本空手道联盟,但是一直与全日本空手道联盟有摩擦,日本空手协会有独立的指导员培养与考核制度,独立组织松涛流空手道全日本比赛与国际比赛,独立向外国派遣指导员,曾经还直接得到皇宫的支持,举办"天皇杯"全日本空手锦标赛,一定程度上也影响了公益财团法人全日本空手道联盟的权威。2015 年 8 月,在全日本空手道联盟的官方网页上,曾公开将日本空手协会除名。在空手道入奥后,这种冲突有些缓和。

糸东流虽然也是全日本空手道联盟所属的团体,但是糸东流还有本流派的国际组织,有糸东流空手道年度固定的国际性的研修班与演武大会。

众多名字相近的各类空手道组织,让日本的空手道组织纷繁复杂,难以一统,同时也激励了空手道的全面发展,丰富了空手道的形式,扩大了空手道的人群。而世界空手道联盟不全在日本人的控制之下,也一定程度上扩大了国际化的程度。

---

① 本节资料依据国际空手道联盟网页公布,时间是 2015 年。

二、简约与规范的内容与形式

冲绳空手有器械,如棍、镰、拐、钗等。冲绳的传统唐手在 20 世纪 30 年代就留下 47 个形。但全日本空手道联盟完全舍弃器械部分,只突出"赤手空拳",并且对徒手的"形"作了简约化与规范化改革。

简约化:1964 年开始,全日本空手道联盟规定,竞赛用空手道指定形只有 8 个,直到 2006 年,再增加 8 个形。形的动作简洁,横平竖直,攻防意义清晰,几乎没有起伏腾挪、翻转跳跃的大幅度动作。形的演练重在"方法的表现、气势的营造、精神的专注"。这种简约的形,作为普及是有效的,特别是国际推广中,简约实用才被全世界大众所广泛接受。

规范化:是普及的一个重要条件。全日本空手道联盟成立不久,就对空手道技术每个动作做了详细的规范,1973 年 10 月,制定了《日本空手道联盟公认指导员讲习用课本》,这个课本,对每个空手道动作击打与防守的部位、动作的名称、运动路线、攻防意义都有明晰的规定,还对服装样式、穿戴规范、礼节规范作了严格的规定,这些细节,让学习者有权威的榜样,也让习练者有强烈的归属感。规范确定之后,定期对全国都、道、府、县的空手道教练员进行培训。每次全日本空手道锦标赛开始前,再对裁判员与教练进行规范细则的培训,全日本空手道联盟的教学、训练、竞赛,严格按教科书细则实行。

三、突出格斗的竞技运动

空手道是一种徒手搏击技术,在现代法治社会,攻击他人是要负法律责任的,但对生活中突发危急事件,还是有一定防卫的意义。通过空手道学习,掌握赤手空拳的搏击技术,同时在搏击学习过程中体验生死格斗的心理感受,在搏击中提升个人的勇气是很有意义的。

现代空手道一直突出"踢、打"的价值,不论是直接接触的极真会空手道,还是采用"寸止"的全日本空手道联盟,即便是不主张对抗试的冲绳传统唐手,都是以"一拳必杀"的威力,作为技术前提的。"手无空出,手无空回"这个中国传统拳法的原则,在日本空手道中得到完整的保存。全日本空手道联盟的团体"形"的比赛,在集体演练完套路之后,还要将"形"中每个动作的攻防含义,由两人或者三人用演练的方式清楚展示。

空手道表演必须有功力部分,击打卷藁以提高拳的硬度与击打威力,是日本空手道所有流派的必习课目。现代各种空手道竞技大会,先安排选手用手掌斩断数块砖,用手臂劈断叠加在一起的冰块,用前额骨敲断几十张叠在一起的瓦片。这虽然不是空手道的全部，但仍然是空手道保留的传统。根据20世纪50年代长年在美国、欧洲普及空手道的金泽弘和回忆，他在夏威夷、英国等地的演武，先是形，最终是试威力，用肘、脚、拳击断几块数厘米厚的木板，显示空手道技术的威力。形的演练，经常被人认为是舞蹈，试力后，才让观者信服这是一种击打的技艺。能够击断数块木板的威力，是空手道人的自信，也是徒手格斗必习的科目。

现代空手道赋予徒手搏击教育的意义、体育的意义、健康的意义，这种改造是时代的要求，但其本质仍然是一种徒手搏击技术，保持能打的本质属性，才能显示其独特性、不可替代性。

四、"形"与"组手"并重的技术构架

空手道源自琉球唐手，唐手是以形作为传承基础的，形在唐手中有不可动摇的地位，被称为"近代日本空手道之父"的船越义珍一生就以14个形作为普及空手道主要内容的。

日本大学生进行了大胆改革，按照日本武道的自由式的"乱取"和欧洲的竞赛方式，进行空手道组手竞技的改造，形成了可以直接对抗的"组手"竞赛体系。但全日本空手道联盟一直是以形与组手并进方式普及空手道。就是2020年东京奥运会的空手道竞技，也是组手与形并举。空手道竞赛中，早期运动员参加形的比赛，也一定参加组手比赛，如20世纪60年代，优秀的选手金泽弘和，是形的冠军，也打入组手决赛。

现在，随着国际空手道竞技接近职业化，作为优秀选手，组手与形已经分离，但是空手道比赛，形与组手仍是在同一场地同一段时间进行的，而裁判员是同时担任形与组手执裁工作的。与中国武术的套路与散打的运动员与裁判员完全分离是不同的。

空手道将"形"与"组手"作为"鸟之两翼"与"车之两轮"。形的练习，用"稽古"两个字，不单是练习，还有思考、磨砺的意思。日本艺道，都用"稽古"，能乐、剑道、花道等日本传统艺术的形，与空手道一样，浓缩着前辈多年的经验，是前辈生死存亡的体验中经验的结晶，必须深入领悟才能获得真谛。形是日本武道重要的传承方式。

即使是以直接击打为主的极真会馆空手道，到了大山倍达晚年，也是重视形的练习。

中达也是日本空手协会常务理事，东京本部师范，他长年在世界130余个国家地区传播空手道，2018年8月应笔者之邀，他到厦门客串举办暑假讲习班,他将空手道初级的形平安二段、平安三段讲解得生动有趣,形简单动作,在他的演示下,内涵表现得有很强悍的攻击力,具备很强的吸引力。已经55岁的他认为,如果光是练组手,40岁以后,各种技术就退化非常快了,而长年的形的练习,让他保持着很强的自信与表现力。

五、重视人格培养的传承理念

空手道宪章明确指出,空手道的目的在于"通过坚持不懈的身心磨炼,锻炼身体、陶冶人格,成为身心健全发展的有为人才"。他们提倡从礼节、正义、道德、克己、勇气入手提升自己的道德修养,维护空手道的品位与威严。

"形"的练习,培养习练者坚韧、朴素的个性,静下心、沉下气。"组手"练习,则培养人的智慧、勇气、专注、果断。

空手道学习过程中强调"礼仪与克制"。在竞赛或演武时,只求充分表现出平素磨砺出的心、技、体的成果。注意对抗时的安全,遵守规则,不拘泥于胜负,要有胜不骄、败不馁的气度。

船越义珍确立的空手道教育理念:"从礼开始到礼结束;空手无先手;先知己后知彼;精神重于技术;战斗胜负在于操纵虚实。"①

人格培养不是挂在口上,而是贯穿到空手道练习的细节中,从服装的整洁、礼仪的规范、对技术的敬畏、对竞赛对手的尊重、挫折时的勇气、失败时的坚强、困难中的超越,都贯穿着优良人格的养成。

正是在激烈的徒手对抗中的"勇敢地面对""心技融合的技巧""规范的礼节""良好的克制",吸引家长将孩子送到空手道的练习场。

在空手道教学中他们提倡:快乐的空手道;生涯的空手道;人格形成之道。要求空手道老师做到"有魅力的指导,因材施教的指导,谦虚友好、共同进步姿态的指导"。这种理念与方式为空手道争取了相当多的人群与空间。

六、"东洋哲学色彩"的修炼体系

日本社会从20世纪70年代开始提倡终身学习,在体育界则有终身体育之说,空手道作为武道修炼的一条途径,一种终生的追求。在日本,老年人练习空手道并不稀奇,船越义珍在86岁时还下场表演形,糸东流的二代宗家摩文仁贤荣,90岁还到法国的科西嘉举办欧洲空手道讲习会,庆应义塾大学的空手道部的校友,组织星期四会,出版了《拳·熟年空手与庆应的形》,其中的

---

① 船越义珍原来有"空手二十条",后来被简约成五训,松涛流道场中常有悬挂。

发起人和骨干都是耄耋之人。空手道人演练的形,并不是我们中国武术通常所说的,年轻时练习激烈的长拳套路,年长时则改练轻松柔和的太极拳。他们还是练习传统的空手道的形,只是演练速度与架势高低上有所不同。

在欧美传播空手道的日本人,还将日本禅的修炼加到空手道的稽古中,"禅"是琉球唐手中没有的,恰是这种改革让欧美人产生新的兴趣。现存日本本地和冲绳的空手道习练者,也是将"禅修"作为空手道学习的一个重要部分。在美国等地传播空手道的大岛劼、在欧洲传播空手道的时津贤儿,他们都是日本著名大学的毕业生,善于学习并且勇于创新,东方哲学的色彩完美地融化在他们传承的空手道修炼体系中。按全日本空手道联盟的理念,"只有创新地坚守传统才是真正地保护传统",这点通过众多的大学生空手道人努力,还是颇有成效的。

第四节 留给中国武术的启示

空手道是多元的,但最吸引中国武术界的是成为奥运会正式项目的亮点。

走入奥运会,不是中国武术当代发展的终极目的,但是武术成为奥运会比赛项目,一直是中国武术人的长年目标,奥运会舞台是展示中国文明的一个重要窗口,也是中国软实力的一个标志。

空手道一路走来,并非一帆风顺。船越义珍在东京传播唐手初期贫穷潦倒,几经磨难。就是20世纪50年代后,空手道的国际推广也曾历经艰难,在欧洲传播空手道的日本人,曾经也是居无定所,跟流浪汉一样,寄居于桥洞。为了饱腹要在人群中"走江湖",求路人施舍一点饭钱。不仅是经济上的困境,还有更为严重的精神歧视。也有欧美人一边学习日本空手道,一边对日本人有战败国的蔑视。在空手道传播中,引发不少尴尬。

在世界空手道竞技场上,日本权威的地位也屡遭挑战。1972年,第二届世界空手道锦标赛在法国举行,有鉴于在东京的第一届世界空手道锦标赛中,日本队包揽全部奖牌,欧洲的空手道裁判联合抵制日本人,将日本选手全部挤出半决赛。

空手道入奥,也并非一帆风顺。冲绳的传统唐手捍卫者,讥笑全日本空手道联盟"形"是跳舞,是垫上体操。全日本空手道联盟"寸止"的竞赛方式也不被看好,一些日本人认为这种比赛是假比赛,还没有打到对手如何判定胜负?而且空手道"寸止"的对抗方式与已经于2000年进入奥运会的跆拳道很相似,头部不能用拳打、高腿得3分,世界空手道组手竞赛规则逐渐与跆拳道同化,

20 年前,曾经有世界空手道组织的要员,考虑过空手道与跆拳道合并申请成为奥运会的正式比赛项目①。几次申请新增为奥运会竞技项目的失败,也让世界空手道联盟中的欧洲人对日本人的努力不足产生怨言。国际传统空手道联盟(ITKF)再三指责世界空手道联盟(WKF)不足以代表世界空手道组织,等等。

就全日本空手道联盟来说,空手道成为东京奥运会正式项目后,还面临着三大问题:

一是东京奥运会后,空手道能够继续保留在奥运会中吗?法国人在空手道竞赛中有很强的竞争力,2024 年巴黎奥运会可能保留,2028 年轮到美国呢?如果没有三届连续成为竞技项目,就必须退出奥运会竞技场。

二是日本人能否一直在国际大赛中保持竞技优势,进入奥运会后,空手道是否能保持足够的日本风格?日本选手在形的竞技中保持优势,但在组手竞赛中,已经群雄并立。

三是能够在日本中小学普及空手道吗?相对于剑道、柔道在日本中小学推行了 90 余年,空手道在教师的数量与质量、教学场馆的基本配备方面,还有很大的差距。在日本高中,男生最喜爱的体育是棒球与足球②,女生最喜爱的运动项目是排球与篮球,分别是 7.4 万人和 6.4 万人,而空手道仅 0.5 万人③。空手道想在日本中小学普及,还有很长的路要走。

武术近代化过程中也曾面临空手道发展共同的问题。从体育现代化来说,武术有统筹世界武术运动的国际武术联合会,有规范的国际竞赛套路,散打竞赛技术体系完备。套路、散打的竞赛制度,已经充分具备现代大型竞赛的要素,也成功举办过世界武术锦标赛、世界杯武术比赛。但是武术已经几次与奥林匹克运动会擦肩而过。

中国武术作为成熟的竞技运动,距离现代体育竞赛"让更多人能够参与""安全有充分保障""胜负判定没有主观意识"还有多远?

空手道成为东京奥运会追加项目,在奥委会考察专员面前,要回答如何解决一个称之为"附加价值"的问题。

这个附加价值有三个要素:"竞技计划""青春气息""历史遗产"。要成为

---

① 日本武道馆.日本的武道[M].东京:棒球杂志社,2007:245.
② 2005 年,高中男生运动俱乐部统计登录在册的数据显示,棒球与足球登录人数分别达 16.5 万人和 14.8 万人,远超剑道、弓道、柔道、空手道四个俱乐部人数总和 10.5 万人。
③ 中村民雄.今天,为何还要武道[M].东京:日本武道馆,2007:360-361.

奥运会正式项目,中国武术同样也要回答如下问题。

"竞技计划"要回答的问题是:作为奥运会项目,比赛用时几天?多少名选手参加?预算要增加多少?场地设备要有多大规模的扩充?可以动员多少观众?空手道将比赛时间设计为2天,男女80个运动员,"组手"与"形"一共8枚金牌。场地就利用柔道比赛场地,不用新设场馆。观众则是动员少年儿童空手道选手与他们的家族。

"青春气息"就是"青年化",随着"数码网络"的普及,年轻人渐渐离开运动竞技场,成为"低头一族",这种社会背景下,如何将年轻人唤回运动场?在我国中小学,有多少人课余时间练武术,相对于全国开展的足球运动,又有多少学校在普及武术?武术进学校的进程中,以武术操推广的武术与广播体操又有多少区别?我们可以吸引多少年轻人?冲浪、攀岩、轮滑在竞赛体系建立与全球性普及方面,似乎不甚完善,但是富有青春气息,深受欧美青少年喜爱,这次依靠打包,成功进入东京奥运会的赛场。吸引更多青少年参与,也是中国武术进入奥运会赛场面临的问题。

"历史遗产"是解决增加这个新的比赛项目结束后,给国际社会、给民众留下什么样的精神影响?空手道打出"历史的背景"和"礼与节"的精神,作为无形的文化遗产。历史背景,他们强调空手道在日本有相当长的历史。空手道不受语言、文化、社会结构、宗教、经济不同的影响,192个国家都能广泛接受的日本空手道"礼与节"的概念是空手道竞技的历史遗产。礼与节具体演化为:致力于人格完成;坚守诚实之道;培养努力精神;重视礼仪规范;力戒血气之勇。

空手原来是作为一种格斗术,包含一种可以伤及对手性命的技术,因此一直作为"一子相传"秘密传承。可是现代竞技,保证运动员安全是格斗竞赛项目共通的原则。这样前提下,"寸止"就是最好的选择。全神贯注地出拳起腿,决不是打倒对手,而停止在击中对手前一寸处。在这样短兵相接中产生的紧张感、那种对自己身体和精神的精准把控,进一步产生的形式化的"礼与节"的美,对习练者与观赏者都产生一种魄力。这是空手道历史遗产。这个以"礼与节"为标志的空手道的精神遗产,与通过运动希望世界和平的奥林匹克宪章精神是一致的。

以上是世界空手道联盟向国际奥委会考察人员作出的应答。

空手道经验是值得我们借鉴的。中国武术如果成为奥运会正式项目,要如何设项?是将目前完全分割的套路竞技与散打竞赛一起推入还是只能一项先行?如何安排竞赛计划,既能顾全男女运动员区别、经济水平差别的国家,又减少比赛大会的投入?

如何体现"青春气息",鼓动更多青少年参加武术运动?如何保持中国的传统特色,让武术真正成为自己国家的民众,特别是青少年喜闻乐见、踊跃参与的现代运动。如何让家长热心将孩子送到武术运动场?中国传统武术本身就是"击有其术,舞有其套",在当代武术的传承与传播中,武术的多种形式如何整合,武术的竞赛方式作何种改革,方能进入奥运会大舞台?武术竞赛以什么动员更多的观众?

武术如果成为奥运会项目,将给全世界留下什么样的精神遗产?什么是中国武术精神?成熟于日本的空手道,将船越义珍的二十训浓缩为"礼与节";1964年脱胎于松涛空手道的跆拳道,提出"礼仪、廉耻、克己、忍让、百折不屈"的精神。这些都是从中国传统的儒家学说中提炼的精神,尽管只是十余个字,但是已经在世界范围内得到习练者的认同。中国武术精神,目前尚未有公认的提炼与表述。中国武术协会曾举办过"2015年萧山国际武术文化湖湘论坛",就"当代武术精神的价值"进行全国性征文并评选,但什么是"当代武术精神",并没有提炼出可操作性的结论。

武术承载着优秀传统文化中哪些要素?当我们看到武术界还明显存在排斥性的门派归属,以神秘与迷信来博人眼球的陋习,在武术界仍然有市场时,我们主导部门应该有坚定而快速的反应。应该在体现积极向上的精神、宽容博大的襟怀、坚韧不拔的毅力各方面来提炼中国武术精神。百花齐放,百家争鸣,但需要有权威的表述与推广。文化影响虽然是潜在的,但普及需要有明确的表述。

中国武术正经历着新一轮发展机遇,走向中华民族伟大复兴的国家强调文化自信,大力弘扬优秀民族文化。武术作为民族传统体育的价值,受到国家的重视。在世界各地的孔子学院,武术正作为中国文化的一个载体,逐渐引入课程。在国家教育部推进中学体育教育的规划中,武术作为七个被重点扶持的运动项目之一。2013年,教育部体卫艺司牵头成立了"全国学校武术联盟",以提倡一校一拳,彰显地域特色武术的工作思路,从青少年入手,开展校园武术推广运动。在武术产业开发方面,国家体育总局武术运动管理中心还组织"武术套路王中王"比赛,与北京中武利百文化体育发展有限公司联合举办"散打天下"比赛。连续三届在天津举办的全国武术大会,是多元继承中国传统武术的一种尝试,还有总局领导亲自指导的"一拳、一馆、一击"的试验。

学校试点、民间普及、商业比赛、国际推广,中国武术的当代发展,也正以宏大的规模展开。

空手道从福建拳法演化为东京奥运会正式比赛项目，确实为我们从传统体育文化到现代体育转换，提供了一个成功的范例。

如果成为奥运会正式项目，是武术成为现代运动竞技的一个标志；如果在中小学得到充分的普及，标志着武术成为可持续发展的传统体育；如果成为培养青少年健全品格形成的有效途径，作为武术的精神遗产，我们尚需继续努力。

附:关于插图的说明

为了便于读者阅读,本书从考察现场和各类日文书报中选用百余幅图。由于版面的限制,难以在各图所在页作说明,特在此处标识。凡书籍的封面说明从略,杂志与书籍详细出处可参照参考文献部分。

序章
图 0-1 《日本的武道》 本书是日本权威武道机构日本武道馆编写的,作为日本政府向世界介绍日本武道的书。2007 年出版。

第一章
图 1-1 上地完文 20 世纪 30 年代在和歌山设立的"半软硬空手研究所"。
图 1-2 图为"周子和"像。选自高宫城繁《冲绳空手·古武道事典》。
图 1-3 1922 年出版的《琉球拳法·唐手》重刻本。
图 1-4 1929 年出版的《拳法概说》。
图 1-5 1978 年出版的《空手道(保存版)》。
图 1-6 1982 年出版的系列丛书,《日本的武道》《日本武道大系》。
图 1-7、图 1-8 《使琉球录》《琉球国志略》影印选自谢必震的"福建文化在琉球的传播与影响"报告 PPT。
图 1-9 大西荣三《空手史》。
图 1-10 金城裕的《从唐手到空手》。
图 1-11 渡嘉敷唯贤(1940—),选自高宫城繁《冲绳空手·古武道事典》。
图 1-12 渡嘉敷唯贤 2015 年率团参加显彰碑 25 周年纪念活动时,在福建省体育中心显彰碑前的合影(作者拍摄)。
图 1-13 刚柔流传人东恩纳盛男(1938—)。选自《冲绳空手·古武道事典》。
图 1-14 福建拳法的辅助器械与冲绳空手辅助器械发音对照表。选自东恩纳盛男的《刚柔流空手道史——二大拳圣:东恩纳宽量、宫城长顺》。
图 1-15 金城昭夫《空手传真录》。

图 1-16　冲绳外间哲弘私立的空手博物馆外景(2015 年作者现场拍摄)。

图 1-17　郑旭旭 2015 年在冲绳天行健中国武术馆访问嘉手苅徹右为宫平保

第二章

图 2-1　地图中的琉球群岛在东海日本列岛与台湾列岛之间，琉球群岛几乎是几个小点点。图选自谢必震的《福建文化在琉球的传播与影响》。

图 2-2　中国风格的守礼之门。

图 2-3　为重修的首里城琉球王宫。

图 2-4　万国津梁之钟。

图 2-5　冲绳民居的石敢当。

图 2-6　中国传入琉球的三弦。选自新城俊昭的新版《琉球·冲绳史》。

图 2-7　册封使节团队行进图(节选)，原图为冲绳博物馆所藏。选自新城俊昭的新版《琉球·冲绳史》。

图 2-8　闽人三十六姓的家谱影印，选自谢必震教授《福建文化在琉球》课件。

图 2-9　琉球留学生居住的柔远驿(福州)，也称为琉球馆。现在福州台江区琯后街 40 号。此馆原建于 1472 年，几次兵燹被毁，1667 年重建。现在柔远驿是 1992 年重修的，只有原来的小部分。为福州市对外友好关系博物馆，福建省级文物保护单位。

图 2-10　琉球王国的大航海图，选自新城俊昭的新版《琉球·冲绳史》。

图 2-11　福建师范大学旁边的琉球人墓园(作者拍摄)。

图 2-12　琉球墓园中的墓碑(作者拍摄)。

图 2-13　闽人三十六姓的学堂"明伦堂"旧址。选自谢必震教授的《福建文化在琉球的传播与影响》。

图 2-14　福州茶商白鹤拳传人吴贤贵(1886—1940)，后侧立者为摩文仁贤和。大约拍于 20 世纪 30 年代，选自高宫城繁的《冲绳空手古武道事典》。

图 2-15　《琉球拳法·唐手》中登载的白鹤拳谱。

图 2-16　"松村宗棍墨迹"(节选)。选自仲宗根源和的《空手道大观》。

图 2-17　渡嘉敷唯贤的《秘传武备志新释》。

图 2-18　闽南艺术之神"九天风火院三田都元帅"。这个像在福建南方许多武馆中都有供奉。厦门市翔安宋江阵民俗馆中也有存放，是福建民间艺术之神，在冲绳刚柔流中被尊为武神。

附：关于插图的说明

图 2-19　《秘传武备志新释》内页墨迹与永春白鹤拳传人手抄拳谱比较。

图 2-20　从左至右：泉州周焜民的"太祖拳"、日本甲斐国征型"十三"、厦门邱丽羡的"五祖拳"。（前两幅分别选自两位的著作中，后一幅为 2015 年 4 月拍摄于集美大学轮机工程学院）

图 2-21　渡嘉敷唯贤率冲绳刚柔流空手代表团在福州演练三战。（作者拍摄）

图 2-22　糸东流二代宗家摩文仁贤荣的"手型与手法"。

图 2-23　船越义珍在《练胆护身唐手术》中所示拳的老茧。

图 2-24　20 世纪 30 年代冲绳拳师使用的辅助器械。是三木二三郎拍摄的，选自《拳法概要》。

图 2-25　福建民间武术馆常用的器械。选自林建华《福建武术史》的福建拳法的器械部分。

第三章

图 3-1　《南岛杂话》复印本。

图 3-2　《南岛杂话》中的拳术插图。选自嘉手苅徹"空手道"《武道》。

图 3-3　唐手名家喜屋武朝德（左二）与学生（1941）。选自高宫城繁《冲绳空手·古武道事典》。

图 3-4　琉球士族后裔义村朝义（1866—1945）。选自高宫城繁的《冲绳空手·古武道事典》。

图 3-5　东恩纳宽量（前排居中坐者）与家人和学生（1910）。选自高宫城繁的《冲绳空手·古武道事典》。

图 3-6　糸洲安恒（第二排左二）在县立中学与武道部学生的合影（1909）。选自高宫城繁的《冲绳空手·古武道事典》。

图 3-7　糸洲安恒亲笔手书的"唐手十训"墨迹。选自仲宗根源和的《空手道大观》。

图 3-8　空手家花城长茂（1869—1945）。选自仲宗根源和的《空手道大观》。

第四章

图 4-1　船越义珍晚年在书斋。选自《空手道创世纪传说》。

图 4-2　镰仓园觉寺中的船越义珍纪念碑。选自《空手道创世纪传说》。

图 4-3　1922 年船越义珍指挥冲绳县立中学学生为皇太子表演后集体合影。选自《空手道创世纪传说》。

图 4-4　船越义珍早期教学照,贫穷破旧的生活环境。选自高宫城繁等的《冲绳空手·古武道事典》。

图 4-5　书法家题写的"松涛馆"牌匾。原先挂在 1939 年落成的松涛馆。选自高木丈太郎的《空手道真谛》。

图 4-6　船越义珍 1925 年练功照。架势较高。选自《练胆护身唐手术》。

图 4-7　船越义豪的肌肉(1925)。选自《空手道创世纪传说》。

图 4-8　1935 年出版的《空手道教范》。

图 4-9　开放与灵活的东京时期空手组手(1936 年)。选自船越义珍的《空手道教范》。

图 4-10　船越义珍"空手道二十条"墨迹。选自仲宗根源和的《空手道大观》。

图 4-11　实战达人本部朝基的"内步进"(1926)。选自岩井虎伯著的《本部朝基与琉球空手》。

图 4-12　本部朝基的组手(1926)。选自岩井虎伯著的《本部朝基与琉球空手》。

图 4-13　摩文仁贤和的型(1936)。选自仲宗根源和的《空手道大观》。

图 4-14　摩文仁贤和(坐者左二)和唐手研究会的骨干们(1925)。选自高宫城繁的《冲绳空手·古武道事典》。

图 4-15　宫城长顺(前排左一)与冲绳县空手道振兴协会的骨干们。选自高宫城繁的《冲绳空手·古武道事典》。

图 4-16　船越义豪的练功照(1941)。选自《空手道创世纪传说》。

图 4-17　船越义豪最早引进空手道的旋踢腿动作示意。金泽弘和演示。

图 4-18　船越义豪演练松涛流棍法"松风"(1941)。选自《空手道创世纪传说》。

图 4-19　城间真繁的(構)(1938)。选自仲宗根源和的《空手道大观》。

图 4-20　船越义珍以唐手研究会本部名义最早颁发给仪间真谨、粕洋贞洋的唐手初段证书。选自《日本的武道·空手道》。

图 4-21　庆应大学唐手部五年庆时,学生制作的印有空手字样的手巾和奖牌。选自《日本的武道·空手道》。

图 4-22　嘉纳治五郎(1860—1938)。选自诞生 150 年纪念委员会.《嘉纳治五郎·气概与行动的教育者》。

图 4-23　嘉纳治五郎晚年编纂的"精力善用国民体育"操。选自《最新柔道之形》。

第五章

图 5-1　船越义珍(左侧立者)指导庆应大学唐手部学生练习。选自《空手道创世纪传说》。

图 5-2　小幡功(左)与晚年船越义珍表演组手(1956)。选自《空手道其历史与技法》连载之 13 回。

图 5-3　20 世纪 30 年代,东京大学唐手部戴护具竞技。选自《拳法概说》。

图 5-4　东京大学唐手部学生与船越义珍(1929)。选自《拳法概说》。

图 5-5　平贤和的棒术(1936)。选自仲宗根源和的《空手道大观》。

图 5-6　早稻田大学空手部学生合宿(1940)。选自《空手道创世纪传说》。

图 5-7　立命馆大学空手道部(1935)。选自《空手道创世纪传说》。

图 5-8　关西大学空手道练习风景(1934)。选自《空手道其历史与技法》连载之 14 回。

图 5-9　拓殖大学空手道学生打卷藁(1935)。选自仲宗根源和的《空手道大观》。

图 5-10　第一届日本大学生空手道锦标赛组手团体对阵表。选自金城裕主编的《月刊空手道》(复刊版)。

图 5-11　第一届日本大学生空手道锦标赛团体赛决赛场景。选自金城裕主编的《空手道》(复刊版)。

图 5-12　获得全日本首届大学生空手道比赛团体冠军的明治大学。选自金城裕主编的《空手道》(复刊版)。

第六章

图 6-1　松涛馆代表江上茂(左)与船越义豪组手(1939)。选自江上茂的《空手道入门》。

图 6-2　中山正敏(右)指导金泽弘和。选自金泽弘和的《我的空手人生》。

图 6-3　宫城长顺中年时。

图 6-4　宫城长顺到上海与精武会总教练赵连和等进行交流笔名留下的纪念小纸扎。选自高宫城繁等编著的《冲绳空手·古武道事典》。

图 6-5　1934 年,宫城长顺指导那霸市立高中学生练功。选自高宫城繁等编著的《冲绳空手·古武道事典》。

图 6-6　山口刚玄(1910—1989)。选自山口刚玄的《空手道教范》。

图 6-7　20 世纪 50 年代浅草时期,山口刚玄指导学生。选自空手道编辑部的《空手道创世纪の传说》。

图 6-8　摩文仁贤和(右)演练组手(1938)。选自仲宗根源和的《空手道大观》。

图 6-9　摩文仁贤荣宗家二代(2000)。选自高宫城繁等编著的《冲绳空手·古武道事典》。

图 6-10　糸东流的岩田万藏(1924—1994)。

图 6-11　大塚博纪中年时拳照。选自空手道编辑部的《空手道创世纪传说》。

图 6-12　大塚博纪(右)演练空手夺刀(1936)。选自仲宗根源和的《空手道大观》。

图 6-13　晚年大塚博纪演示和道流。选自空手道编辑部的《空手道创世纪传说》。

第七章

图 7-1　网络中介绍的日本空手道。

图 7-2　全日本空手道联盟(JKF)组织结构图。选自《日本的武道》。

图 7-3　左右分别为2015年全日本空手道联盟锦标赛形女子冠军与男子冠军(2015)。选自《武道》。

图 7-4　全日本空手道联盟比赛女子组组手。选自新华网。

图 7-5　全日本空手道联盟团体冠军表演(2016)。

图 7-6　初中生组手比赛,戴护头。选自《空手道》。

图 7-7　2001年金泽弘和主持的英国空手道学员合宿。选自《我的空手道人生》。

图 7-8　东京都自民党结成的议员联盟,目标在于将空手道推进东京奥运会。选自全日本空手道联盟官方网站。

图 7-9　2014年,全日本空手道联盟会长笹川尧、德国空手道联盟会长、世界空手道联盟会长等前往瑞士洛桑拜访国际奥委会主席巴赫。选自全日本空手道联盟官方网站。

图 7-10　第10届残障人空手道比赛。目标是2014年奥委会临时会议时将空手道推进奥运会。

图 7-11　挂在全日本空手道联盟网站上的奥运会空手道比赛宣传图片之一,空手道比赛简要规则。选自全日本空手道联盟官方网站。

第八章

图 8-1　摩文仁贤和早期试验戴护具直接击打,右为当年神奈川县柔道

会会长。选自摩文仁贤和的《攻防自在护身术空手拳法》。

图8-2　山口刚玄主持的东京刚柔流会馆50年代试验戴护具对抗。选自空手道编辑部的《空手道创世纪传说》。

图8-3　日本拳法的团体比赛礼节。选自泽山宗海的《日本拳法》。

图8-4　摩文仁贤和的《攻防自在护身术空手拳法》。

图8-5　远山宽贤(1888—1966)。选自空手道编辑部的《空手道创世纪传说》。

图8-6　炼武馆主持的全日本空手道锦标赛中戴护具直接击打(20世纪60年代)。选自《空手道创世纪传说》。

图8-7　1959年成立的全日本空手道联盟成员节气贺词。选自金城裕的《空手道》(复刊版)。

图8-8　2015年东京举行的戴护具击打竞赛场面。选自《空手道》。

图8-9　世界硬式空手道联盟开发的新式组手护具护面与护胸。

图8-10　极真会选手用前臂同断四层厚20厘米的冰块。

图8-11　大山倍达用正拳击断木板。

图8-12　极真空手道不戴护具,直接击打比赛场景,两名运动员分别为松井章圭三瓶启二。(两人分别夺得全日本空手道联盟极真会冠军)

图8-13　1994年,世界空手道极真会锦标赛开幕式上,大山倍达演示刚柔流的型"转掌"。

图8-14　大山倍达徒手卸下公牛角(20世纪50年代)。

图8-15　英文版《什么是空手道》。

图8-16　《世界旅行打架记》。

图8-17　畅销书《空手道一根筋》。

图8-18　大山倍达在苏联驻日大使馆表演切断啤酒瓶(1979)。

图8-19　英文畅销书《100万人的空手道》。

图8-20　极真会空手道的图标。

图8-21　极真会空手道的专用标识。

图8-22　三瓶启二(右)在全日本锦标赛(极真会馆)决赛中。

图8-23　芦原英幸的动态拳势。

图8-24　极真会早期的四大天王(从左):山崎照朝、芦原英幸、添野义二、长谷川巨气。选自《空手道》。

图8-25　获得"社会文化功劳奖"的长谷川巨气(1999)。选自《空手道》。

图8-26　芦山初雄。选自山口升等编著的《大山倍达是谁》。

图 8-27　绿健儿的侧踹。选自《直接击打空手道》。

图 8-28　馆长继承人松井章圭。选自网络。

图 8-29　松井章圭的 2018 年极真纪念广告。选自极真空手道网页。

第九章

图 9-1　上地流空手的技术理念与结构图。选自《精说冲绳空手道》。

图 9-2　那霸市内的刚柔流上原空手道场。这是冲绳典型的个体空手道馆，在自家的二楼。（作者现场拍摄）

图 9-3　左为上原空手道场内学员的名字牌；右为空手道场中所学内容；中为外间哲弘道馆的小学生班学员。（作者现场拍摄）

图 9-4　1977 年 5 月，获得全冲绳空手道联盟总会授予范士十段称号的四位冲绳空手代表人物。（左起）八木明德（刚柔流）、长岭将真（松林流）、上地完英（上地流）、比嘉祐直（小林流）。选自高宫城繁等编著的《冲绳空手·古武道事典》。

图 9-5　获得"无形文化财"的三位冲绳空手界元老。选自高宫城繁等编著的《冲绳空手·古武道事典》。

图 9-6　2017 年落成的冲绳空手会馆（俯瞰）。选自《第 1 届冲绳空手国际大会秩序册》插页。

图 9-7　冲绳传统空手道振兴总会成员。选自高宫城繁等编著的《冲绳空手·古武道事典》。

图 9-8　《第 1 届冲绳空手国际大会秩序册》。

图 9-9　摩文仁贤荣晚年在欧洲教学空手道。

图 9-10　庆应大学的"熟年"空手道练习者。选自真下钦一的《拳·熟年空手与庆应的形》。

图 9-11　练中国武术的时津贤儿。选自时津贤儿的《武道之力》。

图 9-12　演示跳起踢的金泽弘和。选自《我的空手道人生》。

图 9-13　金泽弘和表演以拳断板，旁边观者为柔道无差别世界冠军荷兰的海辛格。选自《我的空手道人生》。

图 9-14　大岛劼在美国家中弹钢琴。选自 2001 年的日本武道馆月刊《武道》。

图 9-15　在美国芭芭拉市松涛馆开馆仪式中的大岛劼。

图 9-16　西山英峻（1928—　）。选自日本武道馆月刊《武道》。

参考文献

一、日文文献

[1]新城俊昭.新版琉球·冲绳史[M].冲绳:东洋企画株式会社,2014.

[2]日本武道馆.日本の武道[M].东京:ベースボルマカジン社,2007.

[3]藤原稜三,江里口荣一执笔.日本の武道·空手道[M].东京:株式会社讲谈社,1983.

[4]松前重义.武道思想の探究[M].东京:东京大学出版会,1997年第4版.

[5]高宫城繁,等.冲绳空手·古武道事典[M].东京:柏书房株式会社,2008.

[6]仪间真谨,藤原稜三.对谈·近代空手道历史[M].东京:ベースボルマカジン社,1986.

[7]藤原稜三,江里口荣一等.日本武道大系(第八卷)[M].东京:同朋舍,1982.

[8]诞生150年纪念委员会.嘉纳治五郎·气概与行动的教育者[M].东京:筑波大学出版社,2011.

[9]田中晶.空手道(保存版)[M].东京:株式会社创造,1977.

[10]富名腰义珍.琉球拳法·唐手[M].冲绳:榕树书林,2006年7月普及版.

[11]船越义珍.空手道教范[M].东京:广文堂书店,1935.

[12]船越义珍.空手道教范(复刻版)[M].冲绳:榕树书林,1935年5月初版,2012年5月复刻版.

[13]长岭将真.史实と口伝冲绳の空手角力名人传[M].冲绳:世界松林流空手道兴道馆,1986年.

[15]金城裕主编.月刊空手道[J].冲绳:榕树书林,1973年11月1日版,1997年复刻.

[16]野原耕荣.冲绳伝统空手"手"の变容[M].冲绳:球阳出版,2007.

[17]高木丈太郎.空手道要谛[M].东京:株式会社讲谈社,2011.

[18]三木二三郎等.拳法概说[M].冲绳:榕树书林,2002.

[19]金城昭夫.空手传真录[M].东京:株式会社チャンプ,2005.

[20]日本武道馆.武道[J].2015年1~5期.2016年10期~2018年8期.

[21]船越义珍.空手道一路[M].冲绳:榕树书林,2004.

[22]大西荣三.空手史[M].东京:龙书房,1999.

[23]渡嘉敷唯贤.秘传冲绳武备志新释[M].冲绳:文进印刷株式会社,1995.

[24]空手道编辑部.空手道创世纪の传说[J].东京:株式会社福昌堂,1996.

[25]空手道编辑部.空手道创世の神话[J].东京:株式会社福昌堂,2003.

[26]寒川恒夫.图说スポーツ史[M].东京:株林会社朝仓书店,1991.

[27]岩井虎伯.本部朝基と琉球からて[M].东京:爱隆堂,2010.

[28]藤堂良明.柔道の历史と文化[M].东京:不昧堂,2007.

[29]中村敏雄.日本文化の独自性[M].东京:创文企画,1998.

[30]摩文仁贤荣.武道空手への招待[M].东京:三文社,2001.

[31]金泽弘和.我の空手人生[M].东京:日本武道馆,2009.

[32]鱼住孝至,宫本武藏.日本的之道[M].东京:ぺりかん社,2003.

[33]大山倍达.昭和五轮书[M].东京:PHP研究所,1983.

[34]二木谦一,等.日本史小百科·武道[M].东京:东京堂,1998.

[35]摩文仁贤和.攻防自在护身术空手拳法[M].冲绳:榕树书林,1934年初版,2008年复刻版.

[36]入江康平.武道文化の探求[M].东京:不昧堂,2003.

[37]林伯原.中国武术史——从先史到19世纪[M].东京:技艺社,2015.

[38]嘉纳治五郎.我の生涯と柔道[M].东京:日本图书中心,1997.

[39]田中守,藤堂良明,等.武道を了解[M].东京:不昧堂,2000.

[40]汤浅晃.武道伝书を読む[M].东京:日本武道馆,2005.

[41]金城裕.唐手から空手へ[M].东京:日本武道馆,2007.

[42]笠尾恭二.中国武术史大观[M].东京:福昌堂,1994.

[43]半藤一利.昭和史战后篇(1945—1989)[M].东京:株式会社平凡社,2006.

[44]空手道月刊秘传[J].东京:BAB日本出版局,2018年第8期.

[45]大道等,赖住一昭.近代武道の系谱[M].东京:杏林书院,2003.

[46]时津贤儿.武道の力[M].东京:大和书房,2005.

[47]时津贤儿.武の発想論[M].东京:福昌堂,1999.

[48]家高康彦.实录极真大乱[M].东京:东邦出版,2006.

[49]小岛一志,塚本佳子.大山倍达正传[M].东京:新潮社,2006.

[50]小岛一志,塚本佳子.大山倍达遗产[M].东京:新潮社,2012.

[51]山口昇.大山倍達とは何か?[M].东京:ワニマがしん社,1995.

[52]新垣清.冲绳空手道の歴史[M].东京:原书房,2011.

[53]新垣清.冲绳空手道の真髄[M].东京:原书房,2013.

[54]中村民雄.今、なぜ武道か[M].东京:日本武道馆,2017.

[55]江上茂.空手道入门(新装增补版)[M].东京:日贸出版社,2017.

[56]中达也.武道空手の本質とは(二)型で学び,型で鍛える[M].东京:大志塾事务局,2015.

[57]编纂委员会.公益社团法人日本空手协会六十五年史[M].东京:日本空手协会,2014.

[58]仲宗根源和.空手道大观[M].冲绳:榕树书林,1938年5月初版,2017年改订版.

二、中文文献

[1]谢必震.中国与琉球[M].厦门:厦门大学出版社,1996.

[2]谢必震,等.中琉关系史料与研究(中琉关系研究丛书01)[M].北京:海洋出版社,2011.

[3]赖正维.清代中琉关系研究(中琉关系研究丛书03)[M].北京:海洋出版社,2013.

[4]陈硕炫,等.顺风相送:中琉历史与文化[M].北京:海洋出版社,2013.

[5]汪向荣,等.中日关系史资料汇编[M].北京:中华书局,1984.

[6]余英时.论天人之际[M].北京:中华书局,2014.

[7]葛剑雄.人在时空之间[M].北京:中华书局,2007.

[8]黄仁宇.历史十五年[M].北京:中华书局,2014.

[9]马明达.说剑丛稿[M].兰州:兰州大学出版社,2000.

[9]中国武术拳械录编纂组.中国武术拳械录[M].北京:人民体育出版社,1993.

[10]国家体委武术研究院编纂.中国武术史[M].北京:人民体育出版社,1997.

[11]林建华主编.福建武术史[M].厦门:厦门大学出版社,2013.

[12]林荫生主编.福建武术拳械录[M].北京:人民体育出版社,2011.

[13]薛凤旋.中国城市及其文明的演变[M].北京:世界图书出版社,2010.

[14]周焜民.五祖拳谱[M].香港:天行健出版社,2009.

[15]崔乐泉,等.中国体育思想史[M].北京:首都师范大学出版社,2008.

[16]叶渭渠.日本文化史[M].桂林:广西师范大学出版社,2005.

[17]张瑞璠等.中外教育比较史纲[M].济南:山东教育出版社,1997.

[18]尾藤正英著,彭曦译.日本文化的历史[M].南京:南京大学出版社,2010.

[19][美]阿伦古特曼.从仪式到纪录——现代体育的本质[M].花勇民,等译.北京:北京体育大学出版社,2012.

[20]方汉文.比较文明史[M].上海:东方出版中心,2009.

[21]冯天瑜.中国文化生成史(上下)[M].武汉:武汉大学出版社,2016.

[21][荷]约翰·哈伊津哈.游戏的人[M].傅存良,译.北京:北京大学出版社,2014.

[22]郑旭旭,袁镇澜.从术至道——近现代日本武术发展轨迹[M].厦门:厦门大学出版社,2011.

[23]李伯重.火枪与账簿[M].北京:生活、读书、新知三联书店,2017.

[24]入江昭.我们生活的时代[M].王勇萍,译.北京:中信出版社,2016.

[25][美]安德鲁·戈登.现代日本史——从德川时代到21世纪[M].李朝津,译.北京:中信出版社,2017.

[26]坂本太郎.日本史[M].汪向荣,等译.北京:中国社会出版社,2008.

后记一

近七年来,我与旭旭大部分时间都在探讨日本空手道的有关问题。现在,书将要付印了,此时此刻,心中有很多感悟:

日本是全民重视武道的国家,每逢相扑、柔道、剑道、空手道、合气道等大型比赛,政界人物如大臣、议员、知事、市长等出来捧场都是很正常的事,有时天皇、首相出现也不足为奇。早在20世纪50年代,日本武道已经基本完成了现代化转型,将江户幕府时期的综合性武术(与中国明清时期的武术一样,刀棒弓箭、徒手格斗,均混合在一起的武术)进行变革,吸收现代教育与竞技体育的经验,最终演化为九个武道项目,即柔道、剑道、空手道、合气道、少林寺拳法、弓道、相扑等。这九个武道项目,具有各自单一的技术特征,并且都有自成体系的组织、教学、比赛办法。

从现状看,日本武道以剑道、柔道最为统一、严密。而空手道在日本民间影响力大,空手道练习场地简单,教学方法简捷,能够自卫防身,并有严格的礼节约束,很受青少年喜爱。空手道在日本民间开设道馆、教室的数量远多于剑道、柔道及其他武道。推广到世界各国的日本武道项目中,空手道也是规模最庞大、领域最广泛、参与学习人数最多的项目。在世界知名大都市中,无论巴黎,还是纽约,空手道馆都是最为红火的,其经济效益也是最好的。

空手道的特色是"打练结合"。打,是实战格斗,在空手道中叫作"组手";练,即套路演练,在空手道中称为"形"。空手道的"形"只有40多个,但每一个形都有悠久的传承历史,即使最晚出现的"平安"一至五段,也是100年前由船越义珍、摩文仁贤和的恩师糸洲安恒编制的。空手道不允许任何人一时心血来潮,拍拍脑袋就编造一个"自选套路"出来。在"形"中,每一个动作必须有实战意义,能够体现"一击必杀"的理念。单纯为表演而"做作"的优美姿势或动作,如劈叉、侧空翻、造型、亮相等,在空手道中是绝对不可能出现的,更不用说"创新"、"难度""空中转体360度"等动作了。

在实战方面,原先在"琉球唐手"中,只有规定动作的"约束组手",就像中国武术的对练套路。后来唐手传到东京,掌握了一定唐手技术的大学生们,特别是庆应大学、东京大学、早稻田大学、拓植大学及大阪的关西大学等唐手研究会的学生,认为没有实战比赛的空手道是不真实的武术,空手道要想在现代社会生存就必须增加自由实战的比试,而实战比试首先要设计竞赛规则,规则必须解决"真实格斗"与"人体安全保障"的问题。于是几个大学的学生们各自进行探讨、实践,在1935年前后,终于推出"点到为止"与"穿护具"比赛这两种形式。到1960年前后,极真空手道还采取了"不用护具"的实战比赛形式。如今,这三种比赛形式在不同的空手道门派中还一直使用着。但2020年东京奥运会的空手道组手比赛确定以"点到为止"为比赛形式。

在船越义珍、摩文仁贤和、宫城长顺、本部朝基等一批先驱的努力下,到1930年,日本已有几十所名牌大学在推广唐手。大学是社会的上层建筑,大学生是时代的主力军,他们有上进心、学习知识、探求真理,充满着生命活力。这些大学生的进入,给唐手的现代化转型注入了强大的动力。这一批批在业余时间学习空手道的大学生们,其中有不少空手道技术的佼佼者,在毕业之后放弃自己原来求学的文、理科专业,毅然从事空手道传播、普及工作,并以此为自己的终生职业,如山口刚玄、中山正敏、金泽弘和、大岛劼、时津贤儿、西山英峻等,他们有的在日本国内开设武道馆,有的到美国、法国、巴西、南非等世界各国的大城市传播空手道。这一批人具有较高的文化知识,又具备规范的空手道技术,怀着对空手道强烈的使命感而拼命工作,最终在日本及世界各地做出了惊人的业绩,各自培养出了成千上万的学生,使空手道普及规模超过柔道,成为世界上人气最旺的日本武道项目。

空手道不仅是一门格斗技术,还是一种"生涯教育"。从深层次来看,空手道开始由"武"入门,最终实现人的"终极目标"。人的生命轨迹是一条"抛物线",从出生、成长、中年、老年直到死亡,在时间轴上是一条不间断的轨迹。假定一个人的寿命为80岁,到40岁即"抛物线的最高点",此后生命开始走下坡路,渐渐衰老。对青少年的空手道教育,首先是培养他们坚强不屈的意志,做到克己、礼节。具体是通过"组手"格斗技术与"形"演练,体会生与死,与他人战斗时的心灵感受。在反复练习中领悟到"意志"在生命中的重要性,只有意志坚强才是实现人生终极目标的唯一保障。空手道教学能够培养青少年日后走上社会时遇到困难百折不挠的精神,在40岁之前创造个人的最大财富与荣誉地位,并为社会、为他人贡献自己的力量。空手道对中年人、老年人,则是通过经常练习"形",保持坦诚、勤奋、自立、自强的心理素质,克制私心,同情弱者,对生活中的艰难,诸如衰老、孤独、疾病、死亡来临前的恐惧等,以沉着忍受、平静坦然的心情对待。所以在日本,70岁以上的老人坚持练习空手道的不在少数,这些都体现了空手道"生涯教育"的价值。

当前,空手道的最大问题是内部不团结,山头林立、各自为政的现象较为严重。空手道流派繁多,形成于20世纪40年代的有松涛流、刚柔流、糸东流、和道流四大流派,还有1960年前后兴起的极真空手道等。在各大流派之下,又不断地分裂出许多新门派。每个门派都是独立的,都有自己的组织体系、自己的段位晋升制度。这是社会工商行业竞争的一种普遍现象,但作为一个已经在全世界有巨大影响力的武道项目,应该用现代社会组织的思想与理论,化解空手道各个门派之间的利害冲突,如经济收益、势力范围等方方面面的矛盾,尽早解决"统一"问题。

郑旭旭与我在1974年因武术相识,当时我25岁、旭旭17岁。后来我们都考上武汉体院研究生,都去日本留学,又都从事武术教育工作。旭旭是大学中文专业出身,文化底子比较深厚,善于读书、爱思考、文字漂亮简洁,更重要的是,他对武术非常热爱与执着。在40多年中,我们保持着非常好的联系,经常通过电话沟通各自的想法,探讨武术问题。从本书构思、编制目录开始,已经有七年了,我们时常讨论编写中的难点问题,对一些查证资料的可疑之处会进行思考推敲,最终得出比较合理的答案。旭旭工作非常认真,曾几次为了书中一些无法解决的较大疑点,亲自跑到冲绳、东京深入调查,并向权威人士请教。此书的问世,确实是旭旭用心血换来的,而我仅仅是起"敲边鼓"、参谋作用罢了。

回想起来,出国还是很"珍贵难得"的。1984年,一位朋友去日本,我托其带回一册藤本贞治著的《空手道入门》,那是昭和五十八年(1983)刚出版的新书,内容翔实。于是我与朋友陈永升两人合作将书翻译成中文,由浙江人民出版社于1989年印刷发行。1992年4月,我去日本天理大学体育学部留学一年,指导教授为山本义泰,在老师指导下我学到许多日本武道理论与有关知识。回国后,将日本武道中一些好理念、好方法融入自己的武术教学、训练之中,并且继续关心着日本武道的信息和发展动态。26年来,我得到很多日本老师、友人的帮助与指导,特别是中川敬、山本义泰、竹川俊治、长谷川一幸等老师,在本书即将出版之际,特向他们表示深切的谢意。

袁镇澜

于温州大学

2018年9月1日

后记二

2011年，我和袁镇澜老师合作完成了《从术至道——近现代日本武术发展轨迹》一书，以剑道、柔道作为观察窗口，对日本武术近代化作了概况式的考察。现在，对空手道流变史进行梳理考察，写成《溯源逐流——从福建拳法到空手道》一书，算是尝试着对日本现代武道典型个案——空手道近代化进程进行解剖。

空手道作为一个竞技体育的组织，一直处于比较零散的状态，20世纪40年代，有东京的大学生着手空手道技术规范、竞赛规则与组织的统一，未能成功。50年代，又有小西康裕、山口刚玄等人呼吁，超越门派界限，组成统一的空手道组织，也未能实现。极真空手道强盛期，大山倍达呼吁各流派一起为空手道发展团结起来。1985年，第3届欧洲空手道大会期间，大山倍达在西班牙巴塞罗那拜会过萨马兰奇，1988年，还专门为跆拳道、中国功夫、空手道联合进入奥运会，致信萨马兰奇。但是空手道终究还是未能统一。近年来日本人的空手道研究，基本是以流派为分界的，较少有人从综合的角度来研究空手道整体演变，流派横生的日本空手道，群雄割据，同一流派也分分合合，让研究者难于入手。

1978年前后，东京的学者编写出版10卷本的《日本武道大系》，空手道作为武道的一种，列于其中。这个研究集结了当时日本历史、文学、武道方面的学者，对此前资料作了较为系统的提炼。但是40余年来，空手道已有新的发展，尚未见到持续的研究成果。

2008年，冲绳县政府组织本地域有关专家，编辑出版了《冲绳空手·古武道事典》，算是一本超越流派界限的资料集。但是限于冲绳地域和冲绳人，东京空手道的发展，包括影响很大的极真空手道基本没有涉及。

日本人自己承认，空手道演化自琉球唐手。1879年琉球国被日本强制废除，设立冲绳县。人口仅140万人的冲绳，2017年修建了"冲绳空手会馆"，其规模远大于1990年在北京修建的中国武术院。冲绳县政府将空手作为国家级的文化财宝，加以重点保护与发扬，把空手作为地方亮丽的名片。

2017年10月，我在厦门接待了前来拍摄《伟大的空手道探索者之三》的导演兼制片西冬彦先生,主角中达也先生、宫平保先生。中达也(1964—　)是日本空手协会本部师范,主演过《黑带》等以空手道为主题的电影,目前,常年在世界136个国家地区巡回传授空手道。他认为,在欧洲,空手道习练者对空手道是否成为奥运会项目并不关注,奥运会是欧洲人玩的,奥运会竞赛项目都是欧洲的,多一个少一个无足轻重。欧洲人是将空手道作为一种东方文化来接受的。中达也说,他致力于空手道的传播,是一种作为东方文化使者的自觉,他要将包括中国在内的东方哲学思维理念,通过空手道传播到全世界。

而我们的研究重点,在于梳理从福建拳法经琉球唐手到世界KARATE流变的整个过程,寻找传统武术近代化的规律。成为奥林匹克竞技项目是我们主要的比照点,因为中国武术走入奥运会仍在途中。还有,在经济高度发展、多元文化的社会中,传统武艺如何再生等,也是中国武术发展面临的问题,而这些问题,空手道已经在实践中,这就是我们数年来不懈从事空手道发展史研究的目的。

尽管三十余年来,我一直关注空手道发展,数度前往东京、冲绳、名古屋、德岛等地采风收集资料,数度接待来访的日本空手道界朋友,还不断通过在日本的学人购置有关空手道书籍,跟踪日本关于空手道研究的最新进展,但是我深深感到掌握的资料还是很不周全的,对手上的大量资料的梳理还是不够充分的。从2012年课题"体育文化流变的考察——从福建南拳到日本空手道"获国家哲学社会科学项目立项(12BTY050),到课题报告完成,通过规划办审核(20180400),已经过了整6年,我仍感到研究的结论难免挂一漏万。

由于2020年东京奥运会空手道有8块金牌,我国奥运战略已经将空手道列入整体布局中。全运会增设空手道项目,迅速带动了各地竞技战略布局。而在北京、上海、天津等大城市,日本各派传统空手道也都曾派人传播并组建分部,空手道有迅速风靡之趋势。除国家体育总局拳跆运动管理中心组织"寸止"方式的全国空手道比赛外,极真空手道还有全中国锦标赛。

就目前空手道在我国的发展来看,我们深感无法全盘掌握,更无法掌握空手道在世界范围发展的全貌。虽然不周全,但是在我们借鉴空手道近代演变,思考中国武术的发展过程中,我们还是愿意将自己阶段性研究的结果,呈给思考中国武术发展的同人。希望有识之士对本书不足、错误之处批评指正。我们也希望这本粗浅的小书,能够引发更多的人研究武术文化转型的规律,为中国武术的当代发展提供有益参考。

借此机会感谢给我的研究带来帮助的老师和朋友们:

我的同学、冲绳"天行健中国武术馆"总馆长宫平保为我的研究提供了多年的帮助。1984年10月,在武汉体院的学生宿舍里,我从他带来的日文空手道杂志中初识空手道,那700余页篇幅的上地流二代宗家上地完英监修的《精说冲绳空手道——其历史与技法》,让我感受到日本人对空手道研究的精细。1986年,我曾经在《精武》杂志发表过有关空手道松涛流传人金泽弘和的文章;1992年,应人民体育出版社编辑郑小锋之约,我编写出版了《格斗空手道》一书,大部分资料都是官平保提供的。2006年、2015年我两度前往冲绳调研,他精心安排采访、交流,并长年寄赠最新空手道研究杂志与书籍、影像给我,为本课题的研究提供了有力的支持。

感谢国际空手道联盟"世界总极真"长谷川一幸先生。1995年5月,他专程邀请我从日本上越教育大学到德岛,参观他的极真空手道教学,让我直接体验极真空手道,2000年、2006年再度邀请我访问他的名古屋与德岛的极真空手合宿教学。2012年,他将自己一生体验编写出《极真的理与技》一书,题款"一生的空手,一生的极真"赠予我。1997年、1998年他两度率学生到厦门交流访问。2014年、2018年他来上海世界总极真会"龚道场"出席升段与竞赛活动特别讲习时,我们相约并专程会谈,为我加深对极真空手道的理解有很大帮助。

感谢亚洲体育人类学会会长、早稻田大学教授寒川恒夫;感谢武道学家、合气道师范、早稻田大学教授志志田文明。二十余年来,他们一直关心支持我"中日武术/道教育比较研究"工作,为我提供了许多学术交流的机会,也给予了日文资料方面的支持。

特别感谢日本国立上越教育大学原教授砥堀雅信,感谢我的剑道老师、上越教育大学剑道八段直原幹教授。23年前,是他们的支持,让我有机会留学日本,亲身体验日本剑道、早稻田流合气道、讲道馆柔道、空手道,开始系统研究日本武道近代发展的路程。

感谢日本空手协会常务理事中达也先生,关于形与组手的关系,武道空手与竞技空手的关系,中达也先生的教学与实践使我感悟良多。感谢东京东映公司导演西冬彦先生,他为本研究后期提供了杂志资料支持。感谢空手道研究学者卢姜威博士提供的支持。

福建省武术协会原副秘书长陈君琬先生,20余年前他配合多个冲绳空手访祖团体在福建各地现场调查空手道源流踪迹,他为本研究提供了珍贵的第一手资料,并解答了许多问题。

教育部人文研究重点基地——福建师范大学台湾文化研究中心的谢必震教授在本课题冲绳历史文化知识方面,给予热情指导,让我少走弯路。同中心的历史学教授赖正维女士为本书琉球历史方面的研究提供指导,在此表示感谢!

北京体育大学任海教授,十余年来一直鼓励我专务借鉴日本武道近代化,研究中国武术的发展。他从体育近代化角度对中国武术现状有许多见解,对我整体构思本课题有很重要的启示。就本课题,我与任老师曾有两次深入的讨论,在此表示由衷的感谢!

福建文化学者刘立身先生为本研究提供了福州乡土人情方面的指导;吉林体院宋继新教授、北京师范大学吕韶钧教授、厦门大学郑婕教授、浙江大学林小美教授、上海体育学院郭玉城教授、北京体育大学李世英教授等师友为本课题立项与完成,给予许多指导与支持,在此表示衷心感谢!

集美大学日语系主任黄燕青女士在北京外国语大学访学期间,为我复印了珍贵的空手道资料,数年来,在与日本学者的会议协作、日语文献解读方面,她也给予了我指导与帮助,深表谢意。

感谢永春白鹤拳国家级传人苏瀛汉先生,感谢国家级非物质文化遗产五祖拳传承人周焜民先生,感谢石狮侨乡国术馆馆长周盟渊先生,感谢五祖拳传人铁臂功蔡长庆先生,感谢多次金狮奖获得者、厦门新垵五祖拳传人邱丽羡女士,感谢漳州市武术协会副秘书长、太祖拳传人林其塔先生。

感谢厦门大学林建华教授的指导与支持,感谢湖北大学蔡仲林教授的支持,感谢集美大学刘英杰教授的支持帮助,感谢集美大学蔡传明博士的支持。

三明市文武学校董事长兼校长苏作华先生热情支持本书撰写与出版,在此表示感谢。

本书是在国家社科基金项目"体育文化流变的考察——从福建南拳到日本空手道"(12BTY050)课题报告基础上重写的,课题前期参与者有集美大学高楚兰教授、倪红莺教授、袁镇澜教授、周永盛讲师,在此对合作者们表示感谢!

袁镇澜教授是我的老师。1974年,我在家乡任小学民办教师时,师从时任温州市少年业余体校武术班教练的袁老师开始武术启蒙。他有坚强的毅力,坚定的信心,一生挚爱武术,从套路竞技到散打比赛,培养出多位世界冠军,他多年关注研究日本武道,发表过很有见地的论文与专著。中年时,他将武术素养与广泛阅读融合成哲学修为,将哲学思考落实在日常武术教育与生活实践中。年近古稀,袁师对武学之热爱丝毫不减。40余年来,我一直在他的支持、影响下从事武术的教学与思考工作。本书在撰写过程中几遇难关,是在袁老师鼓励支持下完成的,在此向老师表示敬意和感谢!

感谢集美大学校领导、科研处、对外合作办事处的青年同事们,在我退休后,他们给予我使用课题基金出访调研的诸多方便,为我顺利完成课题的后期资料搜集与整体改写提供了有力的支持。

书法家杨再春先生为本书题写书名,北京体育大学太极拳名师黄康辉、王建华伉俪热心促成,在此表示感谢!

感谢我的妻子黄鼎远,多年来,她默默悉心照顾我的日常生活,让我能够在整洁、温馨的环境中,全身心致力于工作与学术研究。

谨以此书献给我们敬爱的研究生导师——武汉体育学院温敬铭教授、刘玉华教授。1936年,导师伉俪作为中国武术代表团成员,在德国柏林奥运会期间表演中国武术,至今已经82年了。武术入奥仍在途中,学生们正在尽自己的绵薄之力。

郑旭旭

2018 年 10 月 2 日

于厦门集美学村